임 원 경 제 지

# 유예지1

# 추천사

## 선조들의 공부법과 마음가짐을 들여다보다

"독서에는 삼도(三到)가 있는데, 심도(心到)·안도(眼到)·구도(口到)가 있다. 이중에 심도(心到)가 가장 중요하다. 마음이 이미 집중[到]되었으면, 눈과 입이 어찌 집중되지 않겠는가?"《유예지》1권〈독서법〉에 나오는 한 구절입니다. 이 한 구절만으로도 우리 옛 선비의 공부 방법과 마음가짐이 어떠했는지 알 수 있지 않겠습니까!

— 김유혁(단국대 종신명예교수)

## 조상들의 수양법을 보여 주는 생생한 교과서!

옛 선비들이 배워야 할 여섯 가지 항목(예의, 음악, 활쏘기, 말타기, 붓글씨와 그림, 수학)을 당시 실정에 맞게 조정하여 일목요연하게 담은 책《유예지》의 출간을 기쁘게 생각합니다. 우리 조상들이 몸과 마음을 어떻게 닦았는지를 볼 수 있는, 말 그대로 생생한 교과서입니다!

— 모철민(전 주프랑스 대사)

## 조선 선비의 필수과목에 대한 기록!

조선 선비는 평소 공자 왈 맹자 왈 하면서 생활을 전혀 돌보지 않는 고리타분한 존재라고 생각해 왔는데,《유예지》를 보니 전혀 그렇지 않네요. 책 읽기 말고도 활쏘기, 수학, 그림 그리기, 악기 다루기 등이 선비의 필수과목으로 생생하게 적혀 있었습니다! 머리 싸매고 수학 공부하고, 운동하고, 예술도 배우는 현대의 우리와 다름이 없습니다. 편견이 이렇게 무섭다는 걸 새삼 느낍니다.

— 서창훈(우석재단 이사장 겸 전북일보 회장)

## 선비들도 수학 공부를?

산수와 수학은 중인들이나 배우는 것이라고 누가 얘기했을까요? 풍석 서유구 선생이 쓰신《유예지》를 보니, 선비가 알아 두어야 할 기본 내용에 가감승제는 물론 기하학, 삼각함수, 부피 구하기, 고차방정식까지, 현재의 중학교 수준을 넘는 수학이 들어 있었습니다. 조선 선비에 대한 새로운 평가가 필요할 때입니다.

— 조창현(전 중앙인사위원회 위원장)

## 선비에게 필요한 교양의 모든 것!

후세를 위해, 선비로서 삶을 살아 나가는 데 꼭 필요한 교양과목의 실제를 세세하게 담아 놓으신 풍석 서유구 선생의 이용후생 정신에 새삼 감동합니다. 선비로서 갖춰야 할 교양, 가문과 나라를 제대로 운영하기 위해 필요한 현재적 지식을 체계적으로 가지런히 모은 선생의 필생의 노고를 이제라도 맛볼 수 있게 되어 너무나 다행입니다.

— 채정석(법무법인 웅빈 대표)

## 조선의 교육 현장을 엿보다

군자육례(君子六禮)라 했습니다. 예(禮)·악(樂)·사(射)·어(御)·서(書)·수(數)는 선비로서 꼭 갖추어야 할 지식이었습니다. 이 육례의 주된 내용을 담은 《유예지》를 읽다 보면, 마치 2백 년 전 조선시대로 돌아가 서당과 향교에서 어른을 극진히 모시고 공부했던 당시의 모습을 들여다보는 것 같습니다. 어지러운 우리 시대에 꼭 되살려야 할 전통교육 내용이 아닐까요.

— 박현출(서울시 농수산식품공사 사장)

## 선인들에게 배우는 공부법

《유예지》 첫 권의 〈독서법〉을 읽으니, 눈이 호사합니다. 선인들의 훌륭한 공부법이 한마디 덧붙일 것 없이 일목요연하게 나열되어 있습니다. 공부에 매진하는 우리 청소년에게 우선적으로 가르쳐야 할 내용입니다.

— 오택섭(전 언론학회 회장)

## 활쏘기를 체육과목으로!

우리 국민의 생활체육으로 활쏘기가 널리 보급되면 정말 좋겠습니다. 《유예지》에 자세히 실린 〈활쏘기 비결〉을 보면서 문득 든 생각입니다. 말로만 활 잘 쏘는 우리 민족이라 하지 말고, 정(精)·기(氣)·신(身)을 기르는 데 더할 나위 없이 좋은 '활쏘기'가 초중등학교부터 체육과목으로 채택되면 우리 아이들이 얼마나 곧고 건강하게 잘 자랄까요!

— 김형호(한라대학교 이사)

# 임원경제지
# 유예지1

## 교양·기예 백과사전

풍석 서유구 지음 ✿ 임원경제연구소 옮김

✿ 풍석문화재단

# 임원경제지 유예지 1

지은이   풍석 서유구

옮기고쓴이  🌿**임원경제연구소**[정진성(권1), 장우석(권2), 정명현(권1·2)]
  교감·표점·교열·자료조사 : 민철기, 정정기, 김현진, 김수연, 강민우, 이유찬,
                황현이, 유석종, 최시남(이상 권1), 강민정(권2)
  원문 및 번역 최종 정리 : 정명현
  교정 및 윤문 : 박정진
  자료정리 : 고윤주
  감수 : 정선용(권1 전체), 최형국(권1 활쏘기 비결), 전용훈(권2 산법)

펴낸 곳   📖**풍석문화재단**
  펴낸이 : 신정수
  진행 : 진병춘       진행지원 : 허지영
  편집제작총괄 : 장익순
  편집 : 지태진       디자인 : 이솔잎       자료조사 : 조문경
  전화 (02) 6959-9921   E-mail pungseok@naver.com
  재단 홈페이지 www.pungseok.net

펴낸 날   초판 1쇄 2017년 12월 15일
ISBN   979-11-9600-462-0  94030

* 표지 그림 : 김준근,《활공부허고》·《유예지》〈산법〉 원도
* 사진 사용을 허락해 주신 국립중앙박물관, 국립민속박물관, 문화재청, 한국데이터진흥원, 서울역사박물관,
  서울대학교박물관, 한국전통무예연구소 여러분께 감사드립니다.

# 《임원경제지·유예지》를 펴내며

풍석 서유구 선생이 저술한 《임원경제지》 가운데 주거생활 분야를 담은 《섬용지》에 이어 조선시대 선비문화의 정수를 담아낸 《유예지》를 여러분께 소개할 수 있어 참으로 기쁘게 생각합니다.

《임원경제지》는 풍석 서유구 선생이 일생을 바쳐 완성한 조선시대 실용백과사전입니다. '임원(林園)'은 도시가 아닌 전원, 삶의 터전으로서 시골이라는 뜻으로, 《임원경제지》는 사대부 선비가 시골이나 향촌에서 생활하는 데 필요한 모든 지식과 정보를 담고 있습니다. 무엇보다 특기할 점은 《임원경제지》에 담긴 지식이 당시 조선의 선비, 사대부들이 어린 시절부터 배우고 익힌 유학이나 역사와 관련된 관념적인 것이 아니라 당시로서는 매우 새로운 형태의 지식, 실제 생활을 영위하는 데에 반드시 필요한 실용적인 내용이라는 것입니다.

이번에 출간하는 《유예지》에도 《임원경제지》의 편찬 의도가 그대로 담겨 있습니다. 《유예지》 서문을 보면 예(藝)를 "예란 기능이다."라고 정의하면서 예를 예(禮)·악(樂)·사(射)·어(御)·서(書)·수(數)로 구분하고, "유(游)는 물고기가 물에서 노닐 듯 그 속에서 늘 눈으로 보고 익혀야 한다."고 설명하였습니다. 즉 유예(游藝)는 "예(藝)에서 노닌다."는 공자의 말을 가져와 '기능으로서의 예(藝)'를 항상 '노닐 듯 익힐 것'을 당부하는 선생의 뜻이 담긴 책이라 하겠습니다.

《유예지》에는 선생이 예로서 언급한 예·악·사·어·서·수 중에 독서와 활쏘기, 수학 및 서화 그리고 방중악(房中樂)이 서술되어 있습니다. 음악 중에서는 거문고와 가야금 등을 중심으로 방 안에서 연주하는 실내악, 즉 방중악만을 취하였고, 활쏘기는 활 쏘는 방법을 자세히 실었으며, 어(御) 곧 수레 모는 법은 우리나라에 수레를 타는 제도가 없으니 제외하고, 글씨는 육서(六書)의 역사적 갈래와 글씨 쓰는 법을 자세히 서술했으며, 그림은 그리는 법을 익히라고 모사 그림까지 실어 수록해 놓았습니다. 우리나라에서 쓰이지 않는 수레 제도나 왕실 행사에 쓰는 대악(大樂)은 과감하게 삭제하고 실제 생활을 영위하는 데 반드시 필요한 지식, 임원에서 생활하면서 쉽게 익힐 수 있는 것들을 취하여 서술해 놓았습니다. 실용성에 바탕을 둔 선생의 편찬 의도를 엿볼 수 있는 부분입니다. 또한 산법에서는 땅의 넓이를 구하거나 물건을 사거나 건물을 지을 때 필요한 문제, 즉 임원에 거주하는 선비가 살면서 당연히 알고 있어야 하는 계산법을 꼼꼼하게 서술하고 있습니다. 연습문제로 소개하고 있는 문제들도 물건을 사거나 세금을 내거나 건물을 지을 때를 가정하여 제안하고 풀이하고 있어서, 실생활에 필요한 문제 풀이에 바탕을 둔 선생의 의도가 드러나 있습니다. 이처럼《유예지》는 일견 조선시대 선비문화를 담은 듯 보이지만 선생의 의도를 자세히 들여다보면 실용성에 더 초점을 맞추었음을 느낄 수 있습니다.

《유예지》는 6가지 다양한 분야를 다루고 있고 그 내용도 매우 난해하여 번역에 매우 어려움을 겪었으리라 생각합니다. 더구나 원본이 없는 상황에서 남아 있는 판본으로 교감하고 수정하는 것도 매우 고된 작업이었습니다. 이처럼《유예지》번역에 온갖 정성과 노력을 바쳐 온 임원경제연구소 여러분께 깊은 감사를 드립니다. 앞으로 남은 14지도 제대로 완역되어 출판될 때까지 더욱 매진해 주실 것을 부탁드립니다. 또한 임원경제연구소가 연구와 번역에 매진할 수 있도록 오랫동안 후원해 오신 DYB교육 송오현 대표님과 후원자 여러분께 감사의 인사를 드립니다.

또한 풍석문화재단을 항상 지지해 주시는 재단 이사진과 고문님들, 기타 재단 관계자 여러분 그리고 사무국 직원들께도 깊은 감사의 말씀을 전합니다.

《임원경제지》가 우리나라의 문화 산업에 귀한 문화 콘텐츠가 될 것을 깊이 공감하고 지원해 주고 계신 문화체육관광부 도종환 장관님과 관계자 여러분께도 다시 한 번 감사드립니다.

《임원경제지》 완역 출판은 매우 힘들고 고된 작업입니다. 하지만 어려운 환경에서도 포기하지 않고 《임원경제지》를 끝까지 완성해 내신 풍석 선생의 노고를 생각하며 앞으로도 완역완간을 위해 더욱 노력하겠습니다. 지속적인 관심과 애정을 기울여 주실 것을 간곡히 부탁드립니다.

2017년 12월
풍석문화재단 이사장 신정수

# 《유예지》해제[1]

## 1) 제목 풀이

《유예지》는 교양 백과사전으로 6권 3책, 총 90,637자로 이루어져 있다. 독서, 활쏘기, 수학, 글씨, 그림, 방중악 등 선비들이 익히던 각종 기능이 주 내용이다. '유예(遊藝)'는 "예에서 노닌다[游於藝]."[2]는 《예기》와 공자의 말에서 왔다.[3] '예(藝)'라고 하면 보통 '육예(六藝)'를 떠올리게 된다. 서유구는 〈유예지 서문〉에서 육예를 이렇게 풀이한다. 육예는 크게 두 가지 의미로 쓰이는데, 예(禮)·악(樂)·사(射)·어(御)·서(書)·수(數)를 의미할 수도 있고, 유학의 육경(六經)인 《시(詩)》·《서(書)》·《예(禮)》·《악(樂)》·《역(易)》·《춘추(春秋)》를 지칭할 수도 있다. 여기서 '예'란 기능이다. "예에서 노닌다."고 할 때 예는 활쏘기[射]나 수레 몰기[御]와 같은 유를 말하지, 《시》나 《서》 등 유학의 경서를

---

1 이 글은 서유구 지음, 정명현·민철기·정정기·전종욱 외 옮기고 씀, 《임원경제지 : 조선 최대의 실용백과사전》, 씨앗을뿌리는사람, 2012, 1275~1308쪽에 실린 내용을 토대로 증보, 보완한 것이다.

2 유예(遊藝)는……노닌다[游於藝] : "士依於德, 游於藝." 《禮記正義》 卷35 〈少儀〉 第17(《十三經注疏整理本》 14, 1196쪽) ; "依於仁, 游於藝." 《論語注疏》 卷7 〈述而〉.

3 유예(遊藝)는……왔다 : 《유예지》의 유(遊)와 "유어예"의 유(游)의 부수가 다르지만, 통용자이다.

말하지는 않는다. '유(游)'는 물고기가 물에서 노닐 듯 그 속에서 늘 눈으로 보고 익혀야 한다는 뜻이다.

그러면서 육예 중 유독 독서와 활쏘기, 수학 및 글씨와 그림과 방중악만 다룬 이유를 설명했다. 이는 예와 악의 조목이 매우 번잡해서 갑자기 익힐 수 없기 때문이기도 하고, 대악(大樂)이 사라지거나 변형되어 되살릴 수 없기 때문이기도 했다. 서유구 시대에는 수레 타는 제도가 없어 수레 모는 법을 익힐 수 없었다. 글씨 쓰기[書]는 본래 육서(六書)를 가르치는 것이지만, 이를 갑자기 익힐 수는 없어서 글씨와 그림으로 대신한다고 했다.

이를 다시 정리하면《유예지》에서는 육예 중 예(禮)와 악(樂)은 방중악(권6)으로 규모를 줄였고, 사(射, 권1)와 수(數, 권2)는 남겼으며, 서(書)는 육서 대신 글씨(권3)와 그림(권4~5)으로 분화시켰고, 어(御)는 생략했다. 여기서 의문이 생긴다.《유예지》의 첫 주제인 독서법(讀書法)이, 육예의 범주에 포함되지 않는데도 왜 여기에 배치되었는지가 그것이다. 〈유예지 서문〉에서도 이에 대한 언급이 없다. 사대부의 교양을 기르기 위해서는 독서라는 행위가 가장 근본이 되기 때문이라고 추측할 수 있겠다. 그러나 서유구가 그 이유를 적시하지 않은 데다, 독서가 육예 중 일부라고 볼 수 있다는 근거를 찾지 못했기에 확실한 대답이라고 할 수는 없다.

이 의문점을 제외한다면, 사대부가 길러야 할 교양으로서 시골 생활에 필요하거나 실행 가능한 것들만 취사선택해《유예지》를 구성했으니, 이것이 실용성에 초점을 맞춘《임원경제지》를 관통하는 철학이라 하겠다.

## 2) 목차 내용에 대한 설명

권1은 〈독서법〉과 〈활쏘기 비결(사결)〉로 구성되었다. 〈활쏘기 비결(사결)〉은 육예 중 '사(射)'에 해당한다. 〈독서법〉은 "총론", "경서 읽기", "역사책 읽기", "독서 순서"로 되어 있다. "총론"은 독서에 대한 전반적인 안내이다. 초학자가 독서하는 법부터 바르게 독서하는 법에 이르기까지 핵심적인 내용을 모았다. 책을 읽을 때에는 먼저 책상을 깨끗이 정리하고 단정히 앉아 천천히 글자를 보며 정확히 소리 내어 읽되, 여러 번 반복하면서 음미하라고 했다. '눈'과 '입'과 '마음'으로 독서를 하지만 그중 가장 급하게 여겨야 할 사항이 마음을 통한 독서라고도 했다. 독서할 때의 요점들 또한 나열하고 있는데, 그 핵심은 읽는 책에서 전하는 본의를 이해하는 일이다. 이를 위해서는 설렁설렁 읽으면 안 되고, 반드시 정밀하게 읽고 깊이 생각해야 한다. '독서할 때 먼저 풀어놓은 마음을 다잡아야 한다'는 마지막 표제어 아래의 기사에서는 "학문의 길은 다른 것이 아니라, 자신의 풀어놓은 마음을 찾는 것일 뿐이다."[4]라는 《맹자》의 구절을 보고 깨달음이 있어 이를 실천했다는 진열(陳烈) 선생의 고사를 인용했다. 이는 마음을 모으는 일이 독서에 앞서야 함을 강조하기 위함이다.

"경서 읽기"에서는 유가 경서들을 읽는 법에 대해 이야기한다. 경서를 읽는 목적은 무엇보다 성현이 전달하는 본의를 온몸으로 이해하기 위함이므로 이에 도달하기 위해서는 숙독이 중요하단다. 본의가 이해되지 않는 곳은 오랜 시간 깊이 생각하고, 그래도 이해되지 않으면 주석을 참조해야 한다고도 했다. 배고픈 사람이 음식을 먹을 때 음식의

---

4  학문의……뿐이다 : "學問之道無他, 求其放心而已矣." 《孟子注疏》 卷11下 〈告子章句〉 上 (《十三經注疏整理本》 25, 365쪽).

진정한 맛을 알 수 있고, 목마른 사람이 물을 마실 때 물의 참맛을 알 수 있는 이치와 같다는 것이다.[5]

유가의 구경(《효경》·《논어》·《맹자》·《주역》·《서경》·《시경》·《예기》·《주례》·《춘추좌전》)의 공부 기간을 예측한 곳도 있다. 구경의 글자 수(478,995자)를 알려 주고선 하루에 300자씩만 공부해도 4년 반이면 마칠 수 있고, 그 반만 공부해도 9년이면 끝낼 수 있다면서 날마다 공력을 쌓아야 한다고 역설했다.[6] 이 말은 북송의 구양수(歐陽修)가 자식에게 전해 준 글에서 인용했다. 이 글은 정경로(鄭耕老, 1108~1172)의 《권학(勸學)》에 나오는 내용과 거의 유사한데, 이 책에서는 총 글자 수를 484,095자로 명기했다.[7]

"역사책 읽기"에서는 옳은 일과 옳지 않은 일을 잘 분변하여 의리를 얻어야 한다며, 책의 절반을 읽고서 그 후에 전개될 실패와 성공을 예상해 보라고 권한다. 또한 대충 읽어서는 제 뜻을 알기 어려우므로 한 글자라도 잘못 읽어서는 안 됨을 강조했다. 이런 충고를 통해 역사서를 어떻게 써야 하는지에 대해서도 중요한 실마리를 제공한다.

"독서 순서"에서는 경서와 역사서를 읽는 순서와 그 내용을 자기화하는 방법을 알려 준다. 사서(四書)는 《대학》→《논어》→《맹자》→《중용》순으로 읽는다. 경서를 먼저 읽어 성현의 뜻을 파악한 뒤 역사서를 통해 국가의 흥망과 치세·난세의 자취를 살피고, 제자백가의 책을 읽어 백가의 잡스러운 논의의 병폐를 알아야 한다고 했다. 역사서는 《사기》→《좌전》→《자치통감》순으로 읽고, 여력이 있으면 25

---

5 이해되지 않으면……것이다 : 《유예지》 권1 〈독서법〉 "경서 읽기" '주석 보는 법'.
6 구경의……역설했다 : 《유예지》 권1 〈독서법〉 "경서 읽기" '구경(九經)을 다 읽기까지의 기한'.
7 이 글은……명기했다 : "大小九經合, 四十八萬四千九十五字." 朱彝尊, 《經義考》 卷296 〈通說 二〉.

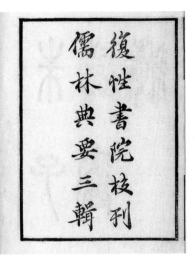

《주자독서법》

사(史)를 보라고 권했다.

나이에 따른 단계별 독서법도 매우 구체적으로 제시했다. 8세 이전
에는 글자와 뜻을 익히고, 8~15세 때는 소학서(小學書)를 비롯하여
13경의 본문을 완전히 익힌다. 15세에 학문에 뜻을 두면서부터는 전
에 읽었던 경전의 중요한 주해서를 공부한 뒤 역사서로 들어가면서 이
미 공부한 경서들을 복습한다. 이어 한유(韓愈, 768~824년)의 글과 《초
사(楚辭)》를 읽는다. 이 정도 공부하면 20대 초반이 되는데, 이후로는
글짓기를 하고 경서의 의미를 파악하고 의문점을 제기하며 여러 문체
를 배워야 한다고 했다.

이처럼 옛사람들의 학문 단계를 보면, '유월(蹂越)'을 몹시 경계했
다. 공부에는 단계가 있으니 결코 건너뛰어서는 안 된다[8]는 것이다. 이

---

8  공부에는……된다: "其節目自有次序, 不可蹂越." 《유예지》 권1 〈독서법〉 "독서 순서" '사
부(四部) 읽는 순서'.

런 충고는 비단 공부하는 이들뿐 아니라 깊거나 높은 경지에 성급히 오르려 하는 모든 이들에게 좋은 권고이다. 또한 한 번 배웠다고 다시는 들춰 보려 하지 않는 공부법으로는 잊어버리는 일이 자연스럽기에, 반드시 여러 번 복습할 것을 강조한 조언도 결코 간과해서는 안 된다.

〈독서법〉에서는 성리학의 집대성자인 주희의 글을 가장 많이 인용하고 있다. 주로 《주자어류(朱子語類)》에 실려 있는 〈독서법〉과 송나라 장홍(張洪, 1361?~1444?)·제희(齊熙)가 편찬한 《주자독서법(朱子讀書法)》, 그리고 주희가 아동교육을 위해 지은 《동몽수지(童蒙須知)》 등이 반영되었다. 서유구에게도 주희는 여전히 중요하고 가장 영향력 있는 스승 중 한 사람이었다.

특이한 점은 서유구 자신이 조선 최대의 장서가 중 한 사람이면서[9] 동시에 독서의 전문가일 텐데, 기사에서 자신의 견해를 일절 반영하지 않았다는 점이다. 사견보다 이전에 전해 내려오는 견해나 이론만을 반영해도 충분하다고 판단했기 때문이리라. 그럼에도 큰 편차를 잡고 제목을 지어 씨줄과 날줄처럼 전체 맥락을 촘촘히 짜들어 간 이 결과물은 독서 전문가 서유구의 안목을 여실히 드러내 준다.

조선의 유학자들에게 독서는 평생 업으로 삼는 중요한 일이기에, 독서와 관련된 학자들의 견해는 많은 저술에서 보인다. 그러나 《유예지》의 〈독서법〉처럼 체계를 갖춰 일목요연하게 정리한 사례는 거의 찾기가 어렵다. '독서법'이라는 대제목 아래에 소제목을 4개 배치하고 그 아래에 37개의 표제어를 뽑았으며 다시 그 아래에 56개의 기사를 실었다. 인용문헌은 13종이며, 글자 수는 총 3,529자다. 《사서(四書)》 중 하나인 《중용》(3,568자로 알려져 있다)과 비슷한 분량이다.

---

9 서유구……사람이면서 : 장서가로서 서유구의 견해는 《임원경제지 이운지》 권6~7에서 자세하게 소개된다.

〈독서법〉은 현대인들에게 좋은 지침이 될 만한 지적이 많다. 오늘날 독서를 취미로 삼는 사람이나 마지못해 독서를 해야 하는 학생이나 수험생들은 인생에서 책(또는 교과서)과 보내는 시간이 상당하다. 이런 이들이 〈독서법〉을 읽고 또 읽으면서, '독서란 무엇인가', '독서는 어떻게 해야 하는가'라는 물음을 두고두고 해 보아야 할 대목이다. 서유구 시대와는 비교도 할 수 없을 정도로 정보가 넘쳐나고, 책이 흔해 빠진 우리 시대는 책에 대한 태도가 완전히 달라졌다. 책의 가치에 대한 평가가 극과 극인 경우도 생겼다.

독서 인구는 날로 줄고 있는 추세이지만, 독서의 중요성을 무시하는 이는 거의 없다. 요새도 수많은 독서나 공부 비법이 출간되고 있다. 그 비법을 전수하는 목적의 상당 부분은 어떻게 하면 많이 읽고 요점을 빨리 추출해 낼 수 있는가에 집중되고 있다. 다량의 정보와 지식을 한정된 시간(또는 기간) 안에 습득해야 한다는 절박감에서 '더 빨리', '더 많이', '더 정확하게'를 달성하기 위한 독서법을 전하려는 것이다. 이 세 가지 중 마지막 목적, 즉 '더 정확하게'의 경지에 이르려는 과정에서조차 많은 양을 빠른 시간 안에 해결해야 한다는 강조가 빠지지 않는다. 다독(多讀)과 속독(速讀)을 요구하는 것이다. 다독과 속독을 위해 묵독(默讀)을 해야 함은 물론이다. 독서법이 형성되는 어린 시절에 우리는 대부분 학교에서 그렇게 독서법을 배웠다.

그러나 《유예지》의 〈독서법〉에서는 이와 반대다. 빨리 읽어서도 안 되고, 한꺼번에 많이 읽어서도 안 된다. 책에서 전하려는 메시지를 정확하게 이해하는 일은 독서의 가장 중요한 목적 중 하나다. 따라서 선인들의 독서도 '더 정확하게'를 추구한다. 그러나 이 목적을 달성하는 과정에서 다독과 속독을 권유하지 않는다. 선인들은 정독(精讀)이 정법(正法)이라고 믿었다. 정독을 위해서는 자세를 바르게 하고 주변을 깨끗이 정돈한 뒤 마음이 차분히 가라앉은 상태에서 읽는 정독(靜讀)

을 해야 한다.

　이 독서법에는 기본 전제가 있다. 낭독(朗讀)이 그것이다. 한 글자한 글자를 또박또박 정확하고 낭랑하게 소리 내어 읽어야 한다는 것이다. 《춘향전》의 이몽룡(李夢龍)이 공부방에서 논맹(論孟, 《논어》와 《맹자》)을 읽듯이 말이다. 낭독이 결코 1회로 끝나는 법은 없다. 수십, 수백, 수천 번을 반복해야 한다. 이 과정에서 저절로 '온서(溫書)'가 되는 것이다. 온서란 책을 따뜻하게 덥히듯이 책을 읽고 또 읽으며 생각을 정밀하게 하는 복습을 말한다. 온서는 배운 내용을 한 번 더 공부하고 마는 정도가 아니다. 가마솥에 고기를 푹 고아 흐물흐물해질 정도로 익히듯이 책의 뜻을 내 몸속에서 푹 고아 체화시키는 노력이다. 선인들에게 독서는 출세나 권력 획득의 수단이기도 했지만, 더 근원적으로는 요순이나 공자와 같은 성인(聖人)이 되기 위한 지식의 습득 과정이었다. 음악을 들으면서 독서하거나 음식물을 먹으면서 독서하거나 시끄러운 곳에서 독서하거나, 엎드려 읽거나 누워서 읽거나 삐딱하게 앉아서 읽는 모습이 지금은 자연스러워졌지만, 이런 독서법을 권유하지 않은 이유를 옛 선인들의 독서법에서 되새겨 보아야 할 것이다.

　〈독서법〉과 같은 권에 들어 있는 다음 주제는 〈활쏘기 비결(사결)〉이다. 독서가 문(文)을 상징한다면 활쏘기는 무(武)를 상징하기에, 문무를 겸비해야 하는 선비에게 활쏘기 또한 빼놓을 수 없는 교양 과목이었다. 〈활쏘기 비결(사결)〉은 "처음 배우는 사람의 연습", "활터에서의 바른 자세", "자세의 결점", "바람과 공기", "기구"로 구성되어 있다. "처음 배우는 사람의 연습"에서는 초보자는 먼저 자세를 바르게 잡은 뒤 화살을 메기고, 화살이 과녁에 도달하도록 하는 법을 배워야 한다. 이를 위해 손·눈·허리·발·몸을 쓰는 법, 서는 법, 줌손(왼손)과 깍지손(오른손)으로 활을 당기는 법, 화살을 거는 법, 과녁을 겨누고 자세를 굳히는 법을 제대로 익혀야 함을 강조했다. 이어 과녁을 풀로 만들

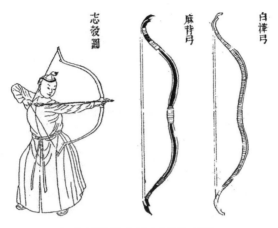

《습사도(習射圖)》(좌), 《무비지》의 활 그림(우)

어 연습하는 법이 소개되었다. 또 활을 쏘기 위한 기초 체력 단련과 정신 집중을 위해 팔과 눈동자를 단련하는 법을 배우도록 했고, 밤에 향 3개를 꽂아 두고 이 향을 과녁 삼아 연습하면 명사수가 될 수 있다고도 했다.

"활터에서의 바른 자세"에서는 활쏘기의 기본부터 최종 응용법까지 상세히 설명하고, 14가지 요점을 들어 마무리한다. "자세의 결점"에서는 전반적인 자세와 줌손·깍지손에서 흔히 일어나는 잘못을 유형별로 지적한다. "바람과 공기"에서는 외적인 다양한 변수에 대처하도록 바람과 온도의 변화에 따른 활쏘기법을 소개한다.

"활터에서의 바른 자세"에서는 활쏘기의 연속 동작을 매우 세분화하여 한 동작 한 동작마다 깨알 같은 해설을 붙였다. 먼저 활쏘기의 전반적인 원리를 다시 한 번 상세히 일러 주었고, 이어서 화살을 거는 법, 활시위를 당기는 법, 줌손과 깍지손을 쓰는 방법을 설명했다. 뒤이은 동작으로, 활을 쥐어 과녁을 겨누고 몸을 굳히는 동작, 줌통을 들고 시위를 당기는 동작, 깃을 어루만지며 화살을 뽑는 동작, 시위 중앙에 오늬를 들이는 동작, 어깨를 펴고 시위를 당기는 동작, 몸을 살짝 앞으로 기울이며 활을 당기는 동작, 힘을 다해 화살을 보내는 순간의 동작, 화살을 쏜 바로 뒤 시위를 거두어 활고자를 들이는 동작까지 정리해 주었다. 여기에 덧붙여 화살을 멀리 쏘는 법, 활 쏘는 거리에 따라 과녁을 달리 겨냥하는 법, 서서 쏠 때의 활쏘기 요점과 함께 활 쏘는 법의 14가지를 다시 한 번 요약해 주었다.

"자세의 결점"에서는 활쏘기에서의 전반적인 잘못들을 먼저 정리한 뒤 줌손의 잘못된 자세 7가지와 깍지손의 잘못된 자세 5가지를 지적해 주었다. 자세를 바로잡는 과정에서 흔히 나타날 수 있는 잘못된 자세들이다. 이상의 설명은 활 쏘는 사람의 자세를 위주로 논한 부분이다. "바람과 공기"에서는 기상 조건에 대한 고려를 논했다. 활쏘기에 영향을 많이 주는 바람, 기후, 추위, 더위 이 4가지가 주된 대상이다.

여기까지의 설명에 따르면, 먼저 활쏘기 자세만 연습한 뒤 훈련장에서 실습하면서 자세를 몸에 배게 한다. 익숙해지면 자신의 결점을 알아서 고쳐야 한다. 이렇게 훈련을 통해 활쏘기에 자신감이 생기면 변하는 외부 조건에서도 적중시킬 수 있도록 한다. 이 같은 순서를 따르도록 권고한 이유는 몸의 훈련이 먼저이고 외부 조건의 고려는 나중이라는 생각에서 비롯되었을 것이다.

유학에서는 수신(修身)이나 추기급인(推己及人, 내 입장을 확대하여 다른 이에게 적용하는 일)의 추구에서 활쏘기에 비유하는 일이 많다. 인(仁)의 실천을 활쏘기에 비유한 것이 좋은 사례이다. 활쏘기는 먼저 자신의 자세를 바로 한 뒤 격발하는데, 과녁에 적중하지 않았다고 해서 남 탓을 해서는 안 되니 바로 자신에게서 그 원인을 찾아야 한다는 것이다.[10] 활쏘기는 상대방과의 경쟁이 없다는 점에서, 과녁을 맞히지 못하면 그 탓을 자신에게 돌린다는 점에서, 군자의 덕과 유사하다는 공자의 말들[11]도 이와 유사한 맥락의 언급이다. 유학 정신을 추구하는 세계에서 활쏘기는 전쟁 때 적군을 살상하는 무기이기보다는, 인격을 함양하는 자기 도야의 과정이자 무경쟁의 스포츠로서 더 중요한 훈련이었던 것이다.

이 같은 정신을 실천하기 위해 활쏘기를 의례화하거나 놀이화하기도 했다. 《향례지》에서는 의례화의 사례로 "향사례"라는, 중국 주나라 때부터 이어 온 활쏘기 시합을 소개했다.[12] 또한 《이운지》에서는 동물 그림을 그려 넣은, 작고 동그란 과녁 9개를 큰 과녁에 붙여 놓고 하는 놀이인 "구후사(九侯射)"를 소개하기도 했다. 구후사 놀이에서는 과녁을 맞힌 이가 술을 마시게 되어 있어 승자도 패자도 없는 군자의 놀이임을 강조했다.[13]

마지막 주제인 "기구"에서는 활과 화살의 제조법·관리법·보관법을 다루어, 최종 산물만을 이용하게 하는 데 그치지 않고 만들고 관리하는 데까지 이르도록 지도하고 있다.

활쏘기는 조선의 대표적인 군사 무예이자 사대부들이 익혀야 할 육예 중 하나였다. 또 군주와 신하가 한자리에 모여 활쏘기를 하는 의례인 대사례(大射禮) 역시 조선에서 매우 중요한 의식이었다. 지방에서는 향촌 사회의 풍속 교화와 공동체 의식의 결속을 위해 향사례(鄕射

---

10 활쏘기는……것이다 : "仁者如射. 射者正己而後發, 發而不中, 不怨勝己者, 反求諸己而已矣." 《맹자》〈공손추〉上.
11 상대방과의……말들 : "子曰 : '君子無所爭, 必也射乎. 揖讓而升, 下而飮, 其爭也君子.'" 《논어》〈팔일〉; "子曰 : '射有似乎君子. 失諸正鵠, 反求諸其身.'"《중용》14장.
12 《향례지》 권2 〈통례(중)〉 "향사례".
13 《이운지》 권8 〈시문과 술을 즐기는 잔치〉 "구후사".

禮)가 거행되었다. 특히 서유구의 관력이 시작된 정조 대는 문무겸전론(文武兼全論)을 바탕으로 무풍(武風)을 확산시키려 한 시기인데, 이 운동의 핵심 분야가 활쏘기였다.[14] 서유구 역시 젊은 시절 활쏘기를 익히기도 했지만,[15] 활쏘기에 그다지 소질을 보이지 못해서 정조 대에 활쏘기 시험에서 좋은 점수를 못 얻었다.[16]

이처럼 활쏘기는 조선의 사대부들이 익혀야 할 주요 기예였고, 저자인 서유구 역시 활쏘기의 중요성을 충분히 인지하고 있었다. 하지만 조선에서 활 쏘는 법을 체계적으로 정리해 놓은 저술은 거의 확인되지 않는다.《사법비전공하(射法秘傳攻瑕)》라는 책이 대표적인 활쏘기 교본으로 알려져 있지만 이 또한 중국의《무경칠서회해(武經七書匯解)》의 부록에 실려 있는 책이라 조선의 저술은 아니다.[17] 이러한 사례를 통해 볼 때,《유예지》의 〈활쏘기 비결〉은 최형국이 이미 평가한 바 있듯이 조선의 가장 체계적이고 구체적인 활쏘기 저술이다. 단순한 이론서가 아니라 자신의 체험을 바탕으로 실제 활쏘기에 꼭 필요한 정보

---

14  조선시대 활쏘기 문화에 대해서는 최형국, 〈18세기 활쏘기[國弓] 수련방식과 그 실제 : 『林園經濟志』「遊藝志」 射訣을 중심으로〉,《탐라문화》50호, 제주대학교 탐라문화연구소, 2015, 244~251쪽을 참조.

15  젊은 시절 서유구의 고향인 장단의 백학산 서쪽에서 활쏘기 연습을 할 때 그의 스승인 유금(柳琴, 1741~1788)이 활쏘기 지도를 해 준 기록이 다음의 내용에 실려 있다. 徐有榘,《楓石全集》〈楓石鼓篋集〉卷第2 "記" '鶴西學射記'.

16  서유구가 초계문신으로 활동하던 시절, 그는 활쏘기 시험에서 낮은 성적을 받아 활쏘기 연습을 추가로 했으나 좋은 결과를 얻지는 못했다. 이러한 상황에 대해서는 서유구 지음, 정명현·민철기·정정기·전종욱 옮기고 씀,《임원경제지 : 조선 최대의 실용백과사전》, 씨앗을뿌리는사람, 2012, 156쪽을 참조 바람.

17  이 외에도《대사례의궤(大射禮儀軌)》나《탐라순력도(耽羅巡歷圖)》와 같은 자료가 있으나 이들에는 활쏘기 의례나 활 쏘는 모습 등에 관한 내용이 들어 있을 뿐, 구체적인 활쏘기 방법을 설명하지는 않았다. 최형국, 〈18세기 활쏘기[國弓] 수련방식과 그 실제 : 『林園經濟志』「遊藝志」 射訣을 중심으로〉,《탐라문화》50호, 제주대학교 탐라문화연구소, 2015, 246쪽 참조.

만을 모은 활쏘기 저술인 것이다.[18] '활쏘기 비결(사결)'이라는 대제목 아래에 소제목을 5개 배치하고, 그 아래에 33개의 표제어를 뽑았으며, 25개의 소표제어를 두었다. 여기에 들어 있는 기사 수는 모두 37개이다. 글자 수는 총 7,979자다.

〈활쏘기 비결(사결)〉은 인용서가 모두 3종으로, 《무경회해(武經匯解)》(23회, 5,804자)와 《왕씨사경(王氏射經)》(13회, 1,704자)에서 인용했으며 《몽계필담(夢溪筆談)》이 '활 만드는 법'에서 1회(276자) 인용되었다. 《무경회해》는 청나라 주용(朱墉)이 편찬한 《무경칠서회해》이고, 당나라 왕거(王琚)가 편찬한 책이 《왕씨사경》이다.

〈활쏘기 비결(사결)〉을 한글로 옮기는 데 특히 어려움이 많았다. 역자들 모두 활쏘기 경험이 전무한 데다 이전 주석서나 번역서를 참조해도 의미를 온전하게 이해하기가 쉽지 않았다. 게다가 미세한 동작이나 자세를 상밀하게 묘사하고 있기 때문에 그 묘사가 어떤 자세나 동작인지 감을 잡기도 어려운 부분이 많았다. 다행히 최형국 박사님의 번역문 감수와 자세 시연 덕분에 모호한 곳의 상당 부분을 해결할 수 있었다.

권2는 〈산법〉으로, 육예 중 '수(數)'에 해당한다. 《유예지》 권2를 번역하고 이 〈산법〉 부분을 집중 연구한 장우석은 〈산법〉이 기하학적 관념을 중시하는 서양 수학과 달리, "실용을 중시한 단원 구성과 계산 알고리즘을 통한 문제 해결 그리고 현상으로부터의 개념화 과정의 세 가지 측면에서 《유예지》 권2는 현상(실용)-본체(개념) 일원론적인 철학

---

18 최형국, 〈18세기 활쏘기[國弓] 수련방식과 그 실제: 『林園經濟志』 「遊藝志」 射訣을 중심으로〉, 《탐라문화》 50호, 제주대학교 탐라문화연구소, 2015, 247쪽.

을 잘 구현"했다고 결론 내렸다.[19]

중국과 중국의 영향을 받은 우리나라에서는 수학의 내용을 전통적으로 '구장(九章)'으로 분류했다. 〈산법〉 또한 이 전통을 계승했는데, 그 내용은 다음과 같다. 방전법(方田法, 토지의 넓이 구하기), 속포법(粟布法, 물건의 양과 거래 시 가격 계산하기), 최분법(衰分法, 물건의 가격·세금에 차등을 두어 계산하기), 소광법(少廣法, 화살 묶음의 개수와 토지의 넓이 구하기), 상공법(商功法, 거리의 원근과 용역 비용 구하기), 균수법(均輸法, 물건의 가격과 각종 비용 구하기), 영뉵법(盈朒法, 사람 수와 물건의 가격 구하기), 방정법(方程法, 물건의 개수와 가격 구하기), 구고팔선(句股八線, 피타고라스 정리, 삼각형의 성질을 이용한 도형 문제 해결하기, 삼각함수의 정의).

〈산법〉은 크게 두 부분으로 구성되어 있다. 전반부는 수를 다루기 위한 기초와 기본 연산법을 정리한 내용이고, 후반부는 '9가지 계산법[九數]'에 대한 정의와 예제를 차례로 보인 내용이다. 이 같은 구조는 이 책이 근간으로 삼은 정대위(程大位)의 《산법통종(算法統宗)》(1592)의 체제를 계승했다.

〈산법〉에서는 이 아홉 분야를 다루기에 앞서 기초 과정으로 다섯 분야를 먼저 다루는데, 하늘과 땅과 인류 문물에 쓰이는 각종 단위[三才數位], 곱셈 구구단[九九數目], 사칙연산의 필산법[加減乘除], 제곱근풀이[平方]와 세제곱근풀이[立方], 사율비례(四率比例)가 그것이다. '하늘과 땅과 인류 문물에 쓰이는 각종 단위[三才數位]'에서는 시간[曆]·길이[度]·부피[量]·무게[衡]·넓이[田里]의 단위들을 세분하고 서로 환산하는 법을 소개했다. '곱셈 구구단[九九數目]'은 지금의 순서

---

19 장우석, 〈19세기 조선의 수학 교재 《遊藝志》卷2의 특징 연구〉, 서울대학교 석사 학위 논문, 2012, 42쪽. 아래의 〈산법〉 해제도 이 논문, 특히 19쪽 표의 도움을 받았다.

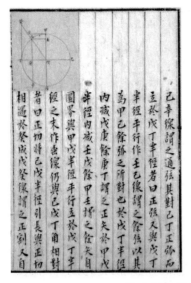
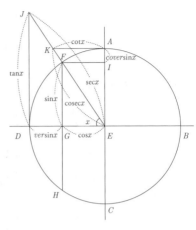

《유예지》 '구고팔선'(좌), 역자의 해설도(우)

와는 다르게 9단부터 시작하여 1단에서 끝나고 있으며 곱셈의 교환법
칙을 가정하고 있다. '사칙연산의 필산법[加減乘除]'부터는 문항이 제
시되고 있다. 사칙연산의 총 11문항은 기초적인 덧셈·뺄셈·곱셈·나
눗셈 연습이다. 현재의 방식과 동일한 세로셈 필산법을 제시하고 있는
데, 산목(算木)으로 계산하던 이전의 조선 수학과 차별되는 부분이다.
'제곱근풀이[平方]와 세제곱근풀이[立方]'(3문항)에서는 이차방정식
과 삼차방정식 푸는 법을 간단히 소개한다. '사율비례(四率比例)'(6문
항)에서는 $a$(1율) : $b$(2율)＝$c$(3율) : $x$(4율)의 비례식('사율비례'라 한
다)을 구성하여 미지수($x$)를 구하는 방법이 제시된다.

　이렇게 기초 과정이 끝난 뒤 본격적으로 구장으로 들어간다. '방전
수법(方田數法)'에서는 정사각형·직사각형·원·이등변삼각형·직각
삼각형·등변사다리꼴의 넓이를 구하는 법을, '속포수법(粟布數法)'에
서는 비례식 구하는 법과 정사각뿔·원기둥·원뿔의 부피 공식 응용하

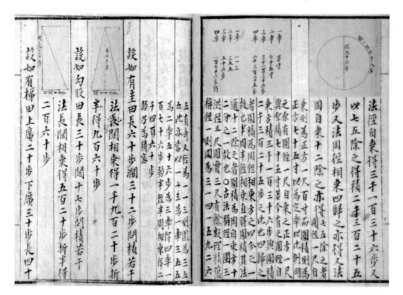

《유예지》 '속포법'

는 법을, '최분수법(衰分數法)'에서는 비례식 구하는 법을 소개했다. '소광수법(少廣數法)'에서는 등차수열의 합 공식 익히는 법과 직사각형·직각삼각형의 넓이 구하는 법을, '상공수법(商功數法)'에서는 사각기둥 부피 공식 응용하는 법과 정사각뿔의 부피 구하는 법, 비례식 구하는 법, 유한급수 계산하는 법을, '균수수법(均輸數法)'에서는 비례식 구하는 법과 사다리꼴의 넓이 공식 응용하는 법, 등차수열의 합 구하는 법을 설명했다. '영뉵수법(盈朒數法)'에서는 비례식을 이용하여 연립일차방정식 푸는 법을, '방정수법(方程數法)'에서는 가감법을 이용하여 연립일차방정식 푸는 법을 소개했다. '구고(句股)와 팔선(八線)'에서는 피타고라스 정리·헤론(Heron)의 공식·비례식·개방법(이차방정식 풀이법)을 이용한 도형 문제 해결법과 삼각함수의 기본 정의를 소개했다.

〈산법〉의 내용들 중 세로셈 필산법·가감법을 이용한 연립방정식 풀이법, 삼각함수 등은 서양 수학의 영향이다.

이상 총 14개 분야(5개의 기초 과정과 9개의 본과정)로 구성된 〈산법〉의 64개 문항과 그 풀이법은, 대부분이 일상에서 실제로 응용할 수 있는 내용들이다. 동아시아의 수학은 현실 문제를 수학적으로 풀어내는 일에 기본적인 목적이 있기 때문에, 이론은 실용적인 한에서 의미를 지닌다. 향촌의 선비가 알아야 할 수학은 바로 이런 것이었다. 권 2에 인용된 이상의 내용은 모두 서유구의 할아버지 서명응이 편찬한 《고사십이집(攷事十二集)》에 나온다. 서명응은 《구장산술(九章算術)》·《산법통종(算法統宗)》·《산학계몽(算學啓蒙)》등 중국의 전통 수학서와, 《수리정온(數理精蘊)》같은 서양 수학과 중국 수학의 합일을 꾀한 수학서의 내용에 영향을 받았다.

조선에서 수학 연구는 비교적 유래가 깊고 저술도 활발했다. 최석정(崔錫鼎, 1646~1715), 홍정하(洪正夏, 1684~?), 홍대용(洪大容, 1731~1783), 홍길주(洪吉周, 1786~1841), 남병길(南秉吉, 1820~1869) 등의 저술이 대표적이다. 17세기 후반 이후 수학 연구가 심화되는 경향을 보이는데, 손에 꼽을 만한 대표적인 수학자이자 유학자들은 노론(老論)으로 분류되는 홍대용, 홍길주를 제외하고 모두 소론(少論)의 당색(黨色)을 띠는 가문 출신이다. 하지만 홍대용과 홍길주도 당색과 무관하게 소론의 유자들과 활발히 교류했다. 〈산법〉은 서유구의 조부 서명응의 저술에서 전문을 인용했다. 서유구는 이미 《임원경제지》의 첫째 지(志)인 《본리지(本利志)》에서 농지의 넓이를 계산하는 문제 15 가지와 그 풀이법을 제시한 적이 있다. 거기에서도 서양 수학의 성과를 반영하여 삼각함수를 이용하기도 했다. 그 저술의 출처는 그의 부친 서호수의 《해동농서(海東農書)》였다.[20] 이렇듯 서명응·서호수·서유구로 이어지는 수학 연구자들도 소론 가문에서 나왔다는 점까지 고려한다면, 조선 후기 소론 가문에서 보이는 특장의 일부를 짐작할 수 있을 것이다.

다른 분야에 비해 비교적 연구가 활발했던 수학사에서 〈산법〉의 역사적 자리매김을 위해서는 연구가 더 필요하다. 서양 수학의 현대적 성취의 기준으로만 조선의 수학을 재단할 수만도 없다. 당대의 시대적 맥락을 고려하면서 들여다볼 때 조선 성리학자들의 수학 연구의 의의가 더욱 설득력 있게 드러날 것이다.

현대 학문의 분류로 보자면 〈산법〉은 《유예지》에서 유일한 자연과학 분야에 해당한다. 그렇기에 조선의 유학자들이 서안에 앉아 경서(經書) 대신에 수학 문제를 들여다보면서 문제를 푸는 모습을 상상하는 것만으로도 놀랍고 특이해 보일 수 있다. 더군다나 수학에 관심을 기울이는 유학자는 당시에도 희귀했기에 《임원경제지》에서 수학을, 그것도 서양 수학의 최근 성과까지 반영하여 본격적으로 다루었다는 점만으로도 적지 않은 의미를 지닌다. 인문학과 자연과학의 이분법 식의 분류가 존재하지 않았던 조선에서는 서양의 르네상스인을 떠올리게 하는 인물이 간혹 보이는데, 《임원경제지》의 저자를 단연 으뜸으로 꼽을 수 있겠다. 〈산법〉은 이와 같은 평가에 크게 한몫하는 저술이다.

권3은 〈글씨(서벌)〉이다. 권4·5와 함께 육예의 '서(書)'에 해당한다. 서도(書道)의 요체와 기초부터 응용까지의 과정을 설명했다. '글씨'로 번역한 원 글자는 '서벌(書筏)'이다. 여기서 '筏(뗏목)'이 생소

---

20 서명응의 《고사십이집》과 서호수의 《해동농서》에 수록된 수학 문제 저술에 명시적으로 드러나지는 않지만, 서유구가 참여했을 것으로 추측할 만한 흔적이 보인다. 그가 선대의 수학 저술을 무작정 베껴 오기만 하지는 않았던 것이다.

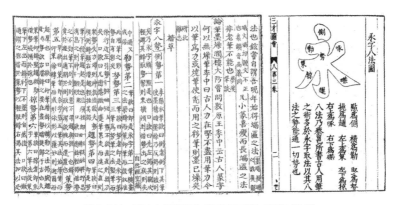

《유예지》 '永 자의 8가지 필세'(좌), 《영자팔법도》(우, 《삼재도회》 중)

해 보이는 글자다. 서벌은 독자를 '글씨[書]의 세계로 인도해 줄 뗏목 [筏]'이라는 뜻이다. 뗏목은 강을 건너는 데 필요하지만 강을 건너고 나면 버려야 하는 수단이다. 청나라 달중광(笪重光, 1623~1692)의 서 예론 전문서인 《서벌(書筏)》이라는 명칭에서 가져왔다.

〈글씨〉 역시 조선에서 나온 서예론서 중 가장 방대하고 체계적 인 저술이라는 평가를 할 수밖에 없다. 원교(圓嶠) 이광사(李匡師, 1705~1777)의 《서결(書訣, 또는 圓嶠書訣)》이 중국의 서예 이론을 정 리하면서 자신의 견해를 밝힌 서예론으로 유명하다. 원문 글자 수가 총 7,254자라고 밝힌 이 글은 주제별로 분류하지는 않았다. 위부인(衛 夫人)의 《필진도(筆陣圖)》와 왕희지(王羲之)의 《필진도후(筆陣圖後)》 의 내용을 소개하면서 중국의 서법에 자신의 견해를 추가한 형식을 취 했다. 반면 《유예지》의 〈글씨〉는 '글씨'라는 대제목 아래에 소제목을 5 개 배치하고, 그 아래에 45개의 표제어를 뽑았으며, 15개의 소표제어 를 두었다. 여기에 들어 있는 기사 수는 모두 83개이다. 글자 수는 총 11,758자로 이광사의 《서결》을 포괄하고 있음은 물론이다. 인용문헌 은 조선의 《원교서결》과 《증보산림경제》 2종을 포함하여 총 25종이다.

주제별로 체계적으로 서술된 형식과 그 속에 배치된 내용으로 보나 글자 수로 보나 〈글씨〉는 조선 최대의 서예론서라고 할 만하다.[21]

"총론"에서는 고문·대전·소전·예서·해서·행서·초서 등의 기본 서체와 이를 기원으로 파생된 서체, 주요 서체들의 같고 다른 점을 설명했다. 이어 글씨 배우는 법에 관한 구체적인 조언을 제시했다. 역대의 여러 명필가가 얼마나 지독하게 공력을 쌓았는지 사례를 들며 부지런히 쓰는 연습의 중요성을 강조하고, 여러 서첩을 통해 모범 서체를 익히도록 했다. 또한 서체들의 장단점을 논하고서 진서·행서·초서·예서·전서 이 5가지 서체는 결국 통하면서도 독특한 특징들을 지닌다고 했다.

"대전(大篆)과 소전(小篆)"에서는 주나라 때 만들어진 대전(大篆)과 진나라 때 만들어진 소전(小篆)의 특징을 언급하며 소전은 용필(用筆, 붓놀림)에서 필봉이 필획 가운데에 있도록 해야 하며 필묵이 마르도록 해서는 안 된다는 점을 강조했다.

"해서와 초서"는 서도에서 가장 많은 비중을 차지하는 서체이기에 관련 정보가 많다. 해서의 기본자인 '영(永)' 자의 8가지 필세를 어떻게 만들어야 하는지 설명하고, 당나라의 명필가 구양순(歐陽詢, 557~641) 등의 서법 비결을 소개했다. 주요 획 쓰는 법과 함께 붓을 잡고 글씨를 쓸 때의 자세와 마음가짐에 대해서도 전한다. 특히 동기창(董其昌)의 서법은 22개 조목으로 나누어 더욱 구체화했다. 또 원교체(圓嶠體)라는 서체로 유명한 조선의 이광사의 점과 획 7가지 부분도를

---

21 우리나라에 서예를 연구하거나 서예에 종사하는 이들이 적지 않다. 그러나 아쉽게도 《유예지》의 〈글씨〉를 연구한 흔적은 거의 찾을 수 없다. 학위논문이나 연구논문도 검색되지 않는다. 따라서 〈글씨〉 분야의 연구가 없기에 권3에 대한 학술적 평가도 찾지 못했다. 이번의 번역서가 서예사 연구를 추동하는 데 조금이나마 도움이 되기를 바라는 마음 간절하다.

하나씩 들어 자세히 설명하면서, 서예를 하려는 이들은 반드시 이를 통해 서도에 입문해야 한다고 역설했다.

　서유구는 붓 쥐는 법, 점 찍고 획 긋는 법, 살진 글씨와 마른 글씨 쓰는 법, 용필법(붓 놀리는 법), 결자(글자 형태 만들기) 등 본격적인 서도 정보를 전달하면서 실제 글씨 쓰는 움직임을 여러 비유를 빌려 표현했다. 또 글씨의 구조와 골격이 조화를 이루는 데 필요한 방안들을 제시했는데, 글씨도 생명체처럼 살아 움직일 수 있도록 쓰라는 주문이 핵심이다. 서체로는 해서와 행서, 초서 쓰기가 기본이 되기에 이를 두루 겸비해야 하며, 이들 서체의 모체가 되는 전서도 살펴 점과 획의 내력과 선후를 알아야 한다고 했다.

　"배우는 법"에서는 선배의 글씨를 본받는 여러 방법을 소개했다. 글자를 보고 그대로 따라 하기도 하고, 얇은 종이를 글씨 위에 덮고 용필을 따라 하기도 하고, 밝은 곳에서 글씨 위에 종이를 대고 글씨를 모사하기도 한다. 이런 글씨 쓰기의 모본은 이름난 글씨이면서 친필이어야 한단다. 서체만 흉내 내서는 안 되고, 글씨를 천천히 음미하면서 정신적 교감을 이루어야 진정한 전수가 되는 것이라 했다.

　"기타"에서는 글씨 쓰기의 필수품인 붓·먹·벼루·종이를 어떻게 사용해야 하는지를 알려 준다. 글씨 쓰기에서 살려야 할 9가지를 소개했으며 글자를 잘못 썼을 때 지우는 약을 제조하는 법도 제시했다.

　권4 〈그림[畫筌]【상】〉은 화론(畫論)으로, 권5 〈그림【하】〉와 함께 화론을 정리했다. '그림'으로 번역한 원 글자는 '화전(畫筌)'이다. 권3의 '서벌'이라는 명칭의 사례와 마찬가지로 '筌(통발)'이 생소해 보이는 글자다. 화전은 독자를 '그림[畫]의 세계를 손으로 잡을 수 있을 정도로 안내해 줄 통발[筌]'이라는 뜻인 것이다. 통발은 물고기를 잡는 데 필요한 도구이지만, 뗏목의 역할과 비슷하게, 물고기를 잡고 나면 버려야 하는 수단이다. 《장자(莊子)》 〈외물(外物)〉의 "통발은 물고기를 잡기 위한 것이니 물고기를 잡으면 통발은 잊어야 한다.(筌者所以在 魚 , 得魚而忘筌.)"라는 유명한 표현에 그 어원이 있다.

　내용을 밝히기에 앞서 이 분야에 대한 이전 연구자들의 소감을 간략 히 소개한다. 미술사학자 이성미는 19세기 중기까지의 조선 화론을 정 리한 뒤 서유구의 화론이 당시까지 나온 조선의 화론 중 가장 방대하 고 체계적이라고 평가했다.[22] 또한 조선뿐 아니라 중국의 화론서와 견 줄 때도 어느 화론서 못지않게 '포괄적'이라고 했다.[23] 미술사학자 박 은순도 《유예지》의 〈그림[畫筌]〉과 《이운지》 권6 〈골동품과 예술작품 감상(하)[藝翫鑑賞 下]〉를 분석하면서 서유구의 화론에 대해 "조선시 대 화론으로서는 기념비적인 저술"이라며 "조선시대 내내 서화에 관하 여 이처럼 포괄적이고 체계적 기록은 찾아보기 힘들"다고 높이 평가 했다.[24] 권4를 15년 전부터 번역해 온 역자 조송식은 "그림에 대한 전 면적인 내용을 다루는 체계적 이론"으로서 〈화전〉에 주목하면서 "《유

---

22 "18세기 후반기까지의 조선시대 문인들의 中國 繪畫史나 화론에 관한 저술이 이상에 서 살펴본 바와 같이 대부분 단편적이었으며 19세기 초, 중기에 이르러서도 南公轍 (1760~1840)의《金陵集》에 포함된 書畫跋尾, 秋史 金正喜(1786~1856)의 中國書畫에 관 한 글 등이 있으나 대부분 題跋 형식의 단편적인 것이며 역시 체계적인 저술이 아니었 다는 사실을 감안할 때 徐有榘의 〈遊藝志〉 중의 〈畫筌〉은 19세기의 초기의 것이기는 하 지만 상당히 방대하고도 체계적인 편집이다." 李成美,《《林園經濟志》에 나타난 徐有榘 의 中國 繪畫 및 畫論에 대한 關心：朝鮮時代 後期 繪畫史에 미친 中國의 影響〉,《美術 史學硏究》제193호, 한국미술사학회, 1992, 39~40쪽.
23 "徐有榘가 많이 인용한 中國의 明, 淸대의 畫論들이 모두 이와 같이 포괄적이 되지 못 한 점을 감안한다면 그가 〈畫筌〉을 편집한 의도를 이해하게 될 것이다. 淸代 沈宗騫의 《芥丹學畫編》(1781년) 全 四卷이 아마도 가장 포괄적인 후대의 畫論書라고 할 수 있을 것이다. 그러나 이 책은 淸初의 叢書類에 포함되지 못했던 때문인지 서유구의 引用群書 에 포함되지 않았다. 또한 沈宗騫은 서유구처럼 모든 화목을 포괄적으로 다룬 것이 아 니라 山水畫와 人物畫, 그중에서도 산수화에 역점을 둔 것이다." 李成美,《《林園經濟志》 에 나타난 徐有榘의 中國 繪畫 및 畫論에 대한 關心：朝鮮時代 後期 繪畫史에 미친 中 國의 影響〉,《美術史學硏究》제193호, 한국미술사학회, 1992, 49쪽.
24 박은순,〈서유구의 서화 감상학과《林園經濟志》〉, 한국학연구소 편,《18세기 조선 지식 인의 문화 인식》, 한양대학교 출판부, 2001, 416쪽, 445쪽.

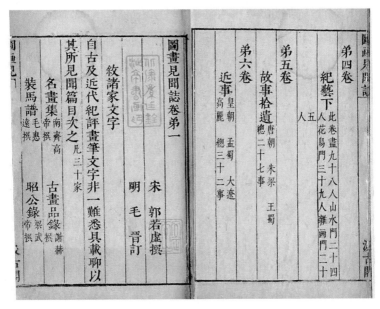

《도화견문지》

예지》의 〈화전〉과 《이운지》의 〈골동품과 예술작품 감상(하)〉 "명화(名畫)"는 각각 《유예지》와 《이운지》에 나뉘어 실려 있지만, 하나로 종합할 경우 우리나라에서 가장 방대하고 체계적인 화론"이라고 위치 지었다.[25] 이런 평가로 볼 때 《유예지》 권4·5 〈그림[畫筌]〉이 중국과 조선에서 나온 이전의 화론서를 가장 방대하고 체계적으로 정리한 화론서임이 분명하다.

"총론"의 기사는 남제(南齊) 사람 사혁(謝赫, 6세기 중엽)의 그 유명한 육법(六法) 이론으로 시작된다. 기운생동(氣韻生動)·골법용필(骨法用筆)·응물상형(應物象形)·수류부채(隨類傅彩)·경영위치(經營位

---

25 조송식, 《《유예지》 〈화전〉 해제》, 풍석 서유구 지음, 임원경제연구소(심영환·조송식·고연희·정명현) 옮김, 《임원경제지 유예지》 2, 풍석문화재단, 2017 참조.

置) · 전이모사(傳移模寫)가 그것인데, 이에 대해서는 역대로 많은 논의가 있었으나 여기서는 송나라 곽약허(郭若虛)의 저술인《도화견문지(圖畵見聞志)》의 견해를 실었다. 필치가 막힘없는 일필화를 그릴 수 있는 이는 육조시대 인물화가의 3대 거장 중 한 사람인 육탐미(陸探微)라고 했다.

이어서 신품(神品) · 묘품(妙品) · 능품(能品)으로 표현되는 그림의 3품등, 천취(天趣, 정신) · 인취(人趣, 생동) · 물취(物趣), 형사(形似)라는 그림의 3요소를 비롯하여 병폐, 요점, 장점, 필수 요소, 품격, 기피사항을 4~12가지로 설명하는 등 화론의 주요 요소를 일정 개수로 범주화했다.

"위치"에서는 필묵에 관심을 더 두는 화가들의 태도를 비판하며 구도를 소홀히 하지 말라고 충고했다. 표현 대상의 손님과 주인 관계에서 손님이 주인을 압도해서는 안 되고, 임금과 신하 관계는 그 위상이 일관성 있게 드러나도록 표현해야 한단다. 또한 그림 그릴 때 화폭을 통해 전달할 뜻을 먼저 정하고 그에 따른 구도를 결정해야 한다고 했다.

"제목 달기"에서는 제목을 먼저 정해야 좋은 작품이 되고 제목이 없으면 그림이 완성되었다고 할 수 없다는 주장을 비판하고, 제목 달기에 집착하면 인위와 자연을 분리시키는 결과를 초래한다는 논의로 시작한다. 제목을 잘 붙이지 못하거든 차라리 옛 제목을 사용하든가, 옛 제목이 이해되지 않거든 차라리 무제가 낫다는 것이다. 제목은 그림 속에서 작자가 어떤 역할을 하고 있는지를 연상할 수 있게 지어야 하며 제목과 필치는 신구(新舊)가 어울리도록 주의해야 한다고 했다.

"배우는 법"에서는 그림은 우선 여러 대가에게서 배워야 하는데, 그 목적은 이들의 법을 집대성함으로써 자신의 독창성이 저절로 드러나게 하기 위함이라 했다. 한 화가에게서만 배우면 구태의연해지고 단조

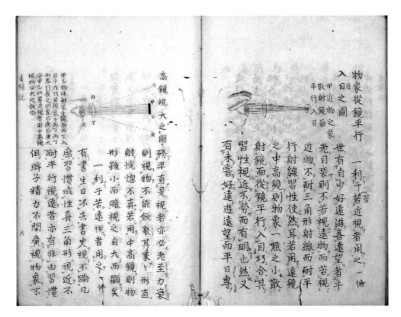

《원경설(遠鏡說)》(와세다대 소장본)

로워지기 때문이다. 그러나 초보 단계에서는 한 화법을 먼저 제대로 터득한 뒤에 두루 섭렵해야 한다고 지적하기도 했다. 이런 배움의 과정은 그대로 모사하는 작업보다는 정신적 교감을 더 중시한다. 이것이 선배의 작품과 비슷하면서도 차별되는 이유이기도 하다. 자연물의 변화나 다양한 상태를 배우는 공부는 스승의 법을 배우는 공부보다 더 뛰어나다. 그 이유는 천연의 생동을 법으로 삼아야 인위적인 의도를 초월할 수 있기 때문이란다.

임모(臨摸, 모사) 연습도 그림 자체를 그대로 옮기는 것보다 역시 옛사람의 정신을 깨닫는 일이 우선되어야 한다고 했다. 처음 임모 때는 비슷하지 못할까 걱정이고, 나중에는 너무 비슷할까 걱정이란다. 그러나 임모에서 소기의 성과를 달성했다면 임시방편이었던 옛 작품을 버릴 줄 알아야 하며 법과 자신이 서로를 잊고 자연스러운 경지에 도달할 수 있어야 함을 강조했다.

또한 문에 설치한 볼록렌즈를 통해 벽에 투사된 문밖 풍경을 모사하는 법도 설명했다. 이 방법은 중국에 머물렀던 예수회 선교사 아담 샬(Johann Adam Schall von Bell, 湯若望, 1591~1666)의 저술《원경설(遠鏡說)》에서 인용한 것으로, 정약용(丁若鏞, 1762~1836)의 형 정약전(丁若銓, 1758~1816)이 알았다는 사진기의 원리가 바로 이것이다.

"붓과 먹"에서는 용필과 용묵(색의 농담 조정)을 주로 다루었는데, 다음과 같은 내용이 들어 있다. 용필에서는 무엇보다도 붓 끝의 흔적이 그림에 드러나지 않는 장봉(藏鋒)을 구사할 수 있어야 한다. 또 붓은 시원스럽게 부릴 수 있도록 하고 기운과 격식은 기이하게, 필법은 바르게 해야 한다. 화법은 서법과 통한다. 용묵은 먹의 농도를 조절하는 기법을 말하는데, 짙은 먹과 옅은 먹, 젖은 먹과 마른 먹을 부리는 방법은 용필 못지않게 어렵다. 먹은 붓을 근골로 삼고, 붓은 먹을 정신으로 삼는 관계이나 붓과 먹이 잘 어울리는 일이 가장 어렵다. 비단에 그린 그림을 물로 씻어 없애거나 고운 돌로 비단을 문질러 먹색이 비단 올에 스며들도록 하는 방법을 마지막으로 소개했다.

"채색"에서는 그림 중 수묵이 으뜸임을 인정하면서도 조화롭게 채색하는 법을 추구할 필요도 있음을 역설했다. 이를 위해 색을 혼합하여 새로운 색을 만드는 방법을 설명한다.

서화에 작가의 이름을 쓰고 도장을 찍는 "낙관"은 원나라 이전에는 쓰지 않는 경우가 많았단다. 글씨가 정미하지 못해 그림을 손상시킬까 걱정해서이다. 하지만 그림에 낙관을 찍고 제발(題跋, 제목과 발문)을 쓸 만한 곳을 찾아 잘 표현한다면 더 훌륭한 작품이 되기도 한다고 했다.

"인물"은 인물화 이야기이다. 그림에서 인물화 그리기가 가장 어려운데, 대상이 되는 인물의 정신과 기상이 드러나도록 그려야 하기 때

문이란다. 형사(形似)나 구도에 얽매이
지 않으려면 인물의 기운과 모습이 분명
하게 드러나도록 해야 한다. 특히 정신과
기운이 표출되는 얼굴을 잘 그려야 하는
데, 여인을 그릴 때도 현란하고 아름다운
용모에만 치중하여 감상자의 눈을 즐겁
게 하기보다는 맑은 정신과 위엄 있고 엄
숙한 모습을 표현해야 한다고 했다. 또 눈
동자는 살아 움직이는 인물의 생의(生意)
를 드러내는 핵심이라 많은 공력을 들여
그려야 한다고 강조했다. 마지막에는 박
지원(朴趾源, 1737~1805)이 중국에서 서
양인이 그린 벽화를 본 소감을 소개했는
데, 마음이나 생각으로 짐작하거나 말이
나 문자로 형용할 수 없을 정도로 생생해
그 명암법이나 원근법 처리에 놀랐음을
전하고 있다.

오대 거연의 《계산란약도》

　"의관(衣冠)"은 제도에서 규정한 복장
그리기이다. 의관의 제도는 아주 심한 변
천을 겪었기 때문에 시대를 잘 구분해야
한다며 중국의 의관 변천사를 소개했다.
조선의 향촌에 사는 선비들에게 얼마나 유용할지 의문이 들기도 하지
만, 한편으로는 당시의 화풍이 여전히 중국 화풍의 모방에서 벗어나지
못했음을 보여 주는 내용이기도 하다. 의관에서는 옷주름을 어떻게 묘
사하느냐가 관건이라 한다.
　"산수, 숲과 나무"는 산수화론이다. 옛사람들이 가장 많이 그린 주제

여서 가장 많이 논의된 부분이기도 하다. 표제어도 29개로《유예지》에서 가장 많다. 산수화는 대상이 너무나 많고 형태에 따라 변화가 무쌍해 모사하기가 쉽지 않다. 인간을 포함한 모든 자연물을 어떻게 배치해야 할지 왕유(王維, 699~759)의《화학비결(畫學秘訣)》과 달중광(笪重光, 1623~1692)의《화전(畫筌)》을 인용하여 매우 소상히 적었다. 이어 산수를 그릴 때는 뜻이 붓보다 앞서야 한다며 6가지 비결과 8가지 법식을 소개하기도 했다.

따로 표제어를 두어 그리는 법을 다룬 자연물과 인공물도 있는데, 구름·안개·물·산·나무·이끼·소나무·버드나무·바위 등과 사찰·오두막·다리·배·돛단배 등이 그것이다. 이 중 나무 그리는 법에 대해서는 여러 기사를 동원하여 매우 상세히 다룬다. 또 비 오고 바람 부는 경치와 아침과 저녁의 경치, 사계절의 경치를 특징적으로 묘사하는 법도 곡진하게 설명한다.

가까이서 볼 때는 대충 그린 것 같지만 멀리서 보면 제대로 감상할 수 있는 그림도 소개했는데['평원(平遠)의 경치'], 이 기사는 오사카본에만 남아 있고 이후 필사본으로는 전승되지 않았다. 이외에도 물감 중 이금(泥金)·석청(石靑)·석록(石綠)을 주로 사용하는 채색 산수화인 금벽산수(金碧山水) 그리는 법, 산이나 바위의 입체감과 질감을 표현하는 준법(皴法), 사물 형태의 윤곽을 선으로 그리고 그 안을 채색하는 구륵법(鉤勒法) 등 산수화의 전문 기법도 구체적으로 다룬다.

"꽃과 열매, 새와 짐승"은 금수와 초목 그림 이야기이다. 꽃이나 열매, 초목을 그릴 때는 사계절 경치와 어울림을 세심하게 고려해야 한다고 운을 띄우고, 꽃·풀·꽃잎 그리는 법을 세세하게 설명했다. 이어 식물들을 손 가는 대로 그리면서 대상에 내재한 본질이나 그 특성을 표현하려는 기법인 사의(寫意)와 세필로 윤곽을 긋고 채색을 하여 대상의 외형적 묘사에 중점을 두는 기법인 사생(寫生)은 별개의 기법이라는 기존의 생각에 일침을 가한다. 이는 둘로 나눌 수 있는 것이 아니며, 화법은 다르지만 드러내려는 이치는 같다는 것이다. 한편 새나 짐승을 그릴 때는 반드시 그 동물의 형체와 이름과 서식지 등을 알아야 한다고 강조했다. 그럼으로써 이들의 근력과 정신을 분명히 드러내, 하늘에서 부여받은 본성을 표현할 수 있다고 했다.

건축물을 자를 써서 정교하게 그리는 "계화(界畫, 건축물을 자로 정교하게 그린 그림)"를 그릴 때는 옛날의 궁전 제도를 잘 알아야 한다고 했다. 계화는 수치 계산에 오차가 없어야 하고 필획이 균일해야 하며 하나의 시점이 다양하게 뻗어 나가야 한다며, 옛 계화에는 이런 점들이 잘 드러나 고아(古雅)한 멋이 있었지만 지금은 그렇지 못하다고 아쉬워하고 있다. 또 산수화를 으뜸으로 치고 계화를 하등으로 여기는 습속 때문에 계화를 쉽게 생각한다고 비판하고, 계화는 정교하고 법도에 합치해 다른 그림처럼 속일 수 있는 여지가 없다는 특징을 강조했다. 말미에는 서양화에 대해 이야기했는데, 건물의 각 구성요소가 정교하게 묘사되고 중국에는 없는 명암법을 구사한다며 이 다른 기법의 예술에 찬사를 보냈다.

"이격(異格, 특이한 화법으로 그린 그림)"에서는 이외의 특이한 화법을 소개한다. 먹을 쓰지 않고 바로 채색하는 몰골도(沒骨圖), 점을 찍어 산수를 표현하는 점족화(點簇畫), 붓 대신 손가락 끝에 먹을 묻혀 그리는 지두화(指頭畫), 손톱이나 세밀한 침으로 인물·누대·산수·초목 등을 그리는 공화(拏畫), 먹을 부어 산·바위·구름·강 등을 그리는 발묵화(潑墨畫), 윤곽선만 그린 채 채색하지 않는 백묘화(白描畫), 토필(흙으로 만든 붓)이나 소필(목탄 붓)로 밑그림을 그리고 담묵으로 이를 따라 묘사하는 기법이 그것이다.

권5 〈그림【하】〉는 매화·대나무·난을 그리는 기법을 그림과 함께 보여 준다.

《유예지》 '대나무 치기 도식(圖式)'

　이 권에서는 소제목인 "매보(梅譜) · 죽보(竹譜) · 난보(蘭譜)【부록
묵으로 묘사하는 여러 방법】" 아래에 다시 제목이 3개(대나무 치기,
매화 치기, 난 치기)가 있고 그 아래에 각각의 표제어가 나온다. 소제
목→표제어로 이어지는《임원경제지》의 일반적인 편집 위계와는 다
른 구조이다.
　"대나무 치기"에서는 대 그림에 정해진 법칙이 없으니 법칙을 배우
느라 헛되이 애쓸 필요가 없다며, 붓질에 생의가 있고 자연스러움의
경지에 이르면 된다고 했다. 또한 가슴에서 먼저 대나무가 이루어지도
록 한 뒤 붓을 들고, 일단 붓을 들면 거침없이 그려야 한다며 구도를
잡고 댓줄기 · 마디 · 가지 · 잎 그리는 법을 설명했다. 필묵법으로는 부
드럽고 힘차고 날카롭게 붓을 움직여야 한다고 했다. 채색에서는 염색
하듯 물들이는 승염(承染)이 중요한 단계이다. 이어 덧칠하는 법을 설

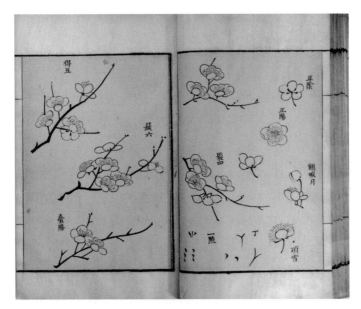

《유예지》 '매화 치기 도식(圖式)'

명하면서 녹색 물감과 풀즙 만드는 법을 소개했다.

　소제목에 부록으로 "【부록 묵으로 묘사하는 여러 방법】"이 적혀 있으나 "대나무 치기"에서만 필묵법을 이야기했을 뿐 따로 부록이 실리지 않은 것으로 보아 구상 단계에 머문 것으로 보인다.

　'대나무 치기 도식(圖式)'에서는 대나무 그림 70점을 제시해 대를 그리는 다양한 기법을 보여 주고 있다. 그림 옆에는 "줄기 끝의 마디는 짧다[梢頭節短]"거나 "바람을 맞이하다[迎風]"처럼 간략한 해설이 붙어 있다. 그림은 모두《죽보상록(竹譜詳錄)》과《삼재도회》에 나오는데, 《죽보상록》에서는 앞의 몇 폭만 옮겼고 거의 대부분은《삼재도회》에서 가져왔다.

　"매화 치기"에서는 송나라 석중인(釋仲仁)의《화매보(畫梅譜)》(또는 《매보(梅譜)》)를 순서대로 대부분을 인용했다. 먼저 4자로 이어지는 구전 비결(口訣)에서 매화의 특성을 찬미하고 매화 그리는 법을 노래했다.

이어 매화나무에서 상을 취해 각 요소의 특성을 상징적인 두 글자로 표현하고, 이들을 그리는 법을 하나씩 다룬다. 예를 들어 꽃꼭지는 태극(太極)을 상으로 삼아 일정(一丁), 뿌리는 음·양 이의(二儀)를 상으로 삼아 이체(二體), 화방은 삼재(三才)를 상으로 삼아 삼점(三點), 나무줄기는 사계절[四時]을 상으로 삼아 사향(四向), 꽃받침은 오행(五行)을 상으로 삼아 오엽(五葉), 가지는 육효(六爻)를 상으로 삼아 육성(六成), 꽃술은 칠정(七情)을 상으로 삼아 칠경(七莖), 잔가지는 팔괘(八卦)를 상으로 삼아 팔결(八結), 시드는 꽃은 지극한 수인 9를 상으로 삼아 구변(九變), 매화나무 전체는 완전한 수인 10을 상으로 삼아 십종(十種)이라 했다. 이렇게 상징화한 매화나무를 포함하여 나무의 각 부분을 그리는 법이 이어진다. 그릴 때 유의해야 할 점도 지적하고 있다.

'매화 치기 도식'에서는 매화나무 그림 123점을 제시해 매화나무를 그리는 다양한 기법을 보여 준다. "대나무 치기"에서와 마찬가지로 그림 옆에 "바람에 떨어지는 꽃잎[風落瓣]"이나 "달 드리우니 드문드문 그림자가 진다[月移疎影]"처럼 간략하게 해설해 놓은 경우가 대부분인데, 문장으로 설명을 적어 놓은 경우도 있다. 그림은 모두《삼재도회》를 인용했다.

"난 치기"에서 이론은 4자 요결[總結]로, 대나무나 매화나무에 비해 간단하게 서술되어 있다. 그림 그릴 도구의 상태와 난 치는 방법을 설명한다. '난 치기 도식'에서는 그림 91점으로 난을 치는 다양한 사례를 보여 준다. 대나무나 매화나무의 경우처럼 그림 옆에 간략한 해설을 해 놓은 예가 대부분이다. 그림은 모두《삼재도회》에 나온다.

'난 치기'로 맺는 권4·5의 〈그림[畫筌]〉에 관한 내용은 다른 분야와

달리 조선의 문헌은 거의 인용하지 않았다. 그나마 인용한《열하일기》
도 박지원이 중국에서 본 서양화에 관한 소감을 전했을 뿐이다.《국사
소지(菊史小識)》에서만 최북(崔北, 1712~1786)이라는 화가를 간단히
소개했다. 서유구의 견해를 담은 안설(案說)도 간단한 해설 수준이어
서, 자신의 의견 표명이 거의 없다. 조선의 화론을 다룬 이론서가 없어
서였는지, 있다 해도 중국 문헌을 정리한 수준이었기 때문인지, 서유
구가 이 분야에 문외한이었기에 중국 문헌만을 추수했기 때문인지는
명확하지 않다.

이상의 권5에서는 사군자라고 알려진 네 식물 중 세 가지만 다루고
나머지 한 가지인 국화는 다루지 않았다. 국화를 왜 다루지 않았는지
별도의 설명이 없어서 그 이유를 말하기는 어렵다. 다만 국화는 조선
시대 전반에 걸쳐 매화·난·대나무에 비해 훨씬 적게 그렸다고 한다.
그렇더라도 서유구의 편집 방식으로 볼 때 구색을 맞추기 위해서라도
'사국(寫菊, 국화 치기)'을 추가했을 법도 한데 국화가 빠진 이유는 모
르겠다.

권6 〈방중악보〉는 당시 방 안에서 풍류 음악으로 연주할 수 있었던
음악과 악기에 대해 알려 준다.[26] 거문고·중국금·양금·생황 이 네 악
기에 대한 해설과 연주법 및 악보가 수록되었다. 음악 이론이나 음악
미학과 관련된 언급은 없고 실제 연주 활동에 필요한 사항들만 기록되
었다.

국악학계에서《유예지》의 위상은 대단하다. 〈방중악보〉가 총 6권 중
일부로 포함되어 있지만, 국악학계에서는《유예지》자체를 "조선 순조

---

26  이하 〈방중악보〉 해제는 〈방중악보〉의 역자(《유예지》는 권마다 역자가 다름. 6명)가 줄거
    리를 잡고 정명현이 일부 보완했다.

오사카본 《유예지》 〈방중악보〉

때 서유구가 펴낸 악보"로 이해하기도 한다.[27] 기록으로 전하는 악보가 매우 희귀했기 때문에 〈방중악보〉가 일찍이 국악계의 주목을 받았다. 그러나 안타깝게도 〈방중악보〉 전체의 내용을 연구한 사례는 보이지 않는다. 이런 상황에서 〈방중악보〉의 "중국금 악보"나 "양금 악보" 등을 해독할 수 있는 학자를 찾을 수 없어 번역에 무진 애를 먹었다. 이에 대해서는 김세종의 해제에서 더욱 자세히 해명한다.

이 악보(樂譜)는 조선 후기 사회에서 유행한 하나의 중요한 문화 활동인 풍류방 연주회의 실상에 접근할 수 있는 실마리를 제공한다는 점에서 매우 의미 있는 기록물이기도 하다. 예를 들어 성대중(成大中, 1732~1809)의 《청성집(青城集)》에 나오는 "유춘오악회(留春塢樂會)"에서는 홍대용의 별장 '유춘오'에 모여 홍대용은 가야금을, 홍경성

---

27 한국학중앙연구원, 《한국민족문화대백과》 〈유예지〉 조 참조(포털사이트 네이버, 다음). 출판본인 《한국민족문화대백과사전》에는 수록되지 않았다.

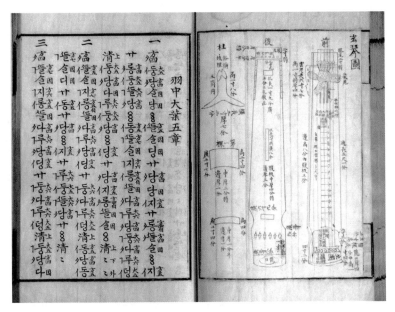

《유예지》 '거문고 그림'과 '우중대엽(羽中大葉)' 악보

(洪景性)은 거문고를, 이한진(李漢鎭, 1732~?)은 퉁소를, 김억(金檍, 1746~?)은 양금을, 장악원 공인 보안(普安)은 생황을 연주하고, 유학중(兪學中)은 연주에 맞춰 노래를 불렀다고 한다.[28] 〈방중악보〉의 악기 가운데 중국금을 제외한 모든 악기가 사용된 것이다. 아마도 이 〈방중악보〉에 수록된 곡이 연주됐으리라 추측된다. 성대중은 서유구의 젊은 시절 문집인《풍석고협집(楓石鼓篋集)》에 실을 글에 평을 해 준 사

---

28 예를……한다 : "湛軒 洪大容置伽倻琴, 洪聖景 景性操玄琴, 李京山 漢鎭袖洞簫, 金檍挈西洋琴, 樂院工普安, 亦國手也, 奏笙簧. 會于湛軒之留春塢, 兪聖習 學中, 侑之以歌."《靑城集》卷6〈記〉 "記留春塢樂會"(《韓國文集叢刊》248, 466쪽). 한국고전번역원《한국고전종합DB》참조.

람 중 한 명이었다.[29]

"거문고 악보"는 거문고를 연주할 때 왼손의 어떤 손가락을 사용하여 어떤 줄을 짚어야 하는지를 알려 주는 운지법(運指法)과 술대를 사용하는 탄법(彈法), 음표와 음고에 해당하는 여러 가지 구음(口音)들을 소개한다. 또한 거문고 여섯 줄의 이름과 악기 각 부분의 명칭 및 치수를 '거문고 그림'을 통해 보여 준다. 수록된 곡은 풍류방 음악으로 애용된 가곡, 영산회상, 보허사 등 모두 32곡인데, "거문고 악보"에 수록된 곡이 다른 악기인 중국금, 양금, 생황의 연주곡보다 훨씬 많은 것은 거문고가 당시 민간에서 많이 애호되었음을 말해 준다.

"중국금 악보"는 중국 악기인 금(琴)의 음과 운지법, 연주법, 기보법(악보 만드는 법) 등을 설명한다. '옛날 금 그림'에서는 부자금(夫子琴), 혁자금(革子琴), 호종금(號鍾琴), 자기금(子期琴), 뇌음금(雷音琴), 초미금(焦尾琴) 등 각종 옛 금들을 소개했으며, 당시 연주되던 금도 세부 명칭과 치수 등을 '현재 금 그림'의 세 부분도에서 자세히 설명했다. 이 중국금 그림들은 도종의(陶宗儀, 1316~?)의《금전도식(琴箋圖式)》에서 옮겼다고 했는데, 오사카본 초고에는《이운지》권2의 금 모양을 설명하는 대목에 실려 있다가[30] 뒤에 정리본으로 편집되는 과정에서 〈방중악보〉로 옮겨졌다. 연주곡은 5곡으로, 궁의(宮意), 상의(商意), 각의(角意), 치의(徵意), 우의(羽意) 각각에 풍류객이었던 명

---

29  성대중 외에도 이의준(李義駿, 1738~1798), 이덕무(李德懋, 1741~1793)가 문집에 평어를 적어 주었다. 이들의 평어의 내용과 의미에 대해서는 金大中,《楓石鼓篋集》의 評語 연구〉, 서울대 석사 학위 논문, 2005 참조 바람.
30 《이운지》권2 〈임원에서 함께하는 맑은 벗들(상)〉 "금과 검" '모양'(오사카본).

나라 구선(臞仙)의 해설 및 사(詞)와 악보를 감자보(減字譜)[31]로 적어 놓았다. 하지만 이 악보가 실제로 금을 연주하는 데 쓰이지는 않았을 것이다. 〈방중악보〉 악곡의 대부분을 차지하는 가곡이나 영산회상 등의 악곡이 중국금 악보에는 수록되어 있지 않기 때문이다. 윤용구(尹用求, 1853~1939)가 연경에서 금을 구입해 들여와 윤현구(尹顯求)와 함께 공부하여 조현법을 찾고, 우리나라 음조(音調)로 옮긴 뒤에야[32] 비로소 가곡, 영산회상 등에 대한 금의 악보를 만들었으며[33] 이후 풍류음악으로 연주될 수 있었다.

"양금 악보"에는 양금에 대한 조현법(調絃法, 악기의 줄 맞추는 법)과 연주법이 적혀 있다. 당시 조현법이 현재에도 그대로 사용되고 있으므로 당시의 악보로 지금도 동일하게 연주할 수 있다. 그런데 〈방중악보〉에 그려진 '양금 그림'에는 음고(音高)가 적혀 있어야 하는 부분에 필요도 없는 박자 부호가 기록되어 있어 오해의 여지가 있으니 주의를 요한다. 곡은 조현곡(다스름)에서 시작해 영산회상, 가곡, 시조를 수록해 놓았다.

---

31  감자보(減字譜): 문자보를 축소한 악보. 한 개 이상의 음에 대한 문자보의 기술을 간단한 부호로 만들어 그것들을 조합해 기록한 악보이다. 이런 감자부호(減字符號)는 대부분 한자를 감(減)해서 만든 것으로 한자의 필획에서 나온다. 악보에는 줄 이름, 휘(徽)의 위치, 왼손·오른손의 지법 등이 포함되어 있다. 玄璟彩, 〈中國古琴과 韓國거문고 記譜法의 比較〉, 《민족음악학》 12집, 서울대 동양음악연구소, 1990, 44쪽 참조.

32  "五族兄秋河先生 顯求氏, 攻經術而兼通律呂. 每以東琴之不合古式爲惑, 與余質論者屢矣. 往在庚辰冬, 從節使購七絃於燕京, 兼得儹往齋琴譜, 與秋河參較樂部諸書, 則制作規法果無差爽.遂因儹齋譜, 先得調絃之法, 次以我國調音解之, 費十數月工夫僅領旨趣, 其韻響之雄暢圓雅, 與東琴少無異焉. ……乙酉冬與秋河講關數月, 爰成一譜開錄如左, 以俟後之願學者. 光緒十一年乙酉(1885년) 冬十月亦睡軒尹用求書." 尹用求, 《七絃琴譜》 '七絃琴譜敍'(國立國樂院傳統藝術振興會 編著, 《韓國音樂學資料叢書》 16, 銀河出版社, 1989, 80쪽). 尹用求, 《玄琴五音統論》 '徽琴學門入識'(《韓國音樂學資料叢書》 14, 115쪽)에도 이와 거의 비슷한 내용이 적혀 있다.

33  그 결과물로 《七絃琴譜》(1885)와 《徽琴歌曲譜》(1893)가 있다.

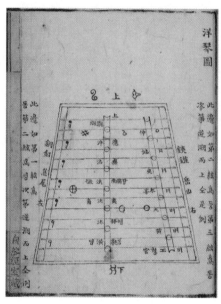

《유예지》 '양금'

　　조선에서의 양금 활용에 대해서는 연암 박지원의 증언이 생생하다. 박지원은 담헌 홍대용이 최초로 양금을 조선의 음조로 연주했다고 기록했다. 담헌이 자신의 집에 놀러 온 연암에게 양금을 연주해 보였는데, 음조를 이해한 수준이 보통이 아니어서 양금 연주법을 창시했다고 할 만해 그 날짜까지 적어 두었다는 것이다. 건륭 임진년(1772년) 6월 18일이 그날이다. 언제 양금이 들어왔는지는 알 수 없지만, 이때부터 담헌이 널리 전해 9년이 지난 뒤에는 금사(琴師)들 중에 이를 연주 못

하는 이가 없을 정도로 널리 퍼졌다고 한다.[34]

《유예지》의 "양금 악보"와 동일한 계통의 양금 고악보로는 이규경(李圭景)의 《구라철사금자보(歐邏鐵絲琴字譜)》를 들 수 있다. 이 두 악보는 같은 시기인 19세기 전반에 편찬되었다. "양금 악보"에는 《구라철사금자보》에 있는 제1·5·6·7·8·9가 없고 제2·3·4·5('양금 그림')는 거의 같은 내용으로 적혀 있으며 각 악보의 설명 부분과 악곡 수, 악곡명 등이 거의 같다는 점에서 동일한 연계성을 가진 악보로 분류할 수 있다.[35] 이규경은 이 점과 관련해 자신이 생황 악보와 양금 악보를 지었다고 술회한 적이 있다. 중국의 중국금·생황·양금 악보가 조선에는 없는 현실을 보고 자신이 몇 곡을 지어 "생황자보(笙簧字譜)·동금자보(銅琴字譜)"라고 했다는 것이다.[36]

이규경은 자신의 할아버지 이덕무의 영향을 받은 서유구를 종유(從遊)한 사람이다. 그의 역작 《오주연문장전산고》에 《임원경제지》와 서

34 담헌이 자신의……한다 : "歐邏鐵絃琴, 吾東謂之西洋琴, 西洋人稱天琴, 中國人稱番琴, 亦稱天琴. 此器之出我東, 未知何時, 而其以土調解曲始于洪德保. 乾隆壬辰六月十八日, 余坐洪軒, 酉刻立見其解此琴也. 槪見洪之敏於審音, 而雖小藝, 旣系柳始, 故余詳錄其日時. 其傳遂廣, 于今九年之間, 諸琴師無不會彈." 朴趾源, 《燕巖集》 卷15 別集 〈熱河日記〉 "銅蘭 涉筆"(《韓國文集叢刊》 252, 325쪽).

35 《구라철사금자보》에 수록된 내용의 순서는 다음과 같다. '第一柳來, 第二律名, 第三字點, 第四宜用彼字, 第五製形, 第六藏棄, 第七鼓絃, 第八琴銘, 第九典攷.' 이 중 제2~5까지의 내용이 겹친다는 것이다.

36 중국의……것이다 : "지금의 관악기나 현악기 연주는 옛날과 다르다. 또 당금(唐琴)·당비파·생황(笙簧)·양금(洋琴)이 우리나라 음(音)으로 번역된 것이 있으나, 손에서 손으로 서로 전할 뿐 자보(字譜)가 없다. 그러므로 내가 일찍이 생황·양금의 자보를 지었으나 몇 곡(曲)에 불과하다. 상자 속에 깊이 넣어 두었으므로 이를 본 사람이 없는데, 생황자보(笙簧字譜)·동금자보(銅琴字譜)라고 한다.(今之吹彈, 又與古異. 復有唐琴·唐琵琶·笙簧·洋琴, 譯以東音者, 但手手相傳, 未有字譜. 故愚嘗著簧笙·洋琴字譜, 不過數曲, 錮諸巾衍, 故人無見者, 名以笙簧字譜·銅琴字譜云.)" 《五洲衍文長箋散稿》 〈經史篇/經傳類〉 "樂" '俗樂辨證說'. 한국고전번역원 《한국고전종합DB》를 참조하고 일부는 정명현이 수정.

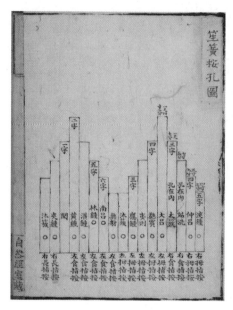

《유예지》 '생황 안공도'

유구에 대한 이야기가 10회나 인용된 바 있다.[37] 이런 정황을 볼 때 서
유구가 이규경이 지었다는 악보의 일부를 〈방중악보〉에 옮겼을 가능
성은 충분하다. 그런데 이 〈방중악보〉에는 인용문헌이 밝혀져 있지 않
다. 서유구의 저술 방식을 고려할 때 참고한 인용문헌을 밝히지 않는
경우는 자신이 이전 자료들을 정리했을 때이다. 그렇다면 아마도 〈방
중악보〉는 이규경이 정리한 악보와 출처 미상의 다른 악보를 서유구
가 다시 정리한 결과물일 수 있다.

"생황 악보"는 생황의 여섯 음과 지법(안공법[38]), 호흡법, 기보법, 연

---

37  정명현, 〈임원경제지 해제〉, 풍석 서유구 지음, 정명현·민철기·정정기·전종욱 옮기고
    씀,《임원경제지 : 조선 최대의 실용백과사전》, 씨앗을뿌리는사람, 2012, 255쪽.
38  안공법 : 악기의 어떤 구멍을 누르면 어떤 음을 낼 수 있는지를 표시하는 법.

주법에 대해 설명했으며 생황 그림을 함께 그려 놓았다. 생황은 모두 17개의 관으로 되어 12율 4청성을 낼 수 있고, 6개의 음(壘, 盧, 芮, 羅, 芮,[39] 里)으로 소리가 나는 구음으로 표시될 수 있다 했다. 실제 악보는 여섯 개의 숫자(一, 二, 三, 四, 五, 六)로 기보하고 있다. 또한 음의 길이[時價]는 ●(짧다), ○(중간), ○○(길다) 등의 부호로 나타냈다.

생황은 국악기 가운데 유일하게 화성을 낼 수 있는 악기인데, 6자관으로는 단성(單聲, 음표가 하나인 음)인 남려(南呂) 음을 내고 1자·2자·5자관, 3자·3자관, 4자·4자관, 5자·5자관으로 각각 쌍성(雙聲, 음표가 하나 이상이므로 화음이 이루어지는 음)을 낸다고 했다. 생황 연주곡으로 춤과 노래에 잘 어울리는 곡으로는 계면다엽(계면대엽), 농악, 낙시조, 편락 이 4가지가 있다 했고, 금(琴)과 적(笛)이 함께 잘 어우러지는 곡으로는 영산회상을 언급했다. 그러나 실제 악보에는 편락과 영산회상 악보가 빠져 있고 오직 가곡 악보만 기록되어 있으며, 그 곡수 또한 얼마 되지 않는 것은 사대부들에 의해 애호되던 거문고 악보와 비교된다 하겠다.

이상에서 설명한 〈방중악보〉는 번역 과정에서 번역의 개념을 달리 해야 했다. 글자를 한글로 옮기는 대신에 서양 악보로 채보하는 작업이 주된 번역이었다. 서유구가 조선 후기에 연주된 음악의 악보를 문자와 기호로 채보했기 때문에, 그 기록을 오늘날 이해할 수 있는 의미로 전달하기 위해서는 한글이 유용하지 않았다. 물론 악보를 읽을 수 있는 기호를 설명한 원문은 한글로 옮겨지지만 실제 악보는 그럴 수 없었던 것이다. 따라서 이번 〈방중악보〉 번역은 오늘날 악기로 연주할 수 있도록 옮겼는데, 이를 위해서 예를 들어 "거문고 악보"의 경우 지

---

39 芮: 원문에는 같은 글자로 두 개의 음이 표시되어 있다.

금까지 연구된 악보와 대조할 수 있도록 나란히 배치해 두었다. 하지만 국악학계에서 전혀 연구되지 않은 "중국금 악보"는 악보로 옮길 수조차 없었다.

《유예지》에서는 독서법, 활쏘기법, 산법, 글씨, 그림, 음악 이렇게 6개 분야를 다뤘다. 해제 중간중간에 평가했듯이 이 6개 분야는 현대 기준인 분과의 학술사적인 입장에서 볼 때 산법을 제외한 모두가 '조선 최대의 ○○백과사전'이라 평가해도 과도하지 않다. 다양한 분야를 전통 시대의 분류에 따라 단일 서종에 집적한《유예지》의 특징을 이런 측면에서도 바라볼 수 있을 것이다.

이상에서 보았듯이《유예지》는 다양한 분야를 담고 있기 때문에 특정의 한 역자가 번역을 모두 책임지기에는 애초부터 무리였다. 자신의 전문 영역을 번역한다면 역자도 호기심이 더 커질 것이고 용어 하나라도 적절하게 선택하는 장점이 있다. 따라서《유예지》에 가장 많은 역자가 배당된 상황은 지금처럼 분과 학문을 공부하는 여건에서는 어쩌면 부득이한 선택이다. 〈독서법〉과 〈활쏘기 비결(사결)〉은 고문헌을 많이 섭렵한 정진성이, 〈산법〉은 수학 교육 전공자인 장우석이, 〈글씨(서벌)〉는 초서에 조예가 깊은 심영환이, 〈그림[畫筌]〉은 미술사학자인 조송식과 고연희가, 〈방중악보〉는 국악학자인 김세종이 맡았다. 이중 권1과 권2만 12년 전에 1차 교열이 끝났고, 나머지는 초벌 번역 상태로 교열을 기다리고 있다가 올해에 본격적으로 정리 작업을 할 수 있었다. 이 글에서는 다소 전문적인 용어들을 많이 썼는데, 필자가 이들 방면에 문외한이라 쉽게 풀어 쓰지 못한 점, 또 한편으로는 전문용어를 쉽게 풀다 생길 수 있는 오류를 예방하려 한 점 때문이었음을 양지해 주시기 바란다.

## 3) 편집 체제

《유예지》는 총 6권으로, 대제목이 7개, 소제목이 35개, 표제어가 300개, 소표제어가 86개, 기사 수는 609개, 인용문헌은 82종이다. 대제목은 권1에 2개, 권2·6에 1개씩이고, 소제목은 권 순서대로 각각 9개, 1개, 5개, 13개, 3개, 4개이다. 표제어는 70개, 1개, 45개, 95개, 34개, 55개가 배치되어 있다.

이 중 권2의 〈산법〉부분이 권 전체에 걸쳐 표제어가 하나밖에 없는 특이한 편제를 띠고 있다. 표제어 '산법 총서[乘除總敍]' 아래에 22개의 소표제어가 이끄는 기사로 구성되어 있는 것이다. 이 소표제어는 다른 지의 소표제어와는 달리 꺾쇠로 테두리를 둘러 기사와 구별하고 있다. 이는 표제어에 쓰는 방식과 같다. 다만 표제어는 맨 위 칸에서부터 쓰지만 이 소표제어는 한 칸을 내려쓴 점이 다르다. 그리고 이 소표제어가 이끄는 기사가 끝나고 다음의 소표제어를 제시할 때는 줄을 바꿔 쓰고 있다. 이 역시 한 칸을 띄우거나 바로 이어 쓴 다른 지의 소표제어와는 다른 편집이다.

권2의 〈산법〉은 전체가 서유구의 조부인 서명응의 《고사십이집》수학 관련 부분을 전재한 것이다.[40] 표제어 및 소표제어도 그대로 가져왔는데 대제목(〈算法〉)과 소제목("九數槪略")은 서유구가 붙였다.[41] 그런데 《고사십이집》에서는 "승제총서(乘除總敍, 사칙연산 총서)"와 같은 수준의 제목으로 "방전수법(方田數法, 방전법)"부터 "구고팔선(句股

---

40 《攷事十二集》卷7〈午集文藝〉(《保晚齋叢書》10, 서울大學校 奎章閣韓國學研究院, 2009, 36~125쪽).

41 《고사십이집》에는 《유예지》의 소표제어인 "乘除總敍" 아래에 작은 글씨로 "以下數藝(이하는 수예에 관한 내용이다)"라고 써 놓았다. 서유구 식으로 이 부분에 제목을 붙인다면 "算法"이나 "九數槪略"이 될 것이다.

《유예지》 권2 첫 면

八線)"까지 수학의 구장(九章) 분야를 배치했다.[42] 그리고 "승제총서"의 하위 제목으로 "삼재수위(三才數位, 삼재의 단위 환산)", "구구수목(九九數目, 구구단)", "가감승제(加減乘除, 사칙연산)", "평방입방(平方立方, 제곱근과 세제곱근 구하기)", "사율비례(四率比例, 비례식 이용하여 구하기)"를 두었고,[43] 또 "삼재수위" 아래에 "역(曆)", "도량형(度量衡, 도량형의 단위 환산)", "전리(田里, 넓이와 길이의 단위 환산)"를 두었고, "가감승제" 아래에 "가법(加法, 덧셈)", "감법(減法, 뺄셈)", "인승(因乘, 곱셈)", "귀제(歸除, 나눗셈)"를 두었다.[44] 내용상으로 볼 때《고사십이집》의 체계가 더 알맞다.

---

42 이 제목들은 한 줄에 따로 적었는데, 모두 위에서 두 칸을 내려썼다.

43 이 제목들 역시 독립된 한 줄에 따로 적었으며 위에서 세 칸을 내려썼다.

44 "삼재수위" 아래의 세 항목은 해당 기사의 맨 위에 쓰고 한 칸을 띄어 본문을 서술했고, "가감승제" 아래의 네 항목은 해당 기사가 끝난 뒤 줄을 바꿔 "우가법(右加法, 이상은 덧셈법이다)"과 같은 식으로 적었다.

《고사십이집》(《보만재총서》 10)

그러나《유예지》의 편제상 이미 대제목과 소제목을 제시했기 때문에 "승제총서"가 표제어가 될 수밖에 없고 따라서 그 아래의 "삼재수위"는 소표제어가 되어야 한다. 그렇게 되면 "삼재수위"의 하위 항목인 "역", "도량형" 등은 더 이상 내려갈 편제가 없어진다. 이런 편집상의 난제로 서유구는 "삼재수위"와 그 하위 항목인 "역" 등을 같은 '소표제어' 수준으로 배치했을 것이다. 하지만《고사십이집》에서 "승제총서"와 같은 수준으로 배치했던 "방전수법"을 포함한 이하 9개의 제목을 소표제어로 배치하는 것은 서명응의 의도가 제대로 반영되지 않은 편집 방식이었다. "승제총서"에서 이야기했듯, 구장에 들어가기 위한 기초 과정이 바로 "승제총서"가 이끌고 있는 내용들이기 때문이다.《고사십이집》의 편집대로 "승제총서"는 "사율비례"까지만 아울러야 했다. 다음은 이 〈산법〉의 전체 편제를 암시하게 하는 서명응의 말이다.

遊藝志卷第五

林園十六志九十七

列上

徐有榘準平纂

男宇輔校

畫筌

梅竹蘭譜附描墨諸法

寫竹

總論蘇節枝葉四者若不由規矩終不能成畫凡濃墨中深淺下筆有輕重逆順往來須知去就濃淡

驪細便見榮枯葉葉著枝枝枝著節山谷云

生枝不應節能葉無所師須一筆筆有生意一面

遊藝志卷五　畫筌

面得自然四面團欒枝葉活動方為成竹墨竹

胷中成竹文湖州授東坡訣云竹之始生一寸之萌

耳而節葉具焉自蜩腹蛇蚹至於劍拔十尋者生

而有之也今畫竹者乃節節而為之葉葉而累之

豈復有竹乎故畫竹必先得成竹於胷中執筆熟

視乃見其所欲畫者急起從之振筆直遂以追其

所見如兎起鶻落少縱則逝矣坡云可之敎予

如此予不能然也夫既心識所以然而不能然者

內外不一心手不相應不學之過也且坡公尚以

為不能然者不學之過況後之人乎徒知畫竹

규장각본 《유예지》 권5 첫 면

사칙연산의 계산법은 덧셈(가법)·뺄셈(감법)·곱셈(인승법)·나눗셈(귀제법)을 말한다. 위로 거슬러 올라가 말하자면 하늘과 땅과 인류 문물에 쓰이는 각종 단위[三才數位]와 곱셈 구구단을 알고 난 뒤에야 이 사칙연산의 계산법을 운용할 수 있고, 아래로 내려가 말하자면 제곱근·세제곱근 구하기와 사율비례를 안 뒤에야 산법(算法)의 최고 수준에 이를 수 있다. 이 때문에 이제 이 5가지(하늘과 땅과 인류 문물에 쓰이는 각종 단위, 곱셈 구구단, 가감승제의 필산법, 제곱근·세제곱근, 사율비례)를 9가지 계산법에 앞서 밝힘으로써 처음 수학을 공부하는 선비들이 수학 입문의 첫걸음을 터득하도록 했다.[45]

---

45 "乘除之法, 加減因歸是也. 而溯其上, 則必知三才數位、九九數目, 然後可以措此法;沿其下, 則必知平方·立方·四率比例, 然後可以造于極. 故今以此五者, 冠于九章之首, 使初學之士得其所從入之門逕焉." 《유예지》 권2 〈산법〉 "'9가지 계산법[九數]'의 개략" '산법 총서[乘除總敍]'.

임원경제연구소에서 제시한 목차는 서명응의 이 같은 의도를 반영하여 편제를 재구성했음을 밝혀 둔다.

또 다른 특이한 편제는 권5 〈그림【하】〉에서 보인다. '대제목-소제목-표제어' 같은 일반적인 편제에서 소제목과 표제어 사이에 제목이 하나 더 들어가 있다. 소제목은 1개("梅竹蘭譜")로 두 칸 내려썼고, 그 다음 제목("寫竹", "寫梅", "寫蘭")은 줄을 바꿔 다시 위에서 세 칸을 내려썼다. 표제어는 이 뒤에 나온다. 실은 소제목인 "매보(梅譜) · 죽보(竹譜) · 난보(蘭譜)【부록 묵으로 묘사하는 여러 방법】"가 대제목이 되어야 이 권의 내용상 적합하지만, 권4에서 이어지는 '그림'이란 주제를 담아내는 과정에서 불가피하게 이 같은 체제를 선택해야 했던 것 같다.

권6의 〈방중악보〉는 표제어를 일반적인 표기 방식에 따르지 않고 한 줄을 따로 잡아 적어 놓은 점에서 역시 이채로운 편집 방식을 보여준다. 이 표제어는 세 칸을 내려썼다. 〈방중악보〉는 말 그대로 악보를 수록하고 있어서 악보를 표기하기 위해서는 맨 위 칸부터 적는 방식이 좋다는 판단에서 기인했을 것이다. 또한 이 권은 앞에서 언급했듯이 인용문헌을 밝히지 않았다. 일부 악기 그림의 출처를 서두에서 언급하기는 했지만, 다른 내용에 대해서는 일절 문헌을 밝히지 않은 것이다. 이는 당시까지도 채보해 놓은 문헌이 없었기 때문으로 이해해야 할 것이다. 이규경의 《구라철사금자보》에 수록된 내용과 일부가 같은 점을 볼 때 이 책 정도는 밝혔어야 하지 않을까 하는 의문이 들기도 하지만, 당시에 이규경의 저술이 책으로 만들어졌는지 아니면 정말 《구라철사금자보》나 이 책이 만들어지기 이전의 자료를 인용했는지는 알 수 없다. 따라서 필자는 이 권의 내용 전체를 서유구가 저술한 것으로 잠정적인 결론을 지었다.

이처럼 《유예지》는 다른 지와 편제가 다른 곳이 많다. 그만큼 서유구도《유예지》를 저술하는 과정이 그리 만만치 않았을 것으로 생각된다. 서유구의 안설을 포함한 기사 수는 총 609개이다.《유예지》는 또 기사당 원문 글자 수가 149자나 되어 전체《임원경제지》중 상당히 많은 분량을 차지한다.

〈표 1〉《유예지》 표제어류 및 기사 통계

| 권수 | 대제목 | 소제목 | 표제어 | 소표제어 | 기사 수 | 인용문헌 수 | 원문 글자 수 |
|---|---|---|---|---|---|---|---|
| 서문 | | | | | | | 376 |
| 목차 | | | | | | | 128 |
| 1 | 2 | 9 | 70 | 25 | 93 | 17 | 11,534 |
| 2 | 1 | 1 | 1 | 22 | 89 | 1 | 16,176 |
| 3 | 1 | 5 | 45 | 15 | 83 | 25 | 11,758 |
| 4 | 1 | 13 | 95 | | 237 | 39 | 18,055 |
| 5 | 1 | 3 | 34 | | 34 | 6 | 5,677 |
| 6 | 1 | 4 | 55 | 24 | 73 | 0 | 26,933 |
| 합계 | 7 | 35 | 300 | 86 | 609 | 82 (중복 제외) | 90,637 |

〈표 2〉《유예지》 기사당 원문 글자 수

| 원문 글자 수 | 기사 외의 글자 수 | 기사 글자 수 | 기사 수(안설 포함) | 기사당 원문 글자 수 |
|---|---|---|---|---|
| 90,637 | 2,862 | 87,775 | 610 (600+10) | 144 |

〈표 3〉《유예지》 소제목별 표제어류 및 기사 통계

| 권수 | 대제목 | 소제목 | 표제어 | 부록 | 소표제어 | 기사 | 인용문헌 수 | 원문 글자 수 |
|---|---|---|---|---|---|---|---|---|
| 서문 | | | | | | | | 376 |
| 목차 | | | | | | | | 128 |
| 1 | 1 | 1 | 20 | | | 33 | 13 | 3,555 |
| | | 1 | 6 | | | 11 | | |
| | | 1 | 4 | | | 4 | | |
| | | 1 | 7 | | | 8 | | |
| | | 1 | 5 | | | 6 | | |
| | 1 | 1 | 16 | | 14 | 17 | 3 | 7,979 |
| | | 1 | 3 | | 11 | 3 | | |
| | | 1 | 2 | | | 2 | | |
| | | 1 | 7 | | | 9 | | |
| 2 | 1 | 1 | 1 | | 22 | 89 | 1 | 16,176 |

| | | | | | | | | |
|---|---|---|---|---|---|---|---|---|
| 3 | 1 | 1 | 7 | | | 14 | 25 | 11,758 |
| | | 1 | 2 | | | 2 | | |
| | | 1 | 20 | | 15 | 49 | | |
| | | 1 | 6 | | | 6 | | |
| | | 1 | 10 | | | 12 | | |
| 4 | 1 | 1 | 10 | | | 12 | 39 | 18,055 |
| | | 1 | 5 | | | 5 | | |
| | | 1 | 3 | | | 4 | | |
| | | 1 | 5 | | | 15 | | |
| | | 1 | 8 | | | 13 | | |
| | | 1 | 3 | | | 11 | | |
| | | 1 | 3 | | | 4 | | |
| | | 1 | 6 | | | 10 | | |
| | | 1 | 2 | | | 5 | | |
| | | 1 | 29 | | | 121 | | |
| | | 1 | 10 | | | 17 | | |
| | | 1 | 4 | | | 7 | | |
| | | 1 | 7 | | | 13 | | |
| 5 | 1 | 1 | 12 | 부록 표시는 돼 있지만 해당 내용은 없음 | | 12 | 6 | 5,677 |
| | | 1 | 20 | | | 20 | | |
| | | 1 | 2 | | | 2 | | |
| 6 | 1 | 1 | 42 | | 3 | 44 | 0 | 26,933 |
| | | 1 | 4 | | 17 | 17 | | |
| | | 1 | 4 | | 4 | 7 | | |
| | | 1 | 5 | | | 5 | | |
| 합계 | 7 | 35 | 300 | 1 | 86 | 609 | 82 (중복 제외) | 90,637 |

## 4) 필사본 분석

《유예지》는 오사카본, 규장각본, 고려대본이 전해진다. 이 중 고려대본은 권5·6이 없다.[46] 오사카본과 고려대본은 《유예지》 편찬 상태를 살펴볼 수 있는 실마리를 제공해 준다. 오사카본은 교정한 흔적이 전혀 나타나지 않는다. 다만 훗날 '자연경실장' 괘지에 오려 붙인 흔적만 확인할 수 있다. 권에 따라 원고지가 나른네, 크게 세 부류이다. 첫째 부류는 판심에 '자연경실장'이 찍힌 원고지이고, 둘째 부류는 자연경

---

46 고려대본에 없는 권5·6은 오사카본을 저본으로 삼았다.

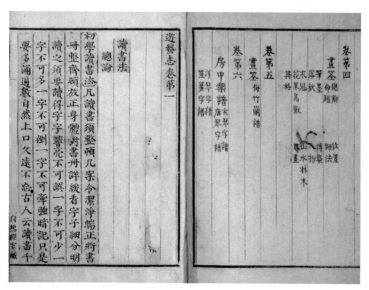

《유예지》 오사카 부립 나카노시마도서관 소장본

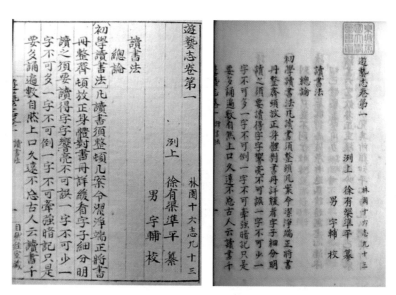

《유예지》 고려대본(좌), 규장각본(우)

실장이라는 글자가 들어갈 공간만 있고 글자는 없는 원고지이며, 셋째 부류는 아예 자연경실장이라는 글자가 들어갈 공간이 마련되지 않은 원고지이다. 첫째 부류에 권1·3·4·6이, 둘째 부류에 권2·5가, 셋째 부류에 권6이 해당된다. 권6은 두 부류의 원고지를 다 쓰고 있다. "거문고 악보"에서 채록 악보가 실린 곳은 줄이 그어져 있지 않다. 거문고의 구음을 기록한 곳 양편에, 어느 손가락을 써서 어떤 줄의 어느 곳을 짚어야 하는지 알려 주는 정보를 적을 공간이 필요해 줄이 없는 종이에 써야 했기 때문이다. 이외의 내용은 모두 '자연경실장' 괘지를 썼다.

한편 고려대본은 필사한 모본의 기록을 그대로 옮기면서 판심의 글자도 모두 써 놓았기 때문에 모본의 원고지 출처를 살필 수 있는 중요한 증거를 남겨 두었다. 일실된 권5·6을 제외한 나머지 권은 대부분 판심처에 '자연경실장'이라 써 두었다. 그런데 권2의 경우, 앞 4면만 '자연경실장'으로 적고 그 이후는 모두 '풍석암서옥(楓石菴書屋)'이라 썼다. 한편 오사카본 권2는 판심처에 아무 글자도 적혀 있지 않다. 고려대본 필사자가 필사하면서 모본에 없는 글자를 만들어 적었을 가능성은 거의 없다. 그렇다면 고려대본은 오사카본 이후의, 오사카본을 토대로 정리한 가장본이 모본이었을 것이다.


## 5) 인용문헌 소개

인용문헌은 총 82종이다. 이 중 중국 문헌이 76종, 조선 문헌이 4종, 일본 문헌이 1종이다. 《유예지》에서 가장 많이 인용된 서적은 《고사십이집》(15,937자, 1회)이었으며, 2천 자 이상 이용된 문헌으로는 《무경회해》(5,804자, 23회), 《산정거화론》(3,502자, 67회), 《원교서결》(2,852자, 11회), 달중광 《화전》(2,601자, 19회), 《화매보》(2,057자, 18회), 《도

화견문지》(2,024자, 16회) 등의 순이었다. 조선의 문헌은《고사십이집》
과《원교서결》을 비롯하여《증보산림경제》(248자, 4회),《열하일기》
(203자, 1회) 등 총 4종이 인용되었다.

특수한 전문서들이 여러 영역에서 집중적으로 활용되었는데,《산정
거화론》· 공현《화결》·《화매보》· 달중광《화전》·《도화견문지》등은
권4·5의 〈그림[畫筌]〉에,《주자어류》는 권1의 〈독서법〉에,《무경회해》
는 〈활쏘기 비결(사결)〉에,《원교서결》은 권3의 〈글씨(서벌)〉에 인용
되었다.

총 10회 실린 서유구의 안설은 0.2퍼센트(180/90,637)의 비율을 보
여 전체에서 차지하는 비중이 미미하다. 반면 권6 전체는 인용문헌이
밝혀져 있지 않아 서유구의 저술로 판단했는데, 전체의 29퍼센트에 해
당한다.

《유예지》전체에서 서유구 저술 이외의 조선 문헌 비율은 21.2퍼센
트였고, 서유구 저술의 비율은 32.5퍼센트를 차지했다.《유예지》전체
에서 조선 문헌이 차지하는 비율은 총 53.7퍼센트로 반이 넘었다. 이
는 권2와 권6 전체가 조선 문헌에서 왔기 때문이다.[47]

〈표 4〉《유예지》에서 서유구 저술 이외의 조선 문헌 비중

| 인용 조선 문헌 | 글자 수 | 기사 수 |
|---|---|---|
| 원교서결 | 2,852 | 11 |
| 증보산림경제 | 248 | 4 |
| 고사십이집 | 15,937 | 1 |
| 열하일기 | 203 | 1 |
| 합 계 | 19,240 | 17 |
| 비 율 | 21.2(19,240/90,637) | 2.8(17/608 ) |

---

47 이상의 편집체제, 인용문헌, 글자 수 등을 분석하는 데에 민철기, 정정기, 김현진, 김수
   연, 최시남 연구원이 수고해 주었다.

<표 5> 《유예지》에서 서유구 저술의 비중

| 구분 | 글자 수 | 비고 |
|---|---|---|
| 서문 | 376 | |
| 목차 | 128 | |
| 권수, 권차, 권미제, 저자명, 교열자명 | 192 | |
| 대제목, 소제목, 표제어, 소표제어 | 1,986 | |
| 안설 | 180 | 10회 |
| 권6 | 26,615 | 목차, 권두, 권미 제외 |
| 합 계 | 29,477 | |
| 비 율 | 32.5 | 29,477/90,637 |

<표 6> 《유예지》에서 조선 문헌의 비중

| 구분 | 글자 수 | 비고 |
|---|---|---|
| 서유구 저술 이외의 조선 문헌 | 19,240 | |
| 서유구 저술 | 29,477 | |
| 합 계 | 48,717 | |
| 비 율 | 53.7 | 48,717/90,637 |

<표 7> 《유예지》에서 중국 문헌의 비중

| 서명 | 글자 수 | 기사 수 |
|---|---|---|
| 무경회해 | 5,804 | 23 |
| 산정거화론 | 3,502 | 67 |
| 달중광 《화전》 | 2,601 | 19 |
| 화매보 | 2,057 | 18 |
| 도화견문지 | 2,024 | 16 |
| 죽보상록 | 1,993 | 11 |
| 속서보 | 1,912 | 10 |
| 공현 《화결》 | 1,752 | 51 |
| 왕씨사경 | 1,704 | 13 |
| 주자어류 | 1,641 | 36 |
| 몽계필담 | 1,115 | 7 |
| 춘우잔순 | 1,021 | 7 |
| 화주 | 729 | 14 |
| 영자팔법 | 699 | 1 |
| 논화쇄언 | 668 | 9 |
| 삼재도회 | 659 | 2 |
| 화학비결 | 644 | 9 |
| 서결 | 599 | 1 |
| 철경록 | 568 | 1 |

| 서명 | 글자 수 | 기사 수 |
|---|---|---|
| 임천고치 | 521 | 4 |
| 진택장어 | 501 | 3 |
| 한묵지 | 501 | 7 |
| 준생팔전 | 434 | 3 |
| 동천청록 | 413 | 6 |
| 사매론 | 395 | 1 |
| 진주선 | 387 | 1 |
| 산호시화 | 378 | 1 |
| 사매결 | 350 | 1 |
| 형호 《산수부》 | 328 | 1 |
| 독서록유편 | 327 | 6 |
| 막시룡 《화설》 | 318 | 3 |
| 정단례 《독서분년일정법》 | 310 | 1 |
| 탕후 《화론》 | 291 | 3 |
| 몽계보필담 | 266 | 2 |
| 묵지쇄록 | 266 | 11 |
| 모일상 《회묘》 | 248 | 5 |
| 고금비원 | 228 | 4 |
| 연북잡지 | 209 | 4 |
| 구양문충계자첩 | 207 | 1 |
| 유환기문 | 195 | 2 |
| 필결 | 191 | 1 |
| 만가휘요 | 184 | 1 |
| 해악명언 | 182 | 5 |
| 동몽수지 | 180 | 2 |
| 암서유사 | 150 | 2 |
| 왕우군필진도후 | 145 | 1 |
| 주자독서지요 | 144 | 1 |
| 소식 《여왕랑서》 | 122 | 1 |
| 원경설 | 113 | 1 |
| 화사 | 111 | 2 |
| 묵죽보 | 98 | 1 |
| 왕일휴 《훈몽법》 | 96 | 1 |
| 우초신지 | 93 | 1 |
| 우간 | 91 | 1 |
| 서계총화 | 84 | 1 |
| 위숙자집발 | 76 | 1 |
| 춘저기문 | 73 | 1 |
| 상서고실 | 70 | 1 |
| 주자독서법 | 70 | 2 |
| 명화기 | 65 | 1 |
| 황정견 《여이기중서》 | 64 | 1 |
| 유양잡조 | 63 | 2 |
| 형설총설 | 58 | 1 |
| 화감 | 55 | 1 |
| 지북우담 | 54 | 2 |
| 고화품록 | 50 | 1 |
| 항조필기 | 50 | 1 |
| 담묵록 | 38 | 1 |

| 서명 | 글자 수 | 기사 수 |
|---|---|---|
| 동래집잡설 | 38 | 1 |
| 정단몽 《학칙》 | 34 | 1 |
| 서명사고 | 31 | 1 |
| 단연총록 | 28 | 1 |
| 국사소지 | 26 | 1 |
| 서화보 | 26 | 1 |
| 탕후 《화설》 | 25 | 1 |
| 팽궁임위집평 | 21 | 1 |
| 합계 | 41,764 | 431 |
| 비율(%) | 46.1(41,764/90,637) | 70.8(431/609) |


〈표 8〉《유예지》에서 일본 문헌의 비중

| 구분 | 글자 수 | 기사 수 |
|---|---|---|
| 화한삼재도회 | 156 | 1 |
| 비율(%) | 0.2(156/90,637) | 0.2(1/609) |


〈표 9〉《유예지》에서 출전 미상 문헌의 비중

| 구분 | 글자 수 | 기사 수 |
|---|---|---|
| 출전 미상 | 26,615 | 1 |
| 비율(%) | 29.4(26,615/90,637) | 0.2(1/609) |

- 이 책은 풍석 서유구의 《임원경제지》를 표점, 교감, 번역, 주석, 도해한 것이다.

- 저본은 정사(正寫) 상태, 내용의 완성도, 전질의 구성 등을 고려하여 권1~4는 고려대학교 도서관 소장본으로, 권5~6은 오사카 나카노시마 부립도서관본으로 했다.

- 현재 남아 있는 이본 가운데 서울대학교 규장각한국학연구원, 일본 오사카 나카노시마 부립도서관본을 교감하고, 교감 사항은 각주로 처리했으며, 각각 규장각본, 오사카본으로 약칭했다.

- 교감은 본교(本校) 및 대교(對校)와 타교(他校)를 중심으로 하고, 필요에 따라서는 이교(理校)를 반영했으며, 교감 사항은 각주로 밝혔다.

- 번역주석의 번호는 일반 숫자(9)로, 교감주석의 번호는 네모 숫자(⑨)로 구별했다.

- 원문에 네모 칸이 쳐진 注, 法 등과 서유구의 의견을 나타내는 案, 又案 등은 원문의 표기와 유사하게 네모를 둘렀으며, 특히 권2에서 수학문제 풀이법을 표현하는 法에 대해서도 같은 원칙을 적용하였다.

- 원문의 주석은 【 】로 표기했다.

- 서명과 편명은 번역문에만 각각 《 》및 〈 〉로 표시했다.

- 표점 부호는 마침표(.), 쉼표(,), 물음표(?), 느낌표(!), 쌍점(:), 쌍반점(;), 인용부호("", ''), 가운뎃점(·), 모점(、), 괄호(( )), 서명 부호(《 》)를 사용했고 인명, 지명 등 고유명사에는 밑줄을 그었다.

- 字, 號, 諡號 등으로 표기된 인명은 성명으로 바꿔서 옮겼다.

# 차례

# 유예지 권제1 遊藝志 卷第一

## 독서법 讀書法

## 활쏘기 비결(사결) 射訣

# 유예지 권제2 遊藝志 卷第二

## 산법 算法

# 《유예지》서문        遊藝志引

예(藝)란 기능이다. 예의 이름은 여섯 개가 있다. 하나는 예(禮)·악(樂)·사(射)·어(御)·서(書)·수(數)가 이에 해당된다. 하나는 《시》·《서》·《예》·《악》·《역》·《춘추》가 이에 해당된다. 이 모두 기능의 조목(條目)이다.

그러나 예의 뜻을 살피자면, 옛날에는 '예(藝)'라는 글자가 없었다. 지금 쓰이는 글자는 속자(俗字)가 와전된 것이다. 《설문해자》에 의거하면, 예(埶)란 글자가 있으니, 곡식을 재배하고 나무를 심는다[種植]는 뜻이다. 토(土)와 극(丮)의 자형을 따른다. 극이란 손[手]이다.¹ 《시경》에 "나는 기장과 조[稷]를 재배한다."² 라 하고, 《맹자》에 "오곡을 재배한다."³ 라 했다.

藝者, 技能也. 藝之名有六. 一以禮樂射御書數, 當之. 一以詩書禮樂易春秋, 當之. 皆技能之目也.

然以其義求之, 在古無藝之文. 今所行是俗之譌也. 据說文, 有埶字, 種植之義也. 從土從丮[1]. 丮者, 手也. 詩云"我埶黍稷", 孟子曰"樹埶五穀".

---

1 극이란 손[手]이다: "극(丮)은 잡는 것이다. 손으로 붙잡고 있는 모습을 본떴다. ……예(埶)는 심는 것이다. '극에(丮埶)'의 자형을 따랐다. 잡고서 심는 것이다. 《시경》에 '나는 기장을 심는다'고 했다.[주 : 예(埶)와 예(藝) 두 글자는 《설문해자》에 보이지 않는다. 주나라 때에는 육예의 글자를 대개 예(埶)로 썼다. 유자들에게 예악사어서수는 농부들의 심는 기술과 같은 것이다.](丮, 持也. 象手有所丮據也. ……埶, 種也. 從丮埶. 丮持種之. 詩曰 : 我埶黍稷. [注 : 埶藝字皆不見於說文. 周時六藝字蓋亦作埶, 儒者之於禮樂射御書數, 猶農者之樹埶也.])"《說文解字注》3篇下〈丮部〉.

2 《毛詩正義》卷13〈小雅 谷風之十〉'鼓鐘'(《十三經注疏整理本》5, 941쪽).

3 《孟子注疏》卷5〈滕文公〉上 (《十三經注疏整理本》25, 174쪽).

[1] 丮 : 오사카본에는 "丮". 《說文解字》에 근거하여 수정. 이다음 "丮"도 이와 같다.

# 遊藝志引

藝者技能也藝之名有六一以禮樂射御書數當之一以詩書禮樂易春秋當之皆技能之目也然以其義求之在古無藝之文今所行是俗之譌也据說文有埶字種植之義也从土从丮丮者手也詩云我埶黍稷孟子曰樹埶五穀古之耕者三年而通一埶以起於種穀故謂之埶因借為技能之名此六埶之所始也後人乃加艸加云徐騎省謂義無所取然至今承用其實俗之譌也夫子曰游於藝是射御之倫非詩書之等何者春秋為夫子之作則勉學不應据自

一

自然經室藏

옛날의 밭 가는 사람은 3년 동안에 한 가지 재배에 통달했다.[4] 곡식을 재배하는 것에서 시작되었으므로 예(埶)라 하였는데, 그 명칭을 빌려 기능을 나타내는 이름으로 삼았다. 이것이 육예(六埶)의 유래이다. 후인이 여기에 초(艸)와 운(云)을 덧붙인 것이다. 서현(徐鉉)[5]은 이에 대해 "뜻으로 취한 것은 없다"[6]고 했다. 그러나 지금까지 이어서 사용했으니 이는 참으로 속자가 와전된 것이다.

공자께서 "예(藝)에서 노닌다"[7]라 하셨는데, 이것은 활쏘기[射]나 수레 몰기[御]와 같은 유를 말하지, 《시경》이나 《서경》 등을 말하지는 않는다. 어째서인가?《춘추》는 공자께서 지은 것이니, 학문을 권면하면서 응당 자기가 지은 책을 들면

古之耕者, 三年而通一埶. 以起於種穀, 故謂之埶, 因借爲技能之名. 此六埶之所始也. 後人乃加艸加云. 徐騎省謂, "義無所取". 然至今承用,其實俗之譌也.

夫子曰"游於藝", 是射御之倫, 非詩書之等. 何者? 春秋爲夫子之作, 則勉學不應据自作者而數之也.

---

4  옛날의……통달했다 : 이와 유사한 내용의 구절은 다음과 같다. "옛날의 학자는 농사지으면서 수양했기에 3년에 1예를 통달했다. 대체(大體)를 보존하고서 경전의 글을 음미했을 뿐이다. 그러므로 공부에 들인 날은 적지만 덕의 축적은 많았으니, 30세가 되어 오경(五經)을 제대로 마쳤다.(古之學者耕且養, 三年而通一藝. 存其大體, 玩經文而已. 是故用日少而畜德多, 三十而五經立.)"《漢書》卷30〈藝文志〉第10.

5  서현(徐鉉) : 917~992. 중국 오대 시기의 문자학자. 남당(南唐)이 망한 후 송(宋)으로 가서 우산기상시(右散騎常侍)라는 벼슬을 했으므로, 서기성(徐騎省)이라고도 한다. 아우 서개(徐鍇)와 함께 설문학(說文學)을 정비하였다. 서현은 통행본으로 전해지는 '대서본(大徐本)'《說文解字》30卷을 교정했고, 서개는 '소서본(小徐本)'《說文解字繫傳》을 편찬했다.《稽神錄》6卷,《騎省集》30卷 등의 저술이 있다.《宋史》卷441〈列傳〉第200 '文苑' 3.

6  뜻으로……없다 : 서현이《新修字義》에서 말했다. "예(藝)는 본래 예(埶)로만 썼는데, 후인이 초(艸)와 운(云)을 덧붙였다. 뜻으로 취한 것은 없다.(藝, 本只作埶, 後人加艸、云, 義無所取.)"

7  예(藝)에서 노닌다 : "인(仁)과 늘 함께하며, 예(藝) 속에서 노닌다.[주 : 예란, 육예이다.](依於仁, 游於藝.[注 : 藝, 六藝也.])"《論語注疏》卷7〈述而〉.

作者而數之也其曰游者言當常目肄習於其中如
魚之游於水是所謂藏焉修焉息焉游焉者也今志
中但叙讀書射箺及書畫房樂之法不及於他何也
蓋禮樂者先王之大教其目至繁何暇於倉卒講習
又況大樂之敝已久今雖欲復之勢末由也古人有
事專以車為重故有御之法為學者之一藝今人無
乘車之制何所講於御也且書者六書之教也古者
小學專於是著力後來爾雅說文之學別為一門今
亦不暇於倉卒講習故略以書畫之法當之皆所以
參酌增刪俾於林居之用者也

서 나열하지는 않았을 것이다.

유(游)라고 한 것은 물고기가 물에서 노닐 듯 그 속에서 늘 눈으로 보고 익혀야 한다는 말이다. 이것이 이른바 "묵히기도 하고[藏], 닦기도 하고[修], 쉬기도 하고[息], 노닐기도 한다.[游]"[8]는 것이다.

其曰游者, 言當常目肄習於其中, 如魚之游於水. 是所謂 "藏焉, 修焉, 息焉, 游焉"者也.

지금 《유예지》 중에 다만 독서와 활쏘기, 수학 및 서화와 방중악[房樂]의 방법만 서술하면서 다른 항목을 언급하지 않은 이유는 어째서인가? 대개 예와 악이란 선왕의 큰 가르침으로 그 조목이 매우 번잡하니, 어느 겨를에 갑자기 익힐 수 있겠는가? 또 하물며 대악(大樂)은 사라지거나 변형된 지 이미 오래되어 지금 다시 되살리려 하여도 할 수가 없다.

今志中, 但敍讀書、射、算及書畫、房樂之法, 不及於他, 何也? 蓋禮樂者, 先王之大敎, 其目至繁, 何暇於倉卒講習? 又況大樂亡缺已久, 今雖欲復之, 勢末由也.

옛사람들은 나라에 큰일이 있으면 오로지 수레를 중요하게 여겼다. 그러므로 수레 몰기는 배우는 사람들에게 하나의 예(藝)가 되었다. 하지만 지금 우리에게는 수레 타는 제도가 없으니 어

古人有事, 專以車爲重. 故有御之法爲學者之一藝. 我人無乘車之制, 何所講於御也. 且書者, 六書之敎也. 古者小

---

8 묵히기도……한다[游] : "군자는 배움에서 묵히기도 하고, 닦기도 하고, 쉬기도 하고, 노닐기도 한다.[주 : 장(藏)이란 마음속에 담아 두는 것이다. 수(修)는 익히는 것이다. 식(息)이란 힘들게 일하고 쉬는 휴식을 말한다. 유(遊)란 한가하게 아무런 일 없이 노니는 것을 말한다.](故君子之於學也, 藏焉・修焉・息焉・遊焉.[注 : 藏, 謂懷抱之. 修, 習也. 息, 謂作勞休止謂之息. 遊, 謂閒暇無事謂之遊.])" 《禮記註疏》 卷36 〈學記〉.

디에서 수레 모는 방법을 익히겠는가? 그리고 글씨 쓰기[書]란 육서(六書)를 가르치는 것이다. 옛날의 소학(小學)은 오로지 여기에다 힘을 쏟았으나, 그 뒤로《이아》나《설문해자》의 학문이 따로 하나의 하통을 이루었다. 그런데 지금 또한 갑자기 익힐 겨를이 없으므로 대략 서화를 하는 방법으로 대신하겠다. 참작하여 더하거나 줄인 이유는 모두 시골의 생활에서 편히 쓰이게끔 하려 하기 때문이다.

學專於是著力, 後來爾雅說文之學, 別爲一門. 今亦不暇於倉卒講習, 故略以書畫之法當之. 皆所以參酌增刪, 便於林居之用者也.

임원경제지 93

# 유예지 권제1

## 遊藝志 卷第一

작자 미상, 《책거리 그림》(국립중앙박물관)

# 독서법

讀書法

강희언, 《사인시음》(한국데이터진흥원)

# 1. 총론　　　　　　　　　　　總論

## 1) 처음 공부하는 사람의 독서법　　　初學讀書法

일반적으로 독서할 때는 반드시 의자와 책상을 정돈하여 깨끗하고 단정하게 해야 한다. 책을 정리하여 가지런히 둔 뒤, 몸을 바른 자세로 하고 책을 대하여 상세하면서도 천천히 글자를 보면 글자가 자세하고 분명해진다.[1] 읽을 때는 반드시 읽는 글자마다 소리를 분명하게 내서 읽어야 한다. 한 글자도 잘못 읽으면 안 되고, 한 글자도 적게 읽으면 안 되고, 한 글자도 많게 읽으면 안 되

凡讀書, 須整頓几案, 令潔淨端正. 將書冊整齊頓放, 正身體對書冊, 詳緩看字, 子細分明. 讀之, 須要讀得字字響亮, 不可誤一字, 不可少一字, 不可多一字, 不可倒一字, 不可牽强暗記. 只是要多誦遍數, 自然上口, 久遠不

---

1　독서할……분명해진다 : 이와 관련된 그림으로는, 높게 쌓아 놓은 책 더미와 서재의 여러 가지 일상 용품을 통해 조선시대 선비의 방을 엿볼 수 있는 정물화풍의 그림인 책가도(冊架圖)가 있다.

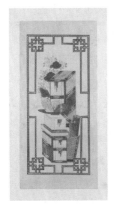

책가도(국립민속박물관)

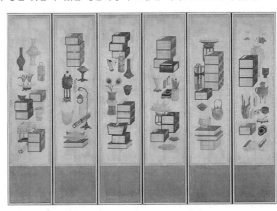

책가도 8첩 병풍(국립민속박물관)

고, 한 글자도 순서를 바꾸면 안 되며, 억지로 암기하려 해서도 안 된다. 다만 읽는 횟수를 많이 해야만 글자가 저절로 입에 붙어서 오래도록 잊지 않는다. 옛사람이 "책을 천 번 읽으면 그 뜻이 저절로 드러난다."라 했다. 이는 숙독(熟讀)하면 해설에 의지하지 않고서도 저절로 그 의미를 깨닫는다는 뜻이다.《동몽수지》[2]

忘. 古人云:"讀書千遍, 其義自見", 謂讀得熟則不待解說, 自曉其意也.《童蒙須知》

## 2) 독서삼도(讀書三到, 독서할 때 집중해야 할 3가지)[3]

讀書三到

독서에는 삼도(三到)가 있으니 '심도(心到, 마음 집중)', '안도(眼到, 눈 집중)', '구도(口到, 입 집중)'를 말한다. 마음이 여기에 있지 않으면 눈이 글을 자세하게 보지 못하고, 마음과 눈이 글에만 전념하지 않으면 도리어 제멋대로 소리 내어 읽기만 할 뿐 읽기에만 빠져들어 전혀 기억할 수

讀書有三到, 謂"心到"、"眼到"、"口到". 心不在此, 則眼不看子細, 心、眼既不專一, 却只漫浪誦讀, 沒不能記, 記亦不能久也. 三到之中, 心到最急. 心既到矣, 眼、口豈不

---

2 《童蒙須知》〈讀書寫文字〉(《朱子全書》13, 373~374쪽).
3 다음은 중국의 서법가인 이탁(李鐸, 1930~)의 《독서삼도(讀書三到)》이다.

이탁의 《독서삼도》

없고, 기억한다 해도 그 기억이 오래갈 수 없다.   到乎?《童蒙須知》
삼도 가운데 심도가 가장 중요하다. 마음이 이미
집중되었으면[到] 눈과 입이 어찌 집중되지 않겠
는가?《동몽수지》[4]


## 3) 독서육법(讀書六法, 독서의 6가지 방법)   讀書六法

  1. 경건한 마음으로 뜻을 지킨다.   居敬持志.
  2. 차례를 따라서 점점 나아간다.   循序漸進.
  3. 숙독하면서 정밀히 생각한다.   熟讀精思.
  4. 마음을 비워 책 속에 푹 빠져든다.   虛心涵泳.
  5. 자신에게 절실한 것으로 여겨 몸소 자세히   切己體察.
살핀다.
  6. 중요한 부분에 힘을 쓴다.[5]《주자독서법》[6]   着緊用力.《朱子讀書法》


## 4) 독서육의(讀書六宜, 독서의 6가지 자세)   讀書六宜

  1. 몸가짐을 가다듬어 바르게 앉는다.   斂身正坐.
  2. 천천히 보면서 조용히 읊조린다.   緩視微吟.
  3. 마음을 비워 책 속에 푹 빠져든다.   虛心涵泳.

---

4 《童蒙須知》〈讀書寫文字〉(《朱子全書》13, 374쪽).
5 경건한……쓴다 :《주자독서법》원전에는 1번이 맨 마지막에 있고 2번부터 순서대로 적혀 있다.
6 《朱子讀書法》〈原序〉.

4. 자신에게 절실한 것으로 여겨 몸소 자세히 살핀다.

切己體察.

5. 정밀하게 연구하고 생각을 깊게 하여 알기 어려운 것을 궁구한다.

研精覃思, 以究其所難知.

6. 마음을 가라앉히고 기운을 화평하게 하여 자기 스스로 터득하도록 귀를 기울인다.《주자독서법》[7]

平心易氣, 以聽其所自得. 《朱子讀書法[1]》

5) 독서삼요(讀書三要, 독서의 3가지 요체)

讀書三要

글자를 볼 때에 조금씩 보면서 숙독하는 것이 첫 번째이다.

看文字, 少看熟讀, 一也.

천착하여 자신의 설을 세워서는 안 되고, 다만 반복하여 체험하는 것이 두 번째이다.

不要鑽研立說, 但要反覆體 驗, 二也.

몰두하여 이해하되 그 효과부터 얻으려 해서 는 안 되는 것이 세 번째이다.《주자어류》[8]

埋頭理會, 不要求效, 三也. 《朱子語類》

6) 독서사법(讀書四法, 독서의 4가지 방법)

讀書四法

"반복해서 외워 내용을 꿰고, 사색하여 통달 하며, 글쓴이의 상황에 처해 보고, 독서에 방해

"誦數以貫之, 思索以通之, 爲其人以處之, 除其害以持

---

7 《朱子讀書法》卷1〈綱領〉.

8 《朱子語類》卷10〈學〉4 "讀書法" 上(《朱子全書》14, 318쪽).

[1] 朱子讀書法:底本에는 "朱子語類".《朱子讀書法·綱領》에 근거하여 수정.

가 되는 것을 없애고 그 상태를 유지하여 수양한다."[9] 순자(荀子)의 이 주장도 좋다.《주자어류》[10]

養之." 荀子此說亦好.《朱子語類》

## 7) 책은 숙독해야 한다

論書宜熟讀

책은 숙독해야 한다. 책이란 그저 똑같은 책일 뿐이다. 그러나 책을 10번 읽었을 때는 1번 읽었을 때와 끝내 구별이 되고, 책을 100번 읽었을 때는 10번 읽었을 때와 자연히 같지 않다.《주자어류》[11]

書須熟讀. 所謂書, 只是一般. 然讀十遍時, 與讀一遍時終別;讀百遍時, 與讀十遍又自不同.《朱子語類》

책 내용을 이미 이해했더라도 반드시 책을 다시 수십 번 읽어서 그것이 자신과 완전히 합치되게 해야 다른 사람에게 말을 했을 때 울림이 있다.《주자어류》[12]

既識得了, 須更讀百十遍, 使與自家相乳入, 便說得也響. 同上

책은 소리 내어 읽는 것이 중요하다. 여러 번 소리 내어 읽으면 저절로 뜻을 깨닫게 된다. 지금 생각해 보니, 종이 위에 쓰여 있는 것만 가지고는 일을 이룰 수가 없어서 끝내는 나의 것으로 되지 않는바, 단지 소리 내어 읽는 것이 중요하다. 소

書只貴讀, 讀多自然曉. 今卽思量得, 寫在紙上底, 也不濟事, 終非我有, 只貴乎讀. 這箇不知如何, 自然心與氣合, 舒暢發越, 自然記得牢.

---

9  반복해서……수양한다 :《荀子》卷1〈勸學〉.

10 《朱子語類》卷10〈學〉4 "讀書法" 上《朱子全書》14, 322쪽).

11 《朱子語類》卷10〈學〉4 "讀書法" 上《朱子全書》14, 321~322쪽).

12 《朱子語類》卷10〈學〉4 "讀書法" 上《朱子全書》14, 322쪽).

리 내어 읽으면 어떻게 하여 마음과 기가 합치되어 환하게 알아지면서 은미한 뜻이 밝아져, 저절로 단단하게 기억되는 것인지는 모르겠다.

공자께서 "배우기만 하고 생각하지 않으면 맹목적이 되고, 생각하기만 하고 배우시 않으면 위태로워진다."[13]라 하셨으니, 배움은 곧 소리 내어 읽는 일이다. 생각하기만 하고 소리 내어 읽지 않으면 비록 그때는 이해했다 해도 끝내 이해한 부분이 위태로워져 불안할 것이다. 이는 마치 다른 사람을 잠시 고용하여 집을 지키는 격으로, 자신의 사람이 아니기 때문에 그 사람은 결국 자신의 심부름꾼이 되지 않는다.

夫子說"學而不思則罔, 思而不學則殆", 學便是讀. 思而不讀, 縱使曉得, 終是魊魋不安. 一似倩得人來守屋相似, 不是自家人, 終不屬自家使喚.

만약 여러 번 충분히 읽으면서 또 정밀하게 생각하면 저절로 마음과 이치[理]가 하나가 되어 영원토록 잊지 않을 것이다. 내가 예전에는 힘들게 기억하려 해도 할 수 없었는데 나중에는 소리 내어 읽기만 했다. 지금까지 글을 기억하는 이유는 모두 소리 내어 읽은 효과이다. 《주자어류》[14]

若讀得熟而又思得精, 自然心與理一, 永遠不忘. 某舊苦記文字不得, 後來只是讀. 今之記得者, 皆讀之功也. 同上

횟수를 헤아리면서 숙독해야 한다. 숙독한 횟수가 이미 충분한데도 아직 외우지 못했으면 반드시 외우고자 노력해야 한다. 숙독한 횟수가 아직 충분하지 않으면 비록 이미 외웠더라도 반드

計遍數熟讀. 遍數已足, 而未成誦, 必欲成誦. 遍數未足, 雖已成誦, 必滿遍數. 程正思《學則》

---

13 배우기만……위태로워진다:《論語注疏》卷第2〈爲政〉第2(《十三經注疏整理本》23, 21쪽).
14 《朱子語類》卷10〈學〉4 "讀書法" 上(《朱子全書》14, 323~324쪽).

시 횟수를 채워야 한다.[15] 정단몽(程端蒙)[16]의
《학칙(學則)[17]》[18]


## 8) 독서할 때 사색이 중요하다

論書貴思索

주자는 다음과 같이 말했다. "동우(董遇)[19]는 '책을 천 번 읽으면 그 뜻을 알 수 있다.'라 했고, 또 '생각하고, 생각하고, 또 거듭 생각하라! 계속 생각해도 글의 뜻이 통하지 않으면 귀신이 가르쳐 줄 것이다. 그러나 이것은 귀신의 힘 때문이 아니라 정신이 정점에 이르렀기 때문이다.'라 했

朱子曰 : "董[2] 遇云 '讀書千遍, 其意可見', 又曰 '思之, 思之, 又重思之! 思之不通, 鬼神將敎之, 非鬼神[3]之力也, 精神之極也', 非妄言也. 此言讀書熟思之精, 自有通

---

15 횟수를 헤아리면서……한다 : 책을 숙독하기 위해 조선시대 선비들은 책을 읽은 횟수를 기록하기 위한 도구인 서산(書算)을 사용하기도 했다.

서산(국립민속박물관)

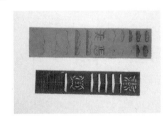

서산(국립민속박물관)

16 정단몽(程端蒙) : 1143~1191, 송(宋)나라의 학자. 자는 정사(正思)이다. 주희(朱熹)의 제자로, 성리학의 개념을 정리한 《성리자훈(性理字訓)》 등을 저술하였다.

17 학칙(學則) : 정단몽과 동수(董銖, 1152~1214)가 편찬한 규범집. 10세 이상의 아동들이 외부의 스승에게 나아가 배울 때 준수해야 하는 규범을 담고 있다.

18 《朱子讀書法》卷1〈綱領〉.

19 동우(董遇) : ?~?. 삼국시대 위(魏)나라의 학자. 자는 계직(季直)이다.

[2] 董 : 저본에는 "童".《讀書錄》에 근거하여 수정.

[3] 鬼神 : 저본에는 "思".《讀書錄》에는 "思鬼".《管子·內業》에 근거하여 수정.

다. 이것은 허튼소리가 아니다. 동우의 이 말은 독서와 사색이 정밀하면 한 번에 전체를 저절로 깨닫는 때가 있음을 말한 것이다."《독서록유편(讀書錄類編)[20]》[21]

悟時也."《讀書錄類編》

책을 읽을 때 진실로 사색하지 않으면 안 된다. 그러나 지나치게 힘써 사색하고 절제하지 않으면 마음이 도리어 움직여서 정신과 기운이 맑지 않게 된다. 이는 마치 우물물처럼 물을 자주 휘저으면 반드시 탁해지는 일과 같다. 일반적으로 독서와 사색을 오랫동안 하면 나른함을 느끼게 된다. 이때는 옷깃을 여미고 바르게 앉아서 나른해진 이 마음을 맑게 가라앉혀야 한다. 잠시 뒤에 다시 사색을 하면 마음이 맑아져서 의리(義理)가 저절로 드러날 것이다.《독서록유편》[22]

讀書固不可不思索. 然思索太苦而無節, 則心反爲之動, 而神氣不淸. 如井泉然, 淆之頻數則必濁. 凡讀書思索之久, 覺有倦意. 當斂襟正坐, 澄定此心. 少時再從事於思索, 則心淸而義理自見. 同上

## 9) 한 가지 목적으로 책 하나를 여러 번 읽어야 한다

論一書宜數次讀

어린 나이에 배우는 사람은 책 한 권마다 모

少年爲學者, 每一書, 皆作數

---

20 독서록유편(讀書錄類編) : 명(明)나라 설선(薛瑄, 1389~1464)이 지은 《독서록(讀書錄)》의 편집본 중 하나. 만력(萬曆, 1573~1621) 중기에 후학령(侯鶴齡)이 편집한 《독서전록(讀書全錄)》의 재편집본이다.

21 《讀書錄》 卷5 〈續錄〉 ; 《二程遺書》 卷25 〈暢潛道本〉 ; 《管子》 卷16 〈內業〉.

22 《讀書錄》 卷5 ; 《二程遺書》 卷25 〈暢潛道本〉.

두 여러 차례 읽어야 한다. 서책 안의 내용이 풍부함은 마치 바다에 들어가면 온갖 재화가 다 있는 것과 같다. 사람의 정력으로는 이를 다 취할 수 없으니, 단지 자기가 구하고자 하는 것만 얻을 수 있을 뿐이다. 그러므로 배우고자 하는 사람은 매번 하나의 뜻을 가지고 구해야 한다. 만약 고금의 흥망(興亡)과 치란(治亂), 성현의 행동을 구하고자 한다면 단지 이러한 뜻만으로 구할 뿐이지, 다른 생각이 생기게 하지 말아야 한다. 또 별도로 사적(事迹)·전거[故實]·제도[典章]·문물(文物) 같은 주제를 구할 때에도 역시 마찬가지이다. 다른 주제에 대해서도 모두 이와 같이 한다. 훗날 학문이 완성되면 어느 분야에서 상대를 만나더라도 온갖 책을 잡다하게 섭렵한 사람과는 대등하게 놓고 말할 수 없을 것이다. 소식(蘇軾)[23]의

次讀之. 書之富[4], 如入海百貨皆有, 人之精力不能盡取, 但得其所欲[5]求者爾. 故願學者, 每次作一意求之. 如欲求古今興亡、治亂、聖賢作用, 且只作此意求之, 勿生餘念. 又別作一次求事迹、故實、典章、文物之類, 亦如之. 他皆放此. 他日學成, 八面受敵, 與涉獵者, 不可同日而語. 東坡《與王郎書》

---

23 소식(蘇軾) : 1037~1101. 송나라 때 관리이자 문인. 당송팔대가 중 한 명으로,《적벽부(赤壁賦)》등 다양한 작품을 남겼다. 문집으로는《동파전집(東坡全集)》이 있다.

소식[《중국역사인물시량도(中國歷史人物矢量圖)》]

[4] 書之富 :《朱子語類·學·讀書法》에는 "當".

[5] 欲 :《朱子語類·學·讀書法》에는 "做".

《여왕랑서》[24]

## 10) 독서할 때는 정밀하게 이해해야 한다　　論讀書宜精一

　　배우는 자들은 다양하게 독서하기를 좋아하
지만 정밀하게 이해하지 않는 것이 항상 병통이
다. 온갖 책을 대강 읽는 것은 책 한 권을 정밀하
게 읽느니만 못하다. 여력이 생긴 뒤에 여러 방면
의 책을 접하면, 여러 글을 섭렵하더라도 정밀함
을 얻을 수 있다. 대개 나를 기준으로 책을 보면
독서할 때마다 도움을 얻을 수 있지만, 책을 기준
으로 나의 학문을 넓히려 하면 책을 놓자마자 읽
은 내용이 아득해질 것이다. 황정견(黃庭堅)[25]의
《여이기중서》[26]

學者喜博, 而常病不精. 汎濫
百書, 不若精於一也. 有餘
力, 然後及諸書, 則涉獵諸
篇, 亦得其精. 蓋以我觀書,
則處處得益 ; 以書博我, 則釋
卷而茫然. <u>黃山谷</u>《與李幾仲
書》

---

24　《東坡全集》卷76 〈書十六首〉 "答王庠書" ; 《朱子語類》 卷10 〈學〉 4 "讀書法" 上(《朱子全書》14, 328쪽).

25　황정견(黃庭堅) : 1045~1105. 자(字)는 노직(魯直), 호는 산곡(山谷)이다. 북송(北宋) 시대의 관리이
　　자 시인이며, 저서로는 《산곡사(山谷詞)》가 있다.

황정견(《중국역사인물시량도》)

26　《朱子語類》 卷10 〈學〉 4 "讀書法" 上(《朱子全書》14, 322쪽).

독서할 때는 반드시 차마 손에서 놓을 수 없는 지경에 이를 때까지 읽어야 참맛을 느낄 수 있다. 만약 몇 번 읽고 대략 그 의미를 이해하고서는 곧바로 싫증을 내어 다른 책을 구해 보려 하면, 이는 이 책 한 권에 대해서조차 아직 그 뜻을 제대로 깨닫지 못한 것이다.

나는 예전에 독서하면서 한창 《논어》를 읽을 때에는 《맹자》가 있는지 알지 못했고, 한창 《논어》의 제1편인 〈학이(學而)〉를 읽을 때에는 제2편인 〈위정(爲政)〉이 있는지 알지 못했다. 오늘 이 한 단락을 보고서도 보고 또 보아서, 더 이상 보지 않아도 될 때에만 그제야 한 단락을 바꾸어 보았다. 이 선생(李先生)[27]의 말씀을 살펴보니, "글을 이해하려면 한 단락을 융석(融釋, 녹이고 풀어내다)한 뒤에 한 단락을 다시 이해해야 한다."라 했다. '융석'이라는 두 글자가 무척 좋다. 《주자어류》[28]

정밀하고 집중적으로 연구하여 한 책에 대해 사리를 꿰뚫어 완전히 이해해야 한다. 기억나지 않는 곳이 전혀 없을 때에야 다른 책으로 바꿔야

讀書, 須讀到不忍舍處, 方是見得眞味. 若讀之數過, 略曉其義卽厭之, 欲別求書看, 則是於此一卷書猶未得趣也.

某舊日讀書, 方其讀《論語》時, 不知有《孟子》, 方讀《學而》第一, 不知有《爲政》第二. 今日看此一段, 明日且更看此一段, 看來看去, 直待無可看, 方換一段看[6]. 看李先生說:"理會文字, 須令一件融釋了後, 方更理會一件.""融釋"二字下得極好.《朱子語類》

須是精專窮硏, 使一書通透爛熟, 都無記不得處, 方別換一書, 乃爲有益. 若輪流通

---

27 이 선생(李先生) : 북송의 유학자이자, 주희의 스승인 이동(李侗, 1093~1163)이다. 이동의 저서로는 《소산독서담(蕭山讀書談)》, 《논어연구(論語硏究)》와 주희가 편집한 《이연평집(李延平集)》이 있다.

28 《朱子語類》卷104 〈朱子〉 1 "自論爲學工夫"(《朱子全書》 17, 3428쪽).

[6] 段看 : 저본에는 "段". 《朱子語類·學·讀書法》에 근거하여 수정.

만 유익하다. 만약 기존의 통념만을 차례로 살피기만 하고 더 깊은 뜻을 정밀하게 궁구하지 않으면 또한 지금까지 했던 공부가 다시 허비되는 일을 면치 못할 것이다. 글의 뜻을 완전히 이해한 뒤에라도, 되레 익힌 내용을 복습해야 좋을 것이다.《주자어류》[29]

念, 而蔽之不精, 則亦未免再費工夫也. 須是通透後, 又却溫習, 乃爲佳耳. 同上

《맹자》의 '전심치지(專心致志, 마음을 집중하여 뜻한 바를 이룬다)'라는 네 글자는 독서의 지극한 요체이다.《독서록유편》[30]

《孟子》"專心致志"四字, 讀書之至要.《讀書錄類編》

## 11) 독서할 때는 투철하게 이해해야 한다 論讀書須透徹

글을 볼 때는 매우 정밀하고 분명하게 보아야 한다. 마치 칼이 등 뒤에 있는 듯이 여겨 정신을 바짝 차리고 몸을 똑바로 세워서, 자세를 흐트려서는 안 된다. 한 단락 속을 철저하게 이해해야 하니, 그 머리를 치면 꼬리가 호응하고, 그 꼬리

看文字, 須大段著精彩看. 聳起精神, 樹起筋骨, 不要困, 如有刀劍在後一般. 就一段中, 須要透, 擊其首則尾應, 擊其尾則首應, 方是.《朱子

---

29 《朱子讀書法》卷1〈右每書誦讀考索之序〉"熟讀精思".
30 《讀書錄》卷6.

를 치면 머리가 호응하도록 해야 옳다.[31]《주자어　語類》[32]
류》[32]

독서할 때는 이치를 철저하게 궁구해야 한다.　讀書, 須是窮究道理徹底. 如
이는 마치 사람이 밥을 먹을 때에 꼭꼭 씹어서　人之食, 嚼得爛, 方可嚥下,
음식물이 으깨어져야만 삼킬 수 있고, 그런 뒤에　然後有補. 同上
야 몸에 보탬이 있는 이치와 같다.《주자어류》[33]

글을 볼 때는 바로 혹독하고 무자비한 관리가　看文字, 正如酷吏之用法深
법을 엄정하게 적용하여 인정이 전혀 없이 그저　刻, 都沒人情, 直要做到底.
일을 철저하게 처리하듯이 해야 한다. 만약 이런　若只恁地等閑看過了, 有甚
과정에 소홀하여 글을 보고서도 지나쳐 버리면　滋味? 同上
깊은 맛을 느낄 수가 있겠는가?《주자어류》[34]

---

31　다음은 꼼꼼하게 책을 들여다보며 독서하는 모습을 그린 고병훔(顧炳鑫, 1923~2001)의 그림이다.

고병훔의 《독서도(讀書圖)》

32　《朱子語類》卷10〈學〉4 "讀書法" 上(《朱子全書》14, 316쪽).
33　《朱子語類》卷10〈學〉4 "讀書法" 上(《朱子全書》14, 315쪽).
34　《朱子語類》卷10〈學〉4 "讀書法" 上(《朱子全書》14, 316쪽).

## 12) 독서할 때는 마음을 고요하게 가라앉혀야 한다　論讀書須潛靜

독서할 때는 몸과 마음이 모두 책의 한 단락 속에 빠져들어서, 다시는 바깥에 무슨 일이 있는지조차 묻지 않아야만 비로소 한 단락의 도리(道理)를 알아낼 수 있다.[35]《주자어류》[36]

讀書, 須是要身心都入在這一段裏面, 更不問外面有何事, 方見得一段道理出.《朱子語類》

독서할 때는 읽는 이가 아무리 총명하더라도 마음이 고요해야만 책에 정신을 쏟을 수 있다. 대개 마음이 고요하면 마음이 비워져 도리를 알아낼 수 있다.《주자어류》[37]

讀書, 雖是聰明, 亦須是靜, 方運得精神. 蓋靜則心虛, 道理方看得出. 同上

---

35 독서……있다 : 조선 후기의 화가인 유운홍(劉運弘, 1797~1859)의《부신독서도(負薪讀書圖)》에는 지게에 섶을 잔뜩 얹어 어깨에 무거운 짐을 짊어지고 길을 지나가면서도 책에 흠뻑 빠져 있는 나무꾼의 모습이 잘 드러나 있다.

유운홍의 《부신독서도》(서울대학교박물관)

36 《朱子語類》卷11〈學〉5 "讀書法" 下(《朱子全書》14, 333쪽).

37 《朱子語類》卷11〈學〉5 "讀書法" 下(《朱子全書》14, 357쪽).

독서할 때에 오직 마음이 평안하고 고요하며, 여유 있고 느긋하며, 꼼꼼하여 빈틈이 없으면 마음이 책 속으로 들어가 그 오묘한 뜻을 얻을 수 있다. 반면에 만약 마음이 답답하여 안절부절못하며, 편협하고 성급하며, 대충대충 건성으로 글의 뜻을 구하려 하면 이른바 "보아도 보이지 않고, 들어도 들리지 않고, 먹어도 그 맛을 알지 못한다."[38]는 것이니, 어찌 그 오묘한 뜻을 충분히 얻을 수 있겠는가?《독서록유편》[39]

讀書, 惟寧靜寬徐縝密, 則心入其中而可得其妙. 若躁擾褊急粗略以求之, 所謂"視而不見, 聽而不聞, 食而不知其味"者也, 焉足以得其妙乎? 《讀書錄類編》

## 13) 독서할 때 의문을 풀려고 애써야 한다[40]

論讀書須憤悱

독서할 때 반드시 무미건조한 부분에 대해서도 깊이 생각을 해야 한다. 여러 의문이 한꺼번에 일어나면 자고 먹는 일조차 모두 그만두고 고민해야 빠르게 나아갈 수 있다. 이는 마치 무기를 들고 서로 죽이려 할 때, 단번에 확실하게 제압해야 훌륭한 승리를 거둘 수 있는 것과 같다.《주자

讀書, 須是於無味處當致思焉. 至於群疑竝興, 寢食俱廢, 乃能驟進. 如用兵相殺, 須大殺一番, 方是善勝.《朱子語類》

---

38 보아도……못한다 : 출처는 《大學》第7〈正心修身〉. 所謂修身, 在正其心者, 身有所忿懥則不得其正, 有所恐懼則不得其正, 有所好樂則不得其正, 有所憂患則不得其正, 心不在焉, 視而不見, 聽而不聞, 食而不知其味, 此謂修身, 在正其心.

39 《讀書錄》卷2.

40 독서할……한다 : 원문의 '憤悱'는 《논어(論語)》〈술이(述而)〉의 다음과 같은 내용에 나온다. "不憤不啓, 不悱不發. 擧一隅, 不以三隅反, 則不復也." 《논어》의 맥락대로 풀면 '憤悱'는 의문을 풀려고 애쓰고 아는 것을 말로 표현한다는 뜻이나, 이 표제어에 딸린 세부 내용을 반영해 간략하게 옮겼다.

어류》[41]

독서할 때 의문이 없다면 의문이 있게 해야 하고, 의문이 있다면 도리어 의문이 없어지도록 해야 한다. 이 경지에 이르러야 장족의 발전이 있을 것이다.《주자어류》[42]

讀書無疑者, 須教有疑 ; 有疑者, 却要無疑. 到這裏方是長進. 同上

## 14) 글을 볼 때 단락을 나누고 틈새를 찾아야 한다

論看文須分片段尋縫罅

배우는 사람이 처음 글을 볼 때는 글이 한낱 혼란스럽게 뒤엉켜 있는 사물로만 보일 뿐이다. 오랫동안 보다 보면 글이 두세 부분으로 나누어지고, 십여 부분으로 나누어져야, 장족의 발전이 있을 것이다. 이는 마치 백정이 소의 뼈와 살을 발라낼 때 소 전체의 모습이 보이지 않고 부위별로 보였다는 경지와 같다.[43]《주자어류》[44]

學者初看文字, 只見得箇渾淪物事, 久久看作三兩片, 以至於十數片, 方是長進. 如庖丁解牛, 目視無全牛是也.《朱子語類》

---

41 《朱子語類》卷10 〈學〉 4 "讀書法" 上(《朱子全書》 14, 315쪽).

42 《朱子語類》卷10 〈學〉 5 "讀書法" 下(《朱子全書》 14, 343쪽).

43 이는……같다 : 백정이 소를 발라낸다는 포정해우(庖丁解牛) 고사는 《장자(莊子)》 〈양생주(養生主)〉에 나온다. 19년 동안 소를 잡은 백정은 소를 처음 잡을 때는 소 전체[全牛]만 보였고, 3년이 지난 뒤에는 소 전체의 모습이 보이지 않았다고 했다. 또 19년째에는 소를 눈으로 해체하지 않고 마음[神]의 움직임에 따라서 한다고 했다.

44 《朱子語類》卷10 〈學〉 4 "讀書法" 上(《朱子全書》 14, 315쪽).

독서할 때는 그 글의 틈새를 보아야 글에서 전달하려는 도리(道理)를 밝고 정확하게 찾을 수 있다. 글의 틈새를 보게 될 때, 그 맥락은 저절로 열린다.《주자어류》[45]

讀書, 須是看著他那縫罅處, 方尋得道理透徹. 看見縫罅時, 脈絡自開. 同上

## 15) 독서할 때 많은 분량을 욕심내지 말아야 한다

論讀書不宜貪多

독서할 때는 많은 분량을 욕심내지 말아서, 자기의 역량에 항상 여유가 있도록 해야 한다. 이는 마치 활을 쏠 때 나에게 5말을 당길 수 있는 힘이 있더라도, 우선 4말을 당기는 힘으로 당겨지는 활을 사용해야 활시위를 끝까지 당길 수 있어서 나의 힘이 활을 압도할 수 있는 것과 같다.《주자어류》[46]

讀書不要貪多, 常使自家力量有餘. 如射弓有五斗力, 且用四斗弓, 便可挽滿, 己力欺得他過.《朱子語類》

## 16) 독서할 때는 급하게 소리 내어 읽기를 금한다

論讀書忌急聲

독서할 때는 반드시 마음을 비우고 기를 안성시켜 천천히 소리 내어 읽는다면, 글의 뜻을 세

讀書, 須虛心定氣, 緩聲以誦之, 則可以密察其意. 若心雜

---

45 《朱子語類》卷10〈學〉4 "讀書法" 上(《朱子全書》14, 315쪽).
46 《朱子語類》卷10〈學〉4 "讀書法" 上(《朱子全書》14, 319쪽).

밀히 살필 수 있다. 만약 마음이 복잡하고 기운이 거칠어 급하게 소리 내어 읽는다면, 이는 참으로 시골 서당의 어린아이들이 독송할 때 다투어 소리를 높이는 꼴이니, 또한 어찌 그 의미가 있는 곳을 알 수 있겠는가?《독서록유편》[47]

氣粗, 急聲以誦, 眞村學小兒讀誦鬪高聲, 又豈能識其旨趣之所在耶?《讀書錄類編》

## 17) 독서할 때 독음 바꾸고 구절 나누는 일이 중요하다

論讀書貴轉音破句

독서할 때 독음을 바꾸고 구절을 나눌 수 있으면, 이는 참으로 책을 읽을 수 있는 사람이다. 옛 것을 익혀 새것을 안다는 온고지신(溫故知新)의 뜻이 여기에서 다 이루어질 것이다.《암서유사(巖棲幽事)》[48]

讀書能轉音能破句, 是眞能讀書人. 溫故知新盡此矣.《巖棲幽事》

## 18) 독서의 분량과 기한

論讀書程限

읽는 기한을 넉넉하게 잡고, 읽는 과정을 밀도 있게 하라.《주자어류》[49]

寬著期限, 緊著課程.《朱子語類》

---

47 《讀書錄》卷2.
48 암서유사(巖棲幽事) : 확인 안 됨.
49 《朱子語類》卷10〈學〉4 "讀書法" 上(《朱子全書》14, 318쪽).

## 19) 나이에 따른 독서 방식

論老少工程

학문은 나이의 많고 적음에 따라 다르게 해야 한다. 나이가 적으면 정력이 남기 때문에 읽지 않은 책이 없도록 해야 하고, 글의 의미도 끝까지 연구해야 한다. 만약 나이가 노년에 접어들었다면 오히려 필요한 부분을 골라 공을 들여야 한다. 책 한 권을 읽다가 나중에 공부하기 어려울 것 같으면 다시 읽어 이해하도록 한다. 그리하여 이 부분에 대해서는 몰입하여 곰곰이 생각하면서 지극한 곳까지 연구해야 한다.《주자어류》[50]

爲學老小不同. 年少精力有餘, 須用無書不讀, 無不究竟其義. 若年齒向晚, 却須擇要用功, 讀一書, 便覺後來難得工夫, 再去理會, 須沈潛翫索, 究極至處.《朱子語類》

## 20) 독서할 때 먼저 풀어놓은 마음을 다잡아야 한다

論讀書先收放心

예전에 진열(陳烈)[51] 선생은 기억력이 전혀 없었다. 하루는《맹자》의 "학문의 길은 다른 것이 아니라, 자신의 풀어놓은 마음을 찾는 것일 뿐이다."[52]라는 구절을 읽고는, 갑자기 깨닫고 이렇게 말했다. "내 마음을 다잡은 적이 없으니, 어떻게 책의 내용을 기억할 수 있겠는가?" 마침내 문을

昔陳烈先生苦無記性. 一日讀《孟子》"學問之道無他, 求其放心而已矣", 忽悟, 曰 : "我心不曾收得, 如何記得書?" 遂閉門靜坐, 不讀書百餘日, 以收放心, 却去讀書,

---

50 《朱子語類》卷10〈學〉4 "讀書法" 上(《朱子全書》14, 323쪽).

51 진열(陳烈) : ?~?. 중국 송대의 유학자이자 관리. 특히《주역(周易)》에 뛰어나,《역의(易義)》를 저술했다.

52 《孟子注疏》卷11下〈告子章句〉上(《十三經注疏整理本》25, 365쪽).

닫아걸고 정좌하여, 백여 일 동안 독서하지 않으    遂一覽無遺.《朱子語類》
면서 풀어놓은 마음을 다잡았다. 그런 다음 책을
읽어 보니 마침내 한 번만 보았는데도 빠진 내용
이 없었다.《주자어류》[53]

---

53 《朱子語類》卷10〈學〉5 "讀書法" 下(《朱子全書》14, 332쪽).

## 2. 경서 읽기                                  讀經

### 1) 여러 경서 읽기에 대한 총론          讀諸經統論

책을 읽어서 성현의 뜻을 살피고, 성현의 뜻에 의거해서 자연의 이치를 살핀다.《주자어류》[1]

讀書以觀聖賢之意, 因聖賢之意以觀自然之理.《朱子語類》

성현의 말씀이 늘 눈앞에 어른거리도록 하고, 입가에 맴돌도록 하며, 마음속에서 돌아다니도록 해야 한다.《주자어류》[2]

聖賢之言, 須常將來眼頭過, 口頭轉, 心頭運. 同上

육경(六經)[3]을 읽을 때에는 다만 육경이 아직 있지 않은 것처럼 책을 대하여 오직 자신의 몸에서 그 도리(道理)를 탐구한다면, 그 도리가 곧 쉽게 이해될 것이다.《주자어류》[4]

讀六經時, 只如未有六經, 只就自家身上討道理, 其理便易曉. 同上

---

1 《朱子語類》卷10〈學〉4 "讀書法"上(《朱子全書》14, 314쪽).

2 《朱子語類》卷10〈學〉4 "讀書法"上(《朱子全書》14, 314쪽).

3 육경(六經) : 유학의 6경서.《시경(詩經)》·《서경(書經)》·《예기(禮記)》·《악기(樂記)》·《역경(易經)》·《춘추(春秋)》.

4 《朱子語類》卷11〈學〉5 "讀書法"下(《朱子全書》14, 345쪽).

## 2) 경서 읽기는 체인(體認, 몸소 아는 것)이 중요하다    論讀經貴體認

책을 읽을 때는 오로지 서책에 쓰인 그대로 이해하려 할 뿐, 자기 자신의 몸으로 체인하려 하지 않았다면, 이 또한 독서를 잘한 것이 아니다. 가령《논어(論語)》〈학이(學而)〉의 첫 구절인 "배우고 때에 맞추어 익힌다"[5]는 글을 읽을 때, 자신이 이전에 어떻게 배웠으며 자신이 이전에 어떻게 익혔는지 알아야 한다. 그다음 구절인 "또한 기쁘지 아니한가?"[6]에 대해서도, 그 기쁨이 어떠했는지를 이전에 알고 있어야 한다. 이와 같이 체인해야 비로소 제대로 터득하게 된다.《주자어류》[7]

讀書, 一向只就書冊上理會, 不曾體認著自家身己, 也不濟事. 如讀"學而時習之", 自家曾如何學, 自家曾如何習. "不亦說乎", 曾見得如何是說. 須恁地認, 始得.《朱子語類》

성현의 책을 읽을 때는 모든 중요한 말씀을 모두 체득하여 자기의 몸과 마음에 이르게 하고, 반드시 실제로 얻어서 힘써 실천하려고 해야 유익하다. 그렇게 하지 않아 책은 책이고 나는 나라면, 비록 성현의 책을 다 읽었다고 하더라도 결국엔 무익하다.《독서록유편》[8]

讀聖賢書, 於凡切要之言, 皆體貼到自己身心上, 必欲實得而力踐之, 乃有益. 不然, 書自書, 我自我, 雖盡讀聖賢書, 終無益也.《讀書錄類編》

---

5　배우고……익힌다 :《論語》卷1〈學而〉;《論語注疏》卷1〈學而〉(《十三經注疏整理本》23, 1쪽).

6　또한……아니한가 :《論語》卷1〈學而〉;《論語注疏》卷1〈學而〉(《十三經注疏整理本》23, 1쪽).

7　《朱子語類》卷11〈學〉5 "讀書法" 下(《朱子全書》14, 338쪽).

8　《讀書錄》卷11〈續錄〉.

## 3) 경서는 숙독해야 한다

論經須熟讀

단정하게 앉아서 숙독하되 본문 옆의 세주(細注)가 저절로 달려 나올 듯이 오랫동안 숙독해야 비로소 경서를 쉽고 절실하게 알 수 있다. 성인의 말씀은 숙독하면서 음미하기만 하면 도리가 어렵지 않게 저절로 드러난다. 이는 마치 소순(蘇洵)[9] 같은 사람들이 맹자(孟子)와 한유(韓愈)[10] 두 선생의 글만 읽고서도 이를 뒤집고 풀어서 수많은 문장을 지어낼 수 있었던 일과 같다.《주자어류》[11]

端坐熟讀, 久久於正文邊自有細字注脚迸出來, 方是自家見得親切. 聖人言語, 只熟讀翫味, 道理自不難見. 如老蘇輩 只讀孟、韓二子, 便翻繹得許多文章出來.《朱子語類》

---

9 소순(蘇洵):1009~1066. 중국 북송의 문인이다. 소순은 노소(老蘇), 아들 소식(蘇軾)과 소철(蘇轍)을 각각 대소(大蘇)와 소소(小蘇)라고 부른다.

10 한유(韓愈):768~824. 중국 당나라의 문장가. 산문의 문체개혁(文體改革)으로 문학상의 큰 공적을 세웠다. 이는 송대 이후 중국 산문 문체의 표준이 되었고, 제재(題材)가 확장되는 영향을 미쳤다.

한유(《중국역사인물시랑도》)

11 《朱子語類》卷19〈論語〉1 "語孟綱領"(《朱子全書》19, 658쪽).

## 4) 경서를 이해할 때 명칭이나 제도에 너무 빠지지 마라

論解經勿太泥名物

경서의 본뜻을 알려면 글의 위아래 맥락을 자세히 보아야 한다. 명칭 및 수량[名數]이나 제도(制度)와 같은 부류는 대략 알아도 괜찮으니, 너무 깊이 빠져서 굳이 학문에 방해가 되게 할 필요는 없다. 《주자어류》[12]

經旨要子細看上下文義. 名數、制度之類, 略知之便得, 不必大段深泥以妨學問. 《朱子語類》

## 5) 주석 보는 법

看註解法

본문을 숙독하고 글자마다 곱씹어서 맛을 느껴야 한다. 만약 이해가 되지 않는 곳이 있으면 깊이 생각해 보고, 그래도 이해되지 않으면 그 뒤에 주석을 보아야만 비로소 의미를 알 수 있다. 이는 마치 사람은 배고픈 뒤에 먹고 목마른 뒤에 마셔야, 비로소 맛을 느낄 수 있는 것과 같다. 배고프지도 않고 목마르지도 않은데 억지로 먹고 마시면, 결국 무익하다. 《주자어류》[13]

須是將本文熟讀, 字字咀嚼敎有味. 若有理會不得處, 深思之, 又不得, 然後却將註解看, 方有意味. 如人飢而後食, 渴而後飲, 方有味. 不飢不渴而强飮食之, 終無益也. 《朱子語類》

책을 볼 때는 주석의 해설을 기억하고, 외워서 정밀하게 익숙해지도록 해야 한다. 주석 중에서

觀書, 須記得註解, 成誦精熟. 註中訓釋文意、事物、名

---

12 《朱子語類》卷11 〈學〉 5 "讀書法" 下(《朱子全書》14, 347쪽).
13 《朱子語類》卷11 〈學〉 5 "讀書法" 下(《朱子全書》14, 349쪽).

문장의 뜻과 사물과 명의(名義)를 풀이한 곳, 경서의 뜻을 드러내어 밝힌 곳, 내용이 서로 꿰여 연결된 곳 등을 하나하나 인식하여 마치 자기가 지어낸 것과 마찬가지로 되어야, 비로소 글을 음미하고 반복해서 점차 투철하게 이해하는 경지로 나아갈 수 있다.《주자어류》[14]

義, 發明經旨, 相穿紐處, 一一認得, 如自己做出來底一般, 方能翫味反復, 向上有透處. 同上

글의 뜻에 의문이 있는데 여러 설명들이 어지러이 뒤섞여 있다면 마음을 비워 생각을 집중해야지, 그 해설 중에서 급하게 취하거나 버리지 말아야 한다. 우선 하나의 해설을 독자적으로 하나의 설이 되게끔 기준으로 삼고, 그 의미가 나아가는 곳을 따라가면서 뜻이 통하고 막힌 것을 확인한다. 그러면 그중에 더 논리적이지 못한 해설은 다른 해설을 살펴보지 않고서도 먼저 저절로 물러나게 될 것이다. 다시 여러 주장을 가지고 서로 묻고 따지면서 그 이치가 온당한 해설을 구하여 그 옳고 그름을 고찰하면, 옳은 듯하지만 그른 해설 또한 공론(公論)으로서의 자격을 잃어버려서 설 수가 없게 된다.

文義有疑, 衆說紛錯, 則虛心靜慮, 勿遽取舍於其間. 先使一說自爲一說, 而隨其意之所之以驗其通塞, 則其尤無義理者, 不待觀於他說而先自屈矣. 復以衆說互相詰難, 而求其理之所安, 以考其是非, 則似是而非者, 亦將奪於公論而無以立矣.

대체로 천천히 가다가 멈추어 서기도 하며, 마음을 가라앉혀 난해한 문장을 어떻게 풀어야 할지 이리저리 살펴본다. 이는 마치 단단한 나무를

大抵徐行却立, 處靜觀動, 如攻堅木, 先其易而後其節目; 如解亂繩, 有所不通, 則姑

14 《朱子語類》卷11 〈學〉 5 "讀書法" 下(《朱子全書》14, 349쪽).

가공할 때 먼저 그중에 쉬운 부분을 먼저 손질하고 그 자잘한 마디와 눈을 나중에 손질하는 이치와 같으며, 마치 엉켜 버린 줄을 풀어낼 때 풀리지 않는 곳이 있으면 우선 그대로 두었다가 천천히 매듭을 풀어 주는 이치와 같다. 이것이 책을 읽는 방법이다.《주자독서지요》[15]

置而徐理之. 此讀書之法也. 《朱子讀書之要》

## 6) 구경(九經)[16]을 다 읽기까지의 기한

九經畢讀年限

입신(立身)을 위해서는 힘써 배우는 일을 최우선으로 하며, 배우는 일은 독서를 근본으로 한다. 지금 《효경(孝經)》·《논어》·《맹자》· 육경을 가지고서 글자를 계산해 보면 다음과 같다.《효경》은 1,903자,《논어》는 11,705자,《맹자》는 34,685자,《주역》은 24,107자,《상서(尙書)》는 25,700자,《시경》은 39,234자,《예기》는 99,010자,《주례(周禮)》는 45,806자,《춘추좌전(春秋左傳)》은 196,845자이다. 단지 중간 정도 재주가 있는 사람을 기준으로 할 때, 만약 매일 300자를 외운

立身以力學爲先, 以讀書爲本. 今取《孝經》、《論》、《孟》、六經以字計之:《孝經》一千九百三字,《論語》萬有一千七百五字,《孟子》三萬四千六百八十五字,《周易》二萬四千一百七字,《尙書》二萬五千七百字,《詩》三萬九千二百三十四字,《禮記》九萬九千一十

---

15 《御纂朱子全書》卷6〈讀書之要〉.

16 구경(九經): 아홉 종의 유교 경서(經書)로 학설에 따라 포함되는 책에 차이가 있다.《주역(周易)》·《주례(周禮)》·《의례(儀禮)》·《예기(禮記)》·《시경(詩經)》·《서경(書經)》·《춘추좌씨전(春秋左氏傳)》·《춘추곡량전(春秋穀梁傳)》·《춘추공양전(春秋公羊傳)》이라는 학설과 《주역》·《주례》·《시경》·《서경》·《예기》·《춘추》·《효경》·《논어》·《맹자》라는 학설 등이 있다. 십삼경(十三經)은 첫 번째 학설의 구경 목록 외에《논어》·《효경》·《이아(爾雅)》·《맹자》가 포함된다.

다고 하면 4,5년이 지나지 않아서 구경의 암송을 마칠 수 있다. 혹은 자질이 모자란 사람이라도 중간 정도 재주가 있는 사람에게 부과한 분량의 절반을 줄이면 역시 9년 내에 마칠 수 있다. 그 나머지 책들도 비슷한 종류별로 나누어서 적용할 경우 비록 그 책이 편질(編帙)이 방대하더라도, 날마다 쌓는 공을 더해 나간다면 어느 곳인들 이르지 못하겠는가! 속담에 "실[絲]을 자으면 올[縷][17]이 되고, 촌(寸)을 쌓으면 척(尺)이 된다. 촌과 척이 멈추지 않으면 마침내 장(丈)[18]과 필(疋)[19]이 될 것이다."라 했다. 이는 비록 작은 것을 사례로 들고 있으나 큰 것에까지 비유할 만하다.《구양문충계자첩》[20]

字,《周禮》四萬五千八百六字,《春秋左傳》一[1]十九萬六千八百四十五字. 止以中才爲準, 若日誦三百字, 不過四年半可畢. 或稍鈍減中人之半, 亦九年可畢. 其餘觸類而長之, 雖編帙浩繁, 第能加日積之功, 何所不至! 諺曰: "積絲成縷, 積寸成尺. 寸尺不已, 遂成丈疋." 此言雖小[2], 可以喩大.《歐陽文忠戒子帖》

---

17 올[縷] : 물레에서 실잣기를 한 실올들을 말한다.(《전공지》卷2,〈길쌈[織紝]〉"토주(吐紬) 짜는 법[吐紬織法]" 참조)

18 장(丈) : 길이의 단위로, 10척(尺)은 1장이다. 현재 도량형 기준으로 1장은 약 3.03미터.

19 필(疋) : 옷감을 세는 단위로, 1필(疋)은 40척 정도이다. 남자 겉옷인 포(袍) 1벌을 만들 정도의 분량.

20 《經義考》卷296〈通說〉.

[1] 一 : 저본에는 "二".《經義考·通說》에 근거하여 수정.

[2] 小 : 저본에는 "少".《經義考·通說》에 근거하여 수정.

## 3. 역사책 읽기  讀史

### 1) 역사책을 볼 때는 옳고 그름을 분변한다  論觀史辨是非

일반적으로 역사책을 보면 기준은 옳음과 그름만이 있을 뿐이다. 어떤 일의 옳은 부분을 보았다면 그것을 기준으로 다른 사건에서 그름을 분별할 줄 알아야 하며, 어떤 일의 그른 부분을 보았다면 그것을 기준으로 다른 사건에서 옳음을 분별할 줄 알아야 한다. 그러면 의리(義理)를 알게 될 것이다.《주자어류》[1]

凡觀書史, 只有箇是與不是. 觀其是, 求其不是 ; 觀其不是, 求其是, 便見得義理.《朱子語類》

### 2) 역사책을 보는 6가지 요체  看史六要

역사책을 볼 때는 절반을 보았을 때 곧 책을 덮고서 그 뒤의 성공과 실패가 어떠하였을지 헤아려 보아야 한다. 그것의 큰 요지는 6가지가 있으니 택선(擇善, 선악을 가려서 선택함),[2] 경계(警戒, 타일러 주의시킴), 곤범(閫範, 부녀자의 규

看史, 須看一半, 便揜卷, 料其後成敗如何. 其大要有六, 擇善、警戒、閫範、治體、議論、處事.《東萊集雜說》

---

1 《朱子語類》卷5 〈學五〉"讀書法" 下(《朱子全書》14, 355쪽).

2 선악을……선택함 : 원문의 "擇善"은 《중용》20장 "擇善而固執"에서 비롯된 말로, 무엇이 선(善)이고 악(惡)인지 분명하게 가려서 선택한다는 뜻을 내포하고 있다.

범), 치체(治體, 정치 강령), 의론(議論, 의견을 내세우고 토론함), 처사(處事, 일을 처리함)이다. 《동래집잡설》[3]

## 3) 역사책은 자세하게 읽어야 한다

역사책은 대충 읽어서는 안 된다. 인물은 어떠하였는지, 정치 강령은 어떠하였는지, 나라의 형세는 어떠하였는지를 보되, 모두 자세하게 보아야 한다. 정호(程顥)[4]는 역사책을 읽을 때 줄을 따라가며 보면서 한 글자도 빠뜨리지 않았다. 《주자어류》[5]

論讀史宜子細

讀史草率不得. 須當看人物是如何, 治體是如何, 國勢是如何, 皆當子細. 明道讀史, 逐行看過, 不差一字.《朱子語類》

## 4) 역사 기억법

몇 명의 군주를 섬겼는지, 몇 개의 관직을 맡았는지, 어떠한 것을 제정하였는지, 어떤 좋은 의견을 올렸는지, 어떤 장점이 기록할 만한지, 어떤 단점이 경계할 만한지, 열전(列傳) 안에 어떤 좋

記史法

歷事幾主, 歷任幾官, 有何建立, 有何獻明, 何長可錄, 何短可戒, 傳中有何佳對.【舊諸史賦, 如《張良傳》, 用赤松子

---

3 《麗澤論說集錄》卷10〈門人所記雜說 二〉.
4 정호(程顥) : 1032~1085. 명도(明道)는 그의 자이다. 동생 정이(程頤, 1033~1107)와 함께 송나라를 대표하는 성리학자다. 저서에 《이정전서(二程全書)》가 있다.
5 《朱子語類》卷94〈周子之書〉"通書"(《朱子全書》17, 3161쪽).

은 대구가 있는지,【옛날의 여러 사부(史賦) 중, 예를 들어《장량전(張良傳)》에서 적송자(赤松子)를 황석공(黃石公)과 대비해 놓은 경우[6]】이것이 가정재(賈挺才)[7]의 역사 기억법이다.《형설총설(螢雪叢說)[8]》[9]

對黃石公.】此賈挺才記史[1]法也.《螢雪[2]叢說》

6  장량전(張良傳)에서……경우:《사기(史記)》〈유후세가(留侯世家)〉에 나오는 황석공은 장량(張良)에게 강태공의 병법서인《육도(六韜)》와《삼략(三略)》을 전수해 준 전설적인 도인이고, 적송자는《사기색은(史記索隱)》에 따르면 신농씨 시대에 활약한 우사(雨師, 비를 관장하는 신)이다.《사기》에서는 황석공과 적송자를 통해서 장량의 인생관이 어떻게 변화하였는지를 보여 주는데, 처음에는 황석공이 장량에게 병법서를 전수해 준 일화를 통하여 장량이 경세제민(經世濟民)의 마음을 품고 있음을 보여 주었고, 장량이 뜻을 이루고 난 말년에는 장량이 인간사를 버리고 적송자를 따라 노닐겠다고 한 일화를 통해 장량이 더는 인간사에 욕심이 없음을 보여 준다.

중국 명대의 화가 진홍수(陳洪綬, 1599~1652)의 《수서도(受書圖)》

7  가정재(賈挺才) : 미상.
8  형설총설(螢雪叢說) : 송나라 사람인 유성(俞成)이 지은 책으로, 모두 2권이며 과거를 위한 학문에 대해 연구한 내용이 많고, 가대(假對, 내용이 비록 대구를 이루지 않아도 글자가 대구를 이루는 것)법에 대해 장황하게 늘어놓았다.《사고전서총목제요》 참조.
9  《螢雪叢說》卷上〈記史法〉.
[1]  史 : 저본에는 "事".《螢雪叢說》에 근거하여 수정.
[2]  雪 : 저본에는 "窓".《螢雪叢說》에 근거하여 수정.

## 4. 독서 순서

讀書次第

### 1) 사서(四書)[1] 읽는 순서

四書次第

먼저 《대학》을 읽어서 그 규모를 정하고,[2] 다음에 《논어》를 읽어서 그 근본을 세우고,[3] 다음에 《맹자》를 읽어서 그 은미한 뜻을 밝힌 것을 살펴보고,[4] 다음에 《중용》을 읽어서 옛사람의 미묘(微妙)한 경지를 구한다.[5] 《주자어류》[6]

先讀《大學》以定其規模, 次讀《論語》以立其根本, 次讀《孟子》以觀其發越, 次讀《中庸》以求古人之微妙處. 《朱子語類》

---

1  사서(四書) : 남송의 주희(朱熹, 1130~1200)가 창도한 신유학 운동의 핵심 교재인 《대학(大學)》·《논어(論語)》·《맹자(孟子)》·《중용(中庸)》의 4가지 경서(經書). 주희가 《대학장구(大學章句)》·《논어집주(論語集注)》·《맹자집주(孟子集注)》·《중용장구(中庸章句)》를 중심으로 신유학을 집대성하면서 성리학은 본궤도에 올랐고, 원과 고려에서 과거 교재로 채택되면서 관학의 지위를 확립했다.

2  먼저……정하고 : 《대학》을 읽어 명명덕(明明德)·친민(親民)·지어지선(止於至善)의 3강령과 평천하(平天下)·치국(治國)·제가(齊家)·수신(修身)·정심(正心)·성의(誠意)·치지(致知)·격물(格物)의 8조목이라는 학문의 틀을 확립한다는 의미이다. 《대학》은 문답 형식의 《논어》·《맹자》와 달리 증자(曾子)가 공자(孔子)의 학설을 논술한 형식이므로, 이를 먼저 읽으면 《논어》·《맹자》의 갈피를 잡는 데 많은 도움이 된다.

3  다음에……세우고 : 《논어》는 공자와 그 제자들의 문답을 기록하여 유학의 원류가 된다. 《대학》을 읽어 그 규모가 정해진 뒤에 읽으면 그 근본이 확립된다.

4  다음에……살펴보고 : 《맹자》는 맹자와 그 제자들이 공자의 계승자로 자처하고 천하를 주유하며 유세한 기록이므로, 《논어》를 읽고 근본이 확립된 뒤에 읽으면 공자 사상의 어렵고 숨은 뜻을 확연하게 볼 수 있다.

5  다음에……구한다 : 《중용》은 난해한 철학적 논설을 담고 있으므로 《대학》·《논어》·《맹자》를 읽은 뒤라야 이해할 수 있다. 일상의 단단한 기반 위에 성(性)·도(道)·교(教)라는 미묘한 경지에까지 도달하려는 열망을 담고 있다.

6  《朱子語類》 卷14 〈大學〉 1 "綱領"(《朱子全書》 14, 419쪽).

## 2) 경서와 역사책 읽는 순서　　　　　經史次第

　　먼저《논어》와《맹자》를 읽은 뒤에 역사책을 보면, 마치 밝은 거울이 바로 앞에 있는 것처럼 아름다움과 추함이 숨김없이 드러난다.《주자어류》[7]

先讀《語》、《孟》, 然後觀史, 則如明鑑在此而妍醜不可逃. 《朱子語類》

## 3) 사부(四部)[8] 읽는 순서　　　　　四部次第

　　맹자는 "널리 배우고 자세하게 말하는 이유는 돌이켜서 요약하여 말하기 위해서이다."[9]라 했다. 그러므로 반드시 먼저《논어》·《맹자》·《대학》·《중용》을 보아서 성현의 뜻을 살피고, 역사책을 읽어서 국가의 존망과 치란(治亂)의 자취를 살피며, 제자백가(諸子百家)[10]의 책을 읽어서 그 잡박(雜駁, 여러 가지가 마구 뒤섞임)함의 결점을 보아야 한다. 사부를 읽는 절목(節目)에는 원

"博學而詳說之, 將以反說約也." 故必先觀《論》、《孟》、《大學》、《中庸》以考聖賢之意, 讀史以考存亡、治亂之迹, 讀諸子百家以見其駁雜之病. 其節目自有次序, 不可踰越.《朱子語類》

---

7　《朱子語類》卷11〈學〉5 "讀書法" 下(《朱子全書》14, 353쪽).

8　사부(四部) : 사부는 경부(經部)·사부(史部)·자부(子部)·집부(集部)의 도서 분류 체계로, 경서(經書)·사서(史書)·제자(諸子)·문집(文集)을 통틀어 말한다.

9　널리……위해서이다 :《孟子注疏》卷8上〈離婁章句〉下(《十三經注疏整理本》25, 261쪽).

10　제자백가(諸子百家) : 중국 춘추전국시대의 자유로운 학문 분위기에서 공자·노자·추연(鄒衍)·한비자·혜시(惠施)·묵자·귀곡자(鬼谷子)·여불위·허행(許行)·육자(鬻子) 등이 꽃피운 여러 학파.《사기(史記)·태사공자서(太史公自序)》에서는 음양가(陰陽家)·유가(儒家)·묵가(墨家)·명가(名家)·법가(法家)·도가(道家)로,《한서(漢書)·예문지(藝文志)》에서는 유가·도가·음양가·법가·명가·묵가·종횡가(縱橫家)·잡가(雜家)·농가(農家)·소설가(小說家)로 분류하였다.

래 순서가 있으므로, 건너뛰어서는 안 된다.《주
자어류》[11]


## 4) 역사책 보는 순서 看史次第

먼저《사기》를 보라.《사기》와《좌전》은 서로
내용을 포괄한다. 그다음에《좌전》을 보고, 그다
음에《자치통감(資治通鑑)》[12]을 보라. 그러고도
여력이 있으면 전체 역사책을 보라.《주자어류》[13]

先看《史記》,《史記》與《左
傳》相包. 次看《左傳》, 次看
《通鑑》. 有餘力則看全史.
《朱子語類》


## 5) 나이에 따른 독서 계획표 讀書分年程式

아직 입학하지 않은 8세 전에는《성리자훈(性

八歲未入學之前, 讀《性理字

---

11 《朱子語類》卷11〈學〉5 "讀書法" 下(《朱子全書》14, 345쪽).

12 자치통감(資治通鑑) : 북송(北宋)의 사마광(司馬光, 1019~1086)이 펴낸 주(周) 위열왕(威烈王)부터 후
　주(後周) 세종(世宗)에 이르기까지의 중국 통사. 후세(後世) 편년사(編年史)의 본보기가 되어, 주희
　의 《자치통감강목(資治通鑑綱目)》과 이도(李燾, 1115~1184)의 《속자치통감장편(續資治通鑑長編)》으
　로 이어졌다.

13 《朱子語類》卷11〈學〉5 "讀書法" 下(《朱子全書》14, 353쪽).

理字訓)》[14]【정약용(程若庸)[15]이 보태고 넓힌 판본이다. 이 책을 읽어 세상에 유행하는 《몽구(蒙求)》[16]를 대신한다.】을 읽는다.

　입학한 8세 뒤부터는 《소학(小學)》의 본문을 읽고, 다음으로 《대학》 경(經)과 전(傳)[17]의 본문을 읽고, 다음으로 《논어》의 본문을 읽고, 다음으로 《맹자》의 본문을 읽고, 다음으로 《중용》의 본문을 읽고, 다음으로 《효경》의 본문을 읽고, 다음

訓》.【程達[1]原增廣者. 讀此代世俗《蒙求》.】

自八歲入學之後, 讀《小學書》正文, 次讀《大學》經傳正文, 次讀《論語》正文, 次讀《孟子》正文, 次讀《中庸》正文, 次讀《孝經》正文[2], 次讀

---

14　성리자훈(性理字訓) : 송나라 정단몽(程端蒙, 1143~1191)이 명(命)·성(性)·심(心) 등의 성리학 개념을 30조로 정리한 것을 정약용이 183조로 보완하여 찬집한 책이다.

《성리자훈》

15　정약용(程若庸) : ?~?. 자가 달원(達原)이며, 1268년 진사가 되었다. 남송의 성리학자인 쌍봉(雙峯)요로(饒魯)가 창립한 쌍봉학파의 중심인물이며, 저서에 《성리자훈강의(性理字訓講義)》가 있다.

16　몽구(蒙求) : 당나라 이한(李瀚)이 옛사람들의 사적을 모아 지은 아동용 초학 교재로 총 3권이다. 서명은 《주역(周易)》 "몽괘(蒙卦)"의 '내가 동몽을 구한 것이 아니라 동몽이 나를 구한 것이다.(匪我求童蒙, 童蒙求我.)'라는 글귀에서 유래했다.

17　경(經)과 전(傳) : 《대학》은 경(經) 1장과 전(傳) 10장으로 구성되는데, 주희는 경은 증자(曾子)가 공자(孔子)의 사상을 기술한 것이고, 전은 증자의 문인이 스승의 생각을 기록한 것이라고 보았다. 하지만 전통적으로는 자사(子思)의 저작이라는 견해가 지배적이다. 본래 전은 경에 대한 주석의 성격을 띠지만, 대학의 전은 이미 경의 차원으로 승격되었기 때문에 정문(正文)이란 표현을 쓴다.

①　達 : 底本에는 "縫". 《欽定四庫全書總目子部·儒家類存目·廣字義》에 근거하여 수정.

②　正文 : 《讀書分年日程》에는 "刊誤".

으로 《주역》의 본문을 읽고, 다음으로 《상서(尚書)》의 본문을 읽고, 다음으로 《시경》의 본문을 읽고, 다음으로 《의례(儀禮)》의 본문과 아울러 《예기(禮記)》의 본문을 읽고, 다음으로 《주례(周禮)》의 본문을 읽고, 다음으로 《춘추》 경(經)의 본문과 아울러 삼전(三傳), 즉 《좌전(左傳)》·《공양전(公羊傳)》·《곡량전(穀梁傳)》의 본문을 읽는다. 8세부터 6~7년 동안 집중적으로 공부하면, 15세가 되기 전에 《소학》과 《사서(四書)》 및 여러 경전의 본문을 다 마칠 수 있다.

학문에 뜻을 둘 나이인 15세[18]부터는 곧 뜻을 숭상해야 한다.【학문은 도(道)를 이루는 데에 뜻을 삼고, 사람됨은 성인(聖人)이 되는 데에 뜻을 삼는다.】《대학장구혹문(大學章句或問)》[19]을 다 읽으면, 다음으로 《논어집주(論語集註)》를 읽고, 다음으로 《맹자집주(孟子集註)》를 읽고, 다음으로 《중용장구혹문(中庸章句或問)》을 읽고, 다음으로 《논어혹문(論語或問)》 중에서 《논어집주》에

《易》正文, 次讀《書》正文, 次讀《詩》正文, 次讀《儀禮》竝《禮記》正文, 次讀《周禮》正文, 次讀《春秋》經竝三傳正文. 自八歲約用六七年之功, 則十五歲前, 《小學書》、《四書》、諸經正文, 可以盡畢.

自十五歲志學之年, 卽當尙志.【爲學以道爲志, 爲人以聖爲志.】讀《大學章句或問》畢, 次讀《論語集註》, 次讀《孟子集註》, 次讀《中庸章句或問》, 次鈔讀《論語或問》之合于集註者, 次鈔讀《孟子或問》之合于集註者, 次讀本經《易》、

---

18 학문에……15세 : 공자는 만년에 자신의 인생을 회고하면서 15세에 학문에 뜻을 두었다고 밝혔다.(子曰 : "吾十有五而志于學.")《論語注疏》卷2〈爲政〉(《十三經注疏整理本》23, 16쪽).

19 대학장구혹문(大學章句或問) : 주희가 '或問'과 '曰'이라는 문답 형식을 빌려 자신의 《대학장구(大學章句)》를 보완하고 해설한 책. 주희의 사서 체계는 《장구(章句)》·《집주(集注)》·《혹문(或問)》으로 구성된다. 경문과 그에 대한 《집주》와 《장구》 및 《혹문》은 《사서》를 온전히 이해하려면 하나도 없어서는 안 된다. 그러나 주희 자신의 평가는 층차가 있어 《대학장구혹문》과 《중용장구혹문(中庸章句或問)》은 생전에 《장구》에 합본할 정도로 스스로 그 완성도에 자신을 가졌지만, 《논어혹문(論語或問)》과 《맹자혹문(孟子或問)》은 《집주》에 비해 불완전하다고 생각해서 생전에 간행하지 않았다. 주자 자신의 평가와는 별도로 《혹문》의 존재는 《사서》에 대한 이해를 심화시키며 주자의 생각에 생생하게 접근할 수 있는 중요한 자료다.

부합하는 부분만을 뽑아서 읽고, 다음으로《맹자혹문(孟子或問)》중에서《맹자집주》에 부합하는 부분만을 뽑아서 읽고, 다음으로 본경(本經)인 《주역》·《서경》·《시경》·《예기》·《춘추》를 읽는 다.[20]

《사서》와 본경을 이미 밝게 익힌 후에는 이날부터 역사책을 보면서 앞서 본 책들을 복습한다. 다음으로《자치통감》을 보면서《통감강목(通鑑綱目)》을 참고한다. 다음으로 한유(韓愈)의 문장[21]을 읽고, 다음으로《초사(楚辭)》[22]를 읽는다.

《자치통감》과 한유의 문장 및《초사》를 이미 읽은 후면 대략 겨우 20세 혹은 21~22세이다. 이때는 작문(作文)을 배우는데, 경문(經問),[23] 경

《書》、《詩》、《禮記》、《春秋》.

《四書》、本經既明之後, 自此日看史, 仍溫前書. 次看《通鑑》, 及參《綱目》. 次讀韓文, 次讀《楚辭》.

《通鑑》、韓文、《楚辭》既讀之後, 約才二十歲或二十一二歲. 學作文, 經問、經義、古

---

20 《讀書分年日程》卷1〈八歲未入學之前〉(欽定四庫全書).

21 한유(韓愈)의 문장 : 한유(768~824)는 창려(昌黎) 사람으로, 자는 퇴지(退之), 시호는 문공(文公)이다. 도교와 불교를 배척하고 유교를 높였으며 맹자에 이르는 도통론을 확립하여 송학을 열었기에 한자(韓子)로 존중되기도 한다. 또한 유학 부흥과 아울러 고문 부흥 운동을 주도하여 《원인(原人)》·《원도(原道)》·《원성(原性)》 등의 작품을 남겼고 백화문 이전 중국 문장의 틀을 만들었다.

22 초사(楚辭) : 한(漢)나라 유향(劉向, BC 77~BC 6)이 초(楚)나라의 굴원(屈原)·송옥(宋玉) 등의 사(辭)를 모아 엮은 책. 굴원의《이소(離騷)》·《천문(天問)》 등과 송옥의《구변(九辯)》·《초혼(招魂)》 등으로 구성되며, 현실과 신화를 오가는 자유로운 상상력과 풍부한 감정 표현으로 독자들의 사랑을 받고 있다.

23 경문(經問) : 경서의 문답에 대한 글. 이를 익히기 위해서는 평소에《사서집주》와 각종 성리서들을 읽어 근본을 갖춘 뒤에《대학혹문》·《중용혹문》을 법으로 삼는다.

의(經義),[24] 고부(古賦),[25] 고체(古體)의 제조(制詔)[26]와 장표(章表),[27] 사륙장표(四六章表)[28] 등이 있다.[29] 정단예(程端禮)[30]의 《독서분년일정법(讀書分年日程法)》[31]

賦、古體制詔·章表、四六章表. 程端禮《讀書分年日程法》

---

24 경의(經義) : 경서의 의리에 대한 글. 이를 익히기 위해서는 《사서혹문》의 문체를 본뜨고, 주희가 당시의 학교 행정과 관리 선발의 문제점을 지적하고 스스로 개선안을 만든 《학교공거사의(學校貢擧私議)》의 설을 이용한다.

25 고부(古賦) : 선진양한(先秦兩漢) 시대의 부. 이를 익히기 위해서는 굴원의 《이소(離騷)》를 보고 나서 주희가 편집한 《초사후어(楚辭後語)》와 한유·유종원의 작품을 보고 구법(句法)과 운도(韻度)를 터득한다.

26 제조(制詔) : 임금의 명령. 제(制)는 당(唐)나라 때 제왕이 백성에게 고하거나 관리를 임명할 때 쓴 글이고, 조(詔)는 진시황이 일반에게 제왕의 선지(宣旨)를 알릴 목적으로 쓴 글로 그 이전에는 영(令)이었다. 제조와 장표를 익히기 위해서는 《문장정종사명류(文章正宗辭命類)》를 읽고, 왕안석(王安石)·증남풍(曾南豐)·소식(蘇軾)·왕용계(汪龍溪)·주평원(周平園)과 《굉사총류(宏辭總類)》 등의 문체를 뽑아서 보아야 한다.

27 장표(章表) : 신하가 임금에게 아뢰는 글. 장(章)은 한나라에서 신하가 임금에게 사리를 드러내어 밝히기 위해서 올리는 글이고, 표(表)는 주소(奏疏)에 속하는 것으로서 임금에게 진정(陳情)을 하는 글이다.

28 사륙장표(四六章表) : 주로 4자와 6자의 구(句)를 기본으로 하여 작성한 장표. 이를 익히기 위해서는 왕안석(王安石)·등윤보(鄧潤甫)·육유(陸游)·유극장(劉克莊) 등의 문장과 《굉사총류》를 법식으로 삼고, 구본 《한원신서(翰苑新書)》도 보아야 한다.

29 《讀書分年日程》 卷2 〈四書本經旣明之後〉(欽定四庫全書).

30 정단예(程端禮) : 1271~1345. 원(元)의 학자로 자는 경숙(敬叔), 호는 외재(畏齋)이다. 주희의 학문을 익혀 교육을 담당하는 관직에 종사하였다.

31 독서분년일정법(讀書分年日程法) : 나이와 진도에 따라 독서하는 순서를 자세히 정리한 이학(理學) 교육서. 《주자독서법(朱子讀書法)》에 의거하여 주희가 말한 강령에 유목(類目)을 상세하게 만들어 붙였다. 당시 이미 관학(官學)으로 자리 잡은 성리학을 내성외왕(內聖外王)의 학문으로 여겨 당시 학교에서 시행되었고 명청대의 교육에서도 널리 활용되었다.

## 6) 독서할 때는 이미 읽은 부분에서 실마리를 찾아야 한다

論讀書宜紬[3]繹

독서할 때는 아직 읽지 않은 부분을 같이 보아서는 안 되며, 오히려 이미 읽은 부분을 같이 보아야 한다. 《주자어류》[32]

讀書, 不可兼看未讀者, 却當兼看已讀者. 《朱子語類》

독서할 때는 앞으로 내달리려고만 하면서, 뒤돌아서 반복해 보지 않으며, 단지 아직 읽지 않은 다음 날의 부분을 보려고만 하면서, 전날 이미 읽은 부분에서 실마리를 찾으려 하지 않는 태도를 조심해야 한다. 《주자어류》[33]

讀書, 忌[4]向前趲去, 不曾向後反覆 ; 只要去看明日未讀底, 不曾去紬繹前日已讀底. 同上

## 7) 날마다 복습하는 법

分日溫書法

독서할 때는 당시에 비록 완전히 익숙하게 알았더라도 오래도록 다시 읽지 않으면 역시 잊어버리게 마련이다. 그러므로 책을 읽었어도 복습하지 않으면 안 된다. 읽은 책을 복습하는

讀書, 當時雖極熟, 久而不讀, 亦必忘. 故讀過書不可不溫. 其溫書之法, 若初讀過書一卷, 則一日溫此一卷. 其後

---

32 《朱子語類》卷10 〈學〉 4 "讀書法" 上(《朱子全書》 14, 318쪽).

33 《朱子語類》卷10 〈學〉 4 "讀書法" 上(《朱子全書》 14, 320쪽).

[3] 紬:底本에는 "抽". 해당 본문과 《朱子語類 · 學 · 讀書法》에 근거하여 수정.

[4] 讀書忌:《朱子語類 · 學 · 讀書法》에는 "人多是".

방법은 만약 처음에 책 1권[34]을 읽었으면 1일 동안 이 1권을 복습한다. 그 후에 책 2권을 읽었으면 2일 동안 한 번 복습한다. 3권을 읽었다면 3일 동안 한 번 복습한다. 200권을 읽었을 경우 200일 동안 한 번 복습할 수 있다면 또한 영원히 잊지 않게 된다. 이것이 바로 양웅(楊雄)[35]과 오비(吳秘)[36]의 집안에 전해지는, 책을 복습하는 방법이다. 왕일휴(王日休)[37]의 《훈몽법(訓蒙法)》[38]

讀過二卷, 則二日溫一遍. 三卷則三日溫一遍. 二百卷則二百日能溫一遍, 亦永不忘. 此乃楊子、吳秘之家傳溫書之法也. 王虛中《訓蒙法》

---

34  권:고서(古書)에서 권(卷)은 내용의 단위이고, 책(冊)은 분량의 단위이다. 예를 들어 《임원경제지》는 113권 54책으로 구성되므로 대략 2권이 1책의 분량을 이룬다.

35  양웅(楊雄):BC 53~18. 전한(前漢)의 학자로 왕망(王莽) 밑에서 대부(大夫)가 되었으며, 천록각(天祿閣)에서 교서(校書)로 일했다. 《방언(方言)》·《태현경(太玄經)》·《법언(法言)》을 남겼다.

36  오비(吳秘):?~?. 송(宋)의 학자로 1034년에 진사가 되었다. 《법언》에 대한 주석인 《법언전(法言箋)》과 《주역통해(周易通解)》·《춘추삼전집해(春秋三傳集解)》를 남겼다.

37  왕일휴(王日休):?~1173. 자가 허중(虛中)이며 용서거사(龍舒居士)로도 불렸다. 염불로 포교하였고, 《용서정토문(龍舒淨土文)》을 지어 비천한 사람들에게도 쉽고 간곡한 말로 정토법문에 귀의하도록 하였다.

38  《居家必用事類全集》甲集〈爲學〉"王虛中訓蒙法"'溫書', 12쪽.

# 활쏘기 비결(사결)

射訣

# 1. 처음 배우는 사람의 연습 　　　初學演習

## 1) 활쏘기를 배우는 전반적인 방법 　　學射總法

활쏘기를 처음 배울 때는 자신의 팔 힘에 맞지 않는 활을 쓰는 것을 가장 금한다. 이 때문에 지극히 부드럽고 균형 잡혔으면서 활고자[1]가 큰 활을 준비해야 하고 이에 걸맞도록 좋은 활시위를 얹어야 한다.[2] 활시위를 얹을 때 반드시 도

初學最忌弓不服手, 當備極和軟周正大弰之弓, 配上好弦, 上弦必用弓檠, 則受力自均, 無損傷胎、弝[1]之虞. 弓旣上弦, 少停片晌, 俟角、膠

---

1　활고자 : 활의 양 끝으로, 활시위를 거는 부분이다.
2　이 때문에……한다 : 활과 활시위의 모습은 다음과 같다.

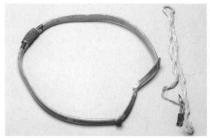

각궁과 각궁시위(국립민속박물관)

활과 활시위

① 弝 : 저본에는 "肥". 문맥에 근거하여 수정.

지개[弓拏]³를 사용해야만 활이 저절로 고르게　性定, 看其斜正, 解去拏子,
힘을 받아 궁태⁴와 줌통⁵을 손상시킬 우려가　再端放片刻.

---

3　도지개[弓拏] : 활에 활시위를 얹기 쉽게 하고자 사용하는 기구. 활을 뒤로 젖혀 좌우 한 쌍의 도지개
에 묶은 다음 활의 기본 형태를 만든 후 활시위를 건다. 그 모습은 대체로 다음과 같다.

도지개(국립민속박물관)

도지개를 묶어 활의 형태를 만드는 모습(문화재청)

4　궁태 : 죽심(竹心) 또는 대소라고 하며 활대의 본체이다. 일반적으로 대나무를 사용하며, 쇠로 만든
활은 철태궁(鐵胎弓)이라 한다.

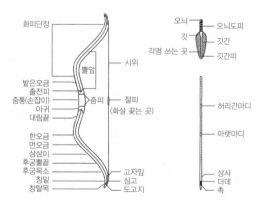

5　줌통 : 활의 한가운데로, 손으로 활을 잡는 부분. 모습은 위의 활 도해 참고.

없다.[6] 활에 활시위를 걸고 나서 잠깐 두었다가, 뿔과 아교가 안정되면 활이 휘었는지 바로잡혔는지를 살핀다. 도지개를 푼 뒤 다시금 잠시 바르게 둔다.

처음에는 과녁 하나를 가정하여 과녁과 마주하고 빈 활을 당겨 자세를 먼저 연습한다. 왼손의 중지·약지·소지 세 손가락[7]으로 활의 줌통을 쥐어 고정시키되, 활이 수직이 되도록 세운다. 엄지로 중지 위를 가볍게 누르는데, 검지로 빈 공간을 만들어 엄지와 검지를 게의 집게발과 같은 모양

始虛擬一的, 對的空張, 先習容止. 將左手中、名、小三指, 搦定弓弝, 弓要直豎. 大指活按中指之上, 食指虛中, 對合大指, 形如蟹鉗. 如此搦弓, 不惟步射便于搭矢, 騎射亦

---

6 활시위를……없다 : 활시위를 얹는 모습은 다음과 같다. 시연은 무예사(武藝史)와 전통 무예 전문가이신 최형국 박사님(한국전통무예연구소 소장)께서 직접 해 주셨다. 이하 동일. 흔쾌히 도와주신 데 대해 진심으로 감사드린다.

활시위를 얹는 모습

7 중지……손가락 : 이를 하삼지(下三指)라 한다.

이 되도록 마주 합한다.[8] 이와 같이 활을 쥐면, 서 서 활을 쏠 때[步射] 화살을 시위에 걸기 쉬울 뿐 만 아니라 말을 타며 활을 쏠 때[騎射]도 활을 떨 어뜨릴 염려가 없다.

無落架之患.

　다음은 양발을 '정(丁)'자도 '팔(八)'자도 아닌 자세[9]로 벌려 서는데, 줌손[10] 쪽의 무릎은 과녁

次將兩足, 立爲不丁不八之 勢. 左膝對的, 稍曲向前, 右

---

8 왼손의……합한다 : 줌통을 쥔 손의 모양은 다음과 같다.

줌통을 쥔 줌손의 모습

9 정(丁)자도……자세 : 원문의 부정(不丁)은 두 발이 정(丁)자처럼 서로 직각이 되지 않도록 해야 한 다는 뜻이고, 원문의 불팔(不八)은 두 발이 안짱다리처럼 발끝을 안으로 모으지 않도록 해야 한다 는 뜻이다. 부정불팔(不丁不八)은 비정비팔(非丁非八)이라고도 한다. 최형국, 〈18세기 활쏘기[國弓] 수련방식과 그 실제〉, 《탐라문화》 50호, 2015, 258쪽.

부정불팔 자세

10 줌손 : 활을 잡는 손. 원문에서는 '左'라 하여 왼손을 지칭한다. 이후에도 '左' 또는 '左手'를 되도록 줌손으로 옮긴다.

과 마주하면서 앞으로 향해 조금 굽히고 깍지손[11] 쪽의 발은 힘을 주어 곧게 세운다. 이 자세로 양발에 힘을 고르게 주면 자연스럽게 몸이 흔들리지 않는다. 몸통의 자세는 곧게 세우되 약간 앞으로 향한 듯이 해야 하고, 두 눈은 과녁을 보되 눈동자도 굴러가지 않을 듯이 해야 하며, 턱 끝은 왼쪽 어깨, 즉 죽머리[12]와 마주해야 한다. 이렇게 하는 사이에 차분하게 기(氣)를 길러야 한다.

그런 다음에 깍지손의 검지·중지·약지 세 손가락을 시위 중앙에 걸고 줌손과 깍지손을 나란히 들며 활을 당긴다.[13] 줌손을 내밀 때는 반드시 과녁과 마주하여 깍지손과 함께 점차 양손을 수평으로 벌리면서 일직선처럼 평행이 되도록 해야 한다. 이때 깍지손의 어깨 옆까지 팔을 굽혀 깍지손이 어깨 끝에 붙을 정도로 하면, 줌손은 과

足着力直立, 兩足用力均勻, 自不搖動. 身勢須直, 略似向前, 兩目視的, 若不轉睛, 下頦宜對左肩, 此際當從容養氣.

然後將右手食、中、名三指, 鉤弦之中, 左右手齊擧開弓. 前手將出, 必須對的, 其勢要同右手漸次伸開兩手, 平如一線. 右手曲至右肩之旁, 貼在肩稍, 則前手已指的定矣.

---

11  깍지손 : 활시위를 거는 손. 원문에서는 '右'라 하여 오른손을 지칭한다. 이후에도 '右' 또는 '右手'를 되도록 깍지손으로 옮긴다.
12  죽머리 : 활을 잡은 쪽의 어깨.
13  깍지손의……당긴다 : 이때 깍지손의 모습은 다음과 같다.

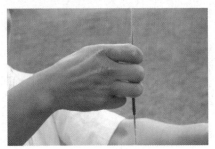

활을 당기는 깍지손의 모습

녁을 가리키며 이미 고정된다.

　이 모양대로 자세를 잡아 겨누기[審][14]와 굳히기[固][15]를 잠깐 했다가 손의 움직임을 따라 활과 화살을 느슨하게 풀어 본래 모습으로 되돌린다.[16] 다시 이와 같이 활 당기기를 9번 한 다음 잠시 쉬었다가 다시 또 앞의 방법대로 하되, 끊임없이 반복해서 훈련해야 효과가 있을 것이다. 이처럼 활 당기기를 1개월 또는 2~3개월 하면 손과 발과 몸통을 쓰는 법이 자연스럽게 몸에 완전히 익어 자세를 잡을 때마다 법식에 합치하게 된다.

　이렇게 기본자세를 잡은 뒤에 화살을 시위에 거는 법과 화살을 과녁에 맞히는 법을 다시 배운다. 이때도 마찬가지로 담장을 마주하고 과녁 하나를 가정해야 한다. 줌손은 앞의 방법대로 활을

模倣式樣, 審固片晷, 隨手鬆回, 再開如此九次, 停息片時, 又如前法, 循環不輟, 乃見功效. 若是開弓, 或一月或二三月, 手足身法, 自然純熟, 動輒合式.

然後再學搭矢至矢之法, 亦當對墙, 虛擬一的. 左手以前法搦弓, 右手持箭, 離鏃二寸許, 橫弓對齊, 投鏃於左手大

---

14　겨누기[審] : 정신을 집중해서 목표물의 크기와 방향 등을 살펴 조준하는 동작이다.
15　굳히기[固] : 활을 쏠 때 화살이 빗나가지 않도록 자세를 굳히는 동작이다.
16　이 모양대로……되돌린다 : 빈 활을 당기는 모습은 다음과 같다.

빈 활을 당기는 모습

쥐고, 깍지손은 화살촉에서 0.2척 정도 떨어진 곳을 잡은 뒤, 양팔은 차렷 자세를 한 채로 줌손의 활을 가로로 들고 깍지손의 화살도 활과 마주하며 나란히 든다. 화살촉을 줌손의 엄지와 검지로 보내면 검지와 엄지로 화살촉을 감싼다. 깍지손 다섯 손가락으로 화살대부터 깃 뒤의 오늬[17] 부분까지 아래로 훑고[18] 중지·엄지·검지로 오늬를 매만져 활시위 중앙에 끼운다. 화살을 시위에 걸 때는 시위를 더듬어 화살을 건 뒤[19] 침착하게 시위를 가득 당긴다. 이때 깍지[20] 낀 엄지로 시위를 당기면서 검지를 엄지 위에 교차한다. 깍지와 함께 화살의 오늬를 감싸되, 너무 꽉 감싸도 안 되고 너무 느슨하게 감싸도 안 된다. 깍지손의 중지·약지·소지 세 손가락은 모두 속이 빈 주먹을

指、食指之中, 食指、大指箝籠箭鏃. 右手五指, 由箭桿而下至羽後扣處, 將中、大、食指, 摩扣對弦適中. 搭上模索穩滿, 以大指指機控弦, 以食指交搭大指之上, 同指機箝住箭扣, 不可太緊, 亦不可大鬆. 其中、名、小三指俱宜空拳.

---

17 오늬 : 활시위에 화살을 거는 화살의 끝부분.
18 깍지손⋯⋯훑고 : 화살에 문제가 없는지 등의 안전성을 확인하는 동작이다.
19 화살을 시위에⋯⋯뒤 : 목표물에서 눈을 떼지 말아야 하므로 활시위를 보고 걸 수 없다.
20 깍지 : 활시위를 쉽게 당길 수 있도록 깍지손 엄지에 끼우는 기구. 그 모습은 대체로 다음과 같다.

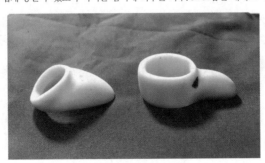

암깍지(좌)와 숫깍지(우)

쥐어야 한다.[21]

화살을 걸 때는 손으로 매만져서 걸어야만 하고, 절대 눈으로 보아서는 안 된다. 왼손의 엄지 · 검지 두 손가락으로 화살대를 느슨하게 감싸 잡고, 중지 · 약지 등으로 활의 줌통을 꽉 쥔다. 몸통을 쓰는 법과 서는 법은 위에서 밝힌 대로 하여 자세를 굳히고 과녁을 겨누었다가 활과 화살을 느슨하게 하여 본래 모습으로 되돌린다.[22] 이렇게 계속 반복해서 몸에 완전히 익으면 그제야 짚

搭矢之時, 止可手摩, 切忌眼看. 左手大、食兩指鬆鬆籠抱箭桿, 中、名等指搦緊弓弝. 身法、立法照前, 持固審的, 鬆回弓矢. 如是而行, 造至純熟, 始用草把對身演習, 無一不是, 無一不精, 然後至教場.

---

21 이때……한다 : 화살을 시위에 건 모습은 다음과 같다.

화살을 시위에 건 모습

22 화살을……되돌린다 : 화살을 먹인 상태로 과녁을 겨눈 모습은 다음과 같다.

화살을 먹인 상태로 과녁을 겨눈 모습(정면 및 후면)

과녁에 몸을 마주하여 연습한다. 하나라도 틀린 자세가 없고 하나라도 정밀하지 않은 데가 없어진 뒤에야 활터[敎場]로 간다.

활터에 화살 과녁을 세우는데, 과녁의 너비는 0.8척이고 높이는 4척이다. 20궁(弓)[23]을 멀고 가까운 거리의 기준으로 삼고, 쏘는 자리에는 짧은 말뚝 하나를 박아 줌손 쪽 발을 말뚝에 마주하고, 위에서 밝힌 방식대로 서서 자세를 잡은 뒤 활을 당기면서 화살을 건다.

이어서 화살을 쏠 때는 정신을 집중하여 줌손으로 과녁을 가리키면서 줌통을 한번 꽉 쥐어 내밀고, 깍지손은 어깨와 평행하도록 한 번에 펼치고는 곧장 뒤로 젖힌다. 만약 조금이라도 활을 단단히 쥐지 않았거나 양손에 힘을 고르게 주지 않으면 화살이 나가면서 시위가 소매를 치거나 화살 대가리 등이 흔들리는 폐단을 면치 못할 것이다. 여기서 중요한 점은 줌손은 던지고[撤] 깍지손은 끊는 데[撆] 있으니,【안 던지고 끊는 기술에 대한 해설은 아래에 보인다.[24]】힘을 고르게 줘야 기술과 힘을 모두 발휘할 수 있다. 그러나 과녁도 거리를 점점 멀게 하여 35궁까지 옮기는 것을 기준으로 삼아야 한다. 활도 점점 강한 것을

竪立箭把, 把濶八寸、高四尺, 量準二十弓, 爲遠近之則, 釘一脚椿, 前足對椿, 立定照式, 開弓搭矢.

更在撒放着意, 以前手指的, 緊搦一挺, 後手平肩一撒, 卽伸於後. 若少有把持不固, 用力不匀, 則不免出矢打袖搖頭等弊矣. 貴在前手撤、後手撆,【案 撤、撆解見下】用力均匀, 巧力兼至也. 然把則尺寸亦宜漸加, 移至三十五弓爲度. 弓亦漸强, 量力配合, 總以服爲佳, 不可使弓勝於力也.《武經匯解》

---

23  궁(弓): 1궁은 5척(尺)이다.
24  던지고……보인다:《유예지》권1〈활쏘기 비결(사결)〉"활터에서의 바른 자세" '화살 거는 법'에 나온다.

쓰되, 자신의 힘을 헤아리고 이에 맞춰 활의 힘을 전반적으로 제어할 수 있어야 좋으니, 활의 힘이 나의 힘을 넘게 해서는 안 된다.《무경회해》[25]

일반적으로 초보자가 입문할 때는 매우 부드러운 활과 매우 긴 화살을 사용하는 것이 중요하다. 정밀하게 연구하여 활쏘기법을 배우면서 가슴으로 체득해야 한다. 날마다 집 안 뜰에서 짚과녁으로 연습하고 자세를 따라 하여 과녁과 마주하고 화살을 쏘았을 때 손에 익고 마음에 곰상스러워지면 과녁을 맞히지 못하는 경우가 없다.

凡初學入門之始, 貴用極軟之弓、極長之箭, 精[2]究學法, 體會於胸. 日於家庭中, 用草把演習, 模彷架式, 對的放箭, 手熟心巧, 無不中的.

이렇게 한 뒤 활터로 나가 나란히 서서 활을 쏜다. 5명이 한 조를 이루고 그중 1~2명이 교대하며 양옆에 서서, 쏘는 사람의 자세를 봐 준다. 보폭은 너무 넓어도 안 되고 너무 좁아도 안 되기 때문에 적절하게 맞춰 부정불팔의 자세를 잡아야 한다. 과녁이 남쪽에 있다면, 몸을 단정하게 하고 편안하게 서서, 자세로는 과녁을 향하되 몸은 약간 서쪽으로 향해야 한다.

然後就敎場, 排立而射, 以五人爲一排, 於中輪一二人, 立于兩側, 以攷其程度. 立步不可太濶, 亦不可太窄, 須要適中以成不丁不八之勢. 擬的在南, 端身穩立, 勢要向的, 略帶向西.

앞뒤의 손은 어깨 및 팔꿈치를 나란히 평행으로 만들어 뒤로 젖히면서 활을 잡아당기는데, 깍지손이 눈을 지나거나 팔꿈치가 옆구리에 붙지 않도록 해야 한다. 몸통은 나무줄기처럼 단정하

前後手與肩肘齊平, 往後扯去, 手忌過目, 肘忌貼脅. 端身如靶, 直臂如枝, 前胸須挺開, 切忌挺開之迹, 後背須撮

<hr>

25 출전 확인 안 됨.
[2] 精 : 저본에는 없음. 오사카본·규장각본에 근거하여 보충.

게 하고 팔은 나뭇가지처럼 곧게 편다. 앞으로는 가슴을 내밀어 펼쳐야 하는데, 절대 내밀어 여는 티가 나서는 안 된다. 뒤로는 등을 잡아 오므려야 하는데, 잡아 모은 모양이 드러나지 않는 것이 중요하다. 줌손의 주먹은 과녁 가운데를 일직선으로 가리키고, 깍지손은 어깨 옆에 딱 붙인다. 줌손의 엄지를 아래에 두고 검지를 위에 올린 채로 화살을 감싸 천천히 시위를 당긴다. 이때 깍지손 손등은 몸을 향해 약간 비틀어서 손바닥이 약간 밖으로 보이게 한다.

合, 貴無撮合之形. 前拳直指的中, 後手緊貼肩傍, 大指在下, 食指在上, 籠箭援弦, 將手背向身略扭, 使掌心略見於外.

두 눈은 과녁을 봐야지 오느나 줌통을 봐서는 절대 안 된다. 아래턱은 줌손의 어깨와 마주해야 하고, 양손은 평행하게 만들어 활을 잡아당기는데, 자세가 흐트러지거나 안색이 변해서는 안 되고, 활을 둥글게 당기자마자 바로 화살을 가볍게 쏘아서도 안 되며, 줌손의 주먹을 먼저 뻗어 고정시킨 다음 깍지손으로 활을 잡아당겨도 안 된다. 또한 활을 아직 쏘지 않았는데 판에 박은 듯이 자세를 다 잡아서도 안 된다.

兩目視的, 切忌看叩看弝. 下頦須對左肩, 雙手引弓, 平平扯開, 不可動容作色, 不可弓甫開圓, 便爾輕易發矢, 不可將前拳預先伸直拄定, 始用後手扯弓, 又不可未射之先粧成架式與印板相似.

반드시 활 쏘는 자리에 아직 서지 않았을 때 손으로 활을 먼저 쥐어야 하고, 선 자세를 아직 제대로 잡지 않았을 때 활에 화살을 걸어야 한다. 활을 1푼 당기면 자세도 그에 따라 1푼씩 잡는다. 활을 당기면서 자세를 잡아 활이 둥글게 다 열리면 자세도 고정되어야 한다. 활을 쥐고 가득 당긴 채로 겨누기와 군히기를 하되, 오래 할수록 더욱

要必脚未立, 手先持弓 ; 立未定, 弓卽搭矢. 弓開一分, 架式隨成一分, 弓開式成, 弓圓式定. 持滿審固, 愈久愈妙.

좋다.

자세에 맞는 것은 따르고 자세에 맞지 않는 것은 버려, 전체적으로 손·눈·허리·발·몸을 쓰는 법, 서는 법, 활을 당기는 법, 화살을 거는 법, 겨누고 굳히는 법을 따라 자세에 맞게 한 후에 그친다.[26] 《무경회해》[27]

合於式者因之, 不合於式者去之, 總期手·眼·腰·足·身法、立法、開弓·搭矢·審固法, 合式而後止. 同上

## 2) 짚과녁 연습법

演草法

짚과녁으로 연습하는 법은 참으로 활쏘기를 처음 배우는 자가 올바르게 시작하는 방법이다. 만약 활을 가득 당겼는데도 자세가 균형 잡히면 짚과녁 하나를 만든다. 짚과녁을 만들 때는 매우

演草之法, 實初學正始之方. 如弓開滿殼, 架式周正, 則製一草把. 用極長極硬稻莖, 扯去護葉, 翦去穗頭. 比箭略

---

26 이상에서 설명한 활 쏘는 방법 중 일부 과정을 거쳤을 것으로 보이는 조선 후기의 활쏘기를 훈련하는 모습은 김홍도와 김준근의 다음과 같은 그림에서 볼 수 있다.

김준근, 《활공부허고》(한국데이터진흥원)

김홍도, 《활쏘기》(국립중앙박물관)

27 출전 확인 안 됨.

길고 단단한 볏짚을 쓰는데, 볏짚에서 잎은 뜯어 버리고 이삭이 달리는 *끄트머리*를 잘라 낸다. 화살 길이보다 약간 짧게 만들고 거꾸로 눕힌 다음, 대략 광주리 아가리 크기만큼 묶는다. 이를 햇볕에 바짝 말렸다가 그늘에 두어서 윤기가 돌게 한다. 머리 쪽을 가지런하게 하고서 삼노끈으로 머리 쪽부터 감아 묶되, 점점 꽉 조이게 묶는다. 방망이로 둘레를 두드리는데, 아주 꽉 조이고 평평하게 곧아질 때까지 1번 두드릴 때마다 1번 꽉 조이게 묶는다. 그러면 대략 말박[斗]²⁸ 아가리 크기이면서 둘레는 2척 남짓이 된다. 평면의 중앙에 사방 0.1척의 점을 찍어 정곡[鵠的, 과녁의 한가운데 점]을 하나 만든다. 이와 같은 과녁을 2개 만들어서 번갈아 가며 사용한다.

다시 나무막대를 이용하여 시렁을 설치한다. 시렁을 설치하는 방법은 다음과 같다. 다리 4개는 땅에 붙이고, 다리의 중앙은 당(擋) 몇 개를 묶어서 고정시키고, 위쪽에는 나무판자 2개로 초승달 모양의 겸구(鉗口)를 만들어서 여기에 짚과녁을 끼워 고정시킨다. 다시 새끼줄의 양쪽 끝으로 시렁 윗부분을 묶어서 고정시킨다. 짚과녁을 끼우는 나무는 이동식 장치[活機]로 만들어서 높이를 올리거나 내리게 해야 하니, 이는 신체 높이

短, 顚倒, 作束約籮口大. 曬極乾 置陰所回潤. 一頭取齊, 用麻繩從頭纏縛, 漸漸縛緊. 槌棒周圍敲打, 敲打一次, 緊縛一次, 以最緊直平爲度. 約斗口大, 周圍二尺餘. 平面之中, 點一方寸, 鵠的一樣, 制兩個, 輪換取用.

再用木架, 架之. 置架之法, 四足着地, 中用數擋拘定, 上用木板二塊, 作月牙鉗口, 箝定艸把. 再用繩索兩頭, 縛固架上. 箝把之木, 須作活機, 可上可下, 以便與人身段相配. 鵠面向人, 務要較準高下, 與人左乳相對, 其鵠比乳, 高二三寸許. 務期開弓圓

---

28  말박[斗] : 말 대신으로 곡식을 되는 바가지.

와 맞추는 데 편리하도록 하기 위해서이다. 정곡은 사람을 향하게 하여 높낮이를 비교해 바로잡아서 사람의 왼쪽 젖가슴과 마주하도록 하되, 사람의 젖가슴보다 0.2~0.3척 정도 높게 하는데, 활을 완전히 둥글어지도록 잔뜩 당긴 채 과녁이 정면에 있을 때 화살이 정곡에 딱 마주하는 위치를 기준으로 삼는다.

滿, 架式平正, 箭恰對鵠爲度.

짚과녁이 완성된 뒤에는 훈련 과정을 세밀하게 정해서 매일 대략 3차례 활을 연습한다. 몸은 짚과녁에서 2척 정도 거리를 두고 서서 격식에 맞게 자세를 잡은 후 활 쏘는 법에 따라 화살을 시위에 건 다음, 활이 완전히 둥글게 되도록 가득 당기면 화살촉은 정곡과 0.1척 거리를 두게 된다. 먼 곳을 쏘듯 과녁을 마주하고 한참 동안 목표를 겨냥하면서 자세를 고정한다. 이어서 앞뒤 양손에 힘을 균등하게 주고 법도에 맞게 시위를 놓는다. 정곡을 향해 화살을 쏠 때는 촉이 뾰족하고 굵기가 가는 화살을 써야만 짚과녁에 손상을 주지 않는다.

草把旣成, 覈定工課, 每日約三次學射. 立身離草把二尺許, 模倣格式, 照法搭矢, 開弓極圓極滿, 箭鏃離鵠一寸. 儼如遠射, 對定審固良久, 前後手用力均勻, 撒放得法. 向鵠射入, 須用尖頭小箭, 則不損把.

활 쏘는 법에 점점 익숙해지면, 화살이 자연스레 깃털이 보이지 않을 정도로 박히게 된다.[29] 화살이 과녁에 박혔을 때 바르고 곧으면, 바로 과녁

射法漸熟, 箭自飮羽. 箭入草把, 中正平直者, 是中把之箭也. 假如箭尾偏左, 則知箭合

---

29  화살이……된다 : 원문은 "飮羽"로, 초나라 웅거자(熊渠子)가 밤에 길을 가다가 바위를 범으로 오인하고는 활을 쏘았는데 바위에 워낙 깊이 박혀서 화살 끝의 깃털이 보이지 않을 정도[飮羽]였다는 일화가 《한시외전》 권6 24장에 보인다.

에 적중한 화살이다. 가령 화살 꼬리 부분이 왼쪽으로 치우쳤다면 화살이 오른쪽으로 기울었음을 알 수 있고, 화살 꼬리 부분이 오른쪽으로 치우쳤다면 화살이 왼쪽으로 날았음을 알 수 있다. 화살이 박힌 뒤 오늬의 상하좌우의 위치로 대(大), 소(小), 양(揚), 합(合)의 정확성을 따질 수 있다.

활쏘기가 몸에 완전히 익으면 과녁과의 거리를 점점 벌리면서 연습하는데, 화살을 쏠 때 이렇게 거리를 더해 가다 보면 10보(步)[30] 밖에서 쏠 때 반드시 정곡에 적중한 뒤에 다시 훈련장에 가서 시험하면 정곡이 가슴속에 그려진다.[31] 비록 적중하지 않는다 해도 정곡에서 멀리 벗어나지 않는다.《무경회해》[32]

於右；箭尾偏右, 則知箭揚於左. 以箭扣之上下左右, 論準頭之大小、揚合.

射至純熟, 分寸漸加, 漸演漸遠, 矢矢如是加之, 十步之外, 發必中鵠, 然後再往教場, 試驗, 則成竹在胸. 雖有不中, 知不遠矣.《武經匯解》

---

30 보(步) : 고대에는 6척을 1보로 삼았고,《무경칠서회해》가 저술된 청대에는 5척을 1보로 삼았다. 따라서 10보는 50척(약 11.5m)이다.

31 정곡이……그려진다 : 원문은 "成竹在胸"으로 송나라 소식(蘇軾)의《문여가의 운당곡에 누운 대나무 그림을 보고 씀(文與可畫篔簹谷偃竹記)》에 나오는 "그러므로 대나무를 그릴 때는 반드시 먼저 완성된 대나무가 가슴속에 그려져야 한다. 붓을 잡고 빤히 쳐다보다가 그리고 싶은 대나무를 만나면 빨리 일어나 대나무로 간 다음에 붓을 놀려 그대로 그려서 자기가 본 것을 따라가되 토끼가 일어나면 송골매가 낙하하듯이 해야 하니, 조금이라도 늦으면 놓치게 된다.(故畫竹, 必先得成竹於胸中. 執筆熟視, 乃見其所欲畫者, 急起從之, 振筆直遂, 以追其所見, 如兎起鶻落, 少縱則逝矣.)"라는 글에서 비롯된 말이다. 이는 대나무를 그리기 전에 먼저 마음속에 그려 본다는 뜻으로, 여기서는 화살을 쏘기 전에 이미 과녁이 가슴속에 그려져 있다는 의미로 표현하였다.

32 출전 확인 안 됨.

## 3) 팔 단련법

활쏘기를 배우는 자가 활을 당기려고 하면 우선 팔뚝을 단련해야 한다. 항상 기둥을 마주 보고 팔을 똑바로 펴서 튼튼하게 만들어야 하는데, 줌손의 팔은 기둥 위에 대어 줌손의 어깨와 높이를 같게 하고, 깍지손 팔꿈치는 세워서 줌손 팔의 주먹과 높이를 같게 한다. 옆에 선 다른 사람에게 줌손의 어깨를 감싸 아래로 누르게 하면서, 어깨가 단련되어 시큰거리는 통증이 없어질 때까지 기다린다.

한 달이 지난 후에 쇠심줄을 덧댄 부드러운 대나무 활을 기둥 위에 대고, 깍지손 팔을 높이 들어 시위를 당기면서 줌손 팔 어깨가 내려가기를 기다린다. 더할 나위 없이 익숙해져야만 화살을 시위에 걸고서 허공에 가득 당기는 연습을 할 수 있다. 훈련법이 올바르면 뼈마디가 자연히 곧아지며, 곧아지면 힘이 생기고, 익숙해지면 자세가 살아나서 하루 종일 활쏘기 연습을 해도 근력이 피로해지지 않는다. 그러면 활을 가득 당겼을 때 자연스레 굳게 지탱하여 움직이지 않으므로 화살을 늦게 쏠지 빨리 쏠지 마음대로 조종할 수 있다.

일반적으로 줌손 어깨를 돌려서 누르면 줌손이 위로 올라가서 힘이 앞 팔의 줌손을 따라서 나온다. 깍지손의 팔꿈치를 높은 곳에서 아래로

### 練臂法

學者將欲引弓, 須先操練手臂. 時常對柱挺直, 使之堅固, 以左手托在柱上, 與前肩齊；以後肘聳起, 與前拳齊. 使他人從傍, 將前肩捺向下捲, 竢其酸痛旣定.

一月之後, 方以鋪筋輭竹弓托在柱上, 後手提高引開, 竢前肩下. 得極熟, 方可搭箭空引㲮. 法旣合, 骨節自直, 直則生力, 熟則生勢, 終日習射, 不勞扵力. 旣定之時, 自能堅持不動, 遲速操縱, 無不如意.

大抵前肩從下捲則拳達上, 力從前拳而出. 後肘從高瀉下, 力從後拳而開. 如此操

내리면 힘이 깍지손을 따라서 나온다. 이와 같이 단련하여 두 팔의 힘이 균형을 이루고, 훈련이 몸에 완전히 익으면 기막힌 솜씨가 저절로 생길 것이다.《무경회해》[33]

練, 兩手均勻, 工夫純熟, 巧妙自生.《武經匯解》

## 4) 눈 단련법

練眸法

무릇 사람 몸속의 정신은 모두 눈에 모여 있으니, 눈이 가는 곳에 정신도 반드시 따라가고, 정신이 따라가면 온몸의 근력과 정기가 모두 따라간다. 그러므로 평상시에 늘 응시하여 시선을 고정시켜야 한다. 우선 50보 밖을 바라보았다가 점점 100보 밖까지 보는데, 물체 하나를 기준으로 삼아서 그 물건의 중심을 아주 분명하게 볼 수 있다면, 아무리 미세한 부분이라도 조금은 크게 보이는 듯할 것이다. 이렇게 오랫동안 하면 눈의 밝은 정기가 뭉쳐 분명하게 바라볼 수 있게 되므로, 활을 쏠 때 귀신같은 솜씨를 자연스레 부릴 수 있다.《무경회해》[34]

夫人一身精神, 皆萃於目, 目之所注, 神必至焉, 神至而四體百骸筋力、精氣俱赴矣. 故平時, 常要凝眸定目. 先望五十步外, 漸及百步外, 以一物作準, 看得其中, 明明白白, 雖細微處, 亦若粗大. 久之, 精光凝聚, 瞻視分明, 臨射時, 自得天巧.《武經匯解》

---

33 출전 확인 안 됨.
34 출전 확인 안 됨.

## 5) 향불 연습법

활 쏘는 방법을 정교하게 하고 싶다면 훈련을 중단해서는 안 된다. 매일 밤 향 3심지에 불을 붙이고 함께 꽂거나, 1묶음으로 만든다. 이것을 높은 흙 두둑 아래에 놓거나, 높은 흙 담장 아래에 둔다. 만약 뜰 안에서 연습한다면 흙벽돌 담장 아래에 두고 다시 풀로 두껍게 가린다.

약 20보가량 거리를 두고서 화살 3대를 향불 끝에서 대략 3~4푼 낮춘다. 정지한 상태로 오랫동안 겨누다가 반드시 줌손이 과녁을 정확히 가리킨 뒤에 화살을 쏜다. 직접 화살을 검사하여 화살이 향불의 상하좌우 어느 쪽으로 날아가는지 살펴보고서 마음에 새겨 둔다. 향불이 꺼질 때까지 화살을 수십 발 쏜다. 이렇게 오랫동안 하면 활 쏘는 방법이 몸에 익어서 솜씨가 생기므로 쏘는 대로 명중시킬 수 있다. 혹시 낮에 연습할 경우, 동전 크기만 한 정곡을 가지고 위의 방법대로 연습하면 효과를 매우 빨리 볼 것이다. 그러나 화살을 시위에 걸 때 줌손은 낮추고 깍지손은 높여야만 정확하게 쏠 수 있다.《무경회해》[35]

## 演香法

欲精射法, 工不可間. 每夜將香, 點灼三枝竝揷, 或作一束. 置高土埂下, 或高土牆下. 若庭內演習, 則置土墼壁下, 再以厚草搆之.

相去約二十步. 用箭三枝, 對香頭略下三四分. 停久審視, 必拳正對而後發矢. 須親自檢取, 看其高下左右何如變化在心. 發可百十矢, 以香滅爲度. 久之, 法熟機生, 隨手可以命中. 或日間, 以錢大鵠的, 如法練習, 得益甚捷. 然搭箭, 須前低後高, 方能有準.《武經匯解》

---

35  출전 확인 안 됨.

## 2. 활터에서의 바른 자세 　　　臨場楷式

### 1) 전반적인 비결　　　　　　　總訣

　일반적으로 활을 쏠 때는 반드시 자리의 가운데에 앉되, 앞(왼쪽)의 무릎은 살받이를 똑바로 향하고, 뒤의 무릎은 자리의 가로 방향으로 댄다. 활을 잡을 때는 반드시 줌통 가운데를 쥐면서 동시에 활시위의 중심에 맞추려고 해야 한다. 활을 왼쪽 무릎 앞에 세워 활로 자리를 누르고서, 아랫고자를 조금 앞으로 내밀고, 윗고자를 오른쪽으로 조금 기울인다. 그런 다음 화살을 꺼내 깍지손 손바닥을 아래로 하여 주먹을 약간 쥐어 손가락의 둘째 마디를 나란히 한다. 이어 깍지손의 엄지 · 검지 · 중지로 화살의 1/3 부분을 잡고 활에도

凡射必中席而坐，一膝正當垜，一膝橫順席，執弓必中在把之中，且欲當其弦心也．以弓當左膝前竪按席，稍吐下弰向前，微合上傾向右．然後取箭，覆其手微拳，令指第二[1]節齊平，以三指捻箭三分之一，加於弓亦三分之一．

---

[1]　二 : 저본에는 "三".《射經 · 總訣》에 근거하여 수정.

화살의 1/3 부분을 넘긴다.[1]

화살을 줌손 검지로 받으면 활을 돌리고 활시위를 몸에서 조금 떨어뜨려 화살에 댄다. 그러고는 곧바로 깍지손으로 화살깃을 훑어 내려오면서 아래의 오늬까지 이른다. 검지 둘째 마디를 오늬에 대고 오늬를 천천히 활시위에 끼워 넣는데, 깍지손 손가락을 봉황의 깃처럼 들쭉날쭉하게 활시위의 중심에 놓았다가 다시 오늬와 깃을 위

以左手頭指受[2]之, 則轉弓令弦稍離身就箭, 卽以右手尋箭羽, 下至闊. 以指頭第二指節當闊約弦, 徐徐送之, 令衆指差池如鳳翮, 使當於心, 又令當闊羽向上.

---

1 일반적으로……넘긴다 : 앉아서 화살을 메기는 모습은 다음과 같다.

앉아서 화살 메기기

2 受 : 저본에는 "授".《射經·總訣》에 근거하여 수정.

로 올린다.[2]

활시위가 몸에서 떨어지면 화살의 높낮이를 쉽게 볼 수 있으니, 화살을 수평이 되도록 바로 잡는다. 그런 다음 활을 들고 자리에서 떨어져 과녁을 응시하고 손을 턱 밑에 두면서 시위를 가득 당긴다. 이때는 줌손, 깍지손의 손가락, 줌손의 팔뚝과 팔꿈치를 수면처럼 평평하게 하여 줌손의 팔꿈치에 물잔을 올려놓을 수 있을 정도로 자세를 잡아야 한다. 그러므로 "몸통은 나무줄기처럼 단정히 하고 팔은 나뭇가지처럼 곧게 편다."라 했다. 여기서 줌손 팔을 곧게 편다는 말은 처음부터 곧게 편다는 뜻이 아니라, 활시위에 오늬를 끼우고 바로 가득 당겼을 때 팔을 곧게 편다는 뜻이다.

활을 당길 때는 급하게 해서는 안 되는데, 급

弓弦旣離身, 卽易見箭之高下, 取其中平直. 然後擡弓離席, 目睨其的, 按手頤下, 引之令滿. 其持弓手與控指及左膊肘, 平如水准, 令其肘可措杯水, 故曰"端身如榦, 直臂如枝". 直臂者, 非初直也, 架弦畢, 便引之比及滿, 使臂直是也.

引弓不得急, 急則失威儀而

---

2　화살을……올린다 : 앉아서 오늬를 활시위에 끼워 넣는 모습은 다음과 같다.

앉아서 오늬를 활시위에 끼워 넣기

하게 하면 자세를 제대로 잡지 못해 과녁을 뚫을 수 없다.[3] 그렇다고 느리게 해서도 안 되는데, 느리게 하면 힘쓰기가 어려워 화살이 천천히 날아간다. 오직 잘 쏘는 사람만이 이를 잘할 수 있다.

화살을 당길 때 화살촉과 줌통이 가지런한 상태가 '만(滿)'[4]이고, 여기서 더 당겨 화살촉이 줌통의 가운데까지 들어온 상태가 '영관(盈貫)'[5]이

不主皮 ; 不得緩, 緩則力難爲而箭去遲. 唯善者能之.

箭與弓把齊爲"滿", 地平之中爲"盈貫", 信美而術難成. 要令大指知鏃之至, 然後發箭,

---

3 과녁을……없다 :《論語·八佾》의 "子曰 : 射不主皮, 爲力不同科, 古之道也."에서 유래했다.

4 만(滿) : 화살촉과 줌통이 가지런한 상태를 '만(滿)'이라 한다. 그 모습은 다음과 같다.

만(滿)

5 화살촉이……영관(盈貫)이다 : 영관의 모습은 다음과 같다.

영관(盈貫)

다. 영관까지 할 수 있다면 참으로 좋겠지만 그 실력을 이루기가 어렵다. 줌손의 엄지가 화살촉을 느낀 다음에 화살을 쏘아야 한다. 이 때문에 "화살촉이 엄지 위에 오지 않으면 결코 적중하는 화살이 없고, 엄지가 화살촉을 느끼지 못하면 눈이 없는 것과 같다."라 했으니, 이는 많은 훈련을 통해 안 것이다. 그러므로 화살은 활의 오른쪽에 두고 시선은 활의 왼쪽에 둔다. 화살을 쏘는 순간에는 활고자를 쓰러뜨리듯이 기울이고, 깍지손의 팔꿈치를 내리누르고, 손목은 뒤집어 위를 향하게 돌리고, 눈으로는 과녁을 주시하고, 손으로는 과녁을 가리키며, 마음으로는 과녁에 다다르게 하니, 이렇게 하면 어찌 적중하지 않겠는가?

또 "화살은 그 활의 힘을 헤아려 쓰고, 활은 사람의 힘을 헤아려 쓴다. 자세가 흐트러지지 않고, 안색이 변하지 않고, 몸이 조화로우며, 호흡을 고르게 하여 자신의 심지(心志)를 한결같이 한다."라 했으니, 이를 '바른 자세'라 한다. 이 5가지를 아는 것이 활쏘기의 으뜸가는 덕목이다.《왕씨사경》[6]

줌손의 어깨와 허벅지가 살받이 중심을 마주하면서 먼저 양다리가 반듯하게 선다. 그다음 왼

故曰"鏃不上指, 必無中矢; 指不知鏃, 同於無目", 試之至也. 故矢在弓右, 視在左, 箭發則靡其弰, 厭其肘, 仰其腕, 目以注之, 手以指之, 心以趣之, 其不中何爲也?

又曰"矢量其弓, 弓量其力. 無動容, 無作色, 和其支體, 調其氣息, 一其心志", 謂之"楷式". 知此五者爲上德. 《王氏射經》

左肩與胯對垜之中, 兩脚先取四方立, 後次轉左脚尖指

---

6 《射經》〈總訣〉.

쪽 다리의 발끝을 돌려 살받이 중심을 가리키게 한다. 이것이 정(丁)자 모양이 되지도 않고 팔(八)자 모양이 되지도 않는 부정불팔(不丁不八)이라는 자세이다. 화살을 쏜 뒤 줌손은 호구(虎口, 엄지와 검지로 만든 범 아가리 모양)를 약간 느슨하게 풀고 아래의 약지·소지 두 손가락으로 줌통을 돌려 옆으로 누이면,[7] 윗고자는 화살을 따라 움직여서 과녁을 곧바로 향하고, 아랫고자는 어깨뼈 아래에 이르니, 이것이 활고자를 쓰러

垜中心. 此爲丁字不成, 八字不就. 左手開虎口微鬆, 下二指轉弝側臥, 則上弰可隨矢直指的, 下弰可抵胛骨下, 此爲靡其弰. 右手摘弦, 盡勢翻手向後, 要肩臂與腕一般平直. 仰掌現掌紋, 指不得開露, 此爲壓肘仰腕. 同上

---

7  줌손은……누이면 : 줌손의 호구를 풀고 줌통을 돌린 모습은 다음과 같다.

줌손 호구를 풀고 줌통을 돌린 모습

뜨리듯이 기울이는 방법이다.[8] 깍지손으로는 활 시위를 튕기고서 당겼던 힘을 풀고 손을 뒤쪽으로 뒤집어 펼치는데, 이때 어깨와 팔과 손목이 엇비슷하게 평평하고 곧아야 한다. 또 손바닥을 위로 향하게 하여 손금을 드러내되 손가락은 완전히 펴지 않으니, 이것이 팔꿈치를 내리누르고 손목을 뒤집어 위로 향하게 돌리는 방법이다.《왕씨사경》[9]

---

8 윗고자는……방법이다:《사림광기(事林廣記)》에는 이 과정을 다음과 같은 그림으로 나타냈다.

활고자를 아래로 기울인 모습(《사림광기》)

9 《射經》〈步射總法〉.

## 2) 화살 거는 법

일반적으로 화살을 걸 때는 먼저 위에 있는 깃 하나만을 살핀다. 오늬에 시위를 들일 때는 손으로만 매만져야지 눈으로 보는 일은 절대 금한다.[10] 줌손은 반드시 깍지손보다 4~5푼 높아야 한다. 대개 앞이 높고 뒤가 낮아야 수평이 되어 화살이 날아갈 때 위로 뜨지 않는다. 그러나 활을 쏘는 사람의 힘이 어떠한지도 살펴보아야 하는데, 힘이 강하면 저절로 멀리 날아갈 수 있으니 깍지손을 높여야 한다. 만약 힘이 약한데 깍지손도 높이면 화살이 멀리 날아가지 못한다. 반드시 수평으로 쏘아야 하며, 오직 가까운 곳을 쏠 때에만 앞이 낮고 뒤가 높아야 기준에 맞게 된다.

화살을 걸 때는 깍지손의 엄지로 활시위의 가운데를 걸고 검지 끝 절반을 엄지 끝에 건 뒤에

## 搭矢法

凡搭矢, 先看單翎在上. 入扣止用手摩, 切忌眼看. 前手須高後手四五分. 蓋前高後低, 方得水平, 矢去不撟. 然亦顧人力何如, 力强自能遠到, 後手宜高. 若力弱而後亦高, 則矢不遠. 須放平些惟射近, 前低後高, 方纔有準.

大指羈弦之中, 食指尖半搭大指尖, 極力外撑, 直向於

---

10 오늬에……금한다 : 오늬에 시위를 걸 때 손으로 매만지는 모습은 다음과 같다.

오늬에 시위를 걸 때 손으로 매만지는 모습

힘을 다해 바깥쪽으로 버티면서 바로 아래를 향해야지, 옆으로 기울여 활시위가 구부러지게 해서는 안 된다. 이 양 손가락의 뿌리 부분은 가슴쪽으로 팽팽하게 마주 보도록 하고, 양 손가락 끝은 팽팽하게 오른쪽으로 비틀도록 한다. 또 양 손가락 안쪽 마디는 화살에 대 주되, 지나치게 꽉 대 주어서는 안 된다. 검지 안쪽 마디를 화살에 대 주면 화살이 땅으로 떨어지지 않고, 지나치게 꽉 대 주지 않으면 화살촉이 줌통과 나란히 있으면서[滿] 화살이 너무 위로 밀려 올라가지 않아 시위가 조금 여유 있게 된다.

이때 손바닥은 밖으로 비틀어 손바닥 가운데가 밖에서 조금 보이게 하고, 쏠 때가 되면 힘을 주어 다시 엄지와 검지 두 손가락을 꼭 쥐었다가 힘을 다하여 바로 당긴다. 팔의 힘이 매우 군세게 느껴지면 활시위가 깍지손에서 빠져나와 느슨하게 발사되면서 맑은[淸亮] 소리가 나는데, 이를 '양장(亮掌)'이라 한다. 이것이 지극한 방법이다. 《무경회해》[11]

下, 不可橫斜致令鉤弦. 兩指根緊對懷中, 兩指杪緊往右撤. 內節傍矢, 不可太逼, 傍矢則矢不落地, 而不太逼則矢滿不彎.

反掌向外, 略見掌心, 臨發着力, 再緊大、食二指, 盡力直開. 自覺臂力酋勁, 脫弦鬆脆, 聲音淸亮, 名曰"亮掌", 此至法也.《武經匯解》

---

11 출전 확인 안 됨.

## 3) 활시위 당기는 법

일반적으로 활시위를 당길 때는 두 가지 방법이 있다. 약지를 소지에 포개고, 중지로는 엄지를 누르며, 검지는 시위에 대고 곧게 세우는 방식이 중국의 방법[12]이다. 엄지를 굽힌 뒤 검지로 이를 눌러 검지를 갈고리처럼 만드는 방식, 이것은 오랑캐의 방법[13]이다. 이 방법들 외에는 모두 기술

## 控弦法

凡控弦有二法. 無名指疊小指, 中指壓大指, 頭指當弦直竪, 中國法也. 屈大指, 以頭指壓句指, 此胡法也. 此外皆不入術. 胡法力小, 利馬上; 漢法力多, 利步用.

---

12  중국의 방법 : 활시위를 당기는 중국의 방법은 다음과 같다.

활시위를 당기는 중국의 방법

13  오랑캐의 방법 : 활시위를 당기는 오랑캐의 방법은 다음과 같다.

활시위를 당기는 오랑캐의 방법

로 쳐주지 않는다. 오랑캐의 방법은 힘이 적게 들어서 기병이 쓰기에 유리한 반면, 중국의 방법은 힘이 많이 들어서 보병이 쓰기에 유리하다.

그러나 당긴 활을 유지하는 묘수는 검지에 있다. 세상 사람들은 모두 손가락 끝으로 활시위를 눌러 비트는데, 이렇게 하면 화살이 구부러지고 깃도 상하게 된다. 다만 손가락 안쪽이 활시위를 따라 똑바로 서도록 하면 곧 화살과 깃에 무리가 가지 않으면서도 쉽게 명중하고, 평상시 방법보다 수십 보를 더 멀리 날아간다. 이 때문에 옛날 사람들이 이 방법을 신통하다고 여겨 비밀로 했다. 오랑캐의 방법은 엄지가 검지를 넘지 않게 하는 것인데, 이 또한 묘수다.

활을 잡을 때는 줌통의 앞은 호구에 넣고, 줌통의 뒷부분에는 네 손가락의 맨 아래 마디를 댄다. 엄지를 평평하게 하여 여기에 화살촉을 받치고 검지는 화살촉에 닿지 못하게 하면,[14] 조화롭

然其持妙在頭指間. 世人皆以指末齪弦, 則致箭曲又傷羽. 但令指面隨弦直竪, 卽脆而易中, 其致遠乃過常數十步, 古人以爲神而秘之. 胡法不使大指過頭, 亦爲妙爾.

其執弓欲使把前入扼, 把後當四指本節. 平其大指承鏃, 卻其頭指使不得, 則和美有聲而俊快也.《王氏射經》

---

14 활을……하면: 활을 잡는 법은 다음과 같다.

활을 잡는 법

고 아름다운 소리를 내면서 매우 시원하게 나갈
것이다.《왕씨사경》[15]


## 4) 앞뒤 손을 쓰는 방법　　　　　前後手法

　　송나라 노종매(盧宗邁)[16] 태위(大尉)가 살
(撒)[17]이라는 글자에 대해 해석하기를, "《설문해
자》에 '손을 옆으로 내밀어 사물을 치는 것이 살
(撒)이다.'라 했으니, 깍지손이 사물을 치는 모습
과 같이 하여, 팔과 어깨의 높이가 엇비슷하도
록 평평하고 곧게 하는 자세를 이른 것이다."라
했다.

宋盧宗邁大尉釋撒, "《說文》
云'側手擊物曰撒', 謂當後手
如擊物之狀, 令臂與肩一般
平直是也."

---

15 《射經》〈總訣〉.
16 노종매(盧宗邁):?~?. 남송(南宋) 초기의 무관으로, 언어학과 음운학에 밝았다.
17 살(撒):살은 다음과 같은 자세를 말한다.

살(撒). 왼팔과 어깨의 높이가 일치된 자세가 보인다.

열(捩)[18]에 대해서는, 《설문해자》에 '열(捩)은 비트는 것이다.'라 했으니, 줌손으로 줌통을 밀고 깍지손으로 활시위를 당기는 모습이 힘을 써서 비트는 모양과 같게 하는 자세를 이른다."라 했다.

절(쒔)[19]에 대해서는, 《설문해자》에 '절(쒔)은 끊는 것이다.'라 했으니, 화살을 발사할 때 깍지손으로 활시위를 튕기는 자세가 무엇을 끊는 모

捩,《說文》云"捩拗也", 謂以前手推弝, 後手控弦, 如用力拗捩之狀.

쒔,《說文》云"쒔, 斷也", 謂當以後手摘弦, 如絶斷之狀, 翻手向後, 仰掌向上, 令見掌

---

18 열(捩) : 열은 다음과 같은 자세를 말한다.

열(捩). 줌손과 깍지손을 비틀면서 활시위를 당긴 자세.

19 절(쒔) : 절은 다음과 같은 자세를 말한다.

깍지손으로 시위를 튕긴 뒤에 손바닥이 위로 향한 모습이 보인다.

양과 같게 하여, 시위를 퉁긴 뒤에 손을 뒤로 뒤집고 손바닥을 위로 향하게 하여 손금이 드러나게 하는 자세를 이른 것이다."라 했다.

질(搜)[20]에 대해서는, "《설문해자》에 '질(搜)은 던지는 것이다.'라 했으니, 곧 활시위를 퉁긴 뒤에 줌손으로 활고자를 앞으로 숙이는 자세가 물건을 던지는 모양과 같게 하여, 활고자를 숙이면 윗고자는 과녁을 가리키고 아랫고자는 어깨뼈 아래에 닿게 한다."라 했다.《왕씨사경》[21]

紋是也.

搜,《說文》云"搜, 擲也", 卽當以前手點弰, 如擲物之狀, 令上弰指的, 下弰抵胛骨下也.《王氏射經》

## 5) 활을 쥐어 과녁을 겨누고 몸을 굳힌다　　　持[3]弓審固

줌손을 늘어뜨리고 엄지를 조금 구부려 줌통을 잡는다. 줌손의 검지와 중지에 힘을 주어 활과

左手垂下, 微曲大指羈弝. 第二、第三指着力把弓箭, 餘指

---

20　질(搜) : 질은 다음과 같은 자세를 말한다.

질(搜). 줌손으로 활고자를 기울여 아랫고자가 어깨뼈 아래에 닿은 자세.

21　《射經》〈前後手法〉.

③　持 : 저본에는 "指".《射經·持弓審固》·《事林廣記·武藝類·持弓審固》에 근거하여 수정.

화살을 잡고, 나머지 손가락으로는 비스듬하게 감싸며, 아랫고자가 왼발을 향하게 한다.[22] 깍지손을 구부려 가슴에 대고 깍지손의 팔은 갈빗대에 붙인다. 엄지·검지·중지를 시위의 절피[節][23] 위에 두고, 약지로 활시위를 쓸고 올라가 활고자를 당긴다. 이때 화살과 오늬는 손과 나란해야 한다.[24]

斜籠, 下弰指左脚面. 曲右手當心, 右臂貼肋. 以大指、第二、第三指於節上, 四指絃曼捉弰, 箭笴與手齊.

---

22 줌손을……한다 : 여기에서 설명하는 모습은 다음과 같다.

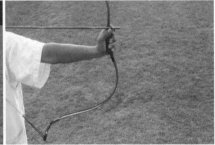

활을 쥐어 과녁을 겨눈 모습

23 절피[節] : 오늬를 먹이도록 활시위에 실로 감은 부분.
24 깍지손을……한다 : 여기에서 설명하는 모습은 다음과 같다.

화살과 오늬가 손과 나란한 모습

가결(歌訣)<sup>25</sup>에 다음과 같이 말했다.

"활을 쥐어 과녁을 겨누고 몸을 굽힐 때는 그 방법을 반드시 알아야 하니,

살받이가 남쪽에 있을 때 얼굴은 서쪽을 향하네.

깍지손으로는 활을 당기고, 줌손은 줌통에 두니

화살과 오늬는 둘 다 서로 나란해야지."《왕씨사경》<sup>26</sup>

訣曰：

"持弓審固事須知,

垛在南時面向西.

右手捉弓左當弝,

仍令箭筈兩相齊."《王氏射經》

## 6) 줌통을 들고 시위를 당긴다

舉弝按弦

조심스럽게 몸을 약간 굽히고, 눈으로는 과녁을 주시하며, 줌손은 손가락을 감싸고 손목을 낮추어 활과 화살을 잡되 품속에서 달을 토해 내는 형세와 같게 한다.<sup>27</sup> 계속해서 줌손 검지와 중지

欽身微曲, 注目視的, 左手輪指坐腕, 弝弓箭如懷中吐月之勢. 續以左手第二指與第三指靠心, 斜入撥弦, 令弓上

---

25 가결(歌訣) : 활쏘기의 내용을 쉽게 기억하기 위해 짧은 시 형식으로 암송하도록 만든 노래.

26 《射經》〈持弓審固〉;《事林廣記》〈武藝類〉 "持弓審固".

27 조심스럽게……한다 : 여기에서 설명하는 모습은 다음과 같다.

달을 토해 내는 형세

를 가슴에 기대면서 활시위를 비스듬하게 넣어 누르고, 윗고자를 깍지손 쪽 어깨에 붙게 한다. 그런 다음 줌손 쪽의 다리를 들어 과녁 쪽으로 세 걸음 이동하고 화살을 집는다.

가결에 다음과 같이 말했다.

"줌통을 들어 활시위를 누르고 다리를 이리저리 움직이며,

손가락을 감싸고 손목을 낮추며 몸도 조심스럽게 약간 굽히네.

윗고자는 비스듬히 깍지손 쪽 어깨에 붙이고,

줌손은 줌통을 잡아 가로로 가슴 높이에 마주치게 하지."《왕씨사경》[28]

傳着右肩. 然後擧左脚, 三移其步以取箭.

訣曰：

"擧弝撥弦橫縱脚,

輪指坐腕身微欽.

上弰斜傳右肩膊,

左手持把橫對心."《王氏射經》

---

28 《射經》〈擧巴按弦〉;《事林廣記》〈武藝類〉"擧巴按弦".

## 7) 깃을 어루만지며 화살을 뽑는다　　　抹羽取箭

줌손 중지로 화살 밑을 받치고 약지와 소지 앞에 바짝 붙인 다음[29] 깍지손을 화살대 위로 올려 갈고리처럼 늘어뜨린다. 먼저 오른발을 들어 보법에 따라 합치시키고, 깍지손은 활고자를 향했다가 줌통 쪽으로 내린다. 깍지손 검지로는 화살을 누르고 중지로는 화살을 비스듬히 받친다. 이때 약지와 소지는 손바닥 안쪽을 향해 비스듬히

以左手三指承下, 緊抵前四指、五指, 鉤落上箭[4]. 先擧右脚, 隨步合, 右[5]手指弰低[6]弝. 以二指按箭, 三指斜擗[7]箭. 四指、五指向裏斜鉤, 左手二指、三指羈靫, 掣箭至鏃.

---

29 줌손……다음 : 이때 줌손의 모습은 다음과 같다.

줌손의 모습

[4] 箭 : 저본에는 "籠".《射經·抹羽取箭》·《事林廣記·武藝類·抹羽取箭》에 근거하여 수정.
[5] 右 : 저본·《射經·抹羽取箭》에는 "左".《事林廣記·武藝類·抹羽取箭》에 근거하여 수정.
[6] 低 : 저본·《射經·抹羽取箭》에는 "抵".《事林廣記·武藝類·抹羽取箭》에 근거하여 수정.
[7] 擗 : 저본에는 없음.《射經·抹羽取箭》·《事林廣記·武藝類·抹羽取箭》에 근거하여 추가.

갈고리처럼 구부린다.[30] 줌손의 검지와 중지로
화살대를 잡아 고정시키고 화살촉이 이르도록
화살을 끌어당긴다.[31]

가결에 다음과 같이 말했다.

"화살은 줌통과 가지런히 하고

줌손 아래 세 손가락에 힘을 주면서 두 손가락
은 점차 느슨하게 풀어 주게나.

訣曰：

"箭[8]當弓弝一般齊,

三實兩虛勢漸離.

---

30 깍지손……구부린다 : 이때 깍지손의 모습은 다음과 같다.

깍지손의 모습

31 줌손의……끌어당긴다 : 여기에서 설명하는 모습은 다음과 같다.

화살대를 잡아 고정시킨 모습

⑧ 箭 : 저본·《射經·抹羽取箭》에는 "前".《事林廣記·武藝類·抹羽取箭》에 근거하여 수정.

소지로 화살 잡아 화살촉을 단단히 동여매고, 화살깃 어루만지며 오늬를 시위에 들일 때에 잠시라도 지체함이 없어야 한다네.'《왕씨사경》[32]

小指取箭緊羈[9]鏃, 抹羽入弦無暫遲."
《王氏射經》

## 8) 시위 중앙에 오늬를 들인다

當心入筈

깍지손 검지로 화살의 오늬를 바짝 잡아당기고, 엄지로 오늬를 틀어잡아 시위 중앙에 닿게 하는데, 이때 줌손과 깍지손을 긴밀하게 사용하여 화살대를 쥐고 오늬를 시위에 들인다.[33] 이때 줌손 쪽 발끝은 살받이를 향하고 발뒤꿈치가 약간 왼쪽으로 비켜나게 하는 한편, 깍지손 쪽 발은 살받이의 가로 방향으로 곧게 펴서 신과 옷섶이 살

右手第二指緊控箭筈, 大指捻筈當心, 前手就後手捘斡入筈. 左脚尖指垛. 脚跟微出; 右脚橫直, 鞋衩對垛, 淺坐箭筈, 左手第二、第三指坐腕羈箭, 雙眼斜覰的.

---

32 《射經》〈抹羽取箭〉;《事林廣記》〈武藝類〉"抹羽取箭".

33 엄지로……들인다 : 여기에서 설명하는 모습은 다음과 같다.

엄지로 오늬를 틀어잡아 시위 중앙에 닿게 한 모습

⑨ 緊羈 : 저본·《射經·抹羽取箭》에는 "羈緊".《事林廣記·武藝類·抹羽取箭》에 근거하여 수정.

받이와 마주하게 한다. 오늬를 살짝 끼우고 줌손의 검지와 중지에 화살을 끼우며 손목을 조절하면서 줜 후, 두 눈은 과녁을 비껴 본다.

가결에 다음과 같이 말했다.

"깍지손 검지로는 화살의 오늬를 감싸 쥐고
두 손을 서로 맞대어 부드럽게 시위에 들이네.
오늬 틀어잡아 절피에 닿으면 과녁을 비껴 보고
단단하게 벌려 선 양 무릎은 저울대처럼 곧게
하라."《왕씨사경》[34]

訣曰：

"右手二指包[10]箭筈,
兩手相迎穩入弦.
捻筈當心斜覷帖,
緊膀兩膝直如衡."
《王氏射經》

## 9) 어깨를 펴고 시위를 당긴다　　　鋪膊牽弦

줌손 손가락을 흘려 쥐어 줌통을 잡고[35] 줌손　　輪指把弝, 推出前手, 微合上

---

34 《射經》〈當心入筈〉；《事林廣記》〈武藝類〉"當心入筈".
35 줌손……잡고：여기에서 설명하는 모습은 다음과 같다.

줌통을 흘려 쥔 모습

[10] 包：저본·《射經·當心入筈》에는 "抱".《事林廣記·武藝類·當心入筈》에 근거하여 수정.

을 밀어서 내밀 때 위 활고자를 살짝 들어 올리는데, 이때 양 팔뚝(상박과 하박)이 조금이라도 굽으면 온전하게 시위를 당길 수 없다. 줌통을 움켜쥔 손가락 가운데 검지를 풀어 줌통의 윗마디를 두르고, 엄지 안쪽은 줌통에 바싹 붙여서 손가락 마디가 돌출되게 하며, 나머지 손가락은 구부리고 팔뚝을 곧게 편다.[36] 좌우의 발과 무릎에 힘을 주는 요령은 오늬를 시위에 거는 방법과 같다.[37]

가결에 다음과 같이 말했다.

"줌손은 태산을 밀어낼 듯이 버티고,

弰, 兩臂稍[11]曲, 不可展盡. 左手輪指, 空第二指過弓弰節上, 大指面緊着弓弰, 屈起指節, 餘指實屈, 鋪下前膊. 左右脚膝着力, 同入笣法.

訣曰:

"前膊[12]鋪下似[13]推山,

---

36 줌통을……편다: 여기에서 설명하는 모습은 다음과 같다.

줌통을 움켜쥔 채 팔뚝을 곧게 편 모습

37 좌우의……같다: 오늬를 시위에 거는 방법은 앞 문단의 '시위 중앙에 오늬를 들인다(當心入笣)'는 것을 말하는 것으로 보인다. 아래의 내용도 이와 같다.

[11] 稍: 저본에는 "弦",《射經·鋪膊牽弦》에는 "梢".《事林廣記·武藝類·鋪膊牽弦》에 근거하여 수정.

[12] 膊: 저본·《射經·鋪膊牽弦》에는 "脚".《事林廣記·武藝類·鋪膊牽弦》에 근거하여 수정.

[13] 似: 저본·《射經·鋪膊牽弦》에는 "若".《事林廣記·武藝類·鋪膊牽弦》에 근거하여 수정.

깍지손은 시위를 가득히 당겨야 하네.     右指彎弓緊冠[14]弦.

줌손 양 팔뚝이 조금이라도 굽으면 온전하게   兩臂稍曲不展盡,
시위를 당길 수 없으니,

시위를 부드럽게 당기면서 어깨에 천천히 기   文牽須用緩投肩."
대야 하리."《왕씨사경》[38]     《王氏射經》

## 10) 몸을 살짝 앞으로 기울이며 활을 당긴다   欽身開弓

줌손 검지에 화살을 얹고 줌통 밖으로 과녁을   以左[15]手第二指取[16]箭, 弝外
응시하며, 깍지손을 기울이면서 화살을 끌어당겨   覷帖, 側手引箭至鏃, 大指靠
화살촉이 줌통에 이르게 하되, 엄지가 쇄골에 닿   定血盆骨爲進[17]. 凡鏃與弝齊
을 때까지 당긴다.[39] 일반적으로 화살촉이 줌통   爲滿, 半弝之間爲貫盈. 貫盈

---

38 《射經》〈鋪膊牽弦〉;《事林廣記》〈武藝類〉"鋪膊牽弦".
39 깍지손을……당긴다 : 여기에서 설명하는 모습은 다음과 같다.

깍지손 엄지가 쇄골에 닿도록 활시위를 당긴 모습

[14] 冠 : 저본·《射經·鋪膊牽弦》에는 "扣".《事林廣記·武藝類·鋪膊牽弦》에 근거하여 수정.
[15] 左 : 저본·《射經·欽身開弓》에는 "右".《事林廣記·武藝類·欽身開弓》에 근거하여 수정.
[16] 取 :《事林廣記·武藝類·欽身開弓》에는 "知".
[17] 進 :《事林廣記·武藝類·欽身開弓》에는 "隹".

과 나란하면 만(滿)이고, 시위를 더 끌어당겨 화살촉이 줌통의 중앙에 오면 관영(貫盈)이다. 활을 쏠 때는 관영이 참으로 좋지만, 이 경지에 이르기는 어렵다. 대체로 옆구리와 늑골, 다리와 무릎에 힘을 주는 방법은 '오늬 끼우는 방법'과 같다.

信美, 難[18]有及者. 大抵脅肋、脚膝着力, 亦同入筈法.

가결에 다음과 같이 말했다.

"활 당겨 화살 쏠 때는 몸을 앞으로 살짝 기울이고,

줌통 밖으로 분명하게 과녁을 겨눠야 하네.

줌손의 팔꿈치(중구미)를 위로 뒤집으면서 쌍박(雙膊, 상박과 하박)을 곧게 세우되,

옆구리와 늑골, 다리와 무릎에는 균등하게 힘을 주어야 하리."《왕씨사경》[40]

訣曰:

"開弓發箭要欽身,

弝外分明認帖眞.

前肘上翻雙膊聳,

脅肋脚膝力須均."

《王氏射經》

## 11) 힘을 다해 화살을 보낸다

## 極力遣箭

허리를 곧게 세워 활고자를 끌어당기되, 위 활고자는 땅을 향하고 아래 활고자는 줌손 상박[41]

竦腰出弰, 上弰畫地, 下弰傅右膊. 後手仰腕, 極力𢐀[19],

40 《射經》〈欽身開弓〉;《事林廣記》〈武藝類〉"欽身開弓".

41 줌손 상박: 원문의 '右膊'을 옮긴 것으로, 활을 쏘는 동작에서 아래 활고자가 닿는 곳은 깍지손의 상박[右膊]이 아니라 줌손의 상박[左膊]이어야 하므로 이에 따라 수정하였다.

⑱ 難: 저본·《射經·欽身開弓》에는 "雖".《事林廣記·武藝類·欽身開弓》에 근거하여 수정.

⑲ 𢐀: 사용되지 않는 글자임. 문맥에 따라 '당기다'로 번역.

에 붙다시피 하게 한다. 깍지손의 손목을 위로 비틀면서 힘을 다해 시위를 당길 때에는 뒤 팔꿈치가 늑골을 지나면서 깍지손을 따라 뒤로 향한다.[42] 줌손은 호구를 잽싸게 벌리고 아래 세 손가락에 힘을 주면서 줌통을 꽉 눌러 손목을 돌린다. 그런 다음 약지와 새끼손가락으로 줌통을 꽉 쥐면서 양쪽 어깨를 젖혀 가슴을 펼치며 내밀면 화살의 힘이 훨씬 강해진다.

가결에 다음과 같이 말했다.

"활고자 당길 때는 오히려 줌통을 부러뜨릴 듯이 움켜쥐고,

화살 쏠 때는 시위를 비틀어 꺾듯이 해야 하리.

위 활고자는 신발을 향하고 아래 활고자는 척

後肘過肋, 倚[20]後手向後. 前手猛分虎口, 着力向下, 急捺轉腕, 以第四、第五指緊鉤弓弰, 兩肩凸出, 則箭力倍勁.

訣曰:

"弰去猶如搦斷弰[21],

箭發應同捺折弦.

前弰畫鞋後靠脊,

---

42 깍지손의……향한다 : 여기에서 설명하는 모습은 다음과 같다.

깍지손 손목을 위로 비틀면서 힘을 다해 시위를 당긴 모습

[20] 倚 : 저본·《射經·極力遣箭》에는 "猗".《事林廣記·武藝類·極力遣箭》에서는 판독 불가.《武編·弓》·《稗編·射經訣》에 근거하여 수정.

[21] 弰 : 저본·《射經·極力遣箭》에는 "把".《事林廣記·武藝類·極力遣箭》에 근거하여 수정.

추에 기댈 듯이 해,

　힘을 다해 화살을 쏘아야 자연스럽게 되리.”
　　　　　　　　　　　　　　　　　　　　　極力遣出猶自然."

《왕씨사경》[43]　　　　　　　　　　　　《王氏射經》


## 12) 시위를 거두어 활고자를 들인다　　捲弦入弰

　다음 화살을 쏘기 전에 두 손을 모으는데, 깍지　　　後箭前[22]兩手相迎, 直右手
손을 곧게 펴서 가슴을 지나고 줌손을 굽혀서 시　過胸, 曲左手捲弦. 以右第二
위를 거두어들인다.[44] 깍지손 검지로 화살을 잡　指取箭, 前脚跟着地, 聳身
고 줌손 쪽 발뒤꿈치는 땅에 붙이고 곧게 세운　稍斂, 雙眼覰帖, 曲右手貼
몸을 살짝 앞으로 기울이고, 두 눈으로 과녁을 응　肘, 以右[23]手第二、第三指側
시한다. 이때 깍지손 쪽 팔을 굽혀 팔꿈치를 붙였　手鞴軳, 直右手上臂仰腕, 過

---

43 《射經》〈極力遣箭〉;《事林廣記》〈武藝類〉 "極力遣箭".
44 깍지손을……거두어들인다 : 여기에서 설명하는 모습은 다음과 같다.

활시위를 거둔 모습

22　前:《武編·弓》에 근거하여 보충.
23　右: 저본·《射經·捲弦入弰》·《事林廣記·武藝類·捲弦入弰》에는 모두 "左". 문맥에 따라 "右"로 수정.

다가, 깍지손 검지와 중지를 기울여 화살대를 잡아맨 다음 깍지손을 곧게 펴고 팔뚝을 올리면서 손목을 위쪽으로 돌리며 화살이 가슴을 지나가도록 당긴다.

가결에 다음과 같이 말했다.

"깍지손 손가락으로 화살을 잡아매고 가슴은 내밀며,

줌손으로 시위를 거두면 아래 활고자가 어깨에 기댈 듯하네.

화살이 이미 적중했으면 손은 움직이지 말고,

깃을 쓰다듬고 오늬 끼우는 방법은 앞에 설명한 바와 같네."《왕씨사경》[45]

胸, 取箭.

訣曰 :

"右指羈箭當胸出,

左手捲弦弰靠肩.

箭已中時無動手,

抹羽入筈法如前."

《王氏射經》

## 13) 화살 멀리 쏘는 법 　　　遠箭法

두 발에 힘을 주어 똑바로 서고, 줌손으로 활을 잡아 가슴에 놓고서, 움직이지 말아야 한다. 깍지손으로는 화살 오늬를 잡아 허리춤에 꽂아 둔

兩足着力直站, 左手拿弓, 搭胸勿動. 右手將箭挿腰間. 取箭一枝, 離鏃二寸許, 投於左

---

45 《射經》〈捲弦入弰〉;《事林廣記》〈武藝類〉"捲弦入弰".

다.[46] 화살 한 대를 잡을 때는 화살촉에서 2촌 정도 떨어진 곳을 줌손 엄지와 검지 사이에 끼워 넣는데, 엄지와 검지로 화살과 화살촉을 끼워 감싼다.[47] 깍지손 소지로는 화살대부터 곧장 훑어 내려 가다가 깃 뒤의 오늬 부근에 이르러 중지·엄지·검지로 오늬를 매만지면서 활시위 중앙에

手大指、食指之中, 大指、二指筘籠箭鏃. 右手五指, 由箭桿直下, 至羽後扣處, 將中指、大指、食指摩扣, 對弦適中, 搭上摸索穩滿. 以指機控弦, 食指尖半搭大指尖, 極力

---

46 두 발에……꽂아 둔다 : 여기에서 설명하는 모습은 다음과 같다.

화살 오늬를 잡아 허리춤에 꽂은 모습

47 화살……감싼다 : 여기에서 설명하는 모습은 다음과 같다.

화살 한 대를 잡은 줌손의 모습

오도록 한다.[48] 그 뒤, 시위를 당길 수 있는 자리를 찾아 그 위에 화살을 부드럽게 건다. 깍지로 화살을 당길 때는 검지 끝을 엄지 끝에 반쯤 얹어서 있는 힘을 다해 곧장 당기되, 옆으로 벌리거나 몸에 너무 붙이지 말아야 한다.

直撑, 勿橫勿逼.

  정면으로 활을 세워서 과녁이 뚜렷하게 보이고 중심선이 일치하면 두 팔에 힘을 균등하게 주어 곧장 활을 당긴다. 이때 줌손 쪽 어깨는 누르고 깍지손을 높인다. 턱 끝은 깍지손 편 목 쪽으로 당겨 들리지 않게 한다. 깍지손은 줌손과 마주하되 깍지손 쪽 어깨에 붙이고, 줌손은 과녁 상단에서 1장(丈) 높은 곳을 마주한다. 두 눈초리는 화살대로부터 화살촉으로 이어지면서 곧장 과녁까지 도달한다. 이 자세로 오랫동안 과녁을 겨누고 버티다가 한 치의 어긋남도 없어진 뒤에 양손

正面竪弓, 看淸把子, 中心線直, 左右手使勁齊擧直開. 捲前肩, 亮後掌. 嘴項挨而勿離, 務使後拳對前拳, 貼後肩, 前拳對把子頭上高一丈, 兩目梢, 自箭桿至鏃, 直達於的. 審固良久, 分寸不差, 然後兩手再緊, 身勢逼近弓內, 盡力一撒.

---

48 깍지손……한다 : 여기에서 설명하는 모습은 다음과 같다.

깍지손의 모습

을 다시 꽉 쥐고 몸을 활 안쪽으로 더욱 붙이고 서 있는 힘을 다해 1발을 쏜다.

　화살이 어느 곳에 떨어졌는지 확인하여 과녁에 도달하지 못했으면 다시 줌손을 과녁 상단에서 1척 높은 곳을 겨누게 하고, 그래도 도달하지 못했으면 또 1척 높은 곳을 겨누게 하고, 그래도 도달하지 못했으면 다시 또 1척 높은 곳을 겨누게 한다. 이렇게 화살의 도달 지점에 따라 점차 줌손을 들어 올리고 그 자세를 살펴 화살을 쏜다. 쏜 화살이 왼쪽으로 치우치면 줌손을 오른쪽으로 옮기고, 화살이 오른쪽으로 치우치면 줌손을 왼쪽으로 옮기는데, 더러는 줌손을 아래로 내려서 과녁을 겨누기도 한다. 이와 같이 상황을 고려하며 화살을 쏘면 비록 거리가 멀어도 결코 과녁에 도달하지 못하거나 적중하지 못하는 잘못이 없고, 과녁을 넘어가거나 좌우로 치우치는 잘못이 없게 된다.

　대개 원거리의 과녁을 쏠 때와 근거리의 과녁을 쏠 때는 방법이 같지 않다. 근거리의 과녁을 쏠 때는 단지 과녁 중심을 겨냥하여 위로는 과녁의 상단을 지나지 않고, 아래로도 하단을 지나지 않게만 하면 된다.[49] 이때 화살이 포물선을 그리

看其落頭何如, 不到再高一尺, 不到又高一尺, 不到再又高一尺. 逐漸擧起, 相勢發矢. 射左迎右, 射右迎左, 或拳下審把. 如此揣摹, 射去步數, 雖遠, 決無不到不中、或揚或閣之失.

蓋射遠與射近不同. 射近惟指的心, 縱上不過把頭, 下亦不過把足而止. 最忌描高, 務取水平. 射遠若拘此法, 不但不中, 竝且不到, 所以要高數

---

49　근거리의……된다 : 여기에서 설명하는 모습은 다음과 같다.

며 날아가는 것을 가장 금해야 하니, 수평으로 날아가도록 힘쓴다. 반면에 원거리의 과녁을 쏠 때에는 이 방법에 얽매이면 적중하지 않을 뿐만 아니라 화살이 과녁에 이르지도 못한다. 이 때문에 조준점을 몇 척 높여야 한다.[50] 화살을 쏠 때의 운용의 묘(妙)는 오로지 마음가짐에 있으니, 정신을 집중하여 상황을 분명하게 인식하는 데에 달려 있을 뿐이다. 《무경회해》[51]

尺. 運用之妙存乎一心, 總在人神而明之耳.《武經匯解》

## 14) 거리에 따른 과녁 겨냥법

遠近取的法

일반적으로 활을 쏠 때에는 과녁까지의 거리에 멀고 가까운 차이가 있으므로, 줌손을 올리거나 내려 과녁을 겨누어야 비로소 명중시킬 수 있다. 줌손을 과녁의 중심에 마주하여 고정시켜야

凡射之時, 步有遠近不等, 手須高下以審其的, 方能命中. 若執定前拳對鵠心之說, 則膠柱而鼓瑟矣.

---

50 원거리의……한다 : 여기에서 설명하는 모습은 다음과 같다.

| 근거리 과녁을 겨냥한 모습 | 원거리 과녁을 겨냥한 모습 |

51 출전 확인 안 됨.

한다는 설을 고집하는 것은 기러기발을 아교로
붙여 놓고 거문고를 타는 짓이다.[52]

만약 60보(步)[53] 거리에서 쏘면 줌손은 과녁
중심을 마주하고, 70보 거리에서 쏘면 줌손은 과
녁의 목 부분을 마주하고, 80보 거리에서 쏘면
줌손이 과녁의 머리 위를 마주하며, 160보 거리
에서 쏘면 줌손이 과녁보다 1장 높은 곳과 마주
한다.

더러는 줌손을 이보다 아래로 내려서 과녁을
겨누기도 하는데, 역시 정확하게 겨누도록 해야
한다. 만약 근거리의 과녁을 쏠 때면 줌손을 깍
지손보다 낮춰야 하며, 20보 정도의 매우 가까운
거리에서 쏠 때면 줌손이 과녁의 다리 부분을 마
주해야 한다. 이것이 거리에 따라 줌손의 위치를
달리하여 과녁을 겨누는 방법이니, 알지 못해서
는 안 된다.《무경회해》[54]

如射六十步, 則拳對把子中
心, 七十步則拳對把子頸
項. 八十步則拳對把子頭上,
一百六十步則拳高把子一丈.

或拳下審把, 亦可務指親切.
若射近則拳須低于後手, 太
近二十步, 則拳對把子脚. 此
隨地變通審的之法, 不可不
知也.《武經彙解》

---

52 줌손을 과녁의……짓이다 : 거문고나 가야금 등의 악기 줄을 떠받치는 도구인 기러기발을 아교로
   붙여 놓으면 음조(音調)를 변화시키지 못해 한 가지 소리밖에 내지 못한다. 화살을 쏠 때 조금의 융
   통성도 없이 줌손의 위치를 변화시키지 않는 폐해를 꼬집기 위한 비유이다.
53 보(步) : 1보의 단위는 시대에 따라 달라서, 1보를 6척으로 정한 시대가 있고, 5척으로 정한 시대가
   있으므로 보의 길이를 정확하게 규정하기는 어렵다. 그러나 서유구에 따르면 5척이든 6척이든 총
   길이는 같다. 그의 주장대로 환산하면 1보=6척×0.231m=1.386m이다. 따라서 60보는 약 83.16m
   가 된다.
54 《重刊武經彙解》末卷〈射法秘傳攻瑕〉(《中國兵書集成》43, 1843~1846쪽).

## 15) 서서 쏘는 활쏘기의 요점　　步射撮要

활터에서 연습할 때는 먼저 마음과 뜻을 한결같이 한 다음 호흡을 고른다. 몸은 벽처럼 똑바로 세워야 하고, 활은 곧게 수직으로 세워야 한다. 과녁은 정면으로 바라보고, 오늬를 걸 때는 봉안(鳳眼)[55]과 같은 기세가 중요하다. 몸을 살짝 앞으로 기울이며 천천히 화살을 당기되, 처음에는 느슨하게 하다가 나중에는 활이 팽팽해지도록 힘을 준다.

줌손 쪽 어깨는 있는 힘을 다해 아래로 누르고, 깍지손의 팔꿈치는 굳게 지탱하면서 금방이라도 쏘아 낼 듯이 활을 당긴다. 이때 양발은 화살처럼 곧게 펴고, 두 손은 저울대처럼 수평이 되게 하고, 아래턱은 당겨서 줌손 어깨 끝에 두며, 깍지손은 어깨 부근에 꽉 붙인다. 그러면서 활시위가 가득 당겨지고도 또 가득 당겨지도록, 단단하고도 또 단단하도록, 바르고도 또 바르도록 힘쓴다.

과녁의 크기에 관계없이 오직 과녁 중심의 지

臨場演習, 先一心志, 次調氣息. 身宜壁立, 弓要直竪, 相把當正面, 搭扣貴鳳眼. 鞠躬緩挽, 先寬後緊.

前肩極力下捲, 後肘堅持瀉開. 兩足矢直, 兩手衡平, 下頦直置肩尖, 右拳緊貼肩畔. 務期滿而又滿, 固而又固, 正而又正.

不論的之大小, 惟指中心極

---

55  봉안(鳳眼): 봉황의 눈은 가늘고 길며, 눈초리가 깊고 붉은 기운이 있다. 여기서는 과녁을 응시하며 오늬를 걸 때의 시선을 비유하는 말로 쓰였다.

극히 세밀한 지점을 겨냥한다.[56] 이때 두 눈은 가까이는 화살에 집중하고 멀게는 과녁에 집중하되, 과녁에서 화살까지, 화살에서 과녁까지를 오가면서 응시하여 조금의 어긋남도 없게 한다.

그런 뒤에 정신을 더욱 집중하여 줌손에 강한 힘을 주어 줌통을 한 번에 꽉 쥐고 내민 뒤에 내밀어진 줌손을 아래로 서서히 내린다. 깍지손에는 강한 힘을 주면서 어깨와 평행하도록 한 번에 펼친 다음 곧장 뒤로 젖힌다. 과녁을 정확하게 겨냥하고, 힘을 고르게 쓰고, 활을 쏘는 동작이 가지런해져 화살이 과녁에 이르러 적중할 수 있을 것이다.

만약 꾸준히 연습하고, 겸허한 마음을 지니며, 물러 나와서 생각을 하여, 잘못된 점은 고치고 잘된 점은 그대로 따라 한다면, 자연스레 활 쏘는 법이 숙련되고 기교가 생길 것이다. 그렇게 되면

細之處. 兩目, 近注於箭, 遠注於的, 自的至箭, 自箭至的, 往復凝視, 不差累黍.

然後倍加精神, 前手猛力緊搦一挺, 拳往下按, 後手猛力平肩一撒, 直伸於後, 則認的眞, 用力均, 撒放齊, 可至可中矣.

若再進以時習之功、謙虛之度、退思之詣, 病則改而善則還, 自然法熟機生, 寧慮射之有不得心應手者哉?《武經匯

---

56 과녁의……겨냥한다 : 과녁의 근접 사진은 다음과 같다.

과녁의 근접 사진

어찌 활을 쏠 때에 마음대로 손이 움직이지 않을     解》
까 걱정할 일이 있겠는가?[57]《무경회해》[58]

---

57 이상에서 보여 준 활쏘기의 세부적인 기술을 온전하게 훈련하기는 쉽지 않았을 것이다. 그럼에도
조선시대에는 활쏘기가 풍속이 되었음을 여러 기록에서 확인할 수 있다. 김준근의 다음과 같은 그
림에서 그 풍속의 일부가 보인다. 활쏘기는 실제 사냥을 하기 위한 가장 중요한 기술이기도 하다.
서유구는 사대부의 삶터에 이용할 수 있도록 활 쏘는 정자를 짓는 데 필요한 정보도 제공하고 있
다.(《임원경제지》《이운지》권1 "은거지의 배치" '임원의 삶터·활 쏘는 정자' 참조)

김준근, 《아이 새 잡는 모양》    김준근, 《홍문 쏘는 모양》    김준근, 《활 쏘는 사람》

서양인이 담은 조선인의 활 쏘는 모습도 귀중한 자료다. 일제강점기에는 여성들도 활쏘기에 적극적
으로 참여했다. 여성과 남성이 나란히 서서 활 쏘는 모습이 이채롭다. 활쏘기 대회를 보여 주는 기
록 사진 자료는 매우 많으나, 여기서는 생략하기로 한다.

서울 양반들의 활쏘기(서울역사박물관)    이화학당에서 열린 활쏘기 대회(《국궁신문》)

여성들의 활쏘기 대회(《국궁신문》)    남녀 혼성 활쏘기 대회(《국궁신문》)

58 출전 확인 안 됨.

## 16) 활 쏘는 법의 14가지 요점(사법십사요)　射法<sup>[24]</sup>十四要

### ① 활은 부드러워야 한다　弓要軟

이는 활이 꼭 부드러워야 한다는 뜻이 아니다. 활의 세기가 활 쏘는 사람의 힘보다 강하면 사람의 힘이 활에 압도되므로 자신의 힘보다 강한 활을 쓰면 안 된다. 활 쏘는 사람의 힘이 활의 세기보다 강해야 사람의 힘으로 활을 뜻대로 다룰 수 있기 때문에 '활은 부드러워야 한다'고 한 것이다.

非必欲軟也. 弓勝於力, 則力爲弓所欺, 不欲. 力强于弓, 則弓方能爲力所使, 故曰"要軟"也.

### ② 화살은 길어야 한다　箭要長

화살은 활 쏘는 사람의 팔(膀, 어깨에서 손목까지의 부분) 길이에 따라서 그 길이를 정해야 한다.<sup>59</sup> 팔은 짧은데 화살이 길면 활을 지나치게 당

箭, 隨人之膀爲長短. 膀短箭長, 易致前肩之凸; 膀長箭短, 必致筋骨之拘攣. 所謂

---

59 화살은……한다 : 팔 길이에 따른 적당한 화살의 길이는 다음과 같다.

팔 길이에 따른 적당한 화살의 길이

[24] 射法:《武經七書彙解·射法秘傳攻瑕》에는 "心談".

기게 되어 죽머리(줌손어깨)가 불룩하게 튀어나오기 쉽고, 팔은 긴데 화살이 짧으면 활을 완전히 당기지 못해서 근육과 뼈가 오그라들어 곧게 펴지지 않는다. 이른바 '화살은 길어야 한다'는 말은 두 팔이 이러한 위치에 이를 수 있도록[60] 화살의 길이를 알맞게 맞춘다는 뜻이지, 꼭 화살의 길이가 길어야 한다는 뜻은 아니다.

③ 가슴 앞은 거둬들여야[吸] 한다

'흡(吸)'이란 거둬들인다는 말이다. 가슴이 불룩해지면 허벅지 안쪽에 힘을 받지 못하고, 죽머리(줌손 어깨)도 가슴이 불룩해짐으로 인해 모두 솟아오른다. 깍지손은 불룩해진 가슴이 방해해서 제자리를 찾지 못한다.[61] 이렇게 되면 줌손과 깍

"要長"之說, 不過使兩膀到得恁地位而箭稱之, 非必欲長也.

胸前宜吸

吸者, 收斂之謂也. 胸凸則跨不收, 前肩因胸之凸而俱凸. 後手爲胸所碍而不得歸巢, 此前手與後手節節俱鬆, 遂成一虛空架子. 惟一吸, 則週

---

60 두 팔이……있도록 : 양팔의 상박과 어깨를 과녁과 일직선상이 되도록 향하게 하고, 시위를 당겼을 때 양팔의 상박 관절과 근육이 완전히 펴진 상태를 의미한다.

61 가슴이 불룩해지면……못한다 : 여기에서 설명하는 모습은 다음과 같다.

가슴이 불룩해진 모습

지손 마디마디가 모두 느슨해져 결국 허공에 시렁을 얹어 놓은 듯 화살이 힘을 받지 못한다. 그러나 가슴을 한번 거둬들이면 몸에 도는 기력이 모두 끌어 올려져 상체 앞면에서 고동치고, 줌손 쪽 허벅지 안쪽은 이로 인해 힘을 받고, 죽머리는 이로 인해 솟았던 부분이 내려가고, 깍지손의 어깨는 이로 인해 움츠러든 부분이 펴지니, 이렇게 되면 양팔의 뼈마디가 자연스럽게 아귀가 맞는다.[62] 그러므로 이 '흡(吸)'이라는 글자의 뜻을 공부하는 일을 가장 세밀하게 해야 한다.

④ 다리는 정해진 위치에 두어야 한다
'방(方)'이란 네모반듯하게 발을 나란히 놓으라는 말이 아니다. 줌손 쪽 다리가 너무 앞으로 나가면 허벅지 안쪽에 힘이 들어가지 않고, 깍지

身之氣力皆提而鼓于上, 前跨因之而收, 前肩因之而藏, 後肩因之而擠, 兩手骨節自然撞緊. 此吸字工夫最細.

脚立[25]要方
方者, 非方正之謂也. 前脚太前, 則前跨無力 ; 後脚太後, 則後腰無力. 故前後各有

---

62 그러나……맞는다 : 여기에서 설명하는 모습은 다음과 같다.

가슴을 거둬들인 모습

[25] 立 : 저본에는 "力". 《武經七書彙解·射法秘傳攻瑕》에 근거하여 수정.

손 쪽 다리가 너무 뒤에 있으면 그 다리의 허리에 힘이 들어가지 않는다. 그러므로 앞뒤 두 다리에 각각 정해진 위치가 있는 것이다. 양쪽 다리에 균형을 맞춰 굳건하게 서기 위해 노력하는 일이 바로 '방(方)'이다.

定位, 期于平穩牢靠, 卽是方也.

### ⑤ 계란을 쥐듯이 활을 잡아라

계란을 쥐듯이 활을 잡으라는 말은 줌손의 가장 핵심 비결이다. 줌손으로 활의 줌통을 막줌[63]으로 쥐면 엄지와 검지 사이인 범아귀에는 힘이 들어가지만 하삼지(下三指)[64]에는 힘이 느슨해져서 살걸음[65]이 느려지기 쉽고, 또 줌손 반바닥[下掌][66]을 너무 위로 치켜들면 손목에 힘이 들

持弓如握卵

持弓如握卵者, 最爲前手心秘訣. 前手直握弓弝, 則虎口緊, 而下三指鬆, 箭去易小. 下掌往上太托, 則手腕無力, 箭去鬆而無力, 不速疾至. 握卵則不輕不重, 手與弓弝帖

---

63 막줌: 작대기 같은 물건을 잡을 때처럼 손으로 활의 줌통을 쥘 때 검지부터 소지까지 손가락을 수평으로 가지런하게 잡는 방법. 활을 쥘 때에는 '흘려 쥔' 손가락이 수평이 아닌 사선을 이룬다.

막줌

64 하삼지(下三指): 중지·약지·소지를 말한다.
65 살걸음: 화살이 날아가는 속도.
66 반바닥[下掌]: 손바닥에서 손목과 붙은 부분을 말함. 태권도에서는 '바탕손'이라 부름.

어가지 않아서 살걸음이 느슨해지고 화살에 힘이 없어 빠르게 날아가지 못한다. 하지만 계란을 쥐듯이 활을 잡으면 너무 약하지도 않고 너무 세지도 않아서 손과 줌통이 착 달라붙어 서로 조절하기 쉽고, 활고자는 초승달 모양처럼 생겨서 활이 옆으로 너무 눕거나[合手] 활이 너무 곧게 서는[陽手] 결점[67]이 없게 된다. 그러므로 활 쏘는 사람은 이를 가장 세밀하게 익혀야 한다.

⑥ 저울에 추를 매달듯 시위 한가운데에 화살을 걸어라

저울이란 물건의 무게를 재는 기구로, 저울눈이 조금이라도 차이가 나면 반드시 천 리만큼 큰 차이로 벌어진다. 오늬를 시위에 걸 때 정해진 위치보다 위쪽에 걸면 화살이 날아가는 거리가 짧아지고, 정해진 위치보다 아래쪽에 걸면 화살이 날아가는 거리가 길어진다. 마치 저울이 수평이

然相服, 而弓弰有偃月之狀, 無合手、陽手之病. 射者最宜細玩.

搭箭如懸衡

衡者, 稱物輕重, 差之毫釐, 失之千里. 扣搭上, 去必小; 扣搭下, 去必大. 如懸衡之平, 則自無大小之失矣.

---

67 활이……결점 : 활이 옆으로 너무 기울거나[合手] 활이 너무 곧게 서는[陽手] 자세는 다음과 같다.

합수(合手)

양수(陽手)

되도록 추를 매달듯이 시위 한가운데에 화살을
걸면 화살이 날아가는 거리에 저절로 오차가 없
어질 것이다.

⑦ 활고자는 기울여야[側] 한다

'측(側)'이란 약간 눕힌다는 의미이다. 만약 활
을 너무 곧게 세우면 손바닥이 보이는 양수(陽
手)가 되고, 너무 옆으로 기울이면 손바닥이 아
예 보이지 않는 합수(合手)가 된다. 이 두 가지
결점을 범하면 과녁을 제대로 겨눌 수 없다. 활고
자를 눕힌다는 말은 너무 기울이지도 않고 너무
곧게 세우지도 않으면서 마치 초승달 모양처럼
눕혀서 활을 당기는 것이다.[68]

弓弰要側

側者, 少臥之意. 如太直則爲
陽手, 太合則爲合手. 犯此二
病, 認的不眞. 弰[26]側者, 不
合不陽, 開弓如偃月是也.

---

68 활고자를……것이다 : 여기에서 설명하는 모습은 다음과 같다.

활고자가 기울어진 모습

[26] 弰 : 저본에는 "稍".《武經七書彙解·射法秘傳攻瑕》에 근거하여 수정.

⑧ 손은 수평을 이루어야 한다

활쏘기에서 화살이 적중하는지 적중하지 못하는지는 모두 양손에 달려 있다. 활을 당겼을 때 줌손은 낮고 깍지손이 높으면 화살이 멀리 날아가지 못하고, 반대로 줌손은 높고 깍지손이 낮으면 또한 화살이 멀리 날아가지 못한다.[69] 이른바 '평형(平衡)'이란 줌손과 깍지손이 털끝만큼도 높이의 차이가 없다는 말이다. 다만 양손은 가슴 위와 턱 아래에 있어야 하고, 마치 시위를 타듯 양손을 평행하게 당겨야 한다. 활 쏘는 법에 이른바 "가슴과 팔과 옷소매가 꿰뚫린 듯이, 저고리 앞섶을 가를 듯이 팔뚝을 내려라."라는 말이 이것이다.

⑨ 줌손의 팔뚝은 엎어야[轉] 한다

'전(轉)'이란 곧게 한다는 말이다. 줌손 상박을

手要平

射之中與不中, 皆在兩手. 前手低而後手高則不行[27], 前手高而後手低則不行. 所謂平衡者, 兩手無分毫高下, 只在嫣上頤下, 如彈線一般, 平平扯去. 法所謂"穿胸、臂、袖, 分襟落膀"是也.

前膀要轉

轉者, 直也. 膀不轉則臂不

---

69 활을……못한다 : 여기에서 설명하는 모습은 다음과 같다.

줌손은 낮고 깍지손이 높은 모습

줌손이 높고 깍지손이 낮은 모습

27 行 : 《武經七書彙解 · 射法秘傳攻瑕》에는 "平".

엎지(돌리지) 않으면 팔이 곧지 않고, 팔이 곧지 않으면 근육과 뼈가 펴지지 않는데, 팔이 굽어서 힘이 들어가지 않으면 결국 마디마디가 모두 어긋나게 된다.[70] 일단 상박을 곧게 하면 활고자가 저절로 눕혀지면서 줌손 상박의 힘이 곧바로 줌손 주먹까지 이어질 수 있으니,[71] 이 부분에서 훈련을 가장 열심히 해야 한다.

直, 臂不直則筋骨不伸, 遂至曲而無力, 究竟節節盡差. 惟一轉則弓弰自臥, 而前膀之力可直貫于前拳, 此最要工夫.

⑩ 관절은 펴야[伸] 한다

사람의 신체에서 근육과 뼈는 원래 둘이 서로 짝을 이루고 있어 털끝만큼의 차이도 없는데, 약간이라도 근육이 어긋나면 이미 펴진 다른 근육들까지도 덩달아 바르지 않게 되므로 활을 쏘았을 때 결국 자세가 경직되는 결점이 생긴다. 이른

骨節要伸

人身筋骨, 原對偶而不差毫末, 稍有一膜不湊, 竝其伸者而曲之, 出射遂有生硬之病. 所謂伸者, 從容舒展, 緩緩于骨節、湊理之間, 隱然有處

---

70 줌손……된다 : 이것을 "중구미를 엎는다"라 표현한다. 만약 엎지(돌리지) 못하면 '붕어죽(잘못된 활 쏘기 자세의 하나로, 활을 잡은 손의 팔꿈치가 뒤로 젖혀져 살대와의 사이가 붕어의 배처럼 휘어든 자세) 이 된다.

71 일단……있으니 : 여기에서 설명하는 모습은 다음과 같다.

줌손 상박을 곧게 펴서 활고자가 누운 모습

바 '신(伸)'이란 활시위를 차분하게 당긴다는 말이다. 관절과 주리(湊理)[72] 사이가 편안하면 은연중에 여기저기에서 서로 맞물리는 느낌이 생기는데, 이때 너무 힘을 줘도 안 되고, 또한 너무 힘을 빼도 안 된다.

⑪ 줌손의 어깨는 거둬들여야[藏] 한다

'장(藏)'이란 거둬들여 드러내지 않는다는 의미이다. 줌손의 어깨가 한번 솟아오르면 가슴도 이에 따라 솟아올라 손은 결국 힘을 전달받지 못하니 이를 '죽은 팔뚝[死膀]' 또는 '솟은 어깨[聳肩]'라 한다. 활시위가 팔을 때리는 결점이 이로 인해 생긴다. 오직 어깨를 거둬들여야만 허벅지에도 힘이 들어가고 가슴 역시 거둬들이게 되어, 가슴뼈가 열리면서 등근육에 힘이 들어가 충분히 힘을 모을 수 있으니, 화살을 쏠 때는 이 '장(藏)'이라는 글자에 심오한 의미가 있다.

⑫ 깍지손의 어깨는 밀어내야[擠] 한다

깍지손이라 말하지 않고 깍지손의 어깨라고 말한 이유는 위에서 언급한 줌손의 어깨와 호응하기 때문이다. 또 아래로 내놓는다고 말하지 않고 뒤로 밀어낸다고 말한 이유는 거둬들인다는

處相對之意. 毋太硬, 亦毋太弱.

前肩要藏

藏者, 斂而不露之意. 前肩一凸, 則胸亦因之而凸, 而手遂不接, 謂之"死膀", 又謂"聳肩". 打臂之病, 因之而生. 惟藏則胯收而胸亦吸, 胸骨開而背肉緊, 可以蓄有餘之意, 於將發之時, 此藏字奧旨也.

後肩要擠

不言後手而言後肩, 與前肩相應也；不言放而言擠, 與藏字相應也. 後肩直墜, 謂之凸. 後肩不動, 則筋骨不伸.

---

72 주리(湊理) : 피부와 근육 사이의 틈.

뜻의 장(藏) 자와 호응하기 때문이다. 깍지손 손목에 힘을 주고 활시위를 당겨서 깍지손의 어깨가 곧게 처지는 모양을 각지게 솟아오른다[凸]라 한다. 이렇게 솟아오른 채로 깍지손의 어깨를 움직이지 않으면 근육과 뼈가 펴지지 않는다. '제(擠)'란 가볍게 앞쪽으로 모은다는 말이다. 깍지손의 어깨와 등근육을 모으고, 등근육과 줌손의 어깨를 모으고, 줌손의 어깨와 줌손의 상박을 모으면, 마디마디가 모두 모이고 마디마디에 모두 힘이 들어가는데, 이것은 모두 어깨를 민다는 의미의 제(擠) 자의 뜻을 따라서 가능한 것이다. 그러므로 줌손의 어깨를 거둬들이려면 바로 깍지손의 어깨를 밀어야 한다.

⑬ 화살을 내보낼 때는 가벼워야[輕] 한다

활쏘기에서 화살이 적중하는지 적중하지 못하는지는 모두 화살을 쏘는 순간에 달려 있다. 경(輕)이란 손가락으로 훈련하지 않고 화살이 가볍게 저절로 손가락에서 벗어나면서 나가기를 기다린다는 뜻이니, 이렇게 하면 화살이 정확하게 그리고 수평으로 날아가지 않을 수 없다.

擠者, 輕輕往前一湊. 後肩與背肉湊, 背肉與前肩湊, 前肩與前膀湊, 節節皆湊, 節節皆緊, 俱從擠字得來, 故前肩之藏, 正待後肩之擠也.

出箭要輕

中與不中, 皆在出時. 輕者, 不用手指工夫, 俟其輕輕自脫而去, 無有不細而平者.

⑭ 화살을 놓을 때는 빨라야[速] 한다

'속(速)'이란 활을 쏠 때 조금이라도 거리낌이 없고, 잠깐이라도 지체하지 않는다는 말이다. 이른바 '깍지손이 화살을 놓은 것을 줌손도 모른다.'는 말은 빠르게 화살을 놓아야 한다는 뜻이다. 과녁을 정확히 겨누는 훈련은 대개 활시위를 당길 때 해야 한다. 화살을 놓을 때 조금이라도 과녁 겨누는 데에 신경을 쓰면 도리어 거기에 얽매이게 되기 때문이다. 그러므로 화살을 빠르게 쏜다는 '속(速)'이 화살을 가볍게 쏜다는 '경(輕)'을 따라 나온 것이다. 활쏘기를 연습할 때는 이 점을 세밀하게 익혀야 한다.《무경회해》[73]

放箭要速

速者, 不要纖翳, 不滯毫忽. 所謂"後[28]手放箭, 前[29]手不知", 疾速而行也. 認的工夫, 蓋[30]在扯[31]時. 放時少有着意, 反爲沾滯, 故速者, 從輕字而發也. 習射者宜細玩之. 《武經匯解》

---

73 《武經七書彙解》末卷〈射法秘傳攻瑕〉(《中國兵書集成》43, 1843~1846쪽).

[28] 後 : 저본에는 "前". 문맥에 근거하여 수정.

[29] 前 : 저본에는 "後". 문맥에 근거하여 수정.

[30] 蓋 : 저본에는 "盡".《武經七書彙解·射法秘傳攻瑕》에 근거하여 수정.

[31] 扯 : 저본에는 "此".《武經七書彙解·射法秘傳攻瑕》에 근거하여 수정.

# 3. 자세의 결점　　　　　　　　疵病

## 1) 전반적인 결점　　　　　　　總病

'활을 당길 때 깍지손을 짓누른다[開弓勘手].' 는 줌손은 너무 높고, 깍지손은 낮아서 평평하지 않은 자세를 말한다.

"開弓勘手", 謂前手太高, 後手低不平.

'활을 당길 때 깍지손을 든다[開弓提手].'는 줌손은 너무 낮고, 깍지손은 높은 자세를 말한다.

"開弓提手", 謂前手太低, 後手高.

'활을 당길 때 활고자를 기울인다[開弓偃弰].' 는 몸체는 곧은데 머리는 기울어져 줌손 팔목이 위쪽을 향하는 자세를 말한다.

"開弓偃弰", 謂身直頭偃, 前手腕仰.

'양쪽이 어지럽다[兩摘].'는 발시하기 전의 힘쓰기와 발시한 뒤에 줌손과 깍지손의 힘 배분이 고르지 않은 자세를 말한다.

"兩摘", 謂不發用力, 及前後分解不齊.

'시위가 친다[斫弦].'는 화살을 보내고 활을 나눌 때에 줌손을 꽉 움켜잡고 팔목을 돌리지 않은 상태에서 손목이 약간 느슨해져 줌통이 몸 안쪽으로 돌아간 자세를 말한다.

"斫[1]弦", 謂遣箭分弓, 實握不轉腕, 微鬆手轉弝.

'줌통을 벗어난다[脫弝].'는 줌손이 너무 느슨해져 줌통을 놓쳐 뒤집히는 자세를 말한다.

"脫弝", 謂手太鬆, 倒提手弝.

'활고자를 벤다[剗弰].'와 '활고자가 크게 된다

"剗弰"、"弰子大"二件, 謂下

---

[1] 斫：底本에는 "所".《事林廣記·武藝類·馬射總法》에 근거하여 수정.

[弭子大].'는 두 가지는 아래쪽 활고자가 오른쪽
어깨 쪽으로 오는 자세를 말한다.

'깍지손이 묶였다[後手約].'는 깍지손이 옆으
로 치우쳐 팔목을 비틀지 않아 깍지손이 쳐들어
지지 않는 자세를 말한다.

'깍지손이 작다[後手小].'는 깍지손을 오므리
고 펴지 못하는 자세를 말한다.

'깍지손이 누웠다[後手偃].'와 '깍지손이 말렸
다[後手捲].'는 두 가지는 화살을 보낼 때 손목이
굳어 화살이 곧게 가지 못하거나, 활시위를 젖히
면서 손을 비트는 자세를 말한다.《왕씨사경》[1]

弭傳右胛.

"後手約", 謂手側不仰腕.

"後手小", 謂斂定手, 不放
平[2].

"後手偃"、"後手捲"二件, 謂
遣箭不直硬腕[3], 或剪[4]弦
捌[5]手.《王氏射經》


## 2) 줌손의 자세에서 생기는 결점

前手病

### ① 장(張, 펼침)

이것은 화살을 보낼 때, 줌손을 활 바깥쪽으로
한 번 감아 주는[捲][2] 자세이다. 결점은 줌손의
관절이 긴밀하게 붙지 않는 데 있는데도 활 쏘는

張

是出箭時, 往外一捲. 病[6]在
骨節對不緊, 而射家誤認爲
辟者也. 射者最宜留意.

---

1 《說郛》101卷上〈射經〉"步射病色";《武編》〈弓〉;《事林廣記》後集卷13〈武藝類〉"馬射總法".
2 감아 주는[捲]:《重刊武經彙解·射義·射法引端》에서는 "捲"을 "앞으로 돌리면서 아래로 뒤집어 주
  다[回前番下]"로 풀었다.
[2] 平:底本에는 "手".《事林廣記·武藝類·馬射總法》에 근거하여 수정.
[3] 腕:底本에는 없음.《事林廣記·武藝類·馬射總法》에 근거하여 보충.
[4] 剪:《事林廣記·武藝類·馬射總法》에는 "剬".
[5] 捌:底本에는 "列".《事林廣記·武藝類·馬射總法》에 근거하여 수정.
[6] 病:底本에는 "一".《重刊武經彙解·射法秘傳攻瑕·前手病》에 근거하여 수정.

이들은 열린[辟] 것으로 오인한다. 활 쏘는 사람
은 이 점을 가장 유의해야 한다.


② 도(挑, 구부러짐)

이것은 줌손이 활 바깥쪽에서 한 번 굽어 살걸
음이 자연히 평평하지 못한 것이다. 그 결점은 줌
손 반바닥의 기력이 호구로 곧게 이어지지 못하
여 그 누르는 힘이 손에 머물지 못하기 때문이다.

挑
是前手往外一拱, 箭去自然
不平. 病在前手上半節氣力
貫不直虎口, 所以壓不住手
也.


③ 탁(卓, 멈춤)

이것은 화살을 보낼 때, 줌손이 아래로 내려가
서 한 번 멈추는 자세이다. 결점은 호구가 몹시
조여 활의 힘으로 인해 손이 아래로 눌어붙어 버
리는 데에 있다. 활 쏘는 사람들 중에 알지 못하
는 사람은 화살을 낼 때 매번 줌손의 팔을 떨어
뜨리는 줄은 알았지, 자세 때문에 줌손을 들어
도 살걸음이 짧아지기 쉽다는 사실은 알지 못
한다.

卓
是出箭時, 手往下一卓. 病在
虎口太緊, 弓力爲手扼住. 射
家不識者, 則每認爲落膀, 而
不知此爲揭手, 箭去易小.


④ 눈(嫩, 연약함)

이것은 줌손이 오른쪽으로 굽은 자세이다. 활
쏘는 사람들은 시위가 팔을 칠까 봐 겁내서 이렇
게 된 것으로 알 뿐이지만, 실제 결점은 줌손 손
목에 힘이 없어 앞 팔이 펴지지 않는 데 있다. 기
력이 손바닥을 곧게 꿰뚫지 못하면, 자연히 줌손
을 이루는 주먹도 곧게 펴지 못하며, 활을 당겨

嫩
是前手右曲. 射家止知怯于
打臂所致, 而實病在前腕無
力, 前臂不伸. 氣力透不直手
心, 自然伸不直拳, 撑不開
弓, 箭去時, 斷不對的.

버티지 못하고, 화살이 날아갈 때 중간에 떨어져
표적에 미치지 못한다.

⑤ 노(老, 무력함)

이것은 줌손의 관절에 힘이 없어 마치 버들꽃
이나 헌솜이 바람 따라 가듯이 자세를 유지시키
는 힘이 조금도 없는 자세이다. 결코 적중할 리가
없다.

老

是前手骨節無力, 一毫無主,
如楊花、敗絮隨風所致, 決無
中理也.

⑥ 만(彎, 굽음)

이것은 줌손의 손가락만 굽은 자세가 아니다.
견안(肩眼)[3]이 나오지 않은 것 역시 굽은 자세이
고, 줌손의 팔이 돌지 못하는 것 역시 굽은 자세
이다. 줌손 팔목이 펴지지 못한 것 역시 굽은 자
세이고, 줌손 주먹이 곧지 못한 것 역시 굽은 자
세이다. 결점은 경락을 맑게 다스리지 못하고, 기
력을 안정되게 북돋지 못하며, 관절을 긴밀하게
붙이지 못하는 데에 있다. 활 쏘는 이들 중에 이
것을 아는 자가 가장 적다.

彎

是非獨手指彎也. 肩眼不出
亦是彎, 前膀不轉亦是彎. 前
腕不伸亦是彎, 前拳不直亦
是彎. 病在理不清經絡, 鼓不
定氣力, 對不緊骨節. 射家識
此最少.

⑦ 잉(剩, 남김)

이것은 화살을 가득 당기지 못하여 남김이 있
는 자세이다. 활 쏘는 사람들은 이 결점이 매번

剩

是扯箭不滿, 有餘剩也. 此
病, 射家每認爲後手不扯所

---

3　견안(肩眼) : 팔을 들었을 때 어깨 끝부분의 오목한 부위. 견우(肩髃).

깍지손으로 시위를 당기지 못해서 생기는 줄만 알지, 모두 줌손의 팔을 펴지 못하기 때문에 근육과 뼈가 모이지 않고, 팔뚝을 밀어내지 못하며, 팔꿈치가 제자리로 돌아오지 못한 줄은 모른다. 깍지손은 이미 끝까지 당겼는데 줌손이 아직 펴지지 않아서 깍지손의 힘을 받쳐 줄 수 없는 것이다. 이 '잉(剩)'이라는 한 글자는 진실로 줌손이 일으킨 결점이다.《무경회해》[4]

致, 不知皆因前臂不伸, 筋骨不湊, 不落膀, 不歸巢. 後手已盡, 前手未伸, 無以助後手之力. 此"剩"之一字, 實前手所致之病.《武經彙解》

## 3) 깍지손의 자세에서 생기는 결점

後手病

### ① 돌(突, 갑작스러움)

이것은 시위를 너무 무겁게 비틀어서 지나치게 힘을 주는 자세이다. 이 때문에 깍지손의 팔꿈치를 내리누르지 못해서 어깨 위로 한 번 들어올리면, 갑자기 소리를 내며 화살이 날아가는 것이다. 활 쏘는 이들은 이를 회전을 준다고 오인한다.

突

是紐弦太重, 用力太過. 後肘不壓, 往上一拱, 突然有聲. 射家誤認爲甄[7]也.

### ② 핍(逼, 짓누름)

이것은 깍지손이 팔꿈치와 한 호흡에 평형을 이루지 못하는 자세이다. 깍지손의 삼지(三指, 엄

逼

是與肘不一氣平衡. 後三指搭弦太緊, 逼住胸前, 將箭桿

---

4 《重刊武經彙解》末卷〈射法秘傳攻瑕〉"前手病"(《中國兵書集成》43, 1841~1842쪽).

[7] 甄:底本에는 "甄".《重刊武經彙解·射法秘傳攻瑕·後手病》에 근거하여 수정.

지·검지·중지)를 시위에 몹시 조이게 걸어 가슴 앞쪽에서 짓누르기 때문에 화살대가 짓눌려 굽어서, 화살을 쏘아도 똑바로 나아갈 수 없다.

逼曲, 發箭不能直前.

### ③ 추(揪, 움켜쥠)

이것은 깍지손의 삼지를 시위에 너무 오랫동안 걸어서 꽉 움켜쥐고 놓지 않으므로 화살이 빠르게 떠날 수 없게 하는 자세이다. 활 쏘는 법에, "깍지손의 형상은 마치 봉황의 눈[鳳眼][5]과 같고, 발시는 별똥별처럼 빠르다."라 하였는데, 참으로 '추(揪)'라는 글자의 잘못에서 구제하는 방법이다.

揪

是後三指, 搭弦太老, 揪緊不放, 使箭不能速去也. 法曰 "形如鳳眼, 發如流星", 深所以救揪字之失[8]也.

### ④ 송(鬆, 느슨함)

단지 화살을 거는 것만이 아니다. 이것은 깍지손과 그 팔목의 마디마디가 모두 느슨하고 모두 굽어서, 뜻에 따라 활을 당겨 털끝만큼의 기력도 없으며, 손이 가는 대로 시위를 놓아 털끝만큼의 조임도 없는 자세이다. 알지 못하는 이들은 자세가 '가볍다'고 오인할 뿐 이것이 곧 '거짓 가벼움'이며 참으로 느슨한 자세인 줄을 모른다.

鬆

非止搭箭也. 是後手、後腕節節, 俱鬆俱曲, 隨意扯來, 毫無氣力, 隨手放去, 毫不着緊. 不識者誤認爲輕, 而不知此乃假輕, 是眞鬆也.

---

5  봉황의 눈[鳳眼] : 봉황의 눈처럼 가늘고 긴 모양.
[8]  救……失 :《重刊武經彙解·射法秘傳攻瑕·後手病》에는 "解揪字".

⑤ 토(吐, 토하기)

이것은 화살을 발시할 때 깍지손을 순간적으로 앞으로 살짝 한 번 보냄으로 인해, 화살의 머리 부분이 오히려 그만큼 앞으로 나오게 한 다음 화살을 쏘아 보내는 자세이다. 결점은 깍지손의 팔꿈치에 힘이 없는 데 있다. 이는 팔꿈치를 내리누르면서 손목을 비틀어 깍지손을 쳐들지 못한 것이니, 가장 큰 결점이다.《무경회해》[6]

吐

是後手往前一送, 使箭頭反出一段, 放去. 病在後肘無力, 不知壓肘仰腕之法, 病之最大者也.《武經匯解》

---

6 《重刊武經彙解》末卷〈射法秘傳攻瑕〉"後手病"(《中國兵書集成》43, 1842~1843쪽).

## 4. 바람과 공기

風氣

### 1) 바람과 기후

論風候

일반적으로 활터에 나가 활쏘기를 연습할 때, 일단 사방에서 일어난 바람과 먼지를 만나면 화살은 사정거리의 장단과 착지에서의 좌우에 편차가 생길 수밖에 없다. 무릇 바람에는 세기의 차이가 있고, 또한 풍향의 다름이 있다. 그리고 공기에는 습도의 차이가 있고, 또한 계절의 구별이 있다. 무릇 활쏘기를 할 때 단지 수십 보 이내의 거리라면 활과 화살이 본래 굳세고 날카롭기 때문에 바람과 공기가 이들에 영향을 미칠 수 없으니, 굳이 신경 쓰지 않아도 된다. 그러나 만약 사거리가 40보 이상이라면 사거리가 점점 멀어질수록 화살의 힘도 점점 약해져 사정거리의 장단과 착지에서의 좌우가 모두 바람과 공기의 영향을 받게 된다. 이런 상황인데도 이 요소를 신경 쓰지 않으면 화살을 쏘는 대로 모두 치우칠 것이다.

대체로 봄의 공기는 습한 기운이 많고, 여름의

凡臨場演射, 一遇風塵四起, 矢不免有大小、左右之偏. 夫風有大小, 又有四方之殊；氣有燥濕, 亦有四時之別. 夫射而止數十步之內, 弓矢勁銳, 風氣不能奪, 卽[1]不辨可也. 若射四十步之外, 射漸遠, 矢力亦漸弱, 大小、左右皆爲風氣所使. 此而不辨, 發矢皆偏矣.

大抵春氣多濕[2], 夏氣多炎,

---

[1] 奪卽：《重刊武經彙解·射法秘傳攻瑕·射學問答》에는 "搖動".

[2] 濕：《重刊武經彙解·射法秘傳攻瑕·射學問答》에는 "溫".

공기는 더운 기운이 많으며, 가을의 공기는 건조한 기운이 많고, 겨울의 공기는 찬 기운이 많다. 공기가 습하면 바람이 부드럽고, 공기가 건조하면 바람이 거세니, 이것이 공기와 바람의 대강의 관계이다. 그러나 사계절에도 춥고 더움의 차이가 일정하지 않으니, 한 계절 중에도 건조하거나 습하거나 덥거나 찬 기운이 있으며, 바람 또한 그러한 공기를 따라서 변하는 것이다. 공기가 건조하거나 찰 때 부는 바람은 거세니, 화살이 그 바람을 만나면 착지가 많이 치우치게 된다. 공기가 덥거나 습할 때 부는 바람은 부드러우니, 화살이 그 바람을 만나면 적게 치우치게 된다. 더욱이 바람이 거세면 활 또한 굳세져 화살을 쏘면 항상 멀리까지 나가는 반면, 바람이 부드러우면 활이 약해져 화살을 쏘면 항상 가까이 날아간다.

부드러운 바람은 기복이 없어서 하루 종일 고르지만, 차가운 바람은 머리와 꼬리가 있어서 그에 따라 기복이 생긴다. 즉 바람의 머리는 힘이 강하기 때문에 화살을 몰아서 반드시 멀리 날아가게 하지만, 바람의 꼬리는 힘이 약하기 때문에 화살에 대한 영향이 많지 않다. 그러니 차가운 바람의 이러한 기세를 살펴서 바람의 머리를 피

秋氣多燥, 冬氣多冽. 氣濕則風和, 氣燥則風勁, 此其大概也. 然而四時之中又有寒熱不常, 則就一時之中, 亦[3]有燥濕炎冽之氣, 風亦隨之以變矣. 燥冽之風勁, 矢遇之而多偏 ; 炎濕[4]之風和, 矢遇之而少偏. 且風勁弓亦勁, 發矢常遠 ; 風和則弓[5]弱, 發矢常近.

和風無伏起, 一日平平 ; 冽風有首尾, 起於呼吸. 風首力大, 驅箭必遠 ; 風尾力小, 打矢不多. 當觀其勢, 避首乘尾. 左風矢多合, 須迎左 ; 右風矢易揚, 須迎右. 對面風矢難到, 頂的之首 ; 背後風矢易

---

[3] 中亦:《重刊武經彙解 · 射法秘傳攻瑕 · 射學問答》에는 "勢又".

[4] 濕:《重刊武經彙解 · 射法秘傳攻瑕 · 射學問答》에는 "溫".

[5] 則弓:《重刊武經彙解 · 射法秘傳攻瑕 · 射學問答》에는 "而弓力".

하고 꼬리를 타야 한다. '왼쪽에서 부는 바람[左風]'에는 화살이 잘 합하니 왼쪽으로 겨냥해야 하는 반면, '오른쪽에서 부는 바람[右風]'에는 화살이 쉽게 들리니 오른쪽으로 겨냥해야 한다. 촉바람[對面風, 맞바람]에는 화살이 도달하기 어려우니 과녁의 머리 쪽을 겨냥하는 반면, 오늬바람[背後風, 뒤바람]에는 화살이 쉽게 날아가니 과녁의 다리 쪽을 겨냥한다.

활이 굳세면서 바람이 순방향이면 화살촉으로 거리의 반 지점을 겨냥하고, 활이 연약하면서 바람이 역방향이면 과녁 머리에서 2~3척 위쪽을 겨냥한다. 활이 연약하면서 바람이 거세면 과녁 왼쪽이나 오른쪽으로 10척 남짓 떨어진 지점을 겨냥하고, 활이 굳세면서 바람이 미약하면 과녁 왼쪽이나 오른쪽으로 1척 정도 떨어진 지점을 겨냥한다. 겨냥을 다르게 하는 것은 발시할 때 활의 힘이 일정하지 않고, 공기의 습도와 온도 및 바람의 세기가 같지 않아 그러는 것인데, 잘 참작해서 해야지 한 가지만 고집해서는 안 된다.

그러나 다만 바람을 만났을 때 줌손은 힘을 다하여 단번에 윗고자를 앞으로 쓰러뜨리고 깍지손은 힘을 다하여 단번에 끊어 버리면,[1] 날아가

去, 頂的之足.

弓勁風順, 則以鏃頂半路 ; 弓軟風逆, 頂把頭二三尺 ; 弓軟風大, 須認把左右丈餘 ; 弓勁風微, 則頂把左右尺寸. 而頂之多寡, 一因弓力之發強弱不齊, 與風氣燥濕炎冽、大小之不同, 而爲之參酌, 不可執一.

然但遇有風, 前手須極力一擊, 後手極力一撆, 則矢之去也, 實而不虛, 無風不搖, 有

---

1  줌손은……버리면 : 《유예지》1권 〈활쏘기 비결(사결)〉 "활터에서의 바른 자세" '화살 거는 법'을 참조한다. 줌손은 활 윗고자를 앞으로 쓰러뜨리는 별(撆) 동작을 취하고, 깍지손은 뒤로 펴서 손바닥이 하늘을 바라보는 절(撆) 동작을 취한다. 별(撆)과 절(撆)이 "활터에서의 바른 자세" '앞뒤 손을 쓰는 방법'에는 질(擖)과 절(撆)로 나온다.

는 화살이 실하고 허하지 않아 바람이 없어도 화살이 흔들리지 않고, 바람이 있어도 움직이지 않는다. 화살이 바람에 흔들리며 날아가는 이유는 다만 화살이 허하기 때문일 뿐이다. 바람 때문에 왼쪽이나 오른쪽을 겨냥하거나, 위쪽이나 아래쪽을 겨냥하는 것은 바람 때문에 힘껏 윗고자를 앞으로 쓰러뜨리고 힘껏 끊어 버리는 것만 못하다. 《무경회해》[2]

風不動矣. 其爲風飄去者, 特矢虛耳. 與其因風而有左右高下之迎, 不若因風而力擘力弳也.《武經匯解》

## 2) 추위와 더위

論寒暖

활쏘기를 연습하면서 천시(天時)를 살피지 않는다면 활쏘기를 잘하는 사람이 아니다. 천시에는 추위도 있고 더위도 있다. 날씨가 추우면 활이 강해지기 때문에, 약한 활도 더 강해진다. 이때는 화살이 평상시보다 비교적 더 멀리 날아가므로, 줌손을 아래로 눌러야만 화살이 과녁을 넘어가는 폐단을 없앨 수 있다. 반면 날씨가 따뜻하면 활이 부드러워지기 때문에, 강한 활도 점차로 늘어진다. 이때는 화살이 평소보다 절반밖에 날아가지 않으므로, 줌손 주먹을 들어 올려야만 사정거리가 짧아질 염려를 없앨 수 있다. 하지만 추울

習射而不相天時, 非射之善者也. 天時有寒有暖. 寒則弓勁, 弱者亦進於强. 箭去較遠於平時, 須捺下前手, 方無蓋把之弊. 暖則弓柔, 强者亦漸於疲. 矢去倍促於尋常, 須提起前拳, 始無短索之慮. 然寒時捺下弗疑, 若暖時過高前拳, 恐招搭橋之誚. 或易勁弓, 或加烘焙, 方不失水平箭法.

---

2 《重刊武經彙解》末卷〈射法秘傳攻瑕〉"射學問答" '風氣'(《中國兵書集成》43, 1877~1878쪽). 마지막 한 단락은 확인 안 됨.

때에 줌손을 아래로 누르는 것은 의심스럽지 않
으나, 만약 따뜻할 때 줌손을 지나치게 높이 들면
화살이 포물선을 그리며 날아간다고 비난받을
우려가 있다. 이때는 굳센 활로 바꾸거나 불에 쬐
어 말려야만 화살을 수평으로 날리는 법도를 잃
지 않는다.

하루에도 새벽에는 추웠다가 한낮에는 따뜻하
며, 심지어는 해가 나면 따뜻했다가 바람이 불면
추워지기도 한다. 그때그때 활의 성질이 부드러
운지 굳센지를 살펴서 줌손을 높이거나 낮추어
야 한다. 또한 처음 활을 쏘기 시작했을 때는 활
이 굳셌으나, 오래 쏘면 활이 늘어지니, 모두 마
땅히 이를 감안해야 한다. 이와 같이 세심하게 하
면, 나의 몸이 곧 천시를 갖추게 될 것이니, 어찌
활쏘기가 신묘하지 않을 수 있겠는가!《무경회
해》[3]

至一日之中, 晨寒而午暖, 甚
或日出則暖, 風至則寒. 須
時時察其弓性柔勁, 以爲手
之高下, 而且始射弓勁, 久射
弓疲, 皆當卽此而推. 心細如
是, 吾身卽具天時, 尙何射之
不神!《武經匯解》

---

3 출전 확인 안 됨.

# 5. 기구

## 1) 활 만드는 법[1]

造弓法

활은 손에 잘 맞는 것이 좋다. 소나 다른 짐승의 힘줄·뿔·대나무·나무 등의 재료를 결합한 뒤에야 활이 만들어지는데, 그중 하나라도 좋지 않은 재료가 있으면 결코 서로 조화를 이루지 못한다. 궁태(弓胎)에 쓰는 대나무는 속까지 충분히 말려야 하고, 활고자를 만들 때는 두상(杜桑)이 좋으니, 사상(沙桑)은 쓰지 말아야 한다.[2] 활이 하나의 재질로 만든 것처럼 서로 잘 배합되면

弓以服手爲佳. 其材料用筋、角、竹、木, 連合而後成, 有一不善, 必不相調. 胎竹須乾透, 弓稍宜杜桑, 勿用沙桑. 一色相配, 則性和而發矢平直.

---

1　활 만드는 법：다음은 기산(箕山) 김준근(金俊根, ?~?)의 《궁장이》로, 활 만드는 모습의 일부를 잘 보여 준다.

김준근, 《궁장이》

김준근, 《궁장이》

2　두상(杜桑)이……한다：'두상'과 '사상'은 뽕나무의 일종으로, 두상은 나무가 치밀하고 무늬가 섬세한 반면에 사상은 거칠면서 무늬가 조잡하다.

활의 성질이 조화를 이루어서 화살을 쏘았을 때 곧게 날아간다.

수도에서 제작한 상태궁(桑胎弓, 뽕나무로 만든 활)은 먼저 힘줄과 나무를 붙인 뒤에 뿔 표면을 배합해서 강약을 조절하였기에, '반태궁(盤胎弓, 궁태에 뿔 표면을 붙여서 만든 활)'이라고 하며, 가장 좋은 활이다. 그다음으로는 정각면궁(正角面弓, 뿔의 가운데 표면을 붙여서 만든 활)인데, 만약 뿔의 옆쪽 표면으로 만들면 아래로 꺼져서 줌통이 어긋나기 쉬운 결점이 있다. 뿔의 가운데 표면인지 옆쪽 표면인지를 살피려면 뿔의 무늬를 분변해야 하니, 좋은 활을 얻으려면 명장(名匠)을 찾아가야 한다.

아교를 쓸 때에는 아교 농도가 너무 진하지 않도록 해야 한다. 수없이 찧어 아교를 만들되, 완전히 풀어질 정도로 찧어서 미세하고 매끄러우며 희고 맑은 아교를 삼베로 쥐어 짜내는 것이 핵심이다. 궁태는 얇아야 하고 양쪽 활고자는 가늘면서 작아야지 거칠면서 커서는 안 된다.

활머리[腦, 삼사미]는 단단하면서 강하고 충실해야 하며, 얇고 좁은 것은 사용하지 않는다. 활머리가 얇으면 화살을 쏠 때에 힘이 부족하고, 좁으면 휘청거려 활이 뒤집히면서 활시위를 걸지

京製桑胎, 先盤筋、木, 後配角面以定强弱, 名"盤胎弓", 最佳. 次則正角面弓, 若[1]傍面則有下墊閃弝之病. 欲察傍正, 須辨角紋 ; 欲得好弓, 須訪名匠.

用膠無太濃厚, 膠以千杵, 杵以極化, 用麻布絞得細膩白淨爲妙. 胎宜薄, 兩弰須細小, 不宜粗大.

腦須堅勁穩實, 不取薄而狹. 薄則發矢無力, 狹則活而易滾. 角面紋欲相對而端正, 取老而黑, 勿取嫩而黑也. 長以

---

[1] 若 : 저본에는 "弱". 오사카본에 근거하여 수정.

않은 원래 상태로 쉽게 돌아오기 때문이다. 뿔 표면의 무늬는 서로 대칭으로 단정해야 하고, 늙고 검은 뿔을 써야지 어리고 검은 뿔을 써서는 안 된다. 활의 길이는 4.1~4.2척으로 기준을 삼는다.

四尺一二寸爲度.

힘줄은 긴 것, 가느다란 것, 굵기가 고른 것을 귀하게 여긴다. 또 지나치게 많아서는 안 되는데, 힘줄이 너무 많으면 원래 상태로 쉽게 돌아온다. 불로 힘줄의 속까지 건조시키지 않으면 쉽게 느슨해지며, 불에다 너무 말려도 힘줄이 쉽게 일어난다. 만약 힘줄이 지나치게 적으면 활이 또한 쉽게 약해져서 활을 쏘아도 멀리 날아가지 못한다. 이렇듯 힘줄과 뿔은 서로 배합이 잘 맞아야 한다.

筋貴長貴細貴均, 不宜過多, 多則易滾. 烘未透易鬆, 火太熇亦易起. 若筋過少, 又易疲, 發矢不遠. 筋、角須相對配.

대림[弝底]<sup>3</sup>은 평평하면서 굳세야 하니, 너무 튀어나와서는 안 되며, 부드러워서 꺾이거나 함몰되어도 안 된다. 줌통의 굵기는 중간 정도로 알맞은 것이 중요하다. 대림끝[弝眼]과 오금[脅道]은 고르게 가지런하고, 대소[弓心]<sup>4</sup>와 양쪽 활머리가 서로 잘 어울리면, 활이 비록 약하더라도 활시위의 소리는 조화롭게 맑고, 성질이 비록 강해도 대림과 손바닥이 서로 조화되어서 어그러지지 않는다. 처음 호구에 끼운 화살을 당길 때는 꽉 조이게 해야 하고 점점 가득 당길수록 편안하게 느껴져야 과녁을 겨눌 때 팔꿈치가 떨려서 갑

弝底平勁, 不宜太突, 不宜軟而折陷. 弓弝粗細, 貴於適中. 弝眼與脅道均調, 弓心與兩腦相應, 弓雖弱, 而弦聲和鳴响喨;性雖勁, 而弓底與手掌相和而不悖. 初引口要極緊, 漸漸引滿, 愈覺恬和, 方可, 審把不致拘肘暴發. 口緊則箭去平而更遠. 若滿而不能審, 去高而猶不到把者, 皆底硬口鬆之故也.

---

3 대림[弝底]: 줌통을 구성하는 부분.
4 대소[弓心]: 활채의 속에 댄 대나무.

자기 발사되는 일이 없다. 호구를 조이면 화살은 수평을 이루면서 더 멀리 날아간다. 만약 가득 당겼는데도 과녁을 제대로 겨눌 수 없어서 화살이 높게 날아가지만 오히려 과녁에 도달하지 못하면 이는 모두 대림이 단단하고 호구가 느슨하기 때문이다.

활은 오래 말리고 줄칼로 깨끗하게 갈아서 좋은 활시위를 짝을 맞추어 걸어 준다. 날마다 활을 팽팽하게 벌렸다가 느슨하게 풀었다가 하면서 그 성질이 안정되기를 기다려 활의 장점과 단점을 구별한 후에 자작나무의 껍질로 싼다.[5] 활은 많이 가지고 있어야 좋으니, 바꿔 가면서 연습하여 손에 익히기에 편하기 때문이다. 혹시 활을 많이 가질 수 없더라도, 또한 마땅히 힘써서 연습하고 손에 익혀야 한다.《무경회해》[6]

乾久銼淨, 配上好弦, 逐日張弛, 待其性定以別妍媸, 然後裹[2]樺. 弓以多爲貴, 便於更換習服. 或不能多得, 亦當勉力爲之.《武經匯解》

활시위는 사슴 가죽으로 만든 것이 상품(上品)이고, 실로 만든 시위는 그다음이며, 소가죽이나 양의 창자는 모두 사용할 수 없다. 시위는 활의 힘과 서로 어울려야만 하니, 길이가 너무 길거나 짧아도 안 되고 굵기가 너무 굵거나 얇아도 안

弦以鹿皮爲上, 線弦次之, 牛皮、羊腸皆不可用. 要與弓力相配, 不可過於長短、粗細. 弓長弦離弰七寸, 弓短弦離弰六寸五分. 若弦長口鬆, 發

---

5 자작나무의……싼다 : 자작나무의 껍질은 수분은 통과하지 않으나 공기는 통과하기 때문에 활을 습기로부터 보호하는 데 적당하다.
6 이 기사의 첫 단락만《武經射學正宗》卷下〈擇物門〉"弓之材料宜擇" 第3, 46~47쪽에서 확인된다. 그 뒤 내용은 확인 안 됨.
[2] 裹 : 저본에는 "裏". 오사카본에 근거하여 수정.

된다. 활이 길면 시위와 줌통 간격이 0.7척이고, 활이 짧으면 시위와 줌통 간격이 0.65척이다. 만약 시위가 길어서 호구가 느슨해지면 화살을 쏠 때에 떨리고 흔들려 잘 조준되지 않는다.《무경회해》[7]

矢振蕩不準. 同上

활에는 '6가지 좋은 점[六善]'이 있다. 첫째는 크기가 작으면서도 성질이 강한 것이다. 둘째는 부드러우면서도 힘이 있는 것이다. 셋째는 오래 쏘아도 힘이 줄어들지 않는 것이다. 넷째는 춥거나 덥거나 힘이 한결같은 것이다. 다섯째는 활시위 소리가 맑으면서 실한 것이다. 여섯째는 한번 시위를 얹으면 바로 반듯해지는 것이다.

弓有六善 : 一者性體少而勁, 二者和而有力, 三者久射力不屈, 四者寒暑力一, 五者弦聲淸實, 六者一張便正.

일반적으로 활이 크기가 작으면 활시위를 얹기 쉽고 활 수명이 길지만, 강하지 못할까 걱정된다. 활을 강하게 만드는 핵심은 힘줄을 다루는 방법에 있다. 일반적으로 날것일 때 길이가 1척인 힘줄은 건조하면 절반으로 주는데, 아교를 녹인 물에 적셔 주면서 빗질을 하면 1척 길이로 돌아온다. 그런 뒤에 쓰면 힘줄의 힘이 이미 다했으므로 다시 늘어나거나 느슨해지지 않는다. 그런 다음 활의 재료를 부드럽게 하여 위를 향하도록 휘게 한 뒤에 뿔과 힘줄을 붙인다. 이 두 방법이 힘

凡弓性體[3]少, 則易張而壽, 但患其不勁. 欲其勁者, 妙在治筋. 凡筋生長一尺, 乾則減半, 以膠湯濡而梳之, 復長一尺. 然後用則筋力已盡, 無復伸弛. 又揉其材令仰, 然後傅角與筋. 此兩法所以爲筋也.

---

7 출전 확인 안 됨.
[3] 性體 : 저본에는 "體性".《夢溪筆談·技藝》에 근거하여 수정.

줄을 다루는 법이다.

일반적으로 활은 절(節)이 짧으면 부드럽지만 '탄력이 없다[虛]'.【허(虛)는 시위를 입술까지 당기면 탄력이 없어지는 상태를 말한다.】절이 길면 튼튼하지만 '지나치게 버틴다[柱]'.【주(柱)는 시위를 입술까지 당기면 나무가 강해서 당겨오지 않는 상태를 말한다. 절은 줌통 끝에 덧댄 나무로, 길면 지나치게 버티고 짧으면 탄력이 없다.】절의 길이가 적당하면 활은 부드러우면서도 힘이 있고, 따라서 활시위 소리도 맑으면서 실하다.

일반적으로 활은, 처음 쏠 때와 날씨가 추울 때에는 활이 강해서 시위를 당기기 힘들다. 활을 오랫동안 쏠 때나 날씨가 더울 때에는 활이 약해져 화살을 감당하지 못하니, 이것은 아교의 결점 때문이다. 일반적으로 아교는 얇게 써서 힘줄의 힘이 다하도록 해야 한다. 활의 강약은 힘줄에 달려 있지 아교에 달려 있지는 않다. 이것이 활을 오래 쏘아도 힘이 줄어들지 않고 춥거나 덥거나 탄력이 한결같은 이유이다.

활이 반듯하게 되는 이유는 재목 때문이다. 재목을 고르는 법은 그 나뭇결을 자세히 보는 것이다. 나뭇결이 손질해서 바로잡지 않아도 곧아서 먹줄에 맞으면 시위를 얹어도 활이 뒤틀리지 않으니, 이것은 궁인(弓人, 활 만드는 장인)이 잘

凡弓節短則和而虛.【虛謂挽過吻則無力.】節長則健而柱.【柱謂挽過吻則木強而不來. 節謂把稍綷木, 長則柱, 短則虛.】節得中則和而有力, 仍絃聲淸實.

凡弓, 初射與天寒則勁強而難挽. 射久天暑則弱而不勝矢, 此膠之爲病也. 凡膠欲薄而筋力盡, 強弱任筋而不任膠. 此所以射久力不屈, 寒暑力一也.

弓所以爲正者, 材也. 相材之法, 視其理. 其理不因矯揉而直, 中繩則張而不跛, 此弓人之所當知也.《夢溪筆談》

알아야 할 사항이다.《몽계필담》[8]


## 2) 활시위 얹는 법

凡上弦, 用手掌上下熨抹, 令
筋角溫潤. 若初出烘箱, 不可
驟上, 俟冷定用拏, 先上硬
頭, 後下硬頭. 手執弣中, 橫
看雌雄, 直看歪斜.

일반적으로 활시위를 얹을 때는 손바닥으로
활의 위아래를 문지르고 비벼서 힘줄과 뿔을 따
뜻하고 윤기 나게 한다. 만약 처음에 활을 점화장
[烘箱][9]에서 꺼낸다면 서둘러 활시위를 얹어서
는 안 된다. 활이 식어서 안정되기를 기다렸다가
도지개[拏]를 쓴다. 이때 먼저 위의 단단한 부위
를 잡고 나중에 아래의 단단한 부분을 잡는다. 그
런 다음 줌통의 중간을 줌손으로 붙잡고 가로 방
향으로는 활에 튀어나오거나 들어간 곳이 있는
지를 살피고, 세로 방향으로는 비틀리거나 기울
어진 곳이 있는지를 살핀다.

雄邊膝抵角面, 雌邊膝抵筋
面. 弣斜右, 膝抵左; 弣斜左,
膝抵右. 或用脚從容一蹋, 再
停片刻, 待其性, 定用之. 或
微火往來烘熱, 緩緩調正, 發
箭正直.《武經匯解》

튀어나온 부위는 무릎으로 뿔 쪽을 눌러 주고,
들어간 부위는 무릎으로 힘줄 쪽을 눌러 준다. 활
고자가 오른쪽으로 기울어져 있으면 무릎을 써
서 왼쪽으로 누르고, 활고자가 왼쪽으로 기울어
져 있으면 무릎을 써서 오른쪽으로 누른다. 혹은
다리로 차분하게 한 번 밟고, 다시 짧은 시간 동
안 멈추어 서 있다가 그 성질이 안정되기를 기다

---

8 《夢溪筆談》卷18〈技藝〉;《武編》前集卷5〈牌〉.
9 점화장[烘箱] : 온도와 습도가 유지되도록 활을 보관하는 상자.

린 다음에 사용한다. 혹은 약한 불에 왔다 갔다
하면서 가열하여 천천히 활을 바로잡아 주면 화
살을 곧게 쏠 수 있다.《무경회해》[10]


### 3) 활의 힘 재는 법　　　　　　　　稱弓法

　활을 땅 위에 놓고, 다리와 발꿈치를 써서 활　　以弓置地上, 用脚踹定弓弣,
의 줌통을 고정한 다음 저울의 고리를 활시위에　　以秤鉤弦稱起. 將箭鏃頂在
걸고 들어 올려서 무게를 잰다.[11] 화살촉의 꼭대　　弓弣上, 弦至箭根齊, 卽知弓
기는 활의 줌통 위에 있고 활시위는 화살대 아래　　力之重輕矣.《武經匯解》
끝의 오늬 부분과 나란할 정도가 되면, 곧 활의

---

10　출전 확인 안 됨.
11　활을……잰다 : 저울을 이용하여 활의 탄성력을 재는 방법이다. 이 장면과 비슷한 모습이 아래 그림
　　에 있다. 그림에서는 줌통을 발로 밟아 고정시키는 대신 무거운 물체를 보지기에 써서 달고 있는
　　점이 다르다.

《시궁정력도(試弓定力圖)》[《천공개물(天工開物)》]

힘이 어느 정도인지 알 수 있을 것이다.《무경회
해》[12]

## 활 보관하는 법

약 활이 습기가 찼을 때 사용하면 뒤집어지
고, 자주 뒤집어지면 부러지기 마련이니, 보관함
을 갖추어서 활을 넣어 두어야 한다. 여름과 가을
에는 늘 약한 불에 쬐어서 건조시키고 봄과 겨울
에는 날씨를 살펴보아 사용한다. 그러나 3~4일
계속 불에 쬐어야 그 속까지 마르는데, 단지 하루
밤낮만 화피(樺皮, 자작나무의 껍질)에 습기가
차도 불에 쬐어 주어야 한다. 습기로 인해 활이
무르면 쓰기 어려우니, 쓸 때는 반드시 항상 불에
쬐어 말리고, 반드시 '명반[13]'을 탄 물[礬水漿]'로
처리한 주머니에 넣고서 바람이 잘 통하는 높은
곳에 매달아 두거나 혹은 판자 벽 또는 침상 머
리, 화로 곁에 두어도 된다.《무경회해》[14]

## 藏弓法

弓若潮濕用則打翻, 數翻必
折, 須備櫃盛之. 夏秋常用微
火烘焙, 春冬則量天氣而用,
然須連焙三四天, 其內方乾,
苟徒一晝夜樺皮搏濕, 亦可
烘火. 仍軟難用, 用必常常烘
焙, 必要用礬水漿囊盛, 懸風
高之處, 或板壁、床頭、爐傍
方可.《武經匯解》

---

12 출전 확인 안 됨.
13 명반: 탈취와 제습 효과가 있어서 보관함 등에 사용한다.
14 출전 확인 안 됨.

## 5) 화살 만드는 법 造箭法

　활의 강약을 가늠해 보아 화살의 무게를 맞추어야 하니, 차라리 활의 힘보다 조금 가벼운 화살을 쓰면 괜찮으나, 화살이 활보다 무거워서는 안 된다.[15] 화살의 길이를 정할 때는 팔의 관절 길이에 따라야 하니, 팔이 길면 화살도 길고, 팔이 짧으면 화살도 짧다. 종합하면 활을 가득 당긴 상태에서 화살촉이 줌손과 나란히 있을 때 오늬가 오른쪽 어깨까지 오도록 하는 것이다. 만약 화살의 무게와 길이가 활과 조금이라도 맞지 않으면, 활을 쓰는 영험함을 잃게 된다. 활을 쏘는 요령을 얻고자 하면 전적으로 활에 딱 맞는 화살을 가려서 시위에 거는 것에 마음을 써야 한다.

　화살을 만들 나무는 본래부터 곧게 뻗은 것을

量弓强弱, 配箭重輕, 寧可箭用略輕, 不可箭重違弓. 定箭長短, 宜隨臂之骨節, 臂長箭長, 臂短箭短. 總以鏃齊前拳, 扣至右肩爲度. 若少有輕重·長短, 卽失用弓之靈, 欲得窾竅, 全憑揀擇配搭用意.

其木貴天然挺直, 用火治者,

---

15　활의……안 된다 : 여러 화살의 모습은 다음과 같다.

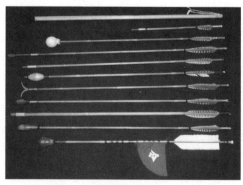

여러 종류의 화살

귀하게 여긴다. 불을 써서 곧게 다듬은 나무는 점점 시간이 지나면 휘어지기 때문이다. 화살대는 단단하고 굳센 것을 귀하게 여긴다. 조직이 치밀하지 못하여 무른 나무로 만든 화살은 시위를 가득 당겼을 때 반드시 휘어져서 화살을 쏘았을 때 빗나가기 때문이다. 나무가 너무 단단한 것은 죽은 것으로, 결코 잘 날아가지 못한다.

稍久卽曲. 幹貴決而勁, 鬆軟之木, 引滿必彎, 發去橫削. 木太決而死, 必不善走.

화살촉의 모서리는 비뚤어진 것을 금하며, 화살깃은 가장자리가 커야 한다. 화살촉은 지나치게 무거워서는 안 되니, 무거우면 날아가는 거리가 짧다. 또 화살깃은 지나치게 커서는 안 되니, 크면 화살이 바람을 불러들일 뿐만 아니라 멀리 날아갈 수도 없다. 화살의 배 부분은 거칠게 만들려 해서는 안 되며 앞과 뒤가 균등해야 한다. 너무 가벼워서 알맞지 않으면 또한 흔들려서 날아가는 힘이 약하다.

鏃稜忌歪, 翎宜大邊. 鏃不可過重, 重則去促;翎不可過大, 大則招風, 竝不能及遠. 肚不欲粗, 前後須均, 過輕不準, 且搖而弱.

철신(鐵信)[16]은 길어야 하고, 힘줄은 여러 번     鐵信宜長, 纏筋貴多, 須號桿

---

16 철신(鐵信) : 화살촉 앞머리 뒤에 화살대를 꼽는 부분. 아래 그림에서 화살촉 앞머리 뒤로 곧게 이어져 화살대를 꼽을 수 있는 곳을 말한다.

화살촉(국립중앙박물관)

감아야 하니, 그래야만 화살대에 단단하게 고정할 수 있다. 화살대는 나뭇가지로 만드는데 나뭇가지는 고르게 무거워야 하며, 한 번 굽은 것은 괜찮다. 무게가 고르지 않은 것과 여러 번 휘어진 것은 알맞지 않다.

定, 做枝枝般重, 一彎者猶可, 輕重不等與彎多者不宜.

대나무 화살은 몸통이 두껍고 단단한 것을 귀하게 여기는데, 무늬가 거칠면서 소리가 맑다면 늙은 대나무라도 쓸 수 있다. 몸통이 얇고 무늬가 고우면서 연한 것과 투박한 소리가 나는 대나무는 어린 대나무이며, 줄기 위에 하얀 점이 많은 것은 죽력을 너무 뺀 것이다. 이것으로 만든 화살은 좋지 않다. 화살대나 화살깃이 휘었으면 불을 쬐어 바로잡아야지, 차가운 상태에서 바로잡으려다 소리가 나지 않도록 주의한다. 화살을 눈으로 자세하게 살펴보았을 때 바늘처럼 일직선인 화살이 좋다.《무경회해》[17]

竹箭貴厚而硬, 紋粗聲淸者, 老而可用. 體薄紋細而軟與聲木朴者爲嫩. 桿上多白點者, 去靑太多, 其箭劣. 幹曲翎曲, 用火烘熱端正, 愼勿冷調拈聲. 細密用目照視, 一直如針者佳.《武經匯解》

## 6) 화살 닦는 법

擦矢法

활을 쏠 때는 쏘는 모임이 끝날 때마다 화살을 털고 닦아 진흙이 붙어 있지 않게 해야 한다. 쏠 때마다 난초(亂艸)[18]로 윤이 나도록 문지르면 잘

射時, 要逐會拂拭, 勿粘泥土, 每用將亂艸擦光肯走.《武經匯解》

---

17 출전 확인 안 됨.
18 난초(亂艸) : 먼지 따위를 없애도록 풀을 실타래처럼 얽어서 만든 도구로 보인다.

날아간다.《무경회해》[19]


## 7) 화살 보관하는 법

藏箭法

화살을 보관할 때는 단단하게 싼 다음 건조한 곳에 두었다가, 때때로 불을 쬐어 말려야 한다. 만약 먼지가 쌓이거나 습해지면 화살깃과 화살대가 모두 풀어진다. 화살을 보관할 때는 큰 대나무를 몇 마디 뚫어서 전통(箭筒)을 만드는데, 화살보다 약 0.1척 정도 더 길게 하고 덮개도 달아 화살을 채워 넣는다. 혹은 무두질하지 않은 소가죽 또는 무두질한 소가죽으로 화살 넣는 주머니를 만들거나, 반포(礬布)[20]로 주머니를 만들어도 모두 괜찮다.《무경회해》[21]

收藏包固, 宜置乾燥處所, 時加烘焙. 若經塵濕, 翎莖皆解. 藏箭, 用大竹數節打通爲筒, 比箭略長寸許, 置蓋盛之. 或用生熟牛皮縫囊, 或礬布爲囊, 皆可.《武經匯解》


유예지 권제1 끝

遊藝志卷第一


---

19  출전 확인 안 됨.

20  반포(礬布) : 명반 녹인 물로 처리한 베.

21  출전 확인 안 됨.

임원경제지 94

# 유예지 권제2

## 遊藝志 卷第二

# 산법

算法

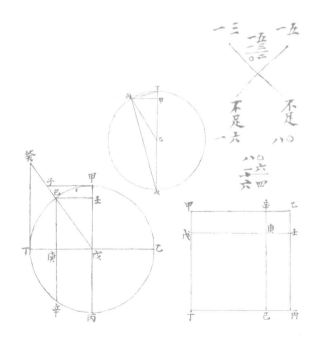

# 1. '9가지 계산법[九數]'[1]의 개략        九數槪略

## 1) 산법 총서[乘除總敍][2]        乘除總敍

수는 포희씨(包犧氏)[3]가 구고법(句股法)[4]을    數始於包犧氏創句股立曆度.

창시하고 역법(曆法)의 도수(度數)를 정함으로    黃帝氏繼包犧而作, 命隸首

---

1   9가지 계산법[九數] : 중국 고대 산학의 9개 기본 영역이다. 주(周)나라의 직관 제도를 기록한 《주례(周禮)》의 〈지관사도 하(地官司徒下)〉에서 보씨(保氏)가 공·경·대부의 자제들에게 예·악·사·어·서·수의 육예를 가르쳤다고 했는데, 이때 수(數)를 '구수(九數)'로 칭했다.("保氏掌諫王惡, 而養國子以道. 乃敎之六藝, 一曰五禮, 二曰六樂, 三曰五射, 四曰五馭, 五曰六書, 六曰九數.") 동한(東漢) 초의 정중(鄭衆)은 구수의 전통적인 항목으로 방전(方田), 속미(粟米), 차분(差分), 소광(少廣), 상공(商功), 균수(均輸), 방정(方程), 영부족(贏不足), 방요(旁要)를 들고, 당시에는 중차(重差), 석걸(夕桀), 구고(句股)가 있다고 했다. 서유구 역시 뒤에 제시된 '방전수법(方田數法)'부터 '구고팔선(句股八線)'까지 9개 항목을 포괄하는 말로 '구수'를 사용하고 있다.

2   산법 총서[乘除總敍] : 《유예지(遊藝志)》 "산법(算法)"은 크게 두 부분으로 구성되어 있다. 전반부는 하늘과 땅과 인류 문물에 쓰이는 각종 단위[三才數位], 곱셈 구구단[九九數目], 가감승제의 필산법[加減乘除], 제곱근과 세제곱근 계산법[平方立方], 사율비례(四率比例) 등 수를 다루기 위한 기초와 기본 연산법을 정리한 내용이고, 후반부는 '9가지 계산법[九數]'에 대한 정의와 예제를 차례로 보인 내용이다. 이 같은 구조는 이 책이 근간으로 삼은 정대위(程大位)의 《산법통종(算法統宗)》(1592)의 체제를 계승한 것이다. 《산법통종》 역시 부록 성격의 난제(難題) 이하를 제외하면 도량형·구구단·가감승제 등을 기술한 권1·2, 그리고 방전장(方田章)부터 구고장(句股章)까지 9가지 계산법의 정의와 예제를 보인 권3~12로 대별된다.

    산법 총서는 《유예지》 "산법" 전체를 아우른 서문으로, 《산법통종》 수편(首篇)의 총설(總說)과 성격이 유사하다. 이 때문에 저본에서 이 표제어를 극항(極行)에 배치하여, 1자 내려쓰고 꺾쇠 기호로 묶은 여타 소표제어들과 차별화했다. 수학의 기원과 9가지 계산법의 성립 과정을 개괄하고, 9가지 계산법을 서술하기에 앞서 기본 단위와 연산법을 다룬 의도를 설명하는 내용이다. 원문의 '승제(乘除)'는 '곱셈과 나눗셈'을 넘어 모든 계산법을 지칭한다.

    산법 총서 이후의 21개 소표제어는 원문 체제상 산법 총서의 하위 단위이지만, 번역에서는 내용상의 체계를 알 수 있도록 산법 총서와 같은 층위로 배치하거나 아래 층위로 편집했다.

3   포희씨(包犧氏) : 팔괘와 구구단을 처음으로 만들었다는 중국 고대의 전설적 성인.

4   구고법(句股法) : 현대에는 피타고라스 정리로 불리는, 직각삼각형의 빗변과 나머지 두 변 사이에 성립하는 길이의 상호관계.

씨[5] 시작되었다. 황제씨(黃帝氏)[6]는 포희의 이 같
은 업적을 계승하여 산법을 일으켰는데, 예수(隷
首)[7]에게 명을 내려 구고법을 다음과 같이 9가지
계산법으로 늘리도록 했다. 그 첫째가 방전(方
田),[8] 둘째가 속포(粟布),[9] 셋째가 최분(衰分),[10]
넷째가 소광(少廣),[11] 다섯째가 상공(商功),[12] 여
섯째가 균수(均輸),[13] 일곱째가 영뉵(盈朒),[14] 여
덟째가 방정(方程),[15] 아홉째가 구고(句股)[16]이
다. 하늘과 땅, 그리고 인간 세상의 모든 수리가
어찌 이 9가지를 벗어나겠는가?

　하지만 이 9가지는 산대[籌]로 하는 계산법[17]

衍句股爲九章數法 : 一曰方
田, 二曰粟布, 三曰衰分, 四
曰少廣, 五曰商功, 六曰均
輸, 七曰盈朒, 八曰方程, 九
曰句股. 三才之數, 其有外於
九章者乎?

雖然, 九章乃是布籌之法, 而

---

5　역법(曆法)의……정함으로써 : 천체의 운행을 관측하여 1년 중의 날짜와 절기를 자연의 순환에 맞게
　정하는 방법이 역법이다. 이를 위해 가장 먼저 정해야 하는 것이 하늘 한 바퀴의 둘레인데, 포희씨
　가 이를 정했다고 한다. 《수서(隋書)》권19 〈천문 상(天文上)〉에 《주비산경(周髀算經)》의 개천설(蓋
　天說)은 포희씨가 정한 주천역도(周天曆度, 천체가 운행하는 하늘 한 바퀴의 도수)에 기반한 천체관이
　라는 말이 보인다.("蓋天之說, 即周髀是也. 其本庖犧氏立周天曆度.")
6　황제씨(黃帝氏) : 중국 문명의 개조(開祖)로 간주되는 중국 고대의 전설적 성인.
7　예수(隷首) : 산법을 체계화한 사람으로 알려져 있는 중국 고대의 전설적 인물.
8　방전(方田) : 농지의 넓이 구하는 법.
9　속포(粟布) : 물물교환 때 교환량 구하는 법.
10　최분(衰分) : 신분의 등급에 따라 녹봉과 부세(賦稅)의 배분량 구하는 법.
11　소광(少廣) : 면적을 가지고 정사각형 또는 원의 크기 구하는 법.
12　상공(商功) : 토목공사 때의 공정과 흙의 부피 구하는 법.
13　균수(均輸) : 거리의 원근에 따른 조세 또는 군역 부담의 균등한 비용 구하는 법.
14　영뉵(盈朒) : 넘치거나 모자라는 상황을 이용해서 딱 맞는 양 구하는 법.
15　방정(方程) : 행렬을 이용하여 다원일차연립방정식 푸는 법.
16　구고(句股) : 피타고라스 정리를 이용하여 삼각형과 관련된 문제를 해결하는 법.
17　산대[籌]로……계산법 : 조선시대의 일반적인 계산법은 막대기 모양의 산대[籌, 策]를 사용한 포산
　(布算)이었다.(김용운, 김용국 공저, 《韓國數學史》, 悅話堂, 1982, 285쪽)

이라 먼저 산대를 사용하여 승제(乘除)[18]를 할 줄 안 뒤에 산대를 펼쳐 9가지 계산법을 운용할 수 있다. 이는 금(琴)이나 비파를 다루는 사람은 먼저 조곡(操曲)·만곡(縵曲) 같은 여러 가지 소소한 곡(曲)을 배운 뒤에야 연주를 능숙하게 할 수 있는 이치와 같다.[19] 사칙연산의 계산법은 덧셈(가법)·뺄셈(감법)·곱셈(인승법)·나눗셈(귀제법)을 말한다. 위로 거슬러 올라가 말하자면 하늘과 땅과 인류 문물에 쓰이는 각종 단위[三才數位]와 곱셈 구구단을 알고 난 뒤에야 이 사칙연산의 계산법을 운용할 수 있고, 아래로 내려가 말하자면 제곱근·세제곱근 구하기와 사율비례를 안 뒤에야 산법(算法)의 최고 수준에 이를 수 있다. 이 때문에 이제 이 5가지(하늘과 땅과 인류 문물에 쓰이는 각종 단위, 곱셈 구구단, 가감승제의 필산법, 제곱근·세제곱근, 사율비례)를 9가지 계산법에 앞서 밝힘으로써 처음 수학을 공부하는 선비들이 수학 입문의 첫걸음을 터득하도록

必先知乘除, 然後可以布籌. 正如成琴瑟者, 先學操、縵, 然後可以安絃也. 乘除之法, 加減因歸是也. 而溯其上, 則必知三才數位、九九數目, 然後可以措此法;沿其下, 則必知平方·立方、四率比例, 然後可以造于極. 故今以此五者, 冠于九章之首, 使初學之士得其所從入之門逕焉.《攷事十二集》

---

18 승제(乘除):본래는 곱셈과 나눗셈이라는 뜻이나, 여기서는 가감승제(加減乘除)의 줄임말로서 덧셈·뺄셈·곱셈·나눗셈의 사칙연산이라는 의미이다.

19 이는……같다:산법을 배울 때 우선은 기초 연산법을 잘 익히는 일이 중요하다는 말이다.《예기(禮記)》〈학기(學記)〉에서 대학(大學)의 가르침과 배움에 대한 비유를 들어 "만약 조곡(操曲)·만곡(縵曲) 같은 소소한 악곡을 배우지 않는다면 현악기를 능숙하게 다룰 수 없다.(不學操、縵, 不能安弦.)"라고 한 말을 원용한 표현이다.

했다.《고사십이집(攷事十二集)[20]》[21]


## 2) 하늘과 땅과 인류 문물에 쓰이는 각종 단위[三才數位][22]

三才數位

일반적으로 사칙연산을 하려는 사람은 반드시 먼저 하늘과 땅과 인류 문물에 쓰이는 각종 단위를 알고 난 뒤에야 사칙연산의 계산법을 비로소 운용할 수 있다. 하늘과 땅과 인류 문물에 쓰이는 각종 단위란 하늘에서는 역법의 단위이고, 인류 문물에서는 도량형의 단위이고, 땅에서는 농지 면적과 거리의 단위이다.

凡爲乘除者, 必先知三才數位, 然後乘除之法, 方有所措. 三才數位, 在天則曆之數位也, 在人則度量衡之數位也, 在地則田里之數位也.


### 2-1) 역법(曆法)의 단위
① 궁법(宮法)과 도법(度法) : 1궁(宮)은 30도

曆

宮度之法 : 一宮三十度, 一

---

20  고사십이집(攷事十二集) : 서유구의 조부 서명응(徐命膺, 1716~1787)이 자신의 저술을 경(經)·사(史)·자(子)·집(集)의 4류로 분류하여 60권 31책으로 엮은《보만재총서(保晚齋叢書)》의 집류(集類)로, 12집(集) 360제(題)의 백과사전적 저서이다. 그중 제7집에 총10제의 '수예(數藝)'가 실려 있는데, 서유구의《유예지(遊藝志)》"산법(算法)"은 전체가 이를 거의 그대로 전재(轉載)한 것이다.

21  《攷事十二集》卷7 "午集文藝" '乘除總敍'(《保晚齋叢書》10, 36~37쪽).

22  하늘과……단위[三才數位] : 하늘의 역법(曆法) 단위, 땅의 농지 면적과 거리[田里] 단위, 인류 문물에 사용되는 도량형 단위이다. 이 부분은 대체로《수리정온(數理精蘊)》하편 권1〈수부(首部) 1 도량권형(度量權衡)〉에서 발췌하여 새롭게 구성했는데, 부피 단위[量法]의 촬(撮) 이하는《수리정온》과 일치하지 않는다.《수리정온》은 청나라 강희제 재위기(1723년)에 서양의 천문학과 수학[입체기하, 삼각법, 대수(對數) 등]에 영향을 받아 당시까지의 산학을 종합하려는 기획에 따라 써진 책으로, 조선의 산학과 천문학에 많은 영향을 끼쳤다.

(度),[23] 1도는 60분(分), 1분은 60초(秒), 1초는 60미(微), 1미는 60섬(纖), 1섬은 60홀(忽), 1홀은 60망(芒), 1망은 60진(塵)이다.【하늘의 수가 6이므로 6을 수의 한도(限度)로 삼았다.[24] 음악으로 하늘에 제사 지내어 신을 맞이할 때 6악장을 연주하는 일[25]도 이런 이치이다.】

度六十分, 一分六十秒, 一秒六十微, 一微六十纖, 一纖六十忽, 一忽六十芒, 一芒六十塵.【天數六, 故以六紀數. 樂之祀天迎神六成, 亦此理也.】

② 시법(時法)과 일법(日法) : 1일은 12시[26]이고, 다시 반으로 나누면 24소시(小時)[27]가 된다. 1시는 8각(角)이고, 다시 나누면 1소시 4각이 된다. 1각은 15분[28]이고, 분 이하의 단위체계는 위의 궁법·도법과 같다.

時日之法 : 一日十二時, 又分爲二十四小時. 一時八刻, 又分爲小時四刻. 一刻十五分, 分以下, 與宮度同.

---

23 30도(度) : 11세기 북송(北宋) 심괄(沈括)의 《몽계필담(夢溪筆談)》 '상수(象數) 1'에 따르면 1궁은 1시[時, 하루를 12지(支)로 등분했을 때의 1시] 동안 하늘이 운행하는 30여 도이다.("一時之間, 天行三十餘度, 總謂之一宮.") 여기서 1궁을 30여 도가 아닌 30도라고 한 이유는 하늘의 둘레를 360도로 정의한 시헌력(時憲曆) 실시 및 《수리정온》의 영향 때문이다. 시헌력 이전의 역법인 수시력(授時曆)과 《칠정산내편(七政算內篇)》에서는 하늘의 둘레를 365.2575도로 정의했다.

24 6을……삼았다 : 60진법을 사용했다는 말이다. 원문 "以六紀數"의 '紀'는 '끝', '한계점'이라는 뜻으로 쓰였다. 《국어(國語)》 〈주어(周語) 상(上)〉에 나오는 "數之紀也"라는 말에 대한 위소(韋昭, 204~273)의 주(注)에서 "수는 1에서 시작되어 10에서 끝난다. 10이 되면 다시 시작되기 때문에 '紀(끝, 한도)'라 한 것이다.(數起於一, 終於十, 十則更, 故曰紀也.)"라 했다.

25 음악으로……일 : 《주례(周禮)》 〈춘관종백(春官宗伯)·대사악(大司樂)〉에 동짓날 환구단(圜丘壇)에서 하늘에 제사 지낼 때 연주하는 음악에 대해 "음악이 6번 변하면 천신이 모두 내려와서 예를 올릴 수 있다.(若樂六變, 則天神皆降, 可得而禮矣.)"라고 한 것을 말한다.

26 12시 : 자시(子時)에서 해시(亥時)까지를 말한다.

27 소시(小時) : 현대의 1시간(hour)과 같다.

28 15분 : 현대의 15분(minute)과 같다.(∵15×4=60).

2-2) 도량형(度量衡)[29]의 단위

① 길이 단위 : 1장(丈)은 10척(尺), 1척[30]은 10촌(寸), 1촌은 10분(分), 1분은 10리(釐), 1리는 10호(豪), 1호는 10사(絲), 1사는 10홀(忽), 1홀은 10미(微), 1미는 10섬(纖), 1섬은 10사(沙), 1사는 10진(塵), 1진은 10애(埃)이다. 애 이하에 또 묘(渺), 막(漠), 모호(模糊), 준순(逡巡), 수유(須臾), 순식(瞬息), 탄지(彈指), 찰나(刹那), 육덕(六德), 허공(虛空), 청정(淸淨)이 있는데 모두 앞 단위의 1/10로 다음 단위를 정의한 것들이다.[31]

② 부피 단위 : 1두(斗)는 10승(升), 1승[32]은 10합(合), 1합은 10작(勺), 1작은 10촬(撮), 1촬은

度量衡

度法 : 一丈十尺, 一尺十寸, 一寸十分, 一分十釐, 一釐十豪, 一豪十絲, 一絲十忽, 一忽十微, 一微十纖, 一纖十沙, 一沙十塵, 一塵十埃. 埃之下, 又有渺、漠、模糊、逡巡、須臾、瞬息、彈指、刹那、六德、虛空、淸淨, 亦皆以十分之.

量法 : 一斗十升, 一升十合, 一合十勺, 一勺十撮, 一撮四

---

29  도량형(度量衡) : 도는 길이, 양은 부피, 형은 무게를 의미한다. 이하 도량형 기본단위들의 이름과 상호 환산비율은《한서(漢書)》권21〈율력지(律曆志)〉의 내용-["度者(중략)一爲一分, 十分爲寸, 十寸爲尺, 十尺爲丈, 十丈爲引. (중략)量者(중략)合龠爲合, 十合爲升, 十升爲斗, 十斗爲斛. (중략)衡權者(중략)二十四銖爲兩, 十六兩爲斤, 三十斤爲鈞, 四鈞爲石."]과 대체로 일치한다.

30  1척 : 전통시대 1척(尺)의 길이는 시대에 따라 변천이 있었다. 중국의 경우 동한(東漢, 25~220) 때는 23.1cm, 당대(唐代, 618~907)에는 30.6cm, 원대(元代, 1271~1368)에는 35cm, 명·청대(明淸代, 1368~1911)에는 32cm였다.(丘光明·丘隆·楊平,《中國科學技術史·度量衡卷》, 科學出版社, 447쪽)《보만재총서》〈고사십이집〉 '수예(數藝)'가 쓰인 18세기 말 즈음에 조선은 명·청대의 영향을 받았을 것이다. 이하의 부피, 무게, 면적 단위도 모두 마찬가지이다. 서유구는 주척(周尺)의 본래 길이를 고증하여 한대(漢代)의 주척(23.1cm)으로 표준화하자고 주장한 바 있다.

31  길이……것들이다 : 이를 현대 수학의 표기방식으로 쓰면 다음과 같이 표현할 수 있다. 푼(分)=$10^{-1}$, 리(釐)=$10^{-2}$, 호(豪)=$10^{-3}$, 사(絲)=$10^{-4}$, 홀(忽)=$10^{-5}$, 미(微)=$10^{-6}$, 섬(纖)=$10^{-7}$, 사(沙)=$10^{-8}$, 진(塵)=$10^{-9}$, 애(埃)=$10^{-10}$, 묘(渺)=$10^{-11}$, 막(漠)=$10^{-12}$, 모호(模糊)=$10^{-13}$, 준순(逡巡)=$10^{-14}$, 수유(須臾)=$10^{-15}$, 순식(瞬息)=$10^{-16}$, 탄지(彈指)=$10^{-17}$, 찰나(刹那)=$10^{-18}$, 육덕(六德)=$10^{-19}$, 허공(虛空)=$10^{-20}$, 청정(淸淨)=$10^{-21}$. 이는 이현정 선생님(서울대 국사학과 석사과정)의 제안을 반영한 것이다. 다음 주석도 이와 동일.

32  1승 : 전통시대 중국에서 1승(升)의 용적은 동한 때는 200ml, 당대에는 600ml, 원대에는 1003ml, 명·청대에는 1035ml였다.(丘光明·丘隆·楊平, 위의 책, 447쪽)

4규(圭), 1규는 60서(黍)이다.[33] 두(斗) 이상의 단위체계는 옛날 방식에서는 8두를 1부(釜)로, 2부를 1유(庾)[34]로, 5유를 1종(鍾)으로 계산했다. 하지만 후대에는 더 간단한 환산법을 따라 10두를 1곡(斛)으로, 2곡을 1석(石)으로만 계산했다.

③ 무게 단위 : 1석(石)은 4균(鈞), 1균은 30근(斤), 1근[35]은 16냥(兩), 1냥은 10전(錢), 1전은 10분(分)이다. 분 이하의 단위체계는 위의 길이 단위와 같다.

길이, 부피, 무게 단위 모두 한 자릿수 위로는 십, 백, 천, 만, 억, 조, 경, 해의 단위로 세는데 경, 해 위로는 또 자(秭), 양(穰), 구(溝), 간(澗), 정(正), 재(載), 극(極), 항하사(恒河沙) 등의 이름이 있다.[36]【억 위로는 앞 단위의 10배로 다음 단

圭, 一圭六十黍. 自斗以上, 古則八斗爲釜, 倍釜爲庾, 五庾爲鍾. 後世從簡, 只以十斗爲斛, 倍斛爲石.

衡法 : 一石四勻[1], 一勻三十斤, 一斤十六兩, 一兩十錢, 一錢十分. 分以下, 與度法同.

度量衡, 自單位以上, 則曰十、百、千、萬、億、兆、京、垓. 京、垓以上, 又有秭、穰、溝、澗、正、載、極、恒河沙等名.【自億以上, 有以十進

---

33 1촬은……60서(黍)이다 : 《수리정온》에는 이와는 달리 "1촬(撮)은 10초(抄), 1초는 10규(圭), 1규는 6속(粟)"으로 되어 있다.

34 1유(庾) : 이 단위들 중 일부는 《논어》에도 나온다. "子華使於齊, 冉子爲其母請粟. 子曰 : '與之釜.' 請益, 曰 : '與之庾.'"(《論語》〈雍也〉)

35 1근 : 전통시대 중국에서 1근(斤)의 무게는 동한 때는 220g, 당대에는 662~672g, 원대에는 610g, 명·청대에는 596.8g이었다.(丘光明·丘隆·楊平, 위의 책, 447쪽)

36 길이……있다 : 이를 현대 수학의 표기방식으로 쓰면 다음과 같이 표현할 수 있다. 십(十)=$10^1$, 백(百)=$10^2$, 천(千)=$10^3$, 만(萬)=$10^4$, 억(億)=$10^8$, 조(兆)=$10^{12}$, 경(京)=$10^{16}$, 해(垓)=$10^{20}$, 자(秭)=$10^{24}$, 양(穰)=$10^{28}$, 구(溝)=$10^{32}$, 간(澗)=$10^{36}$, 정(正)=$10^{40}$, 재(載)=$10^{44}$, 극(極)=$10^{48}$, 항하사(恒河沙)=$10^{52}$.

[1] 勻 : 원래 "鈞"으로 써야 하는데, 조선 선조(宣祖)의 초명(初名)이 '균(鈞)'이기 때문에 피휘(避諱)하기 위해 쇠금(金) 변을 탈락시킨 것이다. 다음 구의 "勻"도 마찬가지이다.

위를 정의하는 방법, 예를 들어 10만을 1억으로 하고 10억을 1조로 하는 등의 방법이 있고, 앞 단위의 1만 배로 다음 단위를 정의하는 방법, 예를 들어 만만을 1억으로 하고 만억을 1조로 하는 등의 방법이 있다. 또 앞 단위의 제곱으로 다음 단위를 정의하는 방법, 즉 만만($1$만$\times 1$만$=10^8$)을 1억으로 하고 억억($1$억$\times 1$억$=10^{16}$)을 1조로 하는 등의 방법이 있다. 지금 환산율로 정한 것은 둘째 방법이다.】

者, 如十萬曰億, 十億曰兆之類 ; 有以萬進者, 如萬萬曰億, 萬億曰兆之類 ; 有以自乘之數進者, 如萬萬曰億, 億億曰兆之類. 今立法從中數.】

### 2-3) 농지 넓이와 거리[田里][37]의 단위

田里

① 농지 넓이의 단위 : 1경(頃)은 100묘(畝)이고, 1묘[38]는 240보$^2$ [39]이다. 1분(分)은 24보$^2$이다.

田法 : 一頃百畝, 一畝積二百四十步. 一分積二十四步.

② 거리의 단위 : 1리(里)[40]는 360보(步)이다. 장(丈)의 단위로 헤아리면 180장이다.【옛날에는

里法 : 一里三百六十步, 以丈計之, 則一百八十丈.【古稱在

---

37 농지 넓이와 거리[田里] : 전(田)은 농지의 넓이이고 리(里)는 거리이다.

38 1묘 : 1보(步)가 중국 고대에는 6척으로 정의되다가 당대(唐代) 이후 근대까지는 5척으로 정의되었다.(丘光明·丘隆·楊平, 위의 책, 22~23쪽) 아래의 '거리의 단위'에서 "1리는 360보이다. 장(丈)의 단위로 헤아리면 180장이다."라고 한 데서도 '1보=5척'의 환산율을 알 수 있다. 명·청대의 1척이 32cm였으므로 이 시기 1보는 1.6m(32cm×5=160cm)이고, 1묘(畝)는 611.4㎡(240보$^2$=240×1.6m×1.6m)이다. 다만, 서유구는 본서《본리지》권1〈토지제도〉"경묘법과 결부법"에서 한대(漢代)부터 1보 5척의 기준을 썼다고 했다.

39 보$^2$ : 전통수학서에서는 길이, 면적, 체적의 단위가 특별한 식별 표기 없이 동일하게 쓰인 경우가 많다. 길이 1보, 면적 1보$^2$(1보×1보), 체적 1보$^3$(1보×1보×1보)이 모두 '步'로 표기되는 것이다. 그러나 특별히 면적임을 강조할 때는 '적보(積步, 면적 보)'로 표기하여 길이 단위가 아님에 유의하도록 하기도 했는데, 이곳의 원문에 "積二百四十步(면적 240보)"라고 한 것 역시 그러한 예이다.

40 1리 : 명·청대의 1척은 32cm이고 1보는 5척이므로 이 시기 1리(里)는 0.576km(360보=360×5×32cm=57,600cm=576m)이다.

하늘의 1도가 땅에서는 250리에 해당한다고 했
는데, 지금의 척(尺)으로 환산하면 하늘의 1도는
땅에서 200리이다.[41] 대개 옛날 척은 지금 척의 0.8
배였기 때문인데, 이는 실로 종서척(縱黍尺)과 횡
서척(橫黍尺)의 차이로 말미암은 것이다.[42]】

天一度, 在地二百五十里;
以今尺校之, 在天一度, 在地
二百里. 蓋古尺得今尺之十
分之八, 實緣縱黍、橫黍之別
也.】


## 3) 곱셈 구구단[九九數目][43]

九九數目

비록 하늘과 땅과 인류 문물에 쓰이는 각종 단

雖知三才數位, 若不以九九

---

41 지금의……200리이다 : 지구를 중심으로 한 천구의 중심각 1도에 해당하는 지표상의 거리가 200
리라는 말이다. 앞에서 살펴본 단위 환산율(1리＝0.576km)을 적용하면 200리는 115.2km(200×
0.576km)에 해당한다. 지구의 반경을 적도반경 6,378km와 극반경 6,357km의 평균값 6,367.5km로
잡으면, 중심각 1도에 해당하는 실제 지표상의 거리는 대략 111.134km(2×π×6,367.5km÷360)가
되어, 200리와 유사함을 알 수 있다.

42 대개……것이다 : 중국 고대에는 기장 100알을 한 줄로 늘어놓은 길이를 1척의 표준
으로 삼고 이를 서척(黍尺)이라고 했다. 횡서척(橫黍尺)은 기장을 가로로(직경이
짧은 쪽으로) 배열한 길이를 표준으로 하고, 종서척(縱黍尺)은 기장을 세로로(직경
이 긴 쪽으로) 배열한 길이를 표준으로 하여, 횡서척 1척은 종서척 8촌1분(＝0.81
척)에, 종서척 1척은 횡서척 1척2촌3분4리5호7사1홀3미(＝1.2345713척)에 해당
했다.[俞正燮(淸),《癸巳存稿·尺》; 龔自珍(淸),《己亥雜詩》20] 이 두 가지 척은, 종서
척의 경우 영조척(營造尺)에 쓰이는 등 용도가 다르기도 했으나, 여기서는 옛날에는
횡서척을 사용하다가 근대에는 종서척을 사용했다고 하여 시대의 차이로 말했다.

43 곱셈 구구단[九九數目] : 한대(漢代)의 죽간에 이미 보이고, 우리나라도 최근 백제
의 도읍지였던 부여 쌍북리에서 구구단이 새겨진 목간이 발견되는 등 전통 수학에
서 일찍부터 널리 활용되었다. 고대에는 백제의 구구단 목간에서 보듯이 '9×9＝
81'로부터 시작하여 '2×2＝4' 또는 '1×1＝1'로 끝나는 순서로 기록되다가 13세
기 송대(宋代) 이후로는 '1×1＝1'에서 시작하여 '9×9＝81'로 끝나는 순으로 기
록되었다.(주세걸 지음, 허민 옮김,《산학계몽 상》, 소명출판, 2009, 19쪽) 이 책이 근
간으로 삼은《산법통종》의 권1 '구구합수(九九合數)'에서도 송대 이후의 양상이 확
인되는데,《보만재총서》〈고사십이집〉'수예(數藝)'의 편저자는 이를 다시 고대의
형태로 회귀시켰다.

　　백제 부여 쌍북리 출토 구구단 목간(〈경향신문〉, "이기환의 흔적의 역사", 2017년 1월 17일)

위[三才數位]를 안다고 해도 곱셈 구구단을 순서 없이 생각하고 외워도 틀리지 않을 만큼 마음과 입에 난숙해 있지 않다면 산대를 쥐고 곱하거나 나눌 때 자동적으로 척척 해낼 수 없다. 곱셈 구구단이 언제 생겼는지 알 수는 없지만 유향(劉向)[44]의 《설원(說苑)》[45]에 다음과 같은 기사가 있다.

"제(齊)나라 환공(桓公)이 현명한 선비를 구했으나 1년이 지나도록 찾아오는 사람이 없었다. 어느 날 제나라 동쪽의 비천한 사람이 곱셈 구구단의 계산법을 내세워 환공에게 대우를 받으려 하자 환공이 말했다. '그까짓 구구단으로 나에게 대접을 받으려 하는가?' 이에 선비가 '구구단은 대단한 능력이 아닙니다. 하지만 임금께서 이러한 하잘것없는 능력도 대우해 주신다면 하물며 구구단 계산보다 큰 능력을 지닌 자에게는 말해 무엇하겠습니까?'라고 했다. 그러자 환공이 '좋은 생각이다!'라고 했다."[46] 이 기사를 보면 구구단은 예부터 있었음을 알 수 있다.[47]

數目顛倒爛熟於心口, 則握
籌乘除之際, 不能行其所無
事矣. 九九數目, 不知肪於
何時. 劉向《說苑》曰："齊桓
公救賢士, 期年不至. 齊東
鄙人有以九九之術見. 桓公
曰：'九九何足見乎?' 對曰：
'九九薄能耳, 而君猶見之,
況賢於九九者乎?' 桓公曰：
'善!'." 觀乎此, 則九九之術,
自古已有之也.

---

44  유향(劉向)：BC 77~BC 6. 전한(前漢) 시기의 경학자(經學者)이자 문학가. 저서로는 《구탄(九歎)》, 《신서(新序)》, 《설원(說苑)》, 《열녀전(列女傳)》, 《전국책(戰國策)》, 《오경통의(五經通義)》 등이 있다.

45  설원(說苑)：전한 말에 유향(劉向)이 고대 인물들의 행적이나 우화를 실어 당시의 위정자들을 훈계하기 위한 의도로 쓴 책.

46  제(齊)나라……했다 : 이 이야기는 《설원》 권8 〈존현(尊賢)〉 편에서 발췌한 것이다.

47  이……있다 : 단지 구구단을 이용한 셈을 할 줄 안다고 임금에게 유세를 하러 간다는 상황이 좀 어색하므로 여기서 말하는 구구지술(九九之術)을 구구단이 아니라 수학 일반을 가리킨 통칭으로 보는 견해도 있다.(김용운·김용국, 《中國數學史》, 44쪽)

$9 \cdot 9 = 81, 8 \cdot 9 = 72, 7 \cdot 9 = 63, 6 \cdot 9 = 54,$
$5 \cdot 9 = 45, 4 \cdot 9 = 36, 3 \cdot 9 = 27, 2 \cdot 9 = 18,$
$1 \cdot 9 = 9.$

九九八十一， 八九七十二，
七九六十三， 六九五十四，
五九四十五， 四九三十六，
三九二十七， 二九十八， 一九
如九．

$8 \cdot 8 = 64, 7 \cdot 8 = 56, 6 \cdot 8 = 48, 5 \cdot 8 = 40,$
$4 \cdot 8 = 32, 3 \cdot 8 = 24, 2 \cdot 8 = 16, 1 \cdot 8 = 8.$

八八六十四， 七八五十六，
六八四十八， 五八四十，
四八三十二， 三八二十四，
二八十六， 一八如八．

$7 \cdot 7 = 49, 6 \cdot 7 = 42, 5 \cdot 7 = 35, 4 \cdot 7 = 28,$
$3 \cdot 7 = 21, 2 \cdot 7 = 14, 1 \cdot 7 = 7.$

七七四十九， 六七四十二，
五七三十五， 四七二十八，
三七二十一， 二七十四， 一七
如七．

$6 \cdot 6 = 36, 5 \cdot 6 = 30, 4 \cdot 6 = 24, 3 \cdot 6 = 18,$
$2 \cdot 6 = 12, 1 \cdot 6 = 6.$

六六三十六， 五六三十，
四六二十四， 三六十八，
二六十二， 一六如六．

$5 \cdot 5 = 25, 4 \cdot 5 = 20, 3 \cdot 5 = 15, 2 \cdot 5 = 10,$
$1 \cdot 5 = 5.$

五五二十五， 四五二十，
三五十五， 二五十， 一五如
五．

$4 \cdot 4 = 16, 3 \cdot 4 = 12, 2 \cdot 4 = 8, 1 \cdot 4 = 4.$

四四十六， 三四十二，
二四八， 一四如四．

$3 \cdot 3 = 9, 2 \cdot 3 = 6, 1 \cdot 3 = 3.$
$2 \cdot 2 = 4, 1 \cdot 2 = 2.$
$1 \cdot 1 = 1.$

三三九， 二三六， 一三如三．
二二四， 一二如二．
一一如一．

## 4) 사칙연산의 필산법

加減乘除

사칙연산은 덧셈(가법), 뺄셈(감법), 곱셈(인승법), 나눗셈(귀제법)이다. 인법(因法)과 귀법(歸法)도 곱셈과 나눗셈이다. 곱셈과 나눗셈은 본래 하도(河圖)[48]와 낙서(洛書)[49]에서 나왔다. 하도에서는 곱해진 수끼리 좌우로, 나뉜 수끼리 아래위로 마주 보고 있다.

加減乘除, 即加法、減法、因乘法、歸除法. 因歸亦乘除也. 乘除之法, 本起於河圖、洛書. 如河圖, 乘數左右對待, 除數上下對待.

【하도는 1이 북쪽에 있다. 1×3은 3이다. 그러므로 3이 동쪽에 위치한다. 3×3은 9다. 그러므로 9가 서쪽에 위치한다. 이것은 곱해진 수끼리 좌우(동서)로 마주 보고 있는 모양[3(1×3동) : 9(3×3서)]이다.

【河圖, 一居於北. 以一參一爲三, 故三居於東. 以三乘三爲九, 故九居於西. 此乘數之左右對待也.

3×9는 27이고 이를 20으로 나눈 나머지는 7이다. 그러므로 7이 남쪽에 위치한다. 3×27은 81이고 이를 80으로 나눈 나머지는 1이다. 그러므로 1이 다시 북쪽에 위치하여 9와 연접한다. 이는 나뉜 수끼리 위아래(남북)로 마주 보고 있는 모양[7(27÷20남) : 1(81÷80북)]이다.

以三乘九爲二十七, 除其二十餘七, 故七居於南. 以三乘二十七爲八十一, 除其八十餘一, 故一復居於北, 與九相連. 此除數之上下對待也.

2가 남쪽에 있다. 2×2는 4이다. 그러므로 4가 서

二居於南. 以二乘二爲四, 故

---

48 하도(河圖) : 고대 중국(中國) 복희씨(伏羲氏) 때 황하에서 용마(龍馬)가 지고 나왔다는 그림으로, 총 55개의 점(點)으로 1부터 10까지의 수를 나타냈다. 우임금 때의 낙서(洛書)와 함께 《주역(周易)》을 구성하는 이치의 근간이 되었다.

49 낙서(洛書) : 중국 하(夏)나라의 우임금이 홍수를 다스리던 때, 낙수(洛水)에서 나온 영묘한 거북의 등껍질에 그려져 있었다는 무늬로, 45개의 점으로 1부터 9까지의 수를 나타냈다. 이 무늬는 《서경(書經)》〈홍범구주(洪範九疇)〉의 모티프가 되었으며, 《주역》 팔괘(八卦)의 법을 구성하는 근간이 되었다.

쪽에 위치한다. 2×4는 8이다. 그러므로 8이 동쪽에 위치한다. 이는 또 곱해진 수끼리 좌우(서·동)로 마주 보고 있는 모양[4(2×2서) : 8(4×2동)]이다.

4×4는 16이고 이를 10으로 나눈 나머지는 6이다. 그러므로 6이 북쪽에 위치한다. 4×8은 32이고 이를 30으로 나눈 나머지는 2이다. 그러므로 2가 다시 남쪽에 위치하여 8과 연접한다. 이는 또 나뉜 수끼리 아래위(남·북)로 마주 보고 있는 모양[6(16÷10남) : 2(32÷30북)]이다.]⁵⁰

낙서에서는 정위치(동·서·남·북)의 4개 수가 기수(홀수)끼리 곱하기와 나누기를 한 수들이고, 모퉁이(동남·동북·서북·서남)의 4개 수가 우수(짝수)끼리 곱하기와 나누기를 한 수들로 구성되어 있다.【낙서에서 1은 북쪽에 있다. 1×3은 3이다. 그러므로 3이 동쪽에 위치한다. 3×3은 9다. 그러므로 9는 남쪽에 위치한다. 이는 곱해진 수

四居於西. 以二乘四爲八, 故八居於東. 此又乘數之左右對待也.

以四乘四爲十六, 除其十餘六, 故六居於北. 以四乘八爲三十二, 除其三十餘二, 故二復居於南, 與八相連. 此又除數之上下對待也.】

洛書, 四正爲奇數之乘除, 四隅爲偶數之乘除【洛書, 一居於北. 以一參一爲三, 故三居於東. 以三乘三爲九, 故九居於南. 此乘數之居四正東、南也. 以三乘九爲二十七, 除其二十餘七, 故七居於西. 以

---

50 이상의 설명을 그림으로 나타낸 것이 아래의 '하도 도해'이고, 하도의 점 배치를 본래의 방식대로 나타낸 것이 '하도 그림'이다.

|  |  | 남2 |  |  |
|---|---|---|---|---|
|  |  | 7南 |  |  |
| 동 | 3 | 10 | 9 | 서 |
| 8 | 東 | 5 | 西 | 4 |
|  |  | 1北 |  |  |
|  |  | 북6 |  |  |

〈하도 도해〉

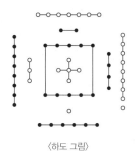

〈하도 그림〉

들이 정위치 4개 중 동쪽과 남쪽에 위치한 것이
다. 3×9는 27이고 20으로 나누면 7이 남는다.
그러므로 7이 서쪽에 위치한다. 3×27은 81이고
80으로 나누면 1이 남는다. 그러므로 1이 다시
북쪽에 위치하여 9와 마주한다. 이는 나뉜 수들
이 정위치 4개 중 서쪽과 북쪽에 위치한 것이다.
2는 서남쪽에 위치한다. 2×2는 4이다. 그러므로
4가 동남쪽에 위치한다. 2×4는 8이다. 그러므로
8은 동북쪽에 위치한다. 이는 또 곱해진 수들이
모퉁이 4개 중 동남쪽과 동북쪽에 위치한 것이
다. 4×4는 16이고 10으로 나누면 나머지가 6이
다. 그러므로 6이 서북쪽에 위치한다. 4×8은 32
이고 이를 30으로 나누면 나머지가 2이다. 그러
므로 2가 다시 서남쪽에 위치하여 8과 마주한다.
이는 또 나뉜 수들이 모퉁이 4개 중 서북쪽과 서
남쪽에 위치한 것이다.]⁵¹ 하늘이 그 형상을 보여
주심이 밝고 또 밝은 것이다.

三乘二十七爲八十一, 除其
八十餘一, 故一復居於北, 與
九相對. 此除數之居四正西、
北也. 二居於西南. 以二乘二
爲四, 故四居於東南. 以二乘
四爲八, 故八居於東北. 此又
乘數之居四隅東南、東北也.
以四乘四爲十六, 除其十餘
六, 故六居於西北. 以四乘八
爲三十二, 除其三十餘二, 故
二復居於西南, 與八相對. 此
又除數之居四隅西北、西南
也.]者, 天之示象, 甚昭昭也.

---

51  이상의 설명을 그림으로 나타낸 것이 아래의 '낙서 도해'이고, 낙서의 점 배치를 본래의 방식대로
　　나타낸 것이 '낙서 그림'이다.

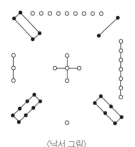

| 4 | 9南 | 2 |
|---|---|---|
| 3東 | 5 | 7西 |
| 8 | 1北 | 6 |

〈낙서 도해〉　　　　　　〈낙서 그림〉

《주역》에서 "황하에서 그림이 나오고 낙수(洛水)[52]에서 글이 나오니 성인께서 이를 본받으셨다."[53]라 했다. 앞선 유학자들이 이에 의거하여 하도와 낙서는 둘 다 포희씨 때 나왔다고 했다. 대개 포희씨가 구고의 원리를 세울 때 먼저 곱셈과 나눗셈의 방법을 하도와 낙서에서 본받음으로써 구고의 각 변의 수치를 정하는 법칙으로 삼았으니, 이는 마치 역(易)에서 시책(蓍策)[54]과 괘효(卦爻)[55]가 서로 체(體)와 용(用)이 되는 것과 같았다.

한나라 이후에 오직 송나라 수학자 조충지(祖沖之)[56]가 나눗셈에 능하여 망해도술(望海島術)[57]이라는 방법을 사용했는데, 우리 조선 사람들은 이를 영산(影算;影籌, 그림자를 이용한 계산법)[58]이라고 부른다. 근래에 와서는 산대를 쓰

《易》曰:"河出圖, 洛出書, 聖人則之." 先儒以此謂[2]圖書幷出於包犧時. 蓋包犧將立句股, 先則乘除於圖書, 以爲句股紀數之法, 如蓍策卦爻之相爲體用也.

自漢以後, 唯宋祖沖之善於乘除, 有望海島術, 我國人[3]以此稱爲影籌. 近代或不用籌, 以筆記其數位, 互相乘除, 因名筆籌. 其法頗簡易直

---

52 낙수(洛水) : 황하의 지류.

53 황하에서……본받으셨다 :《周易》〈繫辭〉上.

54 시책(蓍策) : 점칠 때 쓰는 톱풀. 국화과(菊花科)의 여러해살이풀.

55 괘효(卦爻) :《주역(周易)》의 괘와 효. 역괘(易卦)의 여섯 개의 획.

56 조충지(祖沖之) : 429~500. 중국 남북조시대 남조 송(宋)·제(齊)의 수학자이자 과학자이다. 원주율의 근사치를 최초로 소수 여섯째 자리까지 정확히 구했으며($\frac{355}{113}$=3.141592…) 대명력(大明曆)을 제작하기도 했다.

57 망해도술(望海島術) : 2~4개의 막대기[表]를 세워 먼 곳에 있는 물체 또는 지형의 높이, 깊이, 거리 등을 측량하는 방법이다. 삼국시대 위말(魏末) 진초(晉初)의 유휘(劉徽)가 이와 같은 측량술을 집중적으로 정리한《해도산경(海島算經)》이 "今有望海島"라는 구절로 시작되기 때문에 전통산학의 측량술을 일컫는 용어가 되었다.

58 영산(影算) : 원문의 '影籌'는 본래 '影算'으로 칭하는데, 여기서는 정조(正祖)의 이름 '祘(算과 음과 뜻이 동일한 글자)'을 피하여 '算' 대신 '籌'를 쓴 것이다. 뒤의 '筆籌'의 '籌'도 마찬가지이다.

[2] 謂 : 저본에는 "爲". 오사카본·《保晚齋叢書·攷事十二集·數藝》에 근거하여 수정.

[3] 人 : 저본에는 "之".《保晚齋叢書·攷事十二集·數藝》에 근거하여 수정.

지 않고 붓으로 자릿수를 써서 서로 곱하고 나누 기도 하는데, 이로 인해 필산[筆籌]이라 이름한 다. 그 방법이 상당히 간단하면서 쉽고 빠르므로 지금은 필산을 정식으로 삼는다.

捷, 故今以筆籌爲式.

## 4-1) 덧셈[59]

덧셈이란 여러 수를 합하여 총계를 내는 셈법 이다. 먼저 일의 자리부터 더하는데, 10이 되면 한 자리를 나아가서 그대로 1로 삼고 일의 자리 의 수는 본 자리의 밑에 쓴다. 그다음 자리의 수 도 순서에 따라 합하면 총합을 얻는다.

加法

加者, 合衆數而成總也. 先自 單數加起, 成十則進一位, 而 仍爲一焉, 以單數紀本位之 下. 挨次幷之, 卽得總數.

### ① 연습문제 1[60]

가령 14,545와 17,350이 있다면, 두 수를 더해 보자.

풀이법 원래의 수(14,545)를 위에 배열하고 더 하는 수(17,350)를 밑에 배열한다. 더하는 수의 일의 자리의 수는 비어 있으므로 '0'을 써서 그 자리를 보존한다. 이어서 자리를 살펴 서로 마주

設如有數一萬四千五百四十 五與一萬七千三百五十, 相加. 因 以原數列於上, 加數列於 下. 加數內單數空, 故作〇[4], 以存其位. 仍按位相對加 之. 單位之五對〇, 無加數,

---

59 덧셈 : 이하 '덧셈'부터 '나눗셈'까지의 해설과 예제 및 그림과 알고리즘은 모두 《수리정온》 하편 권 1 〈가감승제〉에서 발췌하고 약간의 부연을 부분적으로 가한 것이다.

60 연습문제 1 : 본문에는 없는 표제어이나 독해의 편의를 위해 추가했다. 이하의 '연습문제 〇'도 모두 마찬가지이다.

④ 〇 : 저본에는 없음. 오사카본·《數理精蘊》·《保晚齋叢書·攷事十二集·數藝》에 근거하여 보충. 저본 과 규장각본은 전체에 걸쳐 서술문 중 '〇'이 들어갈 자리가 다 공란으로 비어 있는 반면 오사카본 과 《保晚齋叢書·攷事十二集·數藝》에는 모두 '〇'이 기입되어 있다. '〇'이라는 뜻을 오해하여 공란 으로 처리한 듯하다. 이 뒤에서는 이에 대해 일일이 밝히지 않았다.

한 수끼리 더한다. 일의 자리의 5는 0과 마주하여 더하는 수가 없으므로 5를 그대로 쓴다. 다음으로 십의 자리는 4+5＝9이므로, 본 자리에 9를 쓴다. 다음으로 백의 자리는 5+3＝8이므로, 본 자리에 8을 쓴다. 다음으로 천의 자리는 4+7＝11이므로, 10을 앞자리로 나아가 1로 삼아 표식을 해 두고 본 자리에는 1을 쓴다. 다음으로 만의 자리는 1+1＝2이므로, 뒷자리에서 나아온 1(표식)을 합하면 3이 되니 이에 본 자리에 3을 쓴다. 이렇게 해서 31,895를 얻으면 이것이 바로 총합이다.

仍紀五. 次十位之四、五相加得九, 本位紀九. 次百位之五、三相加得八, 本位紀八. 次千位之四、七相加得十一, 進十於前位, 爲一誌之, 本位紀一. 次萬位之一與一相加得二, 并所進之一爲三, 於是本位紀三. 共得三萬一千八百九十五, 卽總數也.

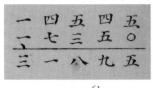

〈원도 1〉[61]

② 연습문제 2

가령 은이 9덩이[宗]가 있는데, 1덩이는 8,852냥, 1덩이는 3,211냥, 1덩이는 520냥, 1덩이는 938냥, 1덩이는 2,590냥, 1덩이는 1,215냥, 1덩이는 2,518냥, 1덩이는 5,366냥, 1덩이는 4,372

設如有銀九宗, 一宗八千八百五十二兩, 一宗三千二百一十一兩, 一宗五百二十兩, 一宗九百三十八兩, 一

---

61 저본에는 구분선 왼쪽 위에 점이 찍혀 있지 않아 풀이법의 설명이 제대로 반영되지 않았다. 규장각본·오사카본·《保晚齋叢書·攷事十二集·數藝》에는 모두 점이 찍혀 있다. 이 그림은 오사카본에서 따온 것이다. 이와 유사한 경우에 대해 이 뒤에서는 풀이법의 설명에 부합하는 본(주로 오사카본)을 택하여 싣기만 하고 자세한 상황 설명은 생략했다.

냥이라면, 모두 더해 보자.

풀이법 9덩이는 수가 많아 한꺼번에 더하기 어려우므로 세 군데로 나누어 더한 다음 세 군데의 합수를 다시 한 군데로 합하면 총합을 얻는다. 그 중 8,852냥+3,211냥+520냥=12,583냥이고, 938냥+2,590냥+1,215냥=4,743냥이며, 2,518냥+5,366냥+4,372냥=12,256냥이다. 3가지 합을 각각 얻은 다음 이 3가지 합을 다시 더하면 29,582(12,583+4,743+12,256)냥으로, 이것이 9덩이 무게의 총합이다.

【만약 1,059+20,090 같은 수를 계산한다면 빈자리는 모두 0으로 쓰고서 더한다.】

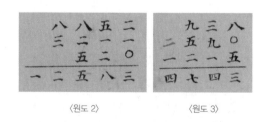

〈원도 2〉 〈원도 3〉

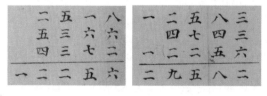

〈원도 4〉 〈원도 5〉

宗二千五百九十兩, 一宗
一千二百一十五兩, 一宗
二千五百一十八兩, 一宗
五千三百六十六兩, 一宗
四千三百七十二兩, 相加.
因 因九宗數繁難加, 故分爲
三次, 三次復幷爲一次, 卽
得共數. 其八千八百五十二
兩、三千二百一十一兩、
五百二十兩相幷, 則得一萬
二千五百八十三兩; 其九
百三十八兩、二千五百九十
兩、一千二百一十五兩相
幷, 則得四千七百四十三
兩; 其二千五百一十八
兩、五千三百六十六兩、
四千三百七十二兩相幷, 則
得一萬二千二百五十六兩.
旣得三總數, 又將三數幷之,
得二萬九千五百八十二兩,
卽九宗共數也.
【如以一千五十九加二萬
九十, 則其空位皆作〇, 加
之.】

## 4-2) 뺄셈

뺄셈이란 여러 수를 비교하고 서로 빼서 남는 수를 구하는 셈법이다. 일반적으로 많은 수에서 적은 수를 빼고, 큰 수에서 작은 수를 뺀다. 원래 있던 수를 위에 쓰고 빼야 할 수를 아래에 쓴다. 이때는 반드시 같은 자릿수끼리 마주 보게 놓고 서로 뺀다. 즉 천의 자리에서 천의 자리를 빼고, 백의 자리에서 백의 자리를 빼는 것이다. 만약 아래 놓은 수가 위에 놓은 수보다 크면 앞자리의 수에서 1을 빌려 와서 본 자리의 수를 뺀다. 그러나 두 수를 뺄 때에는 반드시 먼저 두 수의 많고 적음을 분별해야 하니, 원래 수의 제일 앞자리 수가 빼는 수의 해당 자리의 수보다 커야 비로소 뺄 수 있다.[62]

### 減法

減者, 較衆數而得餘也. 凡以少減多, 以小[5]減大. 原有之數, 書之於上 ; 應減之數, 書之於下. 必對其位, 相減焉, 千減千, 百減百. 如或下數大於上數, 則借前位之一, 以減本位. 然兩數相減, 必先辨其多寡, 首位大於減數, 始可.

### ① 연습문제 1

가령 23,672가 있다면, 여기서 16,481을 빼 보자.

[풀이법] 일의 자릿수부터 뺀다. 일의 자리는 2에서 1을 빼면 1이 남으므로 1을 아래에 쓴다. 십

設如有數二萬三千六百七十二, 內減一萬六千四百八十一.

[因] 自單位減起. 單位之二減一, 餘一, 故下紀一. 十位之

---

62  그러나……있다 : 뺄셈을 할 때 계속 앞자리에서 빌려 와야 하는 경우에, 제일 앞자리 수는 더 이상 빌려 올 앞자리 수가 없으므로 감수의 맨 앞자리 수가 피감수의 해당 자릿수보다 작아서는 안 된다는 의미이다.

[5]  小 : 저본에는 "少". 오사카본·《數理精蘊》·《保晩齋叢書·考事十二集·數藝》에 근거하여 수정.

의 자리는 7-8인데 아래 수(8)가 위 수(7)보다 크니, 앞자리에서 1을 빌려 오면【앞자리 수 아래에 점 하나를 찍어서 표시한다.】이 1이 본 자리에서는 10이 된다. 도합 17에서 8을 빼면 9가 남으므로 9를 아래에 쓴다. 백의 자리는 6에서 4를 빼는데, 점을 찍어 표시한 1을 4와 합치면 6-5=1이 되므로【백의 자리의 6이 이미 5가 되었으므로 5-4=1이다. 지금의 6-5도 또한 1이다. 따라서 6을 5로 바꿔야 하지만, 여기서 4를 5로 바꾼 이유는 5 속의 허수 1(4+1의 1)이 6 속의 허수 1(6-1의 1)을 빼서 나온 수이기 때문이다.】[63] 1을 아래에 쓴다. 천의 자리는 3-6인데 6이 3보다 크니, 앞자리에서 1을 빌려 오면【앞자리 수 아래에 역시 점 하나를 찍어서 표시한다.】이 1이 본 자리에서는 10이 된다. 도합 13에서 6을 빼면 7이 남으므로 7을 아래에 쓴다. 만의 자리의 1은 점을 찍어 표시한 1과 합치면 2가 되어 2-2로 똑떨어지므로, 그 아래에 0을 쓴다. 이렇게 빼서 구한 수 7,191이 곧 남은 수이다.

七減八, 爲下大於上, 則借前位之一,【前位下作一點爲誌】作本位之十. 共十七減八, 餘九, 故下紀九. 百位之六減四, 幷作點爲誌之一, 則爲六減五, 餘一,【百位之六旣爲五, 五減四, 餘一, 今六減五亦餘一. 蓋六當變爲五, 今變四爲五者, 以五內一虛數減六內一虛數以出也.】故下紀一. 千位之三減六, 爲下大於上, 則借前位之一,【前位亦作一點爲誌】作本位之十. 共十三減六, 餘七, 故下紀七. 萬位之一, 幷作點爲誌之一, 則爲二減二, 恰盡, 故下紀〇. 所減之數得七千一百九十一, 卽餘數也.

---

63 백의……때문이다 : (6-1)-4=6-(4+1)이라는 의미이다.

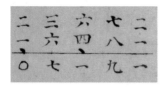

〈원도 6〉

② 연습문제 2

가령 어떤 물건이 15근 04냥 8전이라면, 여기
서 12근 12냥 3전을 빼보자.

[풀이법] 전(錢) 단위부터 뺀다. 8−3＝5이므
로 5를 아래에 쓴다. 냥 단위에서 일의 자리는 4
에서 2를 빼므로 아래쪽 수가 위쪽 수보다 작은
것 같지만 원래 수의 냥 단위의 십의 자리의 수
는 0이고【16냥이 1근이기 때문이다.】빼야 할 수
에서 냥 단위 중 십의 자리의 수는 1이니, 결국 4
냥−12냥이 되어 아래가 위보다 크다. 따라서 근
단위 일의 자리에서 1을 빌려 와 16냥으로 환산
하고【근 단위 일의 자리 아래에 점을 1개 찍어
표시한다.】이를 원래 수 4냥과 합치면 20냥이
된다. 여기에서 12냥을 빼면 8냥이 남으므로, 냥
단위의 일의 자리 아래에 8을 쓰고 십의 자리 아
래에 0을 쓴다. 근 단위의 일의 자리는 5−3【2와
점을 합치면 3이다.】에서 2가 남으므로, 아래에 2

設如有物十五斤零四兩八錢,
內減十二斤十二兩三錢.

因[6] 自錢位減起. 八減三餘
五, 故下紀五. 兩位之四減
二, 似非下大於上, 然原數
兩之十位爲○,【十六兩爲一
斤故也】而減數兩之十位爲
一, 則爲四兩減十二兩, 亦爲
下大於上, 故借斤位之一爲
十六兩,【斤位下作一點爲誌】
與原四兩共爲二十兩. 內減
十二兩, 餘八兩, 故兩之單位
紀八, 十位紀○. 斤位之五減
三,【竝點爲三】餘二, 故下紀
二. 十位之一減一, 恰盡, 故
下紀○. 所減之數得二斤零

---

를 쓴다. 근 단위의 십의 자리는 1−1＝0이 되어 똑떨어지므로, 그 아래에 0을 쓴다. 이렇게 빼서 구한 수 2근 08냥 5전이 곧 남은 수이다.

八兩五錢, 卽餘數也[7].

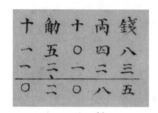

〈원도 7〉[64]

## 4-3) 인승(因乘, 곱셈)

인승은 수를 불리는 셈법이다. 인(因)은 한 자릿수를 서로 곱하여 결괏값을 얻는 셈법이다. 예를 들어 2×3＝6이 이것이다. 승(乘)은 여러 자리의 수를 서로 곱하여 결괏값을 얻는 셈법이다. 예를 들어 2를 3번 더하여 6을 얻는 셈은 쉽게 계산할 수 있지만, 3냥 6전을 24번 더하여 86냥 4전을 얻는 셈은 쉽게 계산할 수 없다. 이것이 승법(乘法)이 만들어진 까닭이다.

因乘

因乘者, 生數也. 因者, 一位相因而得焉. 如二因三得六是也. 乘者, 多位相乘而得焉. 如二加三次得六, 則可能也 ; 如以三兩六錢, 加二十四次, 得八十六兩四錢, 則不可能也. 此乘法之所以立也.

---

64  원도 7 : 맨 위의 5글자는 왼쪽부터 차례로 근의 십의 자리, 근의 일의 자리, 냥의 십의 자리, 냥의 일의 자리, 전의 일의 자리라는 의미이다.

[7]  也 : 저본에는 없음. 규장각본·오사카본에 근거하여 보충.

그 방법은 원래의 수를 실(實)로 삼아 위에 쓰고 곱하는 수를 법(法)으로 삼아[65] 아래에 쓰되, 반드시 법과 실의 자릿수를 서로 맞춰 놓는다.【십의 자리는 십의 자리끼리, 백의 자리는 백의 자리끼리 마주하여 놓는다.】법을 실에 곱하여 나온 수를 모두 모아 더하면 답이 된다.

其法以原數爲實, 列於上 ; 乘數爲法, 列於下, 必使法實相當.【十對十, 百對百.】按法乘實, 合而加之, 爲所得數.

① 연습문제 1

가령 3인에게 1인당 단(緞)[66] 2필씩을 상으로 준다면, 필요한 단은 모두 몇 필이 되겠는가?

設如有三人, 每人賞緞二疋, 問共得幾疋?

[풀이법] 3인을 실로 삼아 위에 쓰고 2필을 법으로 삼아 아래에 쓴다. 3×2＝6이므로 6을 본 자리의 아래에 쓴다.

因 以三人爲實, 列於上 ; 二疋爲法, 列於下. 以二因三得六, 卽書於本位下.

단위를 정하자면, 3과 2 모두 일의 자리의 수이고 얻은 수(답) 6도 일의 자리와 서로 마주하고 있으므로 6은 필 단위의 일의 자리의 수임을

定位, 三與二皆單位, 而得數之六, 與單位相對, 故知六是正位, 得共數爲六疋也.

---

65 원래의……삼아 : 실(實)과 법(法)은 《구장산술(九章算術)》은 물론 《산수서(算數書)》 등 진·한(秦漢) 시대의 출토 문헌에서부터 이미 사용된 전통 산학 용어이다. 실(實)은 곱셈, 나눗셈, 제곱근 구하기 등의 연산에서 연산의 대상이 되는 '본디 있던 수'로("實, 本數也." 《說郛·算經·用字例義》), 나눗셈에서는 나뉨수(피제수), 곱셈에서는 곱하임수, 제곱근이나 세제곱근을 구할 때는 근을 구하기 전의 원래 수를 가리킨다. 여기서는 곱하임수이다. 법(法)은 이 같은 연산에서 연산의 '기준이 되는 수'로("法, 樣數也." 《說郛·算經·用字例義》), 나눗셈에서는 나눗수(제수), 곱셈에서는 곱수를 가리키고, 제곱근이나 세제곱근을 구할 때는 계산의 각 단계에서 실(實)을 나누는 수이다. 여기서는 곱수이다.(강민정, 《九章術解》의 연구와 역주』, 성균관대학교 박사학위논문, 2015, 248쪽)

66 단(緞) : 두껍고 광택 있는 비단. 공단(貢緞), 양단(洋緞) 등이 이에 속한다.

알 수 있다. 따라서 구한 총수량은 6필이다.

〈원도 8〉

② 연습문제 2

가령 24인에게 1인당 은 3냥[67] 6전씩을 상으로 준다면, 필요한 은은 모두 몇 냥이 되겠는가?

[풀이법] 24명을 실로 삼아 위에 쓰고 3냥 6전을 법으로 삼아 아래에 쓰되, 은의 전 단위의 수가 사람 수의 일의 자릿수와 나란하게 놓는다. 먼저 법의 6을 실의 2와 4에 두루 곱한다. 여기서 얻는 수가 한 자리의 수라면 곧 본 자리의 아래에 마주하여 쓴다. 6×4＝24이므로, 이 중 20을 가지고는 한 자리 앞으로 나아가서 점을 2개 찍어 표시하고[68] 4는 본 자리의 아래에 쓴다. 다음으로 6×2＝12이므로, 이 중 10을 가지고는 한 자리 앞으로 나아가서 1로 쓰고 2는 뒷자리에서 나아온 2와 합하여 4가 되므로 본 자리의 아래에 4

設如有二十四人, 每人賞銀三兩六錢, 問共得幾兩?

因 以二十四人爲實, 列於上；三兩六錢爲法, 列於下, 銀之錢位與人之單位相齊. 先以法之六, 遍乘實之二、四. 其所得之單位數, 卽對本位下書之. 六乘四得二十四, 將二十進前一位, 作二點誌之, 四書於本位下. 次以六乘二得一十二, 將十進前一位, 爲一書之；二幷所進之二爲四, 故書四於本位下.【以六乘

---

67 냥 : 1냥＝10전이다.

68 20을⋯⋯표시하고 : 원도에는 이 설명을 보여 주는 점 2개가 표기되지 않았다. 아래에서도 올림수를 점으로 표기한다는 설명이 자주 나오지만 원도에는 역시 점이 표기되지 않았으나 일일이 밝히지는 않는다.

를 쓴다.【6을 2에 곱했으니, 2의 아래가 본 자리이다.】 다음으로 법의 3을 실의 2와 4에 두루 곱한다. 3×4＝12이므로, 이 중 10을 가지고는 한 자리 앞으로 나아가서 점을 1개 찍어 표시하고 2는 본 자리의 아래에 쓴다. 다음으로 3×2＝6이므로, 뒷자리에서 나아온 1과 합하여 7이 되므로 7을 본 자리 아래에 쓴다. 그제야 덧셈을 이용하여 합하면 864(144＋720)가 되므로 이를 모두 아래에 쓴다.

단위를 정하자면, 실의 끝자리 4는 4인에 해당하므로 일의 자리이고 법의 끝자리는 전(錢) 단위이다. 지금 얻은 수의 끝자리 4는 실의 일의 자리와 서로 마주하므로 4는 전 단위의 수이고, 둘째 자리는 냥 단위의 일의 자리이며, 셋째 자리는 냥 단위의 십의 자리이므로 얻은 총수량은 86냥 4전이다.

二, 則二下爲本位.】次以法之三, 遍乘實之二、四. 三乘四得一十二, 將十進前一位, 作一點誌之, 二書於本位下. 次以三乘二得六, 幷所進之一爲七, 故書七於本位下. 乃用加法幷之, 共得八六四, 總書於下.

定位, 以實尾之四, 系是四人, 爲單位, 而法尾爲錢, 今得數末位之四, 與實之單位相對, 卽知四是錢位, 二位爲兩, 三位爲十兩, 共得數爲八十六兩四錢也.

〈원도 9〉[69]

---

69 저본에는 맨 위의 줄 왼쪽 자리의 수인 "二"가 "三"으로 되어 있다.

③ 연습문제 3

가령 하늘의 둘레가 360도이고 1도가 60분이라면, 하늘의 둘레는 총 몇 분이 되겠는가?

[풀이법] 360도를 실로 삼아 위에 쓰고 60분을 법으로 삼아 아래에 쓴다.【일의 자리의 수가 위아래에 모두 없으므로 각기 0을 써서 자리를 보존한다.】그제야 법의 0을 실의 3, 6, 0에 두루 곱하면 모두 0이 나오므로, 0을 각각의 자리 아래에 쓴다. 또 법의 6을 실의 3, 6, 0에 두루 곱하여, 얻어지는 일의 자릿수를 법의 본 자리 아래에 마주하여 쓴다. $6 \times 0 = 0$이므로 0을 본 자리의 아래에 쓴다. 다음으로 $6 \times 6 = 36$이므로, 이 중 30을 가지고는 한 자리 앞으로 나아가서 점을 3개 표시하고, 6은 본 자리(방금 전에 쓴 0의 한 자리 왼쪽)에 쓴다. 다음으로 $6 \times 3 = 18$이므로, 이 중 10을 가지고는 한 자리 앞으로 나아가서 점을 1개 표시하고, 8은 뒷자리에서 나아온 3을 합하여 11이 된다. 이 중 10은 또 한 자리 앞으로 나아가서 1이 되고 앞서 표시해 둔 1과 합하여 2가 되므로 앞자리에 2를 쓰고 본 자리에 1을 쓴다. 곱셈이 끝난 다음 덧셈을 이용하여 합하면 모두 21,600이 된다.

設如周天三百六十度, 每度六十分, 問共得若干分?

因 以三百六十度爲實, 列於上；以六十分爲法, 列於下.【因單位俱無數, 故各作○以存其位.】乃以法之○, 遍乘實之三、六、○, 仍皆得○, 故各紀○於各位下. 又以法之六, 遍乘實之三、六、○, 其所得之單位數, 卽對本法位下書之. 六乘○, 仍得○, 故本位下紀○. 次以六乘六得三十六, 將三十進前一位, 作三點誌之, 六書於本位下[8]. 次以六乘三得一十八, 將十進前一位, 作一點誌之, 八幷所進之三爲十一. 十又進前一位爲一, 幷所誌之一爲二, 故前位書二, 本位書一. 乘畢. 用加法幷之, 共得二一六○○.

---

[8] 下：저본에는 없음.《數理精蘊》·《保晚齋叢書·考事十二集·數藝》에 근거하여 보충.

단위를 정하자면, 실의 마지막 수가 일의 자릿수이고 법의 마지막 수가 분 단위이므로 지금 분 단위의 수를 구한 것이다. 따라서 얻은 수의 끝자리 0은 곧 분 단위의 일의 자릿수이고 앞자리의 수로 나아가면 맨 앞이 만의 자리가 된다. 이를 통해 총수가 21,600분임을 알 수 있다.

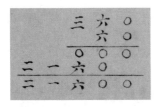

〈원도 10〉

### 4-4) 귀제(歸除, 나눗셈)

귀제는 수를 나누는 셈법이다. 귀(歸)는 한 자릿수를 나누어 얻은 셈법이다. 예를 들어 6÷3＝2가 이것이다. 제(除)는 여러 자릿수를 나누어 얻은 셈법이다. 예를 들어 3씩 6을 2번 만에 헤아려 2를 얻는 셈(6÷3＝2)은 쉽게 계산할 수 있지만, 7인에게 1냥씩 주면서 343냥을 49번 헤아려 49냥을 얻는 셈(343÷7＝49)은 쉽게 계산할 수 없다. 이것이 제법(除法)이 만들어진 까닭이다.

그 방법은 원래의 수를 실(나뉨수)로 삼아 아래에 가로로 쓰고, 나누는 수를 법(나눗수)으로 삼아 위에 가로로 쓴다. 이때 법이 실보다 작으면 법의 첫머리(가장 큰 단위 수)를 실의 첫머리와

定位, 以實之末位是單位, 法之末位是分, 今求分數. 故得數末位之〇, 卽是分之單位, 向前數至首位得萬, 因知其共數爲二萬一千六百分也.

歸除

歸除者, 分數也. 歸者, 一位歸之而得焉. 如三歸六得二是也. 除者, 多位除之而得焉. 如三度六二次得二, 則可能也 ; 如以七人, 度三百四十三兩四十九次, 得四十九兩, 則不可能也. 此除法之所以立也.

其法以原數爲實, 橫列於下 ; 除數爲法, 橫列於上. 法之小於實者, 則法之首位, 與實之首位齊列之 ; 法之大於實者,

나란히 쓴다. 법이 실보다 크면 법을 실보다 오른쪽으로 한 자리 물려서 쓴다. 실이 법의 몇 배를 충족시키는지를 알면 그 수가 바로 구하는 수이다. 구한 수는 법의 마지막 자리의 위에서부터 쓴다. 만약 실이 법의 1배조차도 충족시키지 못하면 구하는 수는 0이 된다.

則法比實退一位. 看實足法幾倍, 卽爲得數. 自法之末位上, 紀所得之數. 如實不足法之一倍者, 則得數爲○.

① 연습문제 1

가령 단(緞) 6필을 3인이 나누어 갖게 한다면 1인이 몇 필씩 갖겠는가?

設如有緞六疋, 令三人分之, 問每人得幾疋?

[풀이법] 6필을 실로 하여 아래에 쓰고 3인을 법으로 하여 위에 쓴다. 지금 법과 실이 모두 한 자릿수이고 법이 실보다 작으므로, 법과 실을 나란히 쓴다. 이제 실이 법의 몇 배까지 충족시키는지 살펴보는데, 지금 2배를 충족시키므로 법 위에 2를 쓴다. 그제야 얻은 수 2를 법 3과 곱하여 6을 얻고 이를 실 아래에 쓰고서 실과 뺄셈을 하면 똑떨어지므로(6-6=0), 구하는 수는 2필이다.

[法] 以六疋爲實, 列於下 ; 三人爲法, 列於上. 今[9]法與實俱爲單位, 而法比實小, 故列法與實相齊. 爰看實足法幾倍, 今足二倍, 故書二於法上. 乃以得數之二, 與法之三相因得六, 書於實下, 與實相減恰盡, 卽得數爲二疋也.

단위를 정하자면, 법 3인은 일의 자릿수이고 실 또한 일의 자릿수로서 필 단위이므로 법의 일의 자리와 실의 필 단위가 서로 마주한 것이다. 따라서 얻은 수는 2필이다.

定位, 因法之三人卽爲單位, 而實亦止一位爲疋, 是法之單位與實之疋位相對, 故得數爲二疋也.[10]

---

[9] 今 : 저본에는 "令". 규장각본·오사카본·《數理精蘊》·《保晩齋叢書·考事十二集·數藝》에 근거하여 수정.
[10] 也 : 저본에는 없음. 규장각본·오사카본·《保晩齋叢書·考事十二集·數藝》에 근거하여 보충.

〈원도 11〉

② 연습문제 2

가령 은 343냥을 7인이 나누어 갖게 한다면 1인이 몇 냥씩 갖겠는가?

풀이법 343냥을 실로 하여 아래에 쓰고 7인을 법으로 하여 위에 쓴다. 법 7이 실의 맨 앞자리 수 3보다 크므로 법을 오른쪽으로 한 자리 물려서 쓴다. 그리하여 실이 법의 몇 배까지 충족시키는지 살펴보는데, 지금 실의 앞의 두 자리 34는 법의 4배까지 충족시키므로 법(7) 위에 4를 쓴다. 그제야 얻은 수 4를 법 7과 곱하여 28을 얻고 이를 실 아래에 쓰고서【곱하여 얻은 수(28)의 일의 자릿수(8)는 위에서 얻은 수(4)의 본 자리 아래에 마주하여 쓴다. 이후도 이와 같다.】실과 뺄셈을 하면 6이 남는다. 다음으로 실의 수에 남아 있는 3을 취하여 빼고 남은 수(6)의 뒤에 쓰면 63

設如有銀三百四十三兩, 令七人分之, 問每人得幾兩?

因 以三百四十三兩爲實, 列於下;七人爲法, 列於上. 因法之七大於實之首位之三, 故將法退一位書之. 爰看實足法幾倍, 今實前兩位爲三四, 足法之四倍, 故書四於法上. 乃以得數之四與法之七相因得二十八, 書於實下,【其所得單位數, 卽對得數之本位下書之. 後倣此.】與實相減餘六. 次取實數所餘之三, 書於減餘之後, 共

이 차상(次商)의 실[70]이 된다. 그리하여 실이 법의 몇 배까지 충족시키는지 살펴보는데, 지금 9배까지 충족시키므로 앞에서 구한 수(4)의 다음에 9를 쓴다. 그제야 9를 법 7과 곱하여 63을 얻고 이를 차상의 실(63) 아래에 쓰고서 실과 뺄셈을 하면 똑떨어지므로(63−63＝0) 얻은 수는 49냥이다.

단위를 정하자면, 법 7인은 일의 자리의 수이고 실 중에 냥 단위의 십의 자리와 서로 마주하므로, 얻은 수(49)의 맨 앞자리가 십의 자리가 되고 다음 자리는 냥 단위의 일의 자리가 된다. 이로써 1인당 49냥씩 얻음을 알 수 있다.

六三爲次商實. 爰看實足法幾倍, 今足九倍, 故書九於得數之次. 乃以九與法之七相因得六十三, 書於次商實之下, 與實相減恰盡, 卽得數爲四十九[11]兩也.

定位, 因法之七人卽爲單位, 而與實中之兩之十位相對, 故得數首位卽爲十, 而次位爲兩. 是知每人得四十九兩也.

---

70 차상(次商)의 실 : 차상은 '다음 상(商)'이라는 말로, 몫의 수를 큰 자릿수부터 헤아릴 때 둘째 자리의 수를 가리킨다. 상(商)은 나눗셈과 제곱근 구하기에서 몫을 뜻하는 말인데, 이들 연산에서 몫은 기계적으로 나오는 것이 아니라 어림잡아 헤아리는[商] 과정을 통해 나오기 때문에 이같이 칭하게 된 것이다. 몫이 두 자리 이상의 수일 때 맨 앞자리의 수는 초상(初商), 둘째 자리의 수는 차상(次商), 셋째 자리의 수는 차차상(次次商) 또는 삼차상(三次商) 등으로 칭한다. '차상의 실(實)'은 '차상을 구하기 위한 실', 곧 'A÷k＝10m＋n'(단, m, n은 10 미만의 자연수)이고 'A−(10m×k)＝n×k'일 때 'A−(10m×k)'를 말한다.

[11] 四十九 : 저본에는 "九十四".《數理精蘊》에 근거하여 수정.

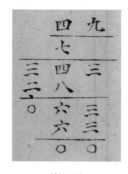

〈원도 12〉

③ 연습문제 3

가령 단사(丹砂)[71] 1냥의 값이 25,000문(文)[72]
이라면 돈 1문씩으로는 얼마의 단사를 얻겠는가?

[풀이법] 단사 1냥을 실로 하여 아래에 쓰고 돈
25,000문을 법으로 하여 위에 쓴다. 법의 맨 앞
자리 수 2가 실의 맨 앞자리 수 1보다 크므로 법
을 오른쪽으로 한 자리 물려서 쓴다. 또 법의 백
의 자리, 십의 자리, 일의 자리에 모두 수가 없으
므로 각기 0을 써서 자리를 보존하고, 실 또한 다
섯 자리에 0을 써서 법을 충족시킬 수 있도록 보
완한다. 그리하여 실이 법의 4배를 충족시키므로

設如丹砂一兩價値錢二萬
五千文, 問每錢一文該得丹
砂若干?

因 以丹砂一兩爲實, 列於
下; 錢二萬五千爲法, 列於
上. 因法之首位二大於實之
首位一, 故將法退一位列之.
又因法之百位、十位、單位
俱無數, 故各作○以存其位.
而實亦作五○位以補足法.
爰看實足法四倍, 故書四於

---

71  단사(丹砂) : 광석(수은＋황)의 일종으로 정제하여 염료와 약으로 쓴다.

72  문(文) : 엽전 한 닢으로, '푼'이라고도 한다. 조선 시대의 화폐 단위로는 1관(貫)＝10냥(兩)＝100전
(錢)＝1,000문(文), 또는 1관(貫)＝1민(緡)＝1냥＝100전＝1,000문이 쓰였다.(《與猶堂全書》〈雅言覺
非〉卷1 "一貫")

법 위에 4를 쓴다. 그제야 얻은 수 4를 법 25,000 과 곱하여 100,000을 얻고 이를 실의 아래에 쓰고서 실과 뺄셈을 하면 똑떨어지므로(100,000-100,000=0) 얻은 수는 4사(絲)[73]이다.

단위를 정하자면, 법의 마지막 자릿수 0이 일의 자리의 수이므로 실의 맨 앞자리의 수 1냥부터 법의 일의 자리가 마주하는 자리까지 물러나면 사(絲)의 단위가 된다. 이로써 1문의 돈으로 단사 4사씩 얻음을 알 수 있다.

法上. 乃以得數之四與法之二五〇〇〇相因, 得一〇〇〇〇〇, 書於實下, 與實相減恰盡, 即得數爲四絲也.

定位, 因法之末位〇係是單位, 故從實之首位一兩數, 至法之單位相對之位爲絲. 是知每錢一文得丹砂四絲也.

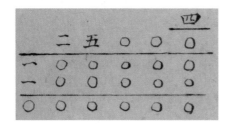

〈원도 13〉

④ 연습문제 4

가령 1일이 1,440분(分)인데 이를 96각(刻)으로 나눈다면 1각은 몇 분에 해당하는가?

設如一日之中得一千四百四十分, 以九十六刻分之, 問每刻得若干分?

풀이법 1,440분을 실로 하여 아래에 쓰고 96각

法 一千四百四十分爲實, 列

---

73 사(絲): 100,000분의 1을 나타내는 소수(小數) 명칭으로, 여기서는 1냥(兩)의 100,000분의 1을 뜻한다. 앞의 "하늘과 땅과 인류 문물에 쓰이는 각종 단위[三才數位]" '도량형(度量衡)의 단위' 조에서 길이 단위의 '1척(尺)=10촌(寸)=100분(分)=1,000리(釐)=10,000호(毫)=100,000사(絲)'를 제시하고, 또 무게 단위에서 '1냥=10전(錢)=100분(分)'을 제시한 다음, 분 이하는 길이 단위와 같다고 했다.

을 법으로 하여 위에 쓴다.[74] 실이 법의 1배를 충족시키므로 1을 법 위에 쓴다. 이제 이 1을 법 96과 곱하면 그대로 96을 얻고(1×96=96) 이를 실의 아래에 쓰고서 실과 뺄셈을 하면 48이 남는다. 다음으로 실의 마지막 자리의 수 0을 취하여 빼고 남은 수(48) 뒤에 쓰면 모두 480이 되는데, 이는 법의 5배를 충족시키므로 5를 위에 쓴다. 그제야 얻은 수 5를 법 96과 곱하여 480을 얻고 이를 실의 아래에 쓰고서 실과 뺄셈을 하면 똑떨어지므로(480−480=0) 얻은 수는 15분이다.

단위를 정하자면, 법의 일의 자릿수 6이 실의 십의 자릿수와 서로 마주하므로 얻은 수(15)의 맨 앞자리가 십의 자리가 되어 1각은 15분이 된다.

於下 ; 九十六刻爲法, 列於上. 實足法一倍, 故書一於法上. 乃以一與法之九六相因, 仍得九六, 書於實下, 與實相減餘四八. 次取實之〇位, 書於減餘之後, 共爲四八〇, 足法五倍故書五於上. 乃以得數之五與法之九六相因, 得四八〇, 書於實下, 與實相減恰盡, 卽得數爲一十五分.

定位, 法之六爲單位, 與實之十位相對, 故得數首位爲十, 而每刻爲一十五分也.

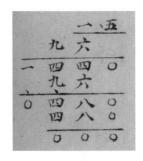

〈원도 14〉

---

74 1,440분을……쓴다 : 실과 법의 맨 앞자리 수끼리 비교하여 실의 1이 법의 9보다 작으므로 법의 9를 오른쪽으로 한 자리 이동하여 쓴다.

## 5) 제곱근풀이[平方]와 세제곱근풀이[立方][75]  平方、立方

제곱근풀이란 제곱한 넓이로 한 변의 길이를 구하는 방법[76]이다.【입체와 입체가 만나는 경계는 면이 되고, 면과 면이 만나는 경계는 선이 되며, 선과 선이 만나는 경계는 점이 된다.】선의 길이로 면을 구하려면 길이를 제곱하여 넓이를 구하고, 면으로 선의 길이를 구하려면 넓이를 전개하여 변의 길이를 구한다.

세제곱근풀이란 제곱한 다음 또 한 번 곱한 부피로 한 변의 길이를 구하는 방법[77]이다. 한 선의 길이로 입체를 구하려면 길이를 제곱한 다음 또 한 번 곱하여 부피를 구할 수 있고, 입체로 선의 길이를 구하려면 부피를 전개하여 변의 길이를 구할 수 있다.

【예를 들어 한 변의 길이 2척을 제곱하면 넓이

平方者, 以自乘之面積, 求得邊線也.【體之界爲面, 面之界爲線, 線之界爲點.】以線求面, 則自乘而得積[12] ; 以面求線, 則平方開之而得邊也.

立方者, 以自乘再乘之體積, 求得邊線也. 以線求體, 則自乘再乘而得積 ; 以體求線, 則立方開之而得邊也.

【如以邊線二尺自乘, 則面積

---

75  제곱근풀이[平方]와 세제곱근풀이[立方] : 원문의 '평방(平方)'은 개평방(開平方)의 줄임말로, '입방(立方)'은 개입방(開立方)의 줄임말로 보아야 한다. 뒤의 예제들에서는 정식 용어를 사용함을 볼 수 있다. 참고로《수리정온》의 해당 부분은 각기 "평방은 정사각형의 넓이이다.(平方者, 等邊四直角之面積也)", "입방은 정육면체의 부피이다.(立方者, 等邊六面之體積也)"라는 말로 시작된다. 아래에 제시된 예제와 그림 및 알고리즘은 모두《수리정온》하편 권11〈면부(面部) 1〉 "평방(平方)"과 권23〈체부(體部)〉 "입방(立方)"에서 옮겨 온 것이다.

76  제곱근풀이란⋯⋯방법 : 이를 지금의 수학기호로 표기하면 다음과 같다. $\sqrt{x^2} = x$($x$는 양의 실수)

77  세제곱근풀이란⋯⋯방법 : 이를 지금의 수학기호로 표기하면 다음과 같다. $\sqrt[3]{x^3} = x$($x$는 양의 실수)

[12]  得積 : 저본에는 "積得". 규장각본·오사카본·《數理精蘊》·《保晩齋叢書·考事十二集·數藝》에 근거하여 수정.

는 4척$^{278}$이 되고, 다시 2척을 곱하면 부피는 8척$^3$이 된다. 세로·가로 길이가 각 1척이면 넓이는 1척$^2$이고, 세로·가로 길이가 각 1촌이면 넓이는 1촌$^2$이다. 세로·가로·높이가 각 1척이면 부피는 1척$^3$이고, 세로·가로·높이가 각 1촌이면 부피는 1촌$^3$이다. 장(丈)이나 분(分) 이하도 모두 같은 방식이다.】

爲四尺；又以二尺再乘, 則體積爲八尺. 長、廣各一尺, 爲面積一尺；長、廣各一寸, 爲面積一寸. 長、廣、高各一尺, 爲體積一尺；長、廣、高各一寸, 爲體積一寸. 丈分以下皆然.】

① 연습문제 1

가령 정사각형의 넓이 36척$^2$으로 제곱근을 구한다면 한 변의 길이는 얼마인가?

設如正方面積三十六尺開方, 問每一邊數幾何?

[풀이법] 정사각형의 넓이 36척$^2$의 수 3과 6을 나열하여 쓴다. 끝자리, 즉 일의 자리부터 세기 시작하여 넓이 수 두 자리마다 변의 길이를 한 자리씩 정해 나간다.[79] 지금 넓이가 일의 자리와 십의 자리 이렇게 두 자리뿐이니, 36척$^2$의 끝자리인 6척$^2$ 위에 표시하여 제곱근의 일의 자리를 정한다. 1부터 9까지의 제곱수를 이것(36)과 비교하면 이것은 6척의 제곱수와 딱 맞음을 알 수 있다. 그제야 6척을 넓이(36척$^2$)의 일의 자리인 6

[因] 列方積三十六尺. 自末位起籌, 每方積二位, 定方邊一位. 今積止有二位, 則於六尺上作記定單位. 以自一至九自乘之方根數, 與之相審, 知與六尺自乘之數恰合. 乃以六尺書於方積六尺之上而以六尺自乘之三十六尺書於方積原數之下, 相減恰盡, 卽得

---

78 척$^2$ : 원문의 '尺'을 옮긴 것이다. 전통 산학서에서는 길이, 넓이, 부피의 단위를 구분하여 표기하지 않아서 그때마다 맥락에 따라 판단해야 한다.

79 넓이……나간다 : 개평방술(開平方術)은 제곱근의 각 자릿수를 차례로 구해 나가는데, 각 자리에 올 수 있는 수는 0과 1~9의 자연수이다. 이들의 제곱수는 최대 81로 두 자리를 넘지 않고, 10으로 자릿수가 하나 올라가는 순간에 제곱수는 100으로 세 자릿수에 진입한다. 이 때문에 제곱수 2자리마다 제곱근 1자리를 잡는 것이다.

위에 쓰고, 6척의 제곱인 36척²을 넓이의 원래
수(36) 아래에 쓰고서 뺄셈을 하여 똑떨어지면
(36－36＝0) 제곱근 6척을 얻는다.

開方之數六尺也.

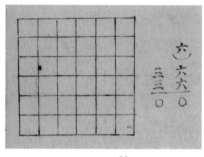

〈원도 15〉[80]

② 연습문제 2

가령 정사각형의 넓이 1장²【즉 100척²[81]】 44척²
으로 제곱근을 구한다면 한 변의 길이는 얼마인
가?

[풀이법] 정사각형의 넓이 1장² 44척²을 나열하
여 쓴다. 끝자리부터 세기 시작하여 넓이 수 두
자리마다 변의 길이를 한 자리씩 정해 나간다. 그
러므로 한 자리를 떼어 표시하니, 곧 4척² 위에
척의 자리를 정하고, 1장²의 위에 장의 자리를 정

設有正方面積一丈【卽方面
一百尺】四十四尺開方, 問每
一邊幾何?

図 列方積一丈四十四尺. 自
末位起籌, 每方積二位, 定方
邊一位. 故隔一位作記, 卽於
四尺上定尺位, 一丈上定丈
位.

---

80  저본과 규장각본은 위 그림(오사카본)과 달리 맨 위의 '六'을 아래로 감싼 구분선과 그 아래의 '六'
    사이에 간격을 뚜렷이 두었으나, 이는 개방법의 일반적인 필산법에 부합하지 않는다. 뒤의 〈원도
    16〉도 마찬가지이다.
81  즉 100척² : 1장＝10척이므로 1장²＝100척²이 된다.

한다.

그중 1장$^2$은 초상(初商)의 넓이이고, 이는 1장을 제곱한 수와 같으니, 바로 초상을 1장으로 정하여 넓이 1장$^2$의 위에 쓴다. 그리고 1장을 제곱한 정사각형의 넓이인 1장$^2$을 초상의 넓이 아래에 쓰고서 뺄셈을 하면 똑떨어진다(1−1=0). 그리하여 정사각형 한 변의 끝자리 수를 구할 넓이 44척$^2$을 이어서 아래쪽에 쓰는데, 이는 차상(次商)을 구할, 염(廉)과 우(隅)$^{82}$를 합한 넓이이다.

그제야 초상 1장을 10척으로 환산하고 2배 하면 20척을 얻는데, 이것이 염법(廉法)이다.$^{83}$ 염법으로 44척$^2$을 나누면 2척을 충족시키니, 곧 차상을 2척으로 정하여 넓이 4척$^2$ 위에 쓴다. 그리고 차상 2척을 우법(隅法)으로 삼고 염법 20척과 더하면 22척을 얻는데, 이것이 염법과 우법의 합이다.$^{84}$ 이를 나머지 넓이(044)의 왼쪽에 쓴다.

이 22척에 차상 2척을 곱하여 44척을 얻는데,

其一丈爲初商積, 與一丈自$^{⑬}$乘之數相合, 卽定初商爲一丈, 書於方積一丈之上. 而以一丈自乘之正方一丈, 書於初商積之下, 相減恰盡. 爰以方邊末位積四十四尺, 續書於下, 爲次商廉、隅之共積.

乃以初商之一丈作一十尺, 倍之, 得二十尺爲廉法. 以除四十四尺, 足二尺卽定次商爲二尺, 書於方積四尺之上. 而以次商二尺爲隅法, 與廉法二十尺相加, 共得二十二尺, 爲廉、隅共法, 書於餘積之左. 以次商二尺乘得四十四尺,

---

82 염(廉)과 우(隅) : 염은 옆, 우는 모퉁이라는 뜻으로, 그 기하학적 의미는 이 풀이법의 후반부에 나온다. 염은 초상과 차상을 곱한 수이고, 우는 차상의 제곱이다. 이 예제에서 144는 $(10+2)^2=100+40+4$로 분해되는데, 100은 초상 10의 제곱이고 다음 수 44는 염 20의 2배에 우 4를 더한 것이다.

83 초상……염법(廉法)이다 : 이를 현대 수학의 식으로 표기하면, 두 수 $a$와 $b$에 대하여 $(a+b)^2=a^2+2ab+b^2$(단, $a$는 10단위의 수이고, $b$는 1단위의 수)에서 $a$는 초상, $b$는 차상이고, 가운데 $2a$가 염법이다.

84 차상 2척을……합이다 : 이를 현대 수학의 식으로 표기하면, 두 수 $a$와 $b$에 대하여 $(a+b)^2=a^2+2ab+b^2$에서 $2ab+b^2$은 $b$와 $2a+b$의 곱이다. 이때 $b$가 차상, $2a+b$ 중 $2a$가 염법, $b$가 우법, $2a+b$가 염법과 우법의 합이다.

⑬ 自 : 저본에는 "相".《數理精蘊》에 근거하여 수정.

차상을 구하기 위한 염과 우를 합한 넓이와 뺄셈을 하면 똑떨어진다(44−44=0). 이렇게 제곱근풀이로 구한 1장 2척이 정사각형 한 변의 길이이다.

與次商廉、隅共積, 相減恰
盡. 是開得一丈二尺, 爲方面
每一邊之數也.

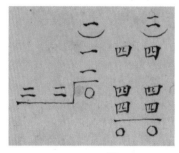

<원도 16>[85]

예를 들어 다음 그림과 같이 갑을병정(甲乙丙丁)을 네 꼭짓점으로 하는 정사각형을 생각하자. 한 변의 길이는 1장 2척(12척)이고 그 속의 넓이는 1장² 44척²이다. 이를 나눈 정사각형 갑경기무(甲庚己戊)는 가로세로가 각기 1장【선의 길이가 10척이다.】인데, 이것이 곧 초상의 수이다. 그 속의 넓이는 1장²【100척²】인데, 이것이 곧 초상(初商)의 제곱수이다. 남은 두 직사각형 경기임을(庚己壬乙)과 무기신정(戊己辛丁)이 양쪽의 염(廉)인데, 그중 각각의 길이 10척이 곧 초상의 수이

如甲乙丙丁正方形, 每邊
皆一丈二尺, 其中函一丈
四十四尺. 其所分甲庚己戊
正方形每邊一丈.【線長十
尺.】卽初商數. 其中函正方
積一丈,【方面百尺.】卽初商
自乘數. 所餘庚己壬乙、戊己
辛丁兩長方爲兩廉, 其各長
十尺卽初商數, 其各闊二尺
卽次商數. 廉有二, 故倍初商

85 이 그림(오사카본)은 풀이법의 서술에 부합한다. 반면, 저본과 규장각본은 제4행의 "四四"가 왼쪽의 "○"이 아닌 "○" 위의 구분선에 나란하며 "○"은 제4행과 제5행의 두 "四四" 사이의 높이에 맞추어져 있어 부정확한 수치 배열을 보인다.

고, 각각의 너비 2척이 곧 차상의 수이다. 염이 2개 있으므로 초상의 수를 2배 한 것이 염법(廉法)이 된다. 작은 정사각형 기임병신(己壬丙辛)이 우(隅)인데, 그 한 변의 길이 2척 역시 곧 차상의 수이다. 그러므로 이 차상을 우법(隅法)으로 삼는다. 두 염과 하나의 우를 합하면 경쇠처럼 꺾인 모양('ㄴ'자 모양)이 되는데, 이를 초상(10)의 제곱으로 만든 정사각형의 양옆에 붙이면 하나의 전체 정사각형이 된다. 이것이 염법과 우법이 생겨난 까닭이다.[86]【이상이 제곱근풀이법이다.】[87]

爲廉法. 其己壬丙辛一小正方爲隅, 其邊二尺亦卽次商數, 故以次商爲隅法. 合兩廉一隅, 成一磬折形, 附於初商自乘方之兩邊, 而成一總正方形. 此廉、隅之法所由生也.【右開平方】

---

86 이것이……까닭이다 : 제곱근풀이의 원리를 기하학적으로 설명한 이 부분에서 염(廉, 옆)과 우(隅, 모퉁이)라는 말이 생긴 이유를 이해할 수 있다. 내부에 있는 큰 정사각형의 넓이를 제외한 나머지 면적[餘積], 곧 직사각형 두 개와 작은 정사각형 하나의 넓이의 합이 바로 $(a+b)^2=a^2+2ab+b^2$에서 $2ab+b^2$이고, 이 중 $2ab$가 양옆[廉]의 두 직사각형의 넓이이며, $b^2$이 모퉁이[隅]의 작은 정사각형의 넓이이다.

87 이상에서 설명한 제곱근 계산법은 원리와 용어 면에서 《구장산술》 등 전통 산학서의 내용과 통하는 부분이 있기는 하나, 기하학적 배경을 분명히 제시한 점과 필산으로 알고리즘을 제시하고 있다는 점에서 서양 수학의 영향이 반영되었다. 이상의 기하학적인 설명을 현대 수학의 표현들로 재정리하면 다음과 같다.

도형에서 비롯된 공식 $(a+b)^2=a^2+2ab+b^2$을 이용하여 초상 $a$와 차상 $b$를 구하는 방법이다. 이 문제에서 응용한 것처럼 $144=(a+b)^2$에서 $144=a^2+2ab+b^2$이 된다. 우선 $a$는 1장(10척)이 되어야 한다. 만약 $a$가 2장(20척)보다 크다면 이를 제곱하면 400척보다 커지기 때문이다. 따라서 $a$ $=10$이다. 즉 $144=(10+b)^2=100+20b+b^2$이다. 가운데 항의 계수는 초상의 2배인 20이다. 이제 $20b+b^2=44=20×2+4$이다. 즉 $b=2$여야 한다. 이것을 일반화시키면 $2ab$('ㄴ'자 모양의 넓이 중 작은 정사각형을 제외한 두 직사각형의 넓이)를 $2a$(두 직사각형의 긴 변의 길이 합)로 나눈 몫은 $b$(두 직사각형의 짧은 변의 길이, 곧 작은 정사각형의 한 변의 길이)라고 말할 수 있다. 이렇게 해서 최종적으로 $144=(10+2)^2$임을 알았다.

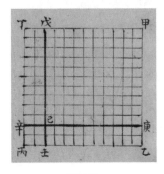

〈원도 17〉

③ 연습문제 3

가령 정육면체의 부피 125척$^3$으로 세제곱근을 구한다면 한 변의 길이는 얼마인가?

[풀이법] 정육면체의 부피 125척$^3$을 나열하여 쓴다. 끝자리부터 세기 시작하여 부피 수 세 자리마다 변의 길이를 한 자리씩 정해 나간다.[88] 지금 부피가 세 자리뿐이니, 125척$^3$의 5척$^3$ 위에 표시하여 일의 자리로 정한다. 1부터 9까지의 세제곱수를 이것(125)과 비교하면 이것은 5척의 세제곱수와 딱 맞음을 알 수 있다. 그제야 5척을 부피(125척$^3$) 5 위에 쓰고, 5척의 세제곱인 125척$^3$을 부피의 원래 수(125) 아래에 쓰고서 뺄셈을 하면 똑떨어지므로(125-125＝0) 세제곱근 수 5척을

設如正方體積一百二十五尺 開立方, 問每一邊線長幾何?

因 列正方體積一百二十五尺. 自末位起籌, 每方積三位, 定方邊一位. 今積止有三位, 則於五尺上作記定單位. 以自一至九自乘再乘之方根數, 與之相審, 知與五尺自乘再乘之數恰合. 乃以五尺書於方積五尺之上, 而以五尺自乘再乘之一百二十五尺書於方積原數之下, 相減恰盡,

---

88 부피 수……나간다 : 개입방술(開立方術)에서는 세제곱근의 각 자릿수를 차례로 구해 나가는데, 각 자리에 올 수 있는 수는 0과 1~9의 자연수이다. 이들의 세제곱수는 최대 729로 세 자리를 넘지 않고, 10으로 자릿수가 하나 올라가는 순간에 세제곱수는 1,000으로 네 자릿수에 진입한다. 이 때문에 세제곱수 세 자리마다 세제곱근 한 자리를 잡는 것이다.

얻는다.

　예를 들어 다음 그림과 같이 갑을병정무기(甲乙丙丁戊己)를 꼭짓점으로 하는 정육면체를 생각하자. 한 변의 길이는 5척이고 그 속에는 부피가 1척$^3$인 작은 정육면체가 125개 있다. 변을 계산하면 5척이고, 넓이를 계산하면 5척을 제곱한 25척$^3$이고, 부피 전체를 계산하면 5척을 세제곱한 125척$^3$이다. 부피를 전개하여 세제곱근을 구하자면, 이것은 5를 세제곱한 수(125)와 같으므로 5를 상(商)으로 하여 나누면 똑떨어진다 (125−125＝0). 대개 부피는 세 자릿수이기 때문에 변의 길이가 한 자릿수에 그친다. 부피가 5척을 세제곱한 수라서 별도로 염과 우가 없으므로 차상을 사용하지 않는다. 그런데 만약 남는 실(實)이 있다면 그 실이 자연히 염과 우가 되므로 차상을 사용한다.【이상이 세제곱근풀이법이다.】

卽得開立方之數爲五尺也. 如圖甲乙丙丁戊己正方體形, 每邊皆五尺, 其中函一尺小方體一百二十五. 自邊計之, 爲五尺；自面計之, 則爲五尺自乘之二十五尺；自通體計之, 則爲五尺自乘再乘之一百二十五尺. 以積開之, 則與五尺自乘再乘之數相準, 故商除之恰盡也. 蓋方積爲三位, 是以方邊止一位. 方積卽五尺自乘再乘之數, 別無廉、隅, 故不用次商. 如有餘實, 則自成廉、隅, 而用次商矣.【右開立方】

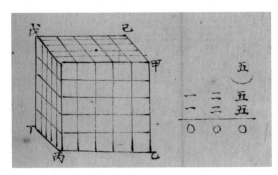

〈원도 18〉

## 6) 사율비례(四率比例)[89]

비례(比例)란 지금 있는 수를 이용하여 지금 없는 수를 구하는 방법이다. 크게는 칠정(七政)[90]의 운행 계산에서 작게는 결과를 예측하여 작업을 배분하는 데에 이르기까지 비례를 사용하지 않는 분야가 없다. 선에는 선의 비례가 있고, 면에는 면의 비례가 있으며, 입체에는 입체의 비례가 있다. 사율비례의 이치는 승제(乘除, 곱셈과 나눗셈)에 이미 암암리에 깃들어 있다. 한 사람당 얻는 물건의 개수와 몇 사람이 얻는 물건의 개수가 서로 비례하여 사율비례가 된다. 이 가운데 상당비례(相當比例)는 옛 계산법의 이승동제(異乘同除)[91]인데, 상련비례(相連比例) 또한 그 안에 있다. 전비례(轉比例)는 옛 계산법의 동승

四率比例

比例者, 以今有之數, 求未有之數也. 大而推步七政, 小而量功命事, 無一不由於比例. 線有線之比例, 面有面之比例, 體有體之比例. 四率之理, 已默寓於乘除之中. 每一人得物幾何與幾何人得物幾何, 相比而成四率. 其相當比例卽古法之異乘同除, 而相連比例亦在其中. 其轉比例卽古法之同乘異除, 而合數 、分數 、借數比例, 名目雖多, 同歸於一也.

---

89 사율비례(四率比例) : 비례관계를 이용하여 미지수를 구하는 비례식 계산법이다. 이를 지금의 비례식으로 표현하면 다음과 같다. (1율) : (2율)＝(3율) : (4율). 본서에 사용된 비례 관련 용어(比例, 正比例, 轉比例, 合率比例)와 알고리즘은《수리정온》의 영향을 받은 것이다. 전통 수학의 모습을 보여주는《구장산술》에서는 사율비례의 관계를 이용하되 비례식을 생략하고 곧바로 관심 품목의 수를 구하는 방법인 금유술(今有術, 이제 새로 만들 값을 얻는 풀이법)을 사용했다.

90 칠정(七政) : 해, 달, 금성, 목성, 수성, 화성, 토성. 고대의 천문역법에서 관측과 추산의 주요 대상이었다.

91 이승동제(異乘同除) : $a : b = a' : x$ 형태의 비례식($a$, $b$는 원래 주어진 수, $a'$는 지금 주어진 수). 구하는 답은 $x = \dfrac{b \times a'}{a}$ 이다. $b$의 입장에서 보았을 때 다른 시점의 대상인 $a'$를 곱하고[異乘] 같은 시점의 대상인 $a$로 나누는[同除] 셈이 되므로 이런 이름을 붙였다.(장혜원,《산학서로 보는 조선수학》, 경문사, 2006, 88쪽) 지금의 정비례이다.

이제(同乘異除)$^{92}$인데, 합수비례(合數比例), 분
수비례(分數比例), 차수비례(借數比例) 등 명칭
의 종류는 비록 다양하지만 하나의 원리(동승이
제)로 귀결된다.


① 연습문제 1$^{93}$

가령 은을 가지고 쌀을 사는데 쌀 1석당 가격
이 은 8전이라고 하자. 이제 쌀 240석을 산다면
이는 은 총 얼마에 해당하는가?

[풀이법] 쌀 1석을 1율, 은 8전을 2율, 이제 사는
쌀 240석을 3율로 한다.$^{94}$ 2율과 3율을 곱하고
이를 1율로 나누면 [(2율)×(3율)÷(1율)] 4율인
192냥$^{95}$을 얻으니, 곧 은의 총량이다. 대개 1석과
240석에는 240배의 차이가 있고, 8전과 192냥
에도 240배의 차이가 있다. 그러므로 1석과 8전
의 비는 240석과 192냥의 비와 같다.

設如有銀買米, 每米一石銀
八錢. 今買米二百四十石, 問
共該銀若干?

因 以米一石爲一率, 銀八錢
爲二率, 今買米二百四十石
爲三率. 二、三率相乘, 一
率除之, 得四率一百九十二
兩, 卽共銀數也. 蓋一石與
二百四十石爲二百四十倍,
而八錢與一百九十二兩亦爲

---

92 동승이제(同乘異除) : $a' : a = b : x$ 형태의 비례식($a$, $b$는 원래 주어진 수, $a'$는 지금 주어진 수). 구하
   는 답은 $x = \dfrac{a \times b}{a'}$ 이다. $b$의 입장에서 보았을 때, 같은 시점의 대상인 $a$를 곱하고[同乘] 다른 시점
   의 대상인 $a'$로 나누는[異除] 셈이 되므로 이런 이름을 붙였다.(장혜원, 위의 책, 같은 곳) 지금의 반
   비례이다.

93 연습문제 1 : 여기서는 《수리정온》 하편 권3 〈선부(線部) 1〉 "비례(比例)"의 '정비례(正比例)' 조 첫
   째 예제를 옮겨 오면서 부분적으로 부연을 가하는 한편, 여러 각도로 응용한 예제를 만들고 그 풀
   이법을 제시했다.

94 쌀……한다 : 알고자 하는 수를 $x$라 할 때 이를 단위를 생략하고 숫자로만 지금의 비례식으로 표현
   하면 다음과 같다. 아래의 주석에서 지금의 비례식을 표현할 때도 모두 이와 같은 방식이다. $1 : 8 =$
   $240 : x$.

95 192냥 : 1냥이 10전이므로 192냥은 1,920전이다.

【이 문제의 경우 1율이 1이므로 중간의 2율과 3율을 곱하면 바로 4율의 수를 얻으므로 굳이 1율로 나눌 필요가 없다. 다만 비례의 원리를 밝히기 위해 서두에 쉬운 문제를 설정하여 사람들이 그 이치를 즐거이 찾게 하도록 했을 뿐이다.】

二百四十倍. 故一石與八錢之比, 卽同於二百四十石與一百九十二兩之比也.

【此法一率是一, 中兩率相乘, 已得四率之數, 不必以一率除之. 但爲明比例之理, 首設易法, 使人好推尋也.】

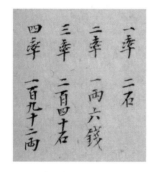

〈원도 19〉

만약 240석의 값이 192냥일 때 1석의 값은 얼마인지를 묻는다면, 앞의 3율을 1율로 하고 4율을 2율로 하고 1율을 3율로 한다.[96] 그리고 2율과 3율을 곱한 다음 1율로 나누어 4율인 8전을 얻는다.

如問二百四十石價爲一百九十二兩, 一石價爲幾何, 則以三率爲一率, 四率爲二率, 一率爲三率. 二、三率相乘, 一率除之, 得八錢.

---

96 앞의……한다 : 240 : 1,920＝1 : $x$.

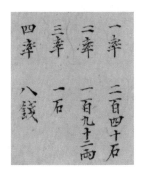

〈원도 20〉

만약 8전에 1석일 때 192냥에는 몇 석인지를 묻는다면, 8전을 1율로 하고 1석을 2율로 하고 192냥을 3율로 한다.[97] 그리고 중간의 2율과 3율을 곱한 다음 1율로 나누어 4율인 240석을 얻는다.

如問八錢一石, 一百九十二兩爲幾何, 則八錢爲一率, 一石爲二率, 一百九十二兩爲三率, 中兩率相乘, 一率除之, 得四率二百四十石.

〈원도 21〉

---

97  8전을……한다 : 8∶1＝1,920∶$x$.

만약 192냥에 240석일 때 8전에는 몇 석인지를 묻는다면, 192냥을 1율로 하고 240석을 2율로 하고 8전을 3율로 한다.[98] 그리고 중간의 2율과 3율을 곱한 다음 1율로 나누어 4율인 1석을 얻는다.

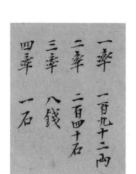

〈원도 22〉

【만약 2석의 값이 1냥 6전일 때 240석의 값이 얼마인지를 묻는다면, 2석을 1율로 하고 1냥 6전(16전)을 2율로 하고 240석을 3율로 하여,[99] 4율인 192냥을 얻는다. 이렇게 처음 문제와 답이 같은 이유는 비례관계가 같기 때문이다. 1과 8은 8배의 관계이고 2와 16도 8배의 관계인 것이다. 비례관계가 같으면 2율과 3율을 곱한 수가 1율과 4율을 곱한 수와 같아진다.】

如問一百九十二兩二百四十石, 八錢爲幾何, 則一百九十二兩爲一率, 二百四十石爲二率, 八錢爲三率. 中兩率相乘, 一率除之, 得四率一石.

【如問二石價一兩六錢, 二百四十石爲幾何, 則二石爲一率, 一兩六錢爲二率, 二百四十石爲三率, 得四率一百九十二兩. 此亦比例同故也, 一與八爲八倍, 二與十六亦爲八倍. 比例同, 則二、三率相乘之數, 與一、四率相乘之數同.】

---

98  192냥을……한다 : 1,920 : 240 = 8 : $x$.

99  2석을……하여 : 2 : 16 = 240 : $x$.

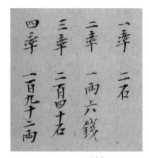

〈원도 23〉[100]

## ② 연습문제 2[101]

가령 은으로 상을 주는데 3명당 은 1냥 8전을 준다고 하자. 이제 240명에게 상을 준다면 이는 은 총 얼마에 해당하는가?【이상은 상당비례(相當比例)인데, 정비례(正比例)라고도 부른다.】

풀이법 3명을 1율로 하고 1냥 8전을 2율로 하고【6명을 1율로 하고 3냥 6전을 2율로 해도 마찬가지이다. 1율과 2율을 각기 몇 배로 올려도 모두 괜찮다. 중간의 2율과 3율을 곱한 수는 1율과 4율을 곱한 수와 항상 같기 때문이다.】240명을 3율로 한다.[102] 그리고 2율과 3율을 곱한 다음 1율로 나누어 4율인 144냥을 얻으면, 이것이 구

設如有銀賞人, 每三人賞銀一兩八錢. 今有二百四十人, 問共該銀若干?【右相當比例, 亦稱正比例.】

因 以三人爲一率, 一兩八錢爲二率【如以六人爲一率, 三兩六錢爲二率, 亦同. 一、二率各加幾倍皆可. 每中兩率相乘之數, 與一、四率相乘之數同.】二百四十人爲三率, 二、三率相乘, 一率除之,

---

100  저본에는 2율의 "一兩六錢"이 "一百八錢"으로 잘못 적혀 있다.

101  연습문제 2 : 여기서는 《수리정온(數理精蘊)》 하편 권3 〈선부(線部) 1〉 "비례(比例)"의 '정비례(正比例)'조 셋째 예제를 옮겨 오면서 부분적으로 부연했다.

102  3명을……한다 : $3 : 18 = 240 : x$.

하는 은의 총수이다. 3명과 1냥 8전(18전)의 비가 240명과 144냥의 비와 같다.【3과 18은 6배 관계이고, 24와 144도 6배 관계이기 때문이다.】

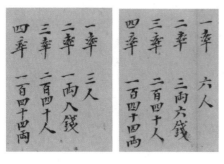

〈원도 24〉　　　〈원도 25〉

得四率一百四十四兩, 卽共銀數也. 蓋三人與一兩八錢之比, 卽同於二百四十人與一百四十四兩之比也.【三與十八爲六倍, 二四與一四四亦爲六倍故.】

### ③ 연습문제 3[103]

가령 어떤 상인에게 원금으로 은 3,000냥이 있을 때 1년에 이자로 은 900냥을 얻는다고 하자. 이제 다시 900냥을 원금으로 삼는다면 1년에 이자로 얼마를 얻겠는가?

[풀이법] 3,000냥을 1율로 하고 900냥을 2율로 하고 또 3율로 한다.[104] 그리고 2율과 3율을 곱한 다음 1율로 나누어 4율인 270냥을 얻으면 이것이 900냥에서 얻는 이자이다. 이 문제는 연비례

設如一商原有本銀三千兩, 一年得利[14]銀九百兩. 今復將九百兩爲本, 問一年得利幾何?

[因] 以三千兩爲一率, 九百兩爲二率, 又爲三率. 二、三率相乘, 一率除之, 得四率二百七十兩, 卽九百兩所得

---

103　연습문제 3 : 여기서는 《수리정온》 하편 권3 〈선부(線部) 1〉 "비례(比例)"의 '정비례(正比例)' 조 마지막 예제를 옮겨 오면서 부분적으로 부연했다.

104　3,000냥을……한다 : 3,000 : 900 = 900 : $x$.

[14]　得利 : 저본에는 "利得". 《數理精蘊·線部·比例》에 근거하여 수정.

(連比例)[105]이다. 3 : 9 = 9 : 27이므로 이 문제는 3배로 불어나는 연비례이다.

【만약 수 2, 4, 8, 16, 32가 있다면 2 : 4 = 4 : 8이고, 4 : 8 = 8 : 16이며, 8 : 16 = 16 : 32이다. 따라서 $4^2$을 2로 나누어 8을 얻고 $8^2$을 4로 나누어 16을 얻는 방식으로 계속해서 무궁히 할 수 있다. 이는 2배로 불어나는 연비례이다. 다른 배수로 불어나는 연비례도 이와 마찬가지이다.】

〈원도 26〉

之利也. 此卽連比例也. 三與九, 若九與二十七, 此則加三倍連比例也.

【如有數二、四、八、十六、三十二, 則二與四, 若四與八；四與八, 若八與十六；八與十六, 若十六與三十二. 四自乘, 以二除之, 得八；八自乘, 以四除之, 得十六, 以至無窮. 此則加二倍連比例. 餘倣此.】

---

105 연비례(連比例) : 사율비례에서 2율과 3율이 같은 비례. 이를 비례식으로 표현하면 세 수 $a$, $b$, $c$에 대하여 $a : b = b : c$가 된다. 이때 세 수 $a$, $b$, $c$는 일정한 비 $(\frac{a}{b})$를 가지는 등비수열을 이룬다.

④ 연습문제 4[106]

가령 농지 1묘(畝)[107]가 있는데, 원래의 가로 길이가 8보(步), 세로 길이가 30보라고 하자. 이제 새로 만들 가로를 12보로 만들어야 한다면 세로는 몇 보를 얻겠는가?[108]

[풀이법] 이제 새로 만들 가로 12보를 1율로 하고 원래 있던 세로 30보를 2율로 하고 원래 있던 가로 8보를 3율로 한다.[109] 그리고 2율과 3율을 곱한 다음 1율로 나누어 4율인 20보를 얻으면 이것이 이제 새로 만들 가로 12보에 대한 세로 길이이다. 이 방법은 원래 있던 두 수를 곱한 다음 이제 새로 만들 한 수로 나누어 지금 구하는 수를 얻는 것이다.[110] 이는 두 수를 곱해서 나온 양수가 서로 같기 때문이다($8 \times 30 = 12 \times 20$).

정비례(상당비례, 이승동제)에서는 원래 있던 두 조건을 1율과 2율로 하고, 이제 새로 만들 한 조건을 3율로 하여 이제 구하는 값을 4율로 한

設如有田一畝, 原闊八步, 長三十步. 今闊要十二步, 問長得幾何?

因 以今闊十二步爲一率, 原長三十步爲二率, 原闊八步爲三率, 二、三率相乘, 一率除之, 得四率二十步, 卽今闊十二步之長也. 此法以原有之兩數相乘, 以今有之一數除之, 而得今所求之數者, 因乘出兩數相同故也.

在正比例, 原有之兩件爲一率、二率, 今有之一件爲三率而今所求之一件爲四率. 俱

---

106 연습문제 4 : 《수리정온》하편 권3 〈선부(線部) 1〉 "비례(比例)"의 '전비례(轉比例)'조 첫째 예제에서 발췌했다.

107 1묘(畝) : 240보$^2$의 넓이. 서유구는 1묘=100보$^2$을 과거의 묘법(畝法)이라 했고, 1묘=240보$^2$을 현재의 묘법이라 했다. 《본리지》권1 〈토지제도〉 "경묘법과 결부법" '과거와 현재의 묘법' 참조.

108 가령……얻겠는가 : 넓이를 240보$^2$으로 유지한 채 직사각형의 모양을 바꾸는 문제이다.

109 이제……한다 : $12 : 30 = 8 : x$.

110 원래……것이다 : 12(이제 새로 만들 값) : 30(원래 있던 값)=80(원래 있던 값) : $x$(이제 새로 만들 값), 즉 $80 \times 30 = 12 \times x$라는 관계를 말한다.

다.[111] 이 경우에는 모두 원래 있던 한 조건과 이제 새로 만들 한 조건을 곱하면 이렇게 얻은 넓이가 서로 같다.[112]

以原有之一件與今有之一件相乘, 其積相同.

이에 비해 전비례(동승이제)에서는 원래 있던 두 조건을 2율과 3율로 하고 이제 새로 만들 한 조건을 1율로 하여 이제 구하는 값을 4율로 한다.[113] 이 경우에는 원래 있던 두 조건을 곱하고, 이제 새로 만들 두 조건을 곱하면 이렇게 얻은 넓이가 서로 같다.[114]

在轉比例, 則原有之兩件爲二率、三率, 今有之一件爲一率而今所求之一件爲四率. 是原有之兩件相乘, 今有之兩件相乘, 其積相同.

비록 이제 새로 만들 가로가 원래 있던 가로보다 크지만, 이제 새로 만들 세로는 오히려 원래 있던 세로보다 작기 때문에 양 넓이가 서로 같아진다($8 \times 30 = 12 \times 20$). 그러므로 1율과 3율을 바꾸어[轉] 견주어도[115] 자연히 비례가 된다.【이제 새로 만들 가로(12보)는 원래 있던 가로(8보)보다 $\frac{1}{3}$ 만큼 크지만, 이제 새로 만들 세로(20보)는 원래 있던 세로(30보)보다 $\frac{1}{3}$ 만큼 작다.[116]】

雖今闊比原闊多, 而今長却比原長少, 兩積相同. 故轉而比之, 自成比例.【今闊比原闊多三分之一, 今長比原長少三分之一.】是爲一率與三率之比, 同於二率與四率也.

---

111 정비례에서는……한다 : 이를 비례식으로 일반화하여 표현하면 다음과 같다. 아래의 주석 3개도 마찬가지이다. $a : b = a' : x$.

112 이……같다 : $b \times a' = a \times x$.

113 전비례에서는……한다 : $a' : b = a : x$. 정비례와 비교할 때 1율과 3율의 자리가 바뀌었다.

114 이……같다 : $a \times b = a' \times x$.

115 1율과……견주어도 : 정비례인 $a : b = a' : x$에서 $a'$와 $a$의 위치를 서로 바꾼다는 의미이다.

116 이제……작다 : $a' = a + \frac{1}{3} a'$ 즉 $a' = \frac{3}{2} a$이고 $x = b - \frac{1}{3} b = \frac{2}{3} b$이므로 $a' \times x = \frac{3}{2} a \times \frac{2}{3} b = a \times b$, 즉 $a \times b = a' \times x$가 성립한다.

따라서 1율과 3율의 비가 2율과 4율의 비와 같
다.[117]

【만약 정비례를 빌려 논하면서 원래 있던 가로
를 1율로 하고 원래 있던 세로를 2율로 하고 이
제 새로 만들 가로를 3율로 하여 4율을 구한다
면, 이제 새로 만들 가로는 원래 있던 가로보다
커지고 이제 새로 만들 세로도 원래 있던 세로보
다 커진다. 그에 따라 넓이 또한 커져서 1묘의 수
(240보)와 합치하지 않는다. 그러므로 1율과 3율
을 바꾸어 견주는 것이다.】

【若借正比例論之, 以原闊爲
一率, 原長爲二率, 今闊爲三
率, 推得四率, 則是今闊比原
闊多, 今長比原長多. 而所容
積數亦多, 而與一畝之數不
合矣, 故轉而比之也.】

〈원도 27〉

⑤ 연습문제 5[118]

가령 한 변의 길이가 12장(丈)인 정사각형 못     設有正方池, 每邊十二丈. 今

---

117  1율과……같다 : 이를 일반화하여 표현하면 다음과 같다. $a':b=a:x \Leftrightarrow a \times b = a' \times x \Leftrightarrow a':a = b:x$.

118  연습문제 5 : 《수리정온》 하편 권3 〈선부(線部) 1〉 "비례(比例)"의 '전비례' 조 아홉째 예제에서 발
   췌했다.

이 있다고 하자. 이제 가로가 8장인 못을 만들되, 못의 넓이를 원래 정사각형 못과 같게 하려면 세로는 얼마를 얻겠는가?【이는 전비례 중의 연비례이다.】

풀이법 이제 새로 만들 못의 가로 8장을 1율로 하고 원래 못의 세로 12장을 2율로 하고 원래 못의 가로 12장을 3율로 하여 4율 18장을 얻는데,[119] 이것이 곧 이제 새로 만들고자 하는 못의 세로 길이이다. 대개 원래 못은 변마다 12장이니, 그 넓이는 144장으로, 이는 곧 2율과 3율을 곱한 수이다. 지금 얻은 세로 18장과 1율인 가로 8장을 곱해도 144장을 얻는다. 8 : 12는 12 : 18과 같기 때문이다.

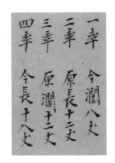

〈원도 28〉

欲作闊八丈之池, 使其池[15] 面積與方池等, 問長得幾何? 【此轉比例之連比例】

因 以今池闊八丈爲一率, 原池長十二丈爲二率, 原池寬十二丈爲三率, 推得四率十八丈, 卽今欲作池之長. 蓋原池方面, 每邊十二丈, 其積一百四十四丈, 卽二率、三率相乘之數. 今所得長十八丈與一率闊八丈[16]相乘, 亦得一百四十四丈. 八與十二, 若十二與十八也.

---

119 이제……얻는데 : 12×12＝8×x ⇔ 8 : 12＝12 : x에서 x＝18.

[15] 池 : 저본에는 "他".《數理精蘊·線部·比例》·《保晚齋叢書·考事十二集·數藝》에 근거하여 수정.

[16] 丈 : 저본에는 "尺".《數理精蘊·線部·比例》에 근거하여 수정.

⑥ 연습문제 6[120]

가령 모시를 무명(면포)과 교환하는데, 모시 3
장(丈)당 값이 은 2전이고 무명 7장당 값이 은 7
전 5푼이라는 사실만 알고 있다고 하자. 이제 모
시 45장이 있다면 무명 몇 장과 교환할 수 있는
가?【이것은 합률비례(合率比例)[121]이다.】

[풀이법] 모시 3장과 무명의 값은 7전 5푼을 곱
하여 2냥 2전 5푼을 얻어서 1율로 하고, 모시의
값 은 2전과 무명 7장을 곱하여 1냥 4전을 얻어
서 2율로 한다. 그리고 모시 45장을 3율로 하여
4율인 28장을 얻으면(2율×3율÷1율), 이것이 모
시 45장으로 교환할 수 있는 무명의 수이다.

이 방법은 비례 2개를 하나의 비례로 결합한
것이다. 두 비례식으로 나누어서 밝히겠다. 모시
3장당 값이 은 2전이므로 이제 모시 45장은 은
값 3냥(30전)에 해당한다.[122] 이것이 하나의 비례
이다(원도 29). 무명의 값인 은 7전 5푼으로 무명
7장을 얻으므로, 이제 모시 45장의 값인 은 3냥
은 무명 28장에 해당한다. 이것이 또 하나의 비

設如以夏布換綿布，但知每
夏布三丈價銀二錢，每棉布
七丈[17]價銀七錢五分．今有夏
布四十五丈，問換棉布若干？
【此合率比例】

因 以夏布三丈與棉布價銀七
錢五分相乘，得二兩二錢五
分爲一率；夏布價銀二錢與
棉布七丈相乘，得一兩四錢
爲二率．夏布四十五丈爲三
率，推得四率二十八丈，卽夏
布四十五丈所換之棉布數也．
此法乃兩比例合爲一比例
也．如分作兩比例明之，每
夏布三丈價銀二錢，今夏
布四十五丈，則價銀應得三
兩．此一比例也．棉布價銀
七錢五分，得棉布七丈，今

---

120 연습문제 6 :《수리정온》하편 권3〈선부(線部) 1〉"비례"의 '합률비례(合率比例)' 조 첫째 예제에서
　　발췌했다.

121 합률비례(合率比例) : 은 값을 매개로 해서 모시 값과 면포 값의 비례관계를 구하므로 우선 두 가
　　지 비례가 필요하다. 이 두 가지 비례를 하나의 비례로 합친 것이 합률비례이다.

122 모시……해당한다 : 3 : 2＝45 : 30.

[17] 丈 : 저본에는 "尺".《數理精蘊·線部·比例》에 근거하여 수정.

레이다(원도 30).[123] 무릇 은 3냥은 원래 모시 45장의 값이니, 모시 45장으로 교환하는 무명 28장의 은 가격도 3냥에 해당함을 알 수 있겠다.

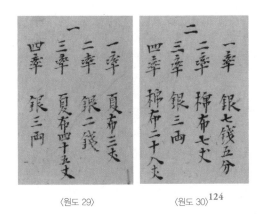

〈원도 29〉　　　〈원도 30〉[124]

夏布四十五丈之價三兩, 則應得棉布二十八丈. 此又一比例也. 夫銀三兩原爲夏布四十五丈之價, 則夏布四十五丈所換之棉布二十八丈價銀亦應三兩可知矣.

　　대개 위의 두 가지 비례에서 하나는 3장을 1율로 삼았고, 다른 하나는 7전 5푼을 1율로 삼았다. 따라서 3장과 7전 5푼을 곱하여 2냥 2전 5푼을 얻고 1율로 하는데, 이것은 두 비례의 1율을 결합하여 또 다른 한 비례의 1율로 한 것이다. 두 가지 비례에서 하나는 2전을 2율로 하고, 다른 하나는 7장을 2율로 한다. 따라서 2전과 7장을 곱하여 1냥 4전을 얻고 2율로 하는데, 이것은 두 비례의 2율을 결합하여 또 다른 한 비례의 2율로

蓋兩比例中, 一以三丈作一率, 一以七錢五分作一率. 故三丈與七錢五分相乘, 得二兩二錢五分而爲一率, 是合兩一率而爲一一率也. 一以二錢爲二率, 一以七丈爲二率. 故二錢與七丈相乘, 得一兩四錢而爲二率, 是合兩二率而爲一二率也.

---

123  무명의……비례이다 : 7.5 : 7 = 30 : 28.

124  맨 위의 "二"가 저본에는 위 그림과 달리 왼쪽으로 치우쳐 "三"과 "四"의 중간 위에 위치해 있고 또 "一"로 표기되어 있다.

한 것이다.

두 가지 비례에서 뒤의 비례의 3율(3냥)은 앞의 비례의 4율이다. 만약 두 비례의 3율끼리 곱한 것을 또 다른 비례의 3율로 한다면 얻게 될 또 다른 비례의 4율은 또한 두 비례의 4율끼리 곱한 것과 같으므로, 반드시 앞의 비례의 4율(3냥)로 나누어야 뒤의 비례의 4율을 얻는다. 그러므로 모시 45장을 3율로 하여 나온 무명 28장이 구하는 답인 4율이 되는 것이다.[125]

而後比例之三率, 卽前比例之四率. 如以兩三率相乘爲三率, 則所得四率亦爲兩四率相乘之數, 必須以前比例之四率除之, 方得後比例之四率. 故卽以夏布之四十五丈爲三率, 而得棉布之二十八丈爲四率也.

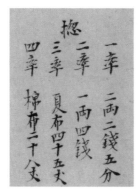

〈원도 31〉[126]

---

125 이상에서 설명한 합률비례를 현대식으로 이해하면 다음과 같다. 비례식 1(원도 29)을 $a:b=c:x$ 로 표현하면 $b \times c = a \times x$가 성립하며, 비례식 2(원도 30)를 $d:e=x:y$로 표현하면 $e \times x = d \times y$가 성립한다. 두 등식으로부터 $(a \times d) \times y = (b \times c) \times e$가 얻어진다. 이를 비례식으로 표현한 것이 본문에서 제시한 합률비례식 $a \times d : b \times e = c : y$이다. 문제에서는 $a=3$, $b=2$, $c=45$, $d=7.5$, $e=7$로 조건을 주고 $y$값을 물었다.

126 그림 맨 위의 '揔(총)'은 앞 두 그림('一'과 '二')에 적은 비례를 종합했다는 뜻이다.

## 7) 방전수법[127]

方田數法

전하는 기록[128]에 "방전은 논밭의 경계와 면적을 다룬다."라 했다. 대개 논밭이 구획된 형태에 따라서 그 넓이를 구하는 것이다. 예를 들어 가로

傳曰 : "方田, 以御田疇畛域[18]." 蓋以田疇界域之象形, 求其畝步之積實. 如以廣縱

---

127 방전수법 : 정대위(程大位)의 《산법통종》 권3 〈방전장(方田章)〉 第1에서 개괄과 연습문제를 발췌하여 나름의 체제로 편집하고 필요한 부분에 주석을 단 내용이다. 《구장산술》의 〈방전장(方田章)〉에 해당한다. 총 6개의 연습문제 중 다섯 번째 연습문제를 제외하고 《산법통종》의 연습문제와 수치까지 일치한다. 다만 단위 환산이 필요한 연습문제 1, 2에는 《수리정온》의 영향을 받은 사율비례를 사용했다. 《산법통종》의 풀이법에만 의존하지 않고 서양 수학의 영향을 받은 《수리정온》의 풀이법도 반영한 것이다.

128 전하는 기록 : 이 항목 '방전수법(方田數法)'부터 마지막 항목 '구고팔선(句股八線)'까지 9개 항목의 서두는 모두 '전하는 기록'을 빌려 해당 항목의 명칭, 곧 방전(方田), 속포(粟布), 최분(衰分)……구고(句股)의 의미를 8글자로 정의하는 것으로 시작하고 있는데, 그중 핵심은 '田疇畛域', '交質變易', '貴賤廩稅'……'高深廣遠' 등의 사자성어에 집중되어 있다. 이는 본래 유휘(劉徽)가 《구장산술주(九章算術注)》에 기술한 말이다. 그러나 《보만재총서》 〈고사십이집〉 '수예'의 편저자 서명응은 이를 《구장산술주》에서 직접 보고 옮긴 것이 아니라 《연감류함(淵鑑類函)》 권331 〈예부(藝部)〉 8 "산(算)" 3 등에 인용된 부분을 보고 발췌한 것으로 판단된다. 《구장산술주》와 비교할 때 '田疇界域'이 '田疇畛域'으로, '交質變易'이 '交質變易'으로 바뀌었기 때문이다. 이 두 사례 중 후자는 조선시대 유학자들이 애독한 성리학 서적 《근사록(近思錄)》 등에 이미 '交質變易'으로 쓰여 있어 최석정(崔錫鼎, 1646~1715)의 《구수략(九數略)》에서도 이를 따르는 등 드물지 않은 현상이었으나, 전자는 《연감류함》에서만 확인된다.

《연감류함》은 청(淸)나라의 장영(張英, 1637~1708)과 왕사정(王士禎, 1634~1711) 등이 칙명으로 편찬한 대형 유서(類書)로, 1713년(숙종 39) 조선에 전래되었으므로, [韓致奫, 《海東繹史》 卷42(影印本), 朝鮮光文會, 1912, 4쪽; 南台祐, 《韓國 類書의 書誌學的 硏究》, 中央大學校 博士學位論文, 2003, 14쪽에서 재인용] 서명응(徐命膺, 1716~1787) 시대에 충분히 활용될 수 있었다. 반면에 《구장산술주》는 중국에서도 명대(明代) 이후 유실되었다가 청대(淸代) 대진(戴震, 1724~1777)에 의해 1773~1774년 《사고전서》 편찬의 일환으로 복원되었다. 이렇게 복원된 《구장산술주》가 조선에 처음 전래된 시기를 확정할 수는 없다. 현재 서울대학교 중앙도서관에 전해지는 추사(秋史) 김정희(金正喜, 1786~1856) 소장본이 전래 시기의 하한선을 알려줄 뿐이다.(강민정, 《九章術解의 연구와 역주》, 성균관대학교 박사학위논문, 2015, 59쪽) 그런데 서명응의 나이 67세(1783) 때 평생의 저술을 재정리하여 완성하고 1785년까지도 서유구가 보완을 진행한 《보만재총서》에 9개 항목명의 풀이를 《구장산술주》가 아닌 《연감류함》에서 인용했다는 사실에서, 복원된 《구장산술주》가 조선에 전래된 시기는 아무리 일러도 1785년보다 앞설 수 없음을 추정할 수 있다.

⑱ 以御田疇畛域 : 《淵鑑類函》 卷331 〈工藝部〉 8 "算商" 3 '軼三術' 조의 표현과 같다. 이 자료를 제외한 《九章算術劉徽注》 등 대부분의 문헌에는 "畛"이 "界"로 되어 있다.

와 세로의 길이를 가지고 정사각형농지·직사각형농지·이등변삼각형농지·마름모꼴농지·등변사다리꼴농지·사다리꼴농지의 넓이를 구하고, 둘레와 지름의 길이를 가지고 원형농지, 둥근 언덕 모양 농지, 고리 모양 농지의 넓이를 구하는 것 등이 이 방전법의 내용이다.[129]

而求方、直、圭、梭、梯、斜, 以周徑而求圓田、碗田、環田是也.

① 연습문제 1[130]

가령 정사각형농지[方田] 한 뙈기가 있는데 세로 길이와 가로 길이가 각각 50보라면 보$^2$ 단위의 넓이와 세금을 매길 묘(畝) 수[131]는 얼마인가?

設如有方田一丘, 長、闊各五十步, 問積、稅若干?

풀이법 세로와 가로의 길이를 곱하면 넓이

因 長、闊相乘, 得面積

---

129 가로와……내용이다:《산법통종》권3〈방전장〉서두의 개괄 내용 중에서 앞부분을 옮겨 온 부분이다.《산법통종》에는 현실에서 맞닥뜨리는 부정형(不定形)의 토지 측량의 경우 어떻게 해야 정밀성을 기할 수 있는가 하는 문제에 대한 서술이 더해져 있다.

130 연습문제 1:《산법통종》권3〈방전장〉의 '정사각형농지[方田]'에 대한 연습문제를 수치까지 그대로 옮겨 온 문제이다. 다만《산법통종》의 '문-답-풀이법'의 배열 순서에서 중간의 '답'란을 생략하고, 본래 소자쌍행(小字雙行)의 세주(細注)로 되어 있던 풀이법의 수치들을 대자(大字) 본문으로 끌어올리고, 문제 서두의 '假如'를 '設如'로 바꾸고 풀이법 서두의 '置'를 생략하는 등 몇몇 표현을 바꾼 다음, 단위 환산의 타당성을 사율비례로 부연했다. 뒤에도《산법통종》에서 가져온 연습문제들이 많은데, 인용 전후의 변형 양상은 이와 유사하다. 이 연습문제에 한해《산법통종》본래의 서술 양태를 보면 다음과 같다.
假如今有方田一坵, 長闊各五十步, 問積稅若干?
答曰 : 積, 二千五百步; 稅, 十畝〇四分一釐六毫六.
法曰 : 置長五十步, 以闊亦五十步乘之, 得積二千五百步爲實. 以畝法二四除之.

131 보$^2$……수 : 원문의 적(積)과 세(稅)를 병칭(竝稱)한 말이다. 고대 중국에서 정전제(井田制)를 폐지한 뒤에 농지의 면적에 따라 세금을 부과했는데, 이를 '세묘[稅畝, 묘수(畝數)에 따라 과세함]'라 했다.(《公羊傳·宣公十五年》: "稅畝者何? 履畝而稅也.") 또 1부(夫)가 100묘의 토지를 할당받아 농사짓고 납부하는 세금을 '부세(夫稅)'라 했다는 기록(《周禮·地官·載師》: "凡民無職事者, 出夫、家之征." 漢 鄭玄注 : "夫稅者, 百畝之稅.")에서 세금 부과의 면적 단위는 묘(畝)였음을 알 수 있다. 이 때문에 세금을 매길 묘(畝) 단위의 면적을 '세(稅)'로 일컬은 것이다.

2,500보$^2$을 얻는다. 이를 묘법 240으로 나누면[132] 과세 넓이 1묘 0분 4리 1호 6사(絲) 6홀(忽)[133](＝1.04166묘)을 얻는다. 2,400보$^2$과 1묘의 비가 2,500보$^2$과 1묘 0분 4리 1호 6사 6홀의 비와 같다.[134]

二千五百步. 以畝法二四除之, 得稅一畝零四釐一毫六絲六忽. 二千四百步與一畝, 若二千五百步與一畝零四釐一毫六絲六忽也.

---

132 묘법……나누면 : 원문의 '以畝法二四除之'를 옮긴 말이다. 묘법(묘에 대한 보$^2$의 환산율)이 '240보$^2$/묘'라는 것은 언급할 필요도 없을 만큼 당시(《산법통종》 저술 시기)로서는 상식에 속했기 때문에 수치를 구체적으로 제시하지 않고 상징적으로 제시한 것이다.

중국의 원말(元末) 명초(明初)에 활동한 안지재(安止齋)의 《상명산법(詳明算法)》에서는 총 81가지 항목에 대해 각기 운자(韻字)를 맞춘 칠언고시(七言古詩)로 개괄한 뒤에 연습문제의 문-답-풀이를 열거했는데, 하권의 '장량전묘(丈量田畝)' 개괄의 마지막 구가 "묘법 이사(二四)로 나누네.(二四除之畝法強)"이다. 조선 황윤석(黃胤錫, 1729~1791)이 《이수신편(理藪新編)》 권22 '방전구적법(方田求積法)' 개괄에서 《상명산법》의 이 구를 인용하면서 단 주석 "이사(二四)는 곧 묘법 240보$^2$이다.(二四卽畝法二百四十步也)"를 참고하면 그 의미가 분명해진다. 참고로 《상명산법》 '장량전묘' 연습문제들의 풀이법에는 보$^2$을 묘 단위로 환산하는 동일한 과정이 "以畝法二十四歸除之", "以畝法除之", "以畝法歸除之" 등으로 다양하게 서술되어 있는데, 이때 "畝法二十四" 역시 오류라기보다는 "畝法二四"의 다른 표현으로 보아야 한다.

133 1묘……6홀(忽) : '10묘 4분 1리 6호 6사 6홀(＝10.41666묘)'이 되어야 한다. 뒤이은 말을 보면 이는 2,500보$^2$을 묘법 240보$^2$이 아닌 2,400보$^2$으로 나눔으로 인해 발생한 오류이다. 바로 앞의 각주에서 볼 수 있듯이 이는 《산법통종》에 '10묘 04分 1釐 6毫 6(＝10.4166묘)'으로 기재된 것을 《보만재총서》〈고사십이집〉의 저자가 개악(改惡)하고 그 오류를 여기에서 답습한 것이다. 이는 두 가지 원인이 작용한 결과로 생각된다. 첫째는 《산법통종》 풀이법의 "以畝法二四除之"에 대한 이해가 확고하지 못했기 때문이다. 둘째는 《산법통종》의 답에 '十畝○四分一釐六毫六'이라고 적혀 있어서 중간의 '○'이 혼동을 일으켰기 때문이다.

분(分), 리(釐), 호(毫)는 소수 단위로, 농지의 면적을 나타내는 경우 '1묘=10분=100리=1,000호'로 환산된다. 따라서 위와 같이 표현할 때 분, 리, 호는 두 자릿수를 지닐 수 없으므로 '○四分'의 '○'은 불필요하다. 반대로 이 '○'이 잘못 쓴 글자가 아니라면 '○'도 단위를 지녀야 하는데, 《고사십이집》에서는 그 방법으로 '○'을 '零'으로 더욱 분명히 표기하고, 단위를 한 자리씩 물리는 선택을 하게 된 것이다.

이와 같은 오류의 근본 원인은 "以畝法二四除之"의 '二四'가 '二百四十'의 축약된 형태임을 인식하지 못하고, 경우에 따라 '二千四百'으로도 이해할 수 있다고 오인한 데서 기인한 것으로 추정된다. 다음 연습문제의 풀이법에서는 묘법 240보$^2$으로 나눈 《산법통종》의 풀이법을 정확히 따르고 있음을 볼 때, 이 오류는 이 두 가지 원인의 상호 간섭 때문으로 보인다.

134 2,400보$^2$과……같다 : 1묘는 240보$^2$이므로 이 문장은 다음과 같이 수정해야 한다. "240보$^2$과 1묘의 비가 2,500보$^2$과 10묘 4분 1리 6호 6사 6홀의 비와 같다."

〈원도 32〉

② 연습문제 2[135]

가령 직사각형농지[直田]가 있는데 세로 길이 가 60보, 가로 길이가 32보라면 보$^2$ 단위의 넓이 와 세금을 매길 묘(畝) 수는 각각 얼마인가?[136]

[풀이법] 세로와 가로 길이를 곱하면 넓이 1,920 보$^2$을 얻는다. 이를 묘법 240으로 나누면 과세 넓이 8묘를 얻는다. 240보$^2$과 1묘의 비가 1,920보$^2$ 과 8묘의 비와 같다.

設如有直田, 長六十步, 闊 三十二步, 問積、稅各若干?

因 長、闊相乘, 得面積一千 九百二十步. 以畝法二四除 之, 得稅八畝. 二百四十步與 一畝, 若一千九百二十步與 八畝也.

---

135 연습문제 2 : 《산법통종》 권3 〈방전장〉의 '직사각형농지[直田]' 조의 연습문제를 수치까지 그대로 옮겨 오되, 앞의 연습문제 1에서와 유사한 형식으로 변형한 것이다.

136 보$^2$……얼마인가 : 원문은 "問積稅各若干"이다. 앞 연습문제에서 생략된 '각각[各]'이 여기에는 드러 나 있어서(《산법통종》도 마찬가지임) '적세(積稅)'가 '적(積)'과 '세(稅)'라는 두 가지임을 알 수 있다. 《산 법통종》에서는 이 두 연습문제의 두 가지 답을 분명히 구분하여 "보$^2$ 단위의 면적은 ○○○○○이고, 세금을 매길 묘(畝) 수는 ○○○이다.(積, ○○○○○步 ; 稅, ○○○畝.)"라는 형태로 제시했다.

〈원도 33〉

③ 연습문제 3[137]

가령 원형농지[圓田]의 지름이 56보이고 둘레
가 168보라면 넓이는 몇 보$^2$인가?[138]

設如圓田徑五十六步, 周
一百六十八步, 問積步若干?

[풀이법 1] 지름을 제곱하면 3,136보$^2$을 얻는데,
여기에 0.75를 곱하면[139] 2,352보$^2$을 얻는다.

因 徑自乘, 得三千一百三
十六步, 又以七五乘[19]之,

---

137 연습문제 3 : 《산법통종》권3 〈방전장〉의 '원형농지[圓田]' 조의 연습문제를 수치까지 그대로 옮겨
오되, 앞의 연습문제 1에서와 유사한 형식으로 변형한 것이다.

138 가령……보$^2$인가 : 원의 넓이는 둘레의 길이와 (반)지름 중 하나만 주어져도 구할 수 있으므로 위
문제에서는 조건이 중복 제시된 것이다. $\frac{둘레}{지름}$ = 원주율이므로 이 문제에서는 원주율을 고법(古
法) 3으로 하여 계산했음을 알 수 있다.

139 0.75를 곱하면 : 원문의 '以七五乘之'를 옮긴 말이다. 풀이법 뒤에 나오는 원주(原註)의 설명을 고
려하면 "0.75를 곱한다."는 뜻으로 쓴 말임을 알 수 있다. 원래의 수에서 7할 5푼을 덜어 내기 때문
에 이렇게 표현한 것으로 생각된다. 그러나 이는 본래 《산법통종》의 "칠오(七五)를 곱한다.(以七五乘
之)"에서 '七五'의 모호함으로 인해 《고사십이집》에서는 '곱한다[乘]'를 '나눈다[除]'로 잘못 고쳤다.
원주율 3.14를 '三一四'로 나타내는 예에서 볼 수 있듯이, 전통 산학에서는 도량형의 단위가 따라
붙지 않는 소수(小數)를 표기할 때 일체의 소수점과 단위 표시 없이 낱 숫자들의 연속 배열로 나
타낸다. 또 '0'의 표기를 '없음'이라는 내용과 완전히 분리하여 사고하지 않았으므로, 0.75를 '零
七五'로 나타내지 않고 소수점 이하의 숫자만 배열하여 '七五'로 표현할 수 있었다. 그러나 이 표
현은 얼마든지 '7.5'나 '75'로 받아들일 수 있는 모호함이 있다. 서명응은 '75'로 받아들였기 때문
에 3,136보$^2$에 75를 곱하여 2,352보$^2$이 나오는 모순된 상황을 피하기 위해 '나눈다[除]'로 바꾼
듯하다. 그러나 실은 3,136보$^2$을 75로 나누어도 2,352보$^2$이 나오지는 않으며, 'O할 O푼을 덜어
내는 것'을 '以OO除之'로 표현하는 용례가 없으므로 여기에서 '七五'는 0.75일 수밖에 없다.

19 乘 : 저본·《保晚齋叢書·攷事十二集·數藝》에는 "除". 《算法統宗·方田》에 근거하여 수정.

得積二千三百五十二[20]步.

**풀이법2** 둘레와 지름을 곱한 다음 4로 나누어도 2,352보$^2$을 얻는다.

又法 周、徑相乘, 四歸之, 亦得.

**풀이법3** 둘레를 제곱하여 얻은 수를 12로 나누어도 2,352보$^2$을 얻는다.

又法 周自乘, 十二除之, 亦得.

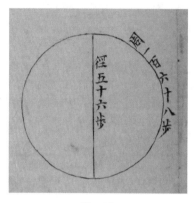

〈원도 34〉

【'풀이법1'에서 0.75를 곱하는 이유는 원지름 1척의 제곱은 정사각형의 넓이 1척$^2$, 곧 100촌$^2$[140]이고, 이때 원의 넓이는 75촌$^2$이므로 이를 정률(定率)로 하기 때문이다.[141] 비례관계로 밝혀 보면 원래 있던 원지름 1척을 제곱한 정사각형의

【七五乘[21]之者, 圓徑一尺自乘, 則爲正方一尺百寸, 而圓積則爲正方七十五寸, 以爲定率. 以比例明之, 原有圓徑一尺自乘之正方一尺與原積

---

140 100촌$^2$: 1척=10촌이므로 1척$^2$=100촌$^2$.

141 0.75를……때문이다: 정사각형에 내접하는 원의 넓이는 그 정사각형의 넓이의 75%라는 말이다. 한 변의 길이가 1인 정사각형의 넓이는 1이고, 거기에 내접하는 원의 넓이는 $\frac{3}{4}$이므로 1 : $\frac{3}{4}$ = 100 : 75 가 된다(원주율을 3으로 계산).

[20] 五十二: 저본에는 "二十五". 《算法統宗·方田·圓田》에 근거하여 수정.

[21] 乘: 저본·《保晩齋叢書·攷事十二集·數藝》에는 "除". 《算法統宗·方田》에 근거하여 수정.

넓이 1척$^2$(100촌$^2$)과 원래 원 넓이 75촌$^2$의 비는 이제 새로 만들 원지름 1척을 제곱한 정사각형의 넓이 3,316보$^2$과 원 넓이 2,352보$^2$의 비와 같다.

'풀이법 2'에서 4로 나누는 이유는 원 넓이가 원둘레와 지름을 곱하여 얻는 사각형 넓이의 $\frac{1}{4}$이기 때문이다. 둘레의 반과 지름의 반을 곱해도 바로 원 넓이를 얻는데, 그 구하는 법도 통한다.[142]

'풀이법 3'에서 12로 나누는 이유는 원 넓이가 둘레를 제곱하여 얻은 사각형 넓이의 $\frac{1}{12}$이기 때문이다.[143]

○ 고법(古法)으로는 지름이 1인 원둘레는 3이라고 규정하지만 지름이 1척일 때 원둘레는 실제로 3척보다 조금 크다. 《수리정온》에서는 지름이 1이면 원둘레는 3.14159265 남짓[144]이라고 규정

七十五寸, 若今有之圓徑自乘方積三千一百三十六步與圓積二千三百五十二[22]步之比也.

四歸之者, 圓積爲周、徑相乘方之四分之一故也. 半周、半徑相乘, 直得圓積, 其法通.

十二除之者, 圓積爲周自乘方十二分之一故也.

○古法稱徑一圍[23]三, 然徑一尺, 圍[24]實三尺有餘. 《數理精蘊》稱徑一則圍[25]爲三一四一五九二六五有

---

142　4로……통한다:《구장산술》이래로 원의 넓이를 구하는 고대의 가장 기본적인 방법은 '$\frac{둘레}{2} \times \frac{지름}{2}$,'이다. 《수리정온》에서는 원을 무수히 많은 작은 부채꼴로 분할하여 직각삼각형 모양으로 재조합함으로써 이러한 원 넓이 공식을 증명했다.

143　12로……때문이다: 앞의 '풀이법 2'에서 유도한 공식인 '원의 넓이 $= \frac{둘레 \cdot 지름}{4}$'에 '지름 $= \frac{둘레}{3}$'를 대입하면 새로운 공식 '원의 넓이 $= \frac{(둘레)^2}{12}$'이 얻어진다는 뜻이다.

144　3.14159265 남짓: 원주율을 소수점 아래 9째 자리에서 반올림하여 계산한, 매우 정확한 값이다. 《수리정온》하편 권15 〈할원(割圓)〉에 원주율 3.141592653 남짓을 유도하는 과정이 간략히 설명되어 있다.

22　五十二: 저본에는 "二十五". 《算法統宗·方田·圓田》에 근거하여 수정.

23　圍: 저본에는 "圓". 오사카본·규장각본·《保晩齋叢書·攷事十二集·數藝》에 근거하여 수정.

24　圍: 저본에는 "圓". 《保晩齋叢書·攷事十二集·數藝》에 근거하여 수정.

25　圍: 저본에는 "圓". 오사카본·《保晩齋叢書·攷事十二集·數藝》에 근거하여 수정.

했다. 또 지름이 1.13이면 원둘레는 3.55이다. 여기서도 1.13을 1율로 하고 3.55를 2율로 하고 56보를 3율로 하면 4율로 176보에 '조금 못 미치는 수[弱]'[145]를 얻는다. 여기서 둘레(56보)의 반과 지름(176보에 조금 못 미치는 수)의 반을 곱하면 2,464보$^2$에 조금 못 미치는 수가 나오는데, 이것이 정밀한 값이다.[146]】

奇. 又徑爲一一三, 則圍爲三五五. 此亦當以一一三爲一率, 三五五爲二率, 五十六步爲三率, 得四率一百七十六步弱. 半徑、半周相乘, 得二千四百六十四[26]步弱, 乃爲精密.】

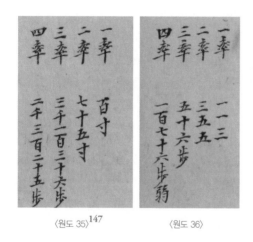

〈원도 35〉[147]　　〈원도 36〉

---

145 176보에……수[弱] : 사율비례의 결과로 나온 '$175\frac{105}{113}=176-\frac{8}{113}$'을 표현한 말이다. '弱'은 기준 수치보다 근소하게 작다는 뜻이다. 여기서는 $\frac{8}{113}$이 근소한 수치이기 때문에 이렇게 표현했다.

146 여기서……값이다 : 문제에서 지름이 56보일 때 둘레는 정확히 말하면 168보가 아니라 176보보다 조금 작은 값이므로 넓이는 (둘레의 반) × (지름의 반) = $\frac{176보다\ 조금\ 작은\ 값}{2} \times \frac{56}{2}$ = '2,464보다 조금 작은 값'이라는 의미이다.

147 사율(四率)의 '二千三百二十五步(2,325보)'는 '二千三百五十二步(2,352보)'의 잘못이다.

26 四 : 저본에는 없음. 계산 결과가 '$\frac{176}{2} \times \frac{56}{2} = 2,464$'로 나오는데 끝자리 수 '四'가 누락되었으므로, 문맥에 근거하여 보충.

④ 연습문제 4[148]

가령 이등변삼각형농지[圭田]가 있는데 세로가 60보, 가로가 32보라면 넓이는 얼마인가?

[풀이법] 세로와 가로를 곱하여 1,920보²을 얻고, 이 값을 반으로 나누어 960보²을 얻는다.

設如有圭田, 長六十步, 闊三十二步, 問積若干?

因 長、闊相乘, 得一千九百二十步, 折半, 得九百六十步.

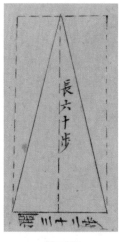

長六十步

闊三十二步

〈원도 37〉

⑤ 연습문제 5[149]

가령 직각삼각형농지[句股田]가 있는데 세로가 30보, 가로가 17보라면 넓이는 얼마인가?

設如句股田, 長三十步, 闊十七步, 問積若干?

---

148 연습문제 4:《산법통종》권3 〈방전장〉의 '이등변삼각형농지[圭田]' 조의 연습문제를 수치까지 그대로 옮겨 오되, 앞의 연습문제 1에서와 유사한 형식으로 변형한 것이다.

149 연습문제 5:《산법통종》권3 〈방전장〉의 '직각삼각형농지[句股田]' 조의 연습문제에서 수치를 바꾸고 앞의 연습문제 1에서와 유사한 형식으로 변형한 것이다.《산법통종》연습문제의 수치를 따를 경우 연습문제 4와 풀이법 및 계산 결과가 동일해지기 때문에 이를 피하기 위해 바꾼 것으로 생각된다.

風이법 세로와 가로를 곱하여 510보$^2$을 얻고, 이 값을 반으로 나누어 255보$^2$을 얻는다.

因長、闊相乘, 得五百一[27]十步, 折半, 得二百五十五[28]步.

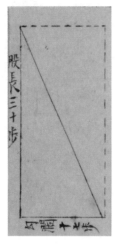

〈원도 38〉

⑥ 연습문제 6[150]

가령 등변사다리꼴농지[梯田]가 있는데 윗변 길이가 20보, 밑변 길이가 30보, 세로(높이)가 45보라면 넓이는 얼마인가?

設如有梯田, 上廣二十步, 下廣三十步, 長四十五步, 問積若干?

풀이법 윗변 길이와 밑변 길이를 더하여 50보를 얻고 이를 높이 45보와 곱한 다음, 반으로 나누면 1,125보$^2$을 얻는다.【이상의 이등변삼각형농

因 上、下二廣相幷, 得五十步, 與長四十五步相乘, 折半, 得一千一百二十五步.【以

---

150 연습문제 6 :《산법통종》권3 〈방전장〉의 '등변사다리꼴농지[梯田]' 조의 연습문제를 수치까지 그대로 옮겨 오되, 앞의 연습문제 1에서와 유사한 형식으로 변형한 것이다.

[27] 一 : 저본에는 "二". 30×17의 결과가 510이므로 문맥에 근거하여 수정.

[28] 五十五 : 저본에는 "六十". 510의 절반은 255이므로 문맥에 근거하여 수정.

지, 직각삼각형농지, 등변사다리꼴농지에서 길이
(높이)와 너비(밑변 길이)를 곱하면 모두 직사각
형농지의 넓이가 되므로 그 직사각형의 넓이를
반으로 나누는 것이다. 길이나 너비를 먼저 반으
로 나누어 곱해도 곧바로 원래 모양 농지의 넓이
를 얻는다.】

上圭、句、梯田, 長、廣相乘,
爲直田積, 故折半. 或長或廣
先折半乘之, 直得原積.】

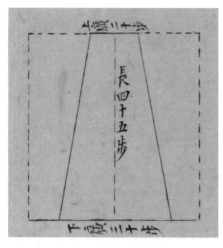

〈원도 39〉

## 8) 속포수법(粟布數法)[151]

전하는 기록에 "속포(粟布)는 물건의 교환이나 변환을 다룬다."라 했다. 대개 속(粟)도 도정한 곡식[米][152]이요, 포(布)도 화폐이다. 도정하지 않은 조나 벼 등으로[153] 도정한 곡식의 교환 비율을 구하고, 곡(斛)이나 두(斗)로 양식의 양을 구하고, 장(丈)이나 척(尺)으로 비단의 길이를 구하며, 근(斤)과 냥(兩)으로 물건의 무게를 구한다. 이 모두가 물건을 교환하고 변환하는 문제를 다루기 때문이다.

### ① 연습문제 1[154]

가령 현미 416석 8두 8승을 도정하여 백미

粟布數法

傳曰:"粟布, 以御交貿變易." 蓋粟亦米也, 布亦錢也. 以粟稻求米之精粗, 以斛斗求糧之多寡, 以丈尺求帛之長短, 以斤兩求物之輕重, 皆所以御其交易變遷也.

設有糙米四百一十六石八斗

---

151 속포수법(粟布數法):《산법통종》권4 〈속포장(粟布章)〉第2에서 개괄과 연습문제를 발췌하여 나름의 체제로 편집하고 필요한 부분에 주석을 단 내용이다. 총 5개의 연습문제 모두《산법통종》의 연습문제와 수치까지 일치한다. 속포수법은《구장산술》의 〈속미장(粟米章)〉에 해당하는 것으로, 연습문제 1, 2는《구장산술》〈속미장〉에도 부합한다. 그러나 연습문제 3, 4, 5는 '창고의 부피 계산' 및 '창고 부피와 곡식 수량 간의 환산'을 다룬 문제로,《구장산술》에서는 '부피 계산'을 주요 내용으로 보아 〈속미장〉이 아닌 〈상공장(商功章)〉에 포함한 반면에,《산법통종》에서는 '창고 부피와 곡식 수량 간의 환산'을 주요 내용으로 보아 〈속포장〉의 '반량창교(盤量倉窖)' 조에 포함시킨 것이다.《보만재총서》〈고사십이집〉'문예' 저술에《구장산술》이 직접적인 영향을 끼치지 못했음을 확인할 수 있다. 이 항목에도 앞의 방전수법(方田數法)에서처럼《수리정온》의 영향을 받은 사율비례법을 사용했다.

152 도정한 곡식[米]:미(米)는 보통 벼의 껍질을 벗겨 낸 쌀을 뜻하나, 여기서는 껍질을 벗겨 낸 곡식 일반을 말한다.

153 도정하지……등으로:원문의 '粟稻'을 옮긴 것으로,《산법통종》권4 〈속포장〉개괄 부분에는 이 뒤에 '等率' 2자가 더 있으므로 이를 번역에 반영했다.

154 연습문제 1:《산법통종》권4 〈속포장〉의 연습문제를 수치까지 그대로 가져오되, 편집 체제와 표현을 약간 바꾸고, 풀이법을《수리정온》의 상당비례(相當比例)로 바꾸어 설명한 것이다.

333석 5두 0승 4합을 얻는다고 하자. 현미 1석으로는 백미 얼마를 얻겠는가?

八升, 春作白米三百三十三石五斗零四合. 問糙米每石, 得白米若干?

풀이법 416석【1석은 10두이다. 이하도 이와 같다.】8두 8승을 1율로 하고, 333석 5두 0승 4합을 2율로 하고, 1석을 3율로 하면 4율인 8두를 얻는다.[155]

因 四百一十六石【十斗, 後倣此.】八斗八升爲一率, 三百三十三石五斗零四合爲二率, 一石爲三率, 得四率八斗.

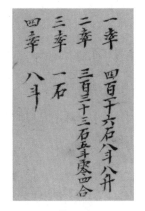

〈원도 40〉

---

155 416석……얻는다 : 1석=10두, 1두=10승, 1승=10합으로 계산하여 모두 두의 단위로 환산하면 416석 8두 8승=4168.8두이고, 333석 5두 4합=3335.04두이다. 따라서 비례식 4168.8 : 3335.04 =10 : $x$에서 $x$를 구하면 8이 나온다. 그런데 앞선 "1. 하늘과 땅과 인류 문물에 쓰이는 각종 단위 [三才數位]"의 '도량형의 단위' 조에서는 1석을 20두로 정의한 바 있어["10두를 1곡(斛)으로, 2곡을 1석(石)으로"] 단위의 기준이 여기와는 다르다. 여기서는 석을 곡의 의미로 사용한 것이다.

② 연습문제 2[156]

가령 어떤 사람이 9색금[157] 50냥을 빌렸는데 이제 8색금으로 갚는다면 얼마에 해당하는가?

[풀이법] 9색에 50냥을 곱하면 순금 45냥을 얻는다.[158] 이를 8색으로 나누면 8색금 56냥 2전 5분을 얻는다.【이것은 전비례(轉比例)이다.】

設有人借九色金五十兩, 今還八色金, 問該若干?

因 置九色, 以五十兩乘之, 得赤金四十五兩. 以八色除之, 得八色金五十六兩二錢五分.【此卽轉比例.】

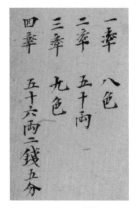

〈원도 41〉[159]

---

156 연습문제 2:《산법통종》권4〈속포장〉의 연습문제를 수치까지 그대로 가져오되, 편집 체제와 표현을 약간 바꾸고, 풀이법을《수리정온》의 전비례(轉比例)로 바꾸어 설명한 것이다.

157 9색금: 순도 90%의 금을 말한다. 뒤에 나오는 8색금은 순도 80%의 금이고, 원문의 '赤金'은 순도 100%의 순금이다. 순금은 족색금(足色金)이라고도 한다.[《俛宇集》卷104〈答曺晦仲(辛丑)〉: "金有足色、九色之別, 九色而治鍊之, 則可以成足色."]

158 9색에……얻는다: 9색은 순도 90%를 뜻하므로 0.9로 수량화할 수 있다. 따라서 '9색×50냥＝0.9×50냥＝45냥'이 된다. 9색금 50냥에서 순금만 뽑아내면 45냥이 된다는 뜻이다.

159 이 사율비례는 다음과 같이 옮길 수 있다. 0.8(8색) : 50냥＝0.9(9색) : 56.25냥. $a$와 $a'$는 금의 순도, $b$와 $b'$는 화폐량이라고 할 때, 이와 같은 관계를 일반화하면 다음과 같다. $a$색금 $b$냥과 $a'$색금 $b'$냥이 등가로 교환된다는 것은 등식 $a \times b = a' \times b' (a' : a = b : b')$가 성립한다는 의미이다(전비례). 이 문제에서는 순도 90%의 금과 80%의 금을 비교하기 위해 해당 금에서 순금만을 추출했을 때의 양을 계산하여 $0.9 \times 50 = 45$냥(순금)＝$0.8 \times x$에서 $x=56.25$를 구했다.

③ 연습문제 3[160]

가령 정사각형 창고가 있는데 밑면의 한 변 길이가 15척이고 높이가 15척이라면 여기에 쌓을 수 있는 곡식의 양은 얼마인가?

設如有方倉, 方一十五尺, 高一十五尺, 問積米若干?

[풀이법] 밑면 한 변의 길이 15척을 제곱한 다음 다시 높이 15척을 곱하여 3,375척³(창고의 부피)을 얻는다. 이제 여기에 해당하는 곡식의 양을 구하기 위하여 이를 곡법(斛法)[161] 2.5척³[162]으로 나누면 1,350석을 얻는다. 2.5척³과 1곡의 비는 3,375척³과 1,350석의 비와 같다.【직사각형 창고인 경우에도 풀이법이 같다.】

因 方十五尺自乘, 再以高乘之, 得三千三百七十五尺. 以斛法二尺五寸除之, 得一千三百五十石. 二尺五寸與一斛, 若三千三百七十五尺與一千三百五十石也.【長倉法亦同.】

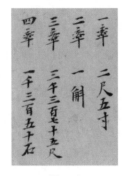

〈원도 42〉

---

160 연습문제 3 :《산법통종》권4〈속포장〉의 '반량창교(盤量倉窖)' 조의 연습문제를 수치까지 그대로 가져오되, 편집 체제와 표현을 약간 바꾸고, 풀이법 중에 창고의 부피를 가지고 쌀의 부피를 계산하는 과정을《수리정온》의 상당비례로 바꾸어 설명한 것이다.

161 곡법(斛法) : 쌀 1곡과 부피(척³ 단위)의 환산율을 말한다. 곡법으로 부피를 나누어 석 단위의 수를 얻은 것으로 보아, 여기서도 앞에서 밝힌 것처럼 석이 곡의 뜻으로 사용되었다. 이하도 모두 마찬가지이다.

162 2.5척³ : 원문의 '二尺五寸'을 옮긴 것이다. 여기서 '尺'은 '1척×1척×1척'을, '寸'은 '1촌×1척×1척'을 뜻함에 유의해야 한다. 곧 '二尺'은 2척³이지만, '五寸'은 5촌³이 아니라(5촌×1척²=0.5척×1척²), 0.5척³=500촌³(5촌×10촌×10촌=5촌×100촌²)이다. 따라서 '二尺五寸'은 2.5척³(2척³+0.5척³)이 된다.

④ 연습문제 4[163]

가령 원기둥 모양의 창고가 있는데 원둘레가 36척이고 높이가 8척이라면, 여기에 쌓을 수 있는 곡식의 양은 얼마인가?

設如有圓倉, 周三十[㉙]六尺, 高八尺, 問積米若干?

풀이법 원둘레를 제곱한 다음 다시 높이를 곱하여 10,368척³을 얻는다. 이를 원법(圓法) 12로 나누면 원기둥의 부피인 864척³을 얻는다. 이 수를 곡법 2.5척³으로 나누면 345석 6두를 얻는다.

因 周自乘, 再以高乘之, 得一萬零三百六十八尺. 以圓法十二[㉚]除之, 得積八百六十四尺. 以斛法二尺五寸除之, 得三百四十五石六斗.

【여기에서도 3.55를 1율로 하고, 1.13을 2율로 하고, 주어진 창고의 원둘레 36척을 3율로 하고서 4율을 얻어 지름으로 삼아야 한다.[164] 그런 다음 지름의 반과 둘레의 반을 곱하여 밑면의 넓이

【此亦當以三五五爲一率, 一一三爲二率, 今周三十六尺三率, 得四率爲徑. 半徑、半周相乘, 得底面積, 再以高

---

163 연습문제 4:《산법통종》권4〈속포장〉의 '반량창교(盤量倉窖)' 조의 연습문제를 수치까지 그대로 가져오되, 편집 체제와 표현을 약간 바꾸고, 원주에서 고법(古法) 3보다 정밀한 원주율 $\frac{355}{113}$ 와《수리정온》의 상당비례를 이용하여 창고의 부피를 계산하는 더 정확한 방법을 제시한 것이다.

164 3.55를……한다:본문에서는 창고의 밑면 넓이를 구할 때 '(원둘레 제곱)÷12=원 넓이'라는 방법을 사용했는데, 이는 원주율을 고법(古法) 3으로 잡고 계산한 결과이다. 원둘레의 제곱을 나눈 '12'가 실은 '4×원주율'을 계산한 결과로, 원주율을 3으로 잡아서 12가 된 것이기 때문이다. 여기에서는 중국 남조(南朝) 송(宋)나라에서 활동했던 조충지(祖沖之, 429~500)가 제시한 밀률(密率, 원주율) $\frac{355}{113}$ 를 사용하여 주어진 원둘레로 더 정밀한 지름을 구하는 방법을 소개했다. 정밀한 지름이 구해지면 '(원둘레÷2)×(지름÷2)=원 넓이'의 방법으로 정밀한 밑넓이가 구해지고, 따라서 정밀한 부피와 쌀의 양이 구해질 것이기 때문이다. 조충지의 밀률 $\frac{355}{113}$ 는 약 3.14159292035로, 소수점 아래 6자리까지 원주율 값과 일치한다.

㉙ 十:저본에는 "千". 오사카본·규장각본·《算法統宗·粟布章·盤量倉窖》·《保晩齋叢書·攷事十二集·數藝》에 근거하여 수정.

㉚ 二:저본에는 "三". 오사카본·규장각본·《算法統宗·粟布章·盤量倉窖》·《保晩齋叢書·攷事十二集·數藝》에 근거하여 수정.

를 얻고, 여기에 다시 높이를 곱하여 원기둥의 부피를 구한다. 이어서 곡법으로 나눈다.】

乘之, 得體積, 以斛法除之.】

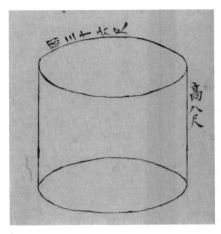

〈원도 43〉

⑤ 연습문제 5

가령 평지에 원뿔 모양의 곡식 더미가 있는데 밑면의 원둘레가 2장 4척이고 높이가 9척이라면 여기에 쌓은 쌀의 양은 얼마인가?

設如平地堆米, 下周二丈四尺, 高九尺, 問積米若干?

[풀이법] 밑면의 원둘레를 제곱한 다음 다시 높이를 곱하여 5,184척³을 얻는다. 이를 36으로 나누면 원뿔의 부피 144척³을 얻는다. 이 수를 곡법 2.5척³¹⁶⁵으로 나누어 57석 6두를 얻는다.

[法] 下周自乘, 再以高乘之, 得五千一百八十四尺. 以三十六除之, 得一百四十四³¹ 尺. 以斛法二五除之, 得

---

165 곡법 2.5척³ : 원문의 '斛法二五'를 옮긴 것으로, 연습문제 3, 4에 나온 '斛法二尺五寸'의 다른 표현이다. 단위가 너무도 자명한 경우에 이와 같이 표현하기도 한다.

③¹ 四 : 저본에는 없음. 오사카본·《算法統宗·粟布章·盤量倉窖》에 근거하여 보충.

【36으로 나누는 이유는 원의 넓이가 둘레를 제곱하여 얻은 넓이의 $\frac{1}{12}$이고, 원뿔의 부피는 원기둥 부피의 $\frac{1}{3}$이기 때문이다. 따라서 원뿔의 부피는 밑면의 원둘레를 제곱한 다음 다시 높이를 곱해서 얻은 부피의 $\frac{1}{36}$인 것이다.】

五十七石六斗.

【三十六除之者, 圓面積爲周自乘方十二分之一, 尖圓體又爲長圓體三分之一. 故尖圓體, 爲周自乘再以高乘體積之三十六分之一.】

〈원도 44〉

## 9) 최분수법(衰分數法)[166]

衰分數法

전하는 기록에 "최분(衰分)은 봉록이나 세금을

傳曰 : "衰分, 以御貴賤廩稅."

---

166 최분수법(衰分數法) : 《산법통종》 권5 〈최분장(衰分章)〉 第3에서 개괄과 연습문제를 발췌하여 나름의 체제로 편집하고 필요한 부분에 주석을 단 내용이다. 총 3개의 연습문제 모두 《산법통종》의 연습문제와 수치까지 일치한다. '최분수법'은 《구장산술》의 〈최분장(衰分章)〉에 해당한다. 《산법통종》에서는 비례배분 산법인 최분술(衰分術)을 사용한 데 비해, 여기서는 이를 그대로 옮기지 않고 사율·비례를 적극적으로 활용했다.

신분에 따라 차등을 두어 매기는 계산을 다룬다."
라 했다. 대개 한데 섞여 있는 사물을 등급별 차
이를 구하여 나눈다. 봉록이 많고 적음에 따라 세
금을 구하고, 민호(民戶)의 등급에 따라 부역을
구하고, 물건 값의 귀천에 따라 각 품목의 수요량
을 구하는 것이다.[167]

蓋凡物之混者, 求其等而分
之. 以多寡求出稅, 以等第求
差徭, 以貴賤求高低者也.

① 연습문제 1[168]

가령 은 1,200냥으로 견(絹)[169]과 능(綾)[170]을
사는데 견의 몫은 1이고 능의 몫이 2가 되도
록[171] 하려 할 때, 능은 1필에 3냥 6전이고 견은
1필에 2냥 4전이라면 두 가지 비단의 총 가격은
각각 얼마인가?

設如有銀一千二百兩, 買綾、
絹, 議欲絹一停、綾二停, 其
綾每正價三兩六錢, 絹每正
價二兩四錢, 問二色值價各[32]
若干?

---

167  민호(民戶)의……것이다 : 원문의 "以等第求差徭, 以貴賤求高低"를 옮긴 것이다. 《산법통종》 권5
　　〈최분장〉의 개괄에 "以人戶等第, 求之差徭, 以物價求貴賤高低"로 되어 있음을 참고하면, 원문의
　　'等第'는 민호(民戶)의 등급이다. 옛날 민호는 보유한 노동력, 곧 장정의 수에 따라 농업 생산력에
　　차이가 있었는데, 이를 상등호(上等戶), 중등호(中等戶), 하등호(下等戶)로 구분했다. 마찬가지로
　　《산법통종》을 참고하면 원문의 '貴賤'은 물건 값의 귀천이고 '高低'는 각 품목별 구매 수량의 많고
　　적음이다. 《산법통종》 권5 〈최분장〉의 '귀천차분(貴賤差分)' 조에서는 물품의 총량과 총 가격 및
　　각 품목의 단가가 주어졌을 때 각 품목별로 구매량과 구매 대금을 구하는 연습문제들을 다루었는
　　데, 이것이 '以貴賤求高低(물건 값의 귀천에 따라 각 품목의 구매량을 구하는 것)'이다.
168  연습문제 1 : 《산법통종》 권5 〈최분장〉의 '합률차분(合率差分)' 조 첫째 연습문제를 수치까지 그대
　　로 가져오되, 편집 체제와 표현을 약간 바꾸고, 사율비례로 풀이한 것이다.
169  견(絹) : 얇고 성기게 짠 무늬 없는 흰 비단. 아주 얇아서 밑에 종이를 붙여 족자·병풍·부채 따위
　　를 꾸미는 데 쓴다.
170  능(綾) : 얼음 같은 무늬가 있는 얇은 비단.
171  견의……되도록 : 견과 능의 수량 비율이 1 : 2라는 뜻이다.
32  各 : 저본에는 없음. 《算法統宗·衰分章》에 근거하여 보충.

風이법 견 1필과 능 2필 값의 합 9냥 6전을 1율로 하고, 견 1필을 2율로 하고, 1,200냥을 3율로 하여 4율인 견 125필을 얻는다. 이를 2배 하면 능 250필을 얻는다. 이어서 각각 원래 주어진 1필 값을 곱하면 견의 값 300냥(125×2.4)과 능의 값 900냥(250×3.6)을 얻는다.

因 絹一疋、綾二[33]疋價合九兩六錢爲一率, 絹一疋爲二率, 一千二百兩爲三率, 得四率絹一百二十五疋. 倍之, 得綾二百五十疋. 各以原價乘之, 得絹價三百兩、綾價九百兩.

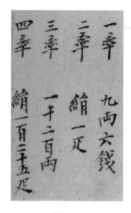

〈원도 45〉

【만약 능 2필을 2율로 하면 4율로 능 250필을 얻고, 견 1필의 값 2냥 4전을 2율로 하면 4율로 견의 값 300냥을 얻으며, 능 2필의 값 7냥 2전을 2율로 하면 4율로 능의 값 900냥을 얻는다.】[172]

【若以綾二疋爲二率, 得四率綾二百五十疋 ; 以絹一疋價二兩四錢爲二率, 得四率絹價三百兩 ; 以綾二疋價七

---

172 이 문제의 풀이법에서 사용한 비례식은 다음과 같다.
　(견 1필의 값+능 2필의 값) : (견 1필)=1,200냥 : $x$
　따라서 이 비례식에서 $x$는 1,200냥 중에서 값을 치른 견의 필 수가 된다. 2율의 자리에 만약 견 1필의 값을 대입한다면 4율의 의미는 1,200냥 중에서 견을 사는 데 치른 값이 된다. 견 대신에 능의 값이나 필 수를 대입해도 마찬가지 결론이 나온다. 주의 내용이 이것이다.

[33] 二 : 저본에는 "一". 견 1필과 능 1필의 가격 합은 6냥에 불과하고, 합이 9냥 6전이 되려면 견 1필과 능 2필이어야 하므로 문맥에 근거하여 수정.

両二錢爲二率, 得四率綾價
九百両.】

〈원도 46〉　〈원도 47〉　〈원도 48〉

## ② 연습문제 2[173]

가령 홀아비[鰥], 과부[寡], 고아[孤], 자식 없
는 노인[獨] 등 '네 부류의 빈민[四貧民]'에게 곡
식 총 24석을 지급하려 한다. 이 중에 홀아비에
게는 4분(分)을, 과부에게는 5분을, 고아에게는
7분을, 자식 없는 노인에게는 9분을 배정한다면
네 부류의 백성이 받는 양은 각기 얼마에 해당하
는가?

設有鰥、寡、孤、獨四貧民,
共給米二十四石, 其鰥者四
分, 寡者五分, 孤者七分, 獨
者九分. 問四民各該若干?

풀이법 홀아비 4최(衰), 과부 5최, 고아 7최, 자
식 없는 노인 9최를 더하여 얻은 25최를 1율로
하고, 24석을 2율로 하고, 1최를 3율로 하여 4율

因 鰥四衰、寡五衰、孤七衰、
獨九衰合二十五衰爲一率,
米二十四石爲二率, 一衰爲

---

173  연습문제 2 : 《산법통종》 권5 〈최분장〉의 '합률차분' 조 셋째 연습문제를 수치까지 그대로 가져오
되, 편집 체제와 표현을 약간 바꾸고, 사율비례로 풀이한 것이다.

인 9두 6승을 얻는다.[174] 여기에 홀아비는 4최를 곱하여 3석 8두 4승을 얻고, 과부는 5최를 곱하여 4석 8두를 얻고, 고아는 7최를 곱하여 6석 7두 2승을 얻고, 자식 없는 노인은 9최를 곱하여 8석 6두 4승을 얻는다.

【만약 각 최를 3율로 두면 각각의 곡식 양을 바로 얻는다.】

三率, 得四率九斗六升. 以鰥四衰乘之, 得三石八斗四升; 寡五衰乘之, 得四石八斗; 孤七衰乘之, 得六石七斗二升; 獨九衰乘之, 得八石六斗四升.

【若以各衰爲三率, 直得各米數.】

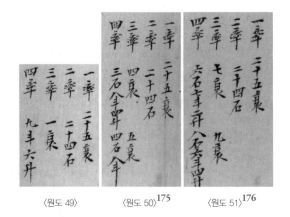

〈원도 49〉　〈원도 50〉[175]　〈원도 51〉[176]

---

174 홀아비……얻는다 : 홀아비에게 지급하는 4분은 전체의 $\frac{4}{10}$가 아님에 유의해야 한다. 전체 분(分)의 수가 4+5+7+9=25분이므로 여기서 4분을 분수로 나타내면 $\frac{4}{25}$이다. 따라서 〈풀이법〉에서처럼 비례식 '25최 : 24석=1최 : $x$'를 구성할 수 있으며 1최에 해당하는 쌀의 양인 $x$=0.96석, 즉 9두 6승을 얻는다.

175 그림의 3율과 4율에서 홀아비 4최와 과부 5최의 경우를 함께 보여 주었다.

176 그림의 3율과 4율에서 고아 7최와 자식 없는 노인 9최의 경우를 함께 보여 주었다.

③ 연습문제 3[177]

가령 병사 3,474명이 있는데 3명 단위로 삼견 (衫絹)[178]을 70척씩 지급하고, 4명 단위로 군견 (裙絹)[179]을 50척씩 지급한다면 지급한 견은 모두 얼마에 해당하는가?

設有兵士三千四百七十四名, 每三人支衫絹七十尺, 每四人支裙絹五十尺, 問該總絹若干?

풀이법 3명을 4명이 받은 50척에 곱하여 12명에게 지급된 군견 150척(50×3)을 얻는다. 4명을 3명이 받은 70척에 곱하여 12명에게 지급된 삼견 280척(70×4)을 얻는다.

因 以三人乘四人乘[34]五十尺, 得十二人支裙絹一百五十尺 ; 以四人乘三人乘七十尺, 得十二人支衫絹二百八十尺.

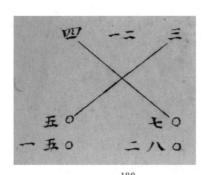

〈원도 52〉[180]

---

177 연습문제 3 :《산법통종》 권5 〈최분장〉의 '대분모자차분(帶分母子差分)' 조 넷째 연습문제를 수치까지 그대로 가져오되 편집 체제와 표현을 약간 바꾸고, 사율비례로 풀이한 것이다.

178 삼견(衫絹) : 윗도리 만드는 데 쓰이는 천.

179 군견(裙絹) : 아랫도리 만드는 데 쓰이는 천.

180 상단 가운데의 "一二"의 배열 모습이 각 본에 따라 조금씩 다르다.《보만재총서》〈고사십이집〉'문예'는 위 그림(오사카본)과 같이 두 글자를 바짝 붙이고 좌우의 "四"·"三"과는 간격을 분명히 둔데 비해, 규장각본은 "一二" 두 글자의 간격이 조금 떨어져 있고, 저본(고대본)은 두 글자의 간격이 더욱 떨어져서 상단 네 글자의 간격을 모두 동일하게 두어 의미가 모호해지고 말았다.

34 乘 : 산법서에서 흔히 '곱하기'를 뜻하는 말로 쓰이나, 여기서는 '몫으로 주는 돈이나 물건 따위를 받다'라는 뜻의 '타다'라는 의미로 쓰였다. 문제의 조건에서 4명 단위로 군견을 50척씩 지급했으므로 병사들 입장에서는 '4명이서 50척을 탔다(四人乘五十尺)'고 표현된다. 뒤에 이어지는 "以四人乘三人乘七十尺"에서 두 번째로 쓰인 '乘'도 마찬가지이다. 중국에서는 볼 수 없는 한국 한문의 독특한 용례이다.

그제야 12명을 1율로 하고, 군견 150척을 2율로 하고, 3,474명을 3율로 하여 4율인 군견 43,425척을 얻는다.

乃以十二人爲一率, 裙絹一百五十尺爲二率, 三千四百七十四名爲三率, 得裙絹四萬三千四百二十五尺.

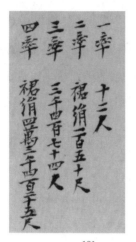

〈원도 53〉[181]

삼견 280척을 2율로 하면 4율로 삼견 81,060 척을 얻는다.

以衫絹二百八十尺爲二率, 得衫絹八萬一千零六十尺.

---

181  저본에는 2율 "裙絹一百五十尺"의 "一"이 "二"로, 3율 "三千四百七十四人"의 "人"이 "尺"으로 잘못 적혀 있다. 위 그림(오사카본)도 1율과 3율의 "人"이 처음에는 "尺"으로 되어 있다가 뒤에 "人"으로 수정한 흔적이 보인다.

〈원도 54〉[182]

군견과 삼견의 합 430척을 2율로 하면 4율로
전체 견 124,485척을 얻는다.

裙絹、衫絹合四百三十尺
爲二率, 得共絹一十二萬
四千四百八十五尺.

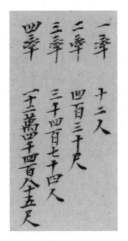

〈원도 55〉

---

182 저본에는 3율 "三千四百七十四人"의 "人"이 "尺"으로 잘못 적혀 있다. 위 그림(오사카본)도 처음에
는 "尺"으로 되어 있다가 뒤에 "人"으로 수정한 흔적이 보인다.

## 10) 소광수법(少廣數法)[183]

少廣數法

전하는 기록에 "소광(少廣)은 넓이를 가지고 사각형이나 원의 크기 구하기를 다룬다."라 했다. 대개 세로의 큰 길이를 잘라서 가로[廣]의 '작은 길이[少]'에 보태기 때문에 소광이라 한다. 예를 들어 방법(方法)[184]으로 넓이를 나누어 정사각형 한 변의 길이를 구하거나 원 넓이에 원법(圓

傳曰 : "少廣, 以御積冪方圓." 蓋截縱之多, 以益廣之少, 故曰少廣. 如以方法除積冪而求方, 以圓法除方實[35]而求圓皆是也.

---

183 소광수법(少廣數法) : 《산법통종》 권6 〈소광장(少廣章)〉 第4에서 개괄과 연습문제를 발췌하여 나름의 체제로 편집하고 필요한 부분에 주석을 단 내용이다. 총 5개의 연습문제 모두 《산법통종》의 연습문제와 수치까지 일치한다. '소광수법'은 《구장산술》의 〈소광장(少廣章)〉에 해당하는 것으로, 주어진 넓이를 가지고 변의 길이 구하기를 기본 틀로 하는 연습문제 4, 5는 《구장산술》의 〈소광장〉과도 부합한다. 그러나 수열의 합 구하기를 기본 내용으로 하는 연습문제 1, 2, 3은 《구장산술》의 〈소광장〉과는 거리가 있다. 이는 중국 원대의 주세걸(朱世傑, ?~?)이 《산학계몽(筭學啓蒙)》에서 퇴타술(堆垜術)이라는 이름으로 다룬 부분인데, 정대위의 《산법통종》에서 〈소광장〉의 '환원속법(還原束法)'으로 다루었기 때문에 여기서도 소광수법에 포함시킨 것이다.
《산법통종》 〈소광장〉 '환원속법' 조에는 본래 총 7개의 연습문제가 실려 있는데, 이 중 4개가 본 연습문제로서, 사각형·원형·삼각형으로 배열된 화살의 총 개수를 알 때 제일 바깥 둘레의 화살 개수를 구하는 문제들이다. '환원속법'은 '속(束, 사각형·원형·삼각형 등으로 배열된 화살 다발에서 제일 바깥 둘레의 화살 개수를 가지고 총 개수 구하기)'을 환원하는 계산법'이라는 뜻으로, 개방법(開方法)에 대해 '방전(方田, 도형의 변을 가지고 농지 넓이 구하기)'을 환원하는 계산법'이라고 하는 용어 사례와 유사하다. 이곳 '소광수법'에 옮겨진 3개의 연습문제는 그중 3개의 본 연습문제 뒤에 각기 딸려 있던 문제들로, 본래 '환원속법'을 보이면서 '속법(束法)'을 아울러 보이기 위한 문제였다. 따라서 《산법통종》에서는 이들을 '소광장'에 포함시킨 것이 자연스러웠는데, 여기서는 딸린 연습문제만 옮겨 왔기 때문에 '소광수법'이라는 표제어에 부합하지 않는 결과가 되어 버렸다.

184 방법(方法) : 《산법통종》 권6 〈소광장〉의 '개평방(開平方)' 조에 그림과 같은 모양의 〈방렴우법지도(方廉隅法之圖)〉가 실려 있는데, $a^2$을 방법(方法), $2ab$를 염법(廉法), $b^2$을 우법(隅法)으로 표시하고, 그 해설에서 $a^2$의 $a$를 방법, $2ab$의 $2a$를 염법, $b^2$의 $b$를 우법으로 부른다고 했다. 어떤 수의 제곱근이 $(a+b)$일 때(단, $a$는 십의 자릿수, $b$는 일의 자릿수), 본래 주어진 수를 $(a+b)^2=a^2+2ab+b^2$으로 나타낼 수 있는데, 그림은 이를 도해한 것이다.

| $ab$ | $b^2$ |
|------|-------|
| $a^2$ | $ab$ |

35 實 : 저본에는 없음. 이 구는 《산법통종》의 말을 축약한 것으로, '한 변이 원둘레와 같은 정사각형의 면적을 개평방의 실(實)로 한다'는 의미가 드러나야 하며, 이 글자가 있어야 앞 구와 대(對)가 맞으므로 문맥에 근거하여 보충.

法)[185]을 곱하여 나온 정사각형 넓이를 제곱근
계산 방법(개평방)으로 나누어 원둘레를 구하는
방법이 모두 이것이다.


① 연습문제 1[186]

가령 '정사각형으로 묶은 화살[方箭]' 1묶음
[束]이 있는데 바깥 둘레에 있는 화살이 32개라
면 전체 화살은 몇 개인가?

設有方箭一束, 外周三十二
根, 問總積若干?

[풀이법] 바깥 둘레 32개에다 안 둘레 8개[187]를
더하고 여기에 다시 바깥 둘레 32개를 곱하여
1,280[(32+8)×32]개를 얻는다. 방속법(方束
法) 16[188]으로 이를 나누어 80을 얻고, 여기에 가

因 外周三十二, 加內周八,
以乘外周, 得一千二百八十.
以方束法十六除之, 得八十,
加中心一, 共爲八十一也.

---

185 원법(圓法) : 원 넓이를 구하는 공식 중 하나인 '원 넓이＝(원둘레²)÷12'에서 상수 12를 지칭한 말
이다. '한 변이 원둘레와 같은 정사각형의 넓이를 원 넓이로 바꾸기 위한 변환상수(變換常數)'라는
뜻이다. 이 구는 《산법통종》 권6 〈소광장〉 '평원법(平圓法)' 조에 "원둘레를 질문한 경우에는, 원
넓이를 놓고 원법 12를 곱하여 실(實, 제곱수)로 삼고 개평방법(開平方法)으로 나누어 원둘레를 구
한다."라고 한 말을 축약한 것이다.

186 연습문제 1 : 《산법통종》 권6 〈소광장〉 '환원속법(還原束法)' 조 둘째 연습문제를 수치까지 그대로
가져오되, 편집 체제와 표현을 약간 바꾸고, 주석에 해설과 아울러 《수리정온》의 영향을 받은 다
른 계산법을 제시한 것이다.

187 안 둘레 8개 : 안 둘레는 중심에 있는 화살 1개를 둘러싸고 있는 화살의 개수이다.

188 방속법(方束法) 16 : 정사각형으로 배열된 화살 1묶음의 총 개수를 구하는 문제의 풀이에 사용되
는 상수(常數)이다. 여기서 '法'은 '묘법(畝)＝보²×240'에서 240을 '묘법(畝法)'이라고 칭하고, '원
넓이＝(원둘레²)÷12'의 12를 '원법(圓法)'이라고 칭한 예에서 볼 수 있듯이, 어떤 계산에서 늘 환
산율로 사용되는 상수를 뜻한다. 방속법이 16이 된 이유는 본문의 원주에 설명되어 있다.

운데 있는 화살 1개를 더하면 총 81개가 된다.[189]

【방속(方束, 정사각형 화살 묶음)은 8개가 가운데 1개를 싸고 있다. 중심에 1개가 있으며 제1층은 8개이고, 매 층을 더할 때마다 8개씩 보태진다.[190] 또 중심에 4개가 모여 있고 제1층은 12개인 방속도 있다.

또 다른 풀이법은 다음과 같다. 사다리꼴농지 넓이를 구하는 풀이법을 써서 우선 바깥 둘레 (32)를 8로 나누어 층수 4를 얻는다. 안 둘레 8과 바깥 둘레 32를 더하여 얻은 40에 이를 곱한 다음 반으로 나눈 수에 중심의 화살 개수 1을 더해

【方束, 八包一. 中心一, 第一層爲八, 每層遞加八. 又有中聚四, 第一層爲十二者.

又法: 用梯田求積法, 八歸外周, 得層數四, 以乘內、外周相幷之四十, 折半, 加中心一亦得. 原法以八倍四乘之, 故以十六除之. 下文十二、十八

---

189 이상에서 설명한 풀이법을 공식으로 일반화하면 다음과 같다. 한 변에 $x$개의 화살이 묶여 있는 정사각형 둘레의 화살 개수는 $4(x-1)$이다. 이를 가장 바깥 둘레라고 하면 중심에 있는 화살 1개를 빼고, 가장 안 둘레가 8개이며 층이 하나 늘어날 때마다 8개씩 많아지므로, 정사각형 내에 있는 화살의 총수에서 중앙의 1개를 제외한 화살 개수는 $8+16+24+\cdots+4(x-1)$이다. 이를 현대 수학의 용어로 표현하면, 초항이 8, 마지막 항이 $4(x-1)$, 항의 개수가 $\frac{x-1}{2}$, 공차가 8인 등차수열이므로, 합 $S=\frac{(x-1)(4x-4+8)}{4}$ 을 구할 수 있다. 초항이 $a$, 마지막 항이 $l$, 항의 개수가 $n$인 등차수열의 합은 $\frac{n(a+l)}{2}$ 이다.

이 식의 분모, 분자에 4를 곱하면 $S=\frac{4(x-1)(4x-4+8)}{16}$ 이다. 이때 4를 곱하는 목적은 분자의 $(x-1)$을 바깥 둘레 $4(x-1)$과 동일한 값으로 만들기 위해서이다.

이제 중심에 있는 1개의 화살을 더하면 화살의 총수 $S=\frac{4(x-1)(4x-4+8)}{16}+1$이라는 공식을 얻는다. 이 공식에서 분자 $4(x-1)(4x-4+8)$을 나누는 상수 16이 방속법이다. 이 공식에 의하여 방속의 가장 바깥 둘레의 화살 개수 $4(x-1)$만 알면 전체 화살의 개수를 기계적으로 구할 수 있다. 문제에서는 $4(x-1)=32$를 대입했다.

190 중심에……보태진다: 1(중심), 8(1층), 8+8(2층), 8+8+8(3층), 8+8+8+8(4층), ……과 같은 방식으로 개수가 늘어난다는 뜻이다.

도 답을 얻을 수 있다.[191] 풀이법의 원래 방법은　除之者, 皆此理.】
안 둘레 8에 4배 한 수를 곱한 꼴이기 때문에 16
으로 나눈 것이다.[192] 이하의 문제에서 12로 나눈다
든지 18로 나누는 것도 모두 이러한 이치이다.】

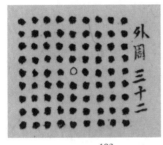

〈원도 56〉[193]

---

191　이 문제의 핵심은 등차수열 8, 8+8, 8+8+8, 8+8+8+8의 합을 구하는 것으로, 이를 다시 쓰면
　　8+16+24+32이다. 본문에서는 이를 밑변과 윗변 길이가 각각 8과 32이고 높이가 4인 사다리꼴
　　의 넓이를 구하는 풀이법과 동일하다고 했다. 이는 등차수열 합 공식의 기하학적 근거를 밝힌 것
　　으로, 《수리정온》 하편 권30 〈퇴타(堆垛)〉의 방속(方束) 연습문제 아래에서 보충한 도해와 상통한
　　다. 이 도해에서 제시한 그림은 다음과 같다. 단, 《수리정온》의 문제는 바깥 둘레 화살 개수가 40
　　개여서, 본문에서 다룬 문제보다 1층이 많다.

방속(方束)을 사다리꼴로 변형하여 풀이한 그림. 왼쪽 부분 검은 점의 집합과
오른쪽 부분 권점(圈點)의 집합이 사다리꼴로 접해 있다.(《수리정온》)

192　풀이법의……것이다 : 원래 풀이법을 식으로 표현한 $\frac{32(32+8)}{16} = \frac{(8\times4)(32+8)}{16}$ 을 또 다른 풀이
　　법을 식으로 표현한 $\frac{4(32+8)}{2}$ 과 비교하면 이 말을 가시적으로 이해하기에 수월하다. 즉 두 식 중
　　앞의 식은 분자의 (32+8)에 4가 아닌 (8×4)를 곱했기 때문에 분모도 2가 아닌 16이 되었다는
　　말이다.

193　이 그림(오사카본)과 같이 규장각본과 《보만재총서》 〈고사십이집〉 '문예'에는 모두 가운데 점 하
　　나를 흰 권점으로 표시하여 안 둘레와 층수를 한눈에 파악할 수 있도록 했으나, 저본에는 가운데
　　점까지 검은 점으로 되어 있다. 다만 뒤의 원속(圓束, 원형의 화살 묶음)과 삼릉속(三稜束, 삼각형의
　　화살 묶음) 연습문제에서는 저본도 중심의 한 점을 권점으로 구분했으나, 《산법통종》에는 일체 검
　　은 점으로 되어 있다. 《수리정온》에서 중심의 한 점을 흰 권점으로 표시하는 경향이 보인다.

② 연습문제 2[194]

가령 '원형으로 묶은 화살[圓箭]' 1묶음이 있는데 바깥 둘레에 있는 화살이 36개라면 전체 화살은 몇 개인가?

設有圓箭一束, 外周三十六, 問總積若干?

[풀이법] 바깥 둘레 36개에다 안 둘레 6개를 더하고 여기에 다시 바깥 둘레 36개를 곱하여 1,512개[(36+6)×36]를 얻는다. 원속법(圓束法) 12[195]로 이를 나누어 126을 얻고, 여기에 가운데 있는 화살 1을 더하면 총 127개가 된다.[196]

【원속(圓束, 원형 화살 묶음)은 6개가 가운데 1개를 싸고 있다. 앞에서 설명한 또 다른 풀이법에 의거하여 계산해도 답을 얻을 수 있다.】

因 外周三十六, 加內周六, 以乘外周, 得一千五百一十二. 以圓束法十二除之, 得一百二十六, 加中心一, 爲一百二十七也.

【圓束, 六包一. 依上又法推之, 亦得.】

---

194 연습문제 2 : 《산법통종》권6 〈소광장〉의 '환원속법' 조 넷째 연습문제를 수치까지 그대로 가져오되 편집 체제와 표현을 약간 바꾸고, 주석으로 해설을 덧붙인 것이다.

195 원속법(圓束法) 12 : 원형으로 배열된 화살 1다발의 총 개수를 구하는 문제를 풀이하는 데 사용되는 상수이다. 원속법이 12가 된 이유는, 원속은 중심의 화살 하나를 6개의 화살이 감싸고 있어서 매 층마다 6개씩 늘어나게 되므로 제일 바깥 둘레의 화살 개수를 6으로 나누어야 층수가 되고 또 등차수열 합 공식 분모에 2가 있기 때문이다.

196 이상에서 설명한 풀이법을 공식으로 일반화하면 다음과 같다. 한 변에 $x$개의 화살이 묶여 있는 정육각형 둘레의 화살 개수는 $6(x-1)$이다. 이를 가장 바깥 둘레라고 하면 중심에 있는 화살 1개를 빼고, 가장 안 둘레가 6개이며 층이 하나 늘어날 때마다 6개씩 많아지므로, 정육각형 내에 있는 화살의 총수에서 중앙의 1개를 제외한 화살 개수는 $6+12+18+\cdots+6(x-1)$이다. 이를 현대 수학의 용어로 표현하면, 초항이 6, 마지막 항이 $6(x-1)$, 항의 개수가 $x-1$, 공차가 6인 등차수열이므로, 합 $S = \dfrac{(x-1)(6x-6+6)}{2}$ 을 구할 수 있다.

이 식의 분모, 분자에 6을 곱하면 $S = \dfrac{6(x-1)(6x-6+6)}{12}$이다. 이때 6을 곱하는 목적은 분자의 $(x-1)$을 바깥 둘레 $6(x-1)$과 동일한 모양으로 만들기 위해서이다.

이제 중심에 있는 1개의 화살을 더하면 화살의 총수 $S = \dfrac{6(x-1)(6x-6+6)}{12}+1$이라는 공식을 얻는다. 이 공식에서 분자 $6(x-1)(6x-6+6)$을 나누는 상수 12가 원속법이다. 이 공식에 의하여 원속의 가장 바깥 둘레의 화살 개수 $6(x-1)$만 알면 전체 화살의 개수를 기계적으로 구할 수 있다. 문제에서는 $6(x-1)=36$을 대입했다.

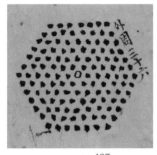

〈원도 57〉[197]

③ 연습문제 3[198]

가령 '삼각형으로 묶은 화살[三稜箭]' 1묶음이 있는데 바깥 둘레에 있는 화살이 36개라면 전체 화살은 몇 개인가?

設有三稜束, 外周三十六, 問
總積幾何?

[풀이법] 바깥 둘레 36개에다 안 둘레 9개를 더하고 여기에 다시 바깥 둘레 36개를 곱하여 1,620개[(36+9)×36]를 얻는다. 삼릉속법(三稜束法) 18[199]로 이를 나누어 90을 얻는다. 여기에

因 外周三十六, 加內周九, 以乘外周, 得一千六百二十. 以三稜束法十八除之, 得九十. 加中心一, 爲九十一

---

197 《산법통종》에는 원형으로 그려져 있다. 여기서 《산법통종》의 연습문제를 그대로 옮겨 오면서 위 그림과 같이 원속(圓束)을 육각형으로 변형시킨 이유는 《수리정온》 하편 권30 '퇴타(堆垜)'의 원 속(圓束) 연습문제에 실린 그림이 모두 육각형으로 표현되었기 때문으로 보인다. 《수리정온》에서 육각형으로 표현한 것은 원속을 6개의 삼각형으로 구분하여 계산하는 방법을 주된 계산법으로 보 여 주기 위함이다. 하지만 여기서는 이와 무관한 《산법통종》의 계산법을 해설하면서 그림만 《수 리정온》을 따르고 있다.

198 연습문제 3 : 《산법통종》 권6 〈소광장〉의 '환원속법' 조 여섯째 연습문제를 수치까지 그대로 가져 오되 편집 체제와 표현을 약간 바꾸고, 주석에 해설과 아울러 《수리정온》의 영향을 받은 다른 계 산법을 제시한 것이다.

199 삼릉속법(三稜束法) 18 : 정삼각형으로 배열된 화살 1다발의 총 개수를 구하는 문제를 풀이하는 데 사용되는 상수이다. 삼릉속법이 18이 된 이유는, 정삼각형 다발은 중심의 화살 하나를 9개의 화살 이 감싸고 있어서 매 층마다 9개씩 늘어나므로 제일 바깥 둘레의 화살 개수를 9로 나누어야 층수 가 되고 등차수열 합 공식 분모에 2가 있기 때문이다.

가운데 있는 화살 1을 더하면 91개가 된다.[200]

【삼릉속(三稜束, 삼각형 화살 묶음)은 9개가 가운데 1개를 감싸고 있다. 또 다른 풀이법은 다음과 같다. 바깥 둘레에 3을 더한 다음 3으로 나누어 삼각형의 한 변에 있는 화살 개수 13을 얻는다.[201] 여기에 1을 더하여 다시 13에 곱하고 반으로 나누면 91을 얻는다.[202]】

也.

【三稜束, 九包一. 又法 : 外周加三, 以三歸之, 得一面數十三. 加一以乘十三, 折半, 得九十一也.】

---

200 이상에서 설명한 풀이법을 공식으로 일반화하면 다음과 같다. 한 변에 $x$개의 화살이 묶여 있는 정삼각형 둘레의 화살 개수는 $3(x-1)$이다. 이를 가장 바깥 둘레라고 하면 중심에 있는 화살 1개를 빼고, 가장 안 둘레가 9개이며 층이 하나 늘어날 때마다 9개씩 많아지므로, 정삼각형 내에 있는 화살의 총수에서 중앙의 1개를 제외한 화살 개수는 $9+18+27+\cdots+3(x-1)$이다. 이를 현대 수학의 용어로 표현하면, 초항이 9, 마지막 항이 $3(x-1)$, 항의 개수가 $\dfrac{x-1}{3}$, 공차가 9인 등차수열이므로, 합 $S=\dfrac{(x-1)(3x-3+9)}{6}$를 구할 수 있다.

이 식의 분모, 분자에 3을 곱하면 $S=\dfrac{3(x-1)(3x-3+9)}{18}$이다. 이때 3을 곱하는 목적은 분자의 $(x-1)$을 바깥 둘레 $3(x-1)$과 동일한 값으로 만들기 위함이다.

이제 중심에 있는 1개의 화살을 더하면 화살의 총수 $S=\dfrac{3(x-1)(3x-3+9)}{18}+1$이라는 공식을 얻는다. 이 공식에서 분자 $3(x-1)(3x-3+9)$를 나누는 상수 18이 삼릉속법이다. 이 공식에 의하여 삼릉속의 가장 바깥 둘레의 화살 개수 $3(x-1)$만 알면 전체 화살의 개수를 기계적으로 구할 수 있다. 문제에서는 $3(x-1)=36$을 대입했다.

201 바깥……얻는다 : 정삼각형 세 변의 바깥 둘레에 있는 점의 개수가 $3(x-1)$일 때 한 변에 있는 점의 개수는 $\dfrac{(3x-3)+3}{3}$이다. 이 식에서 삼각형 한 변의 화살 개수 $13\left(=\dfrac{36+3}{3}\right)$를 구한다.

202 이상에서 설명한 또 다른 풀이법을 현대식으로 이해하면 다음과 같다. 우선 삼각형의 꼭짓점에서 밑변까지 $x$층이라고 할 때 화살 개수의 총합은 $1+2+3+\cdots+x$이다. 이는 초항이 1, 공차가 1, 마지막 항이 $x$, 항의 개수가 $x$인 등차수열이므로 합 $S=\dfrac{x(x+1)}{2}$을 구할 수 있다. 이 문제의 경우 $3(x-1)=36$이므로 $x=13$을 대입하여 구한다. 《수리정온》 하편 권30 '퇴타'의 '삼릉속' 연습문제에서는 이 방법이 주된 계산법으로 제시되어 있다.

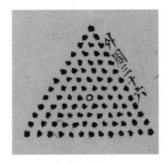

〈원도 58〉

④ 연습문제 4[203]

가령 직사각형농지가 있는데 세로 길이가 48보, 가로 길이가 40보라고 하자. 이제 세로 길이는 그대로 두고 720보$^2$의 넓이만큼 가로를 잘라 낸다면 잘라 내는 가로 길이는 얼마인가?

[풀이법] 잘라 내는 넓이 720보$^2$을 실(나뉨수)로 놓고 원래의 세로 길이 48보를 법(나눗수)으로 하여 나누면 잘라 내는 너비 15보를 얻는다.[204]

設有直田, 長四十八步, 闊四十步. 今依原長, 截積七百二十步, 問截闊[36]若干?

囙 置截積七百二十步爲實, 以原長四十八步爲法, 除之, 得截闊一十五步.

---

203 연습문제 4 : 《산법통종》 권7 〈소광장〉의 '분전절적법(分田截積法)' 조 첫째 연습문제를 수치까지 그대로 가져오되, 편집 체제와 표현을 약간 바꾼 것이다.

204 잘라 내는……얻는다 : 잘라 내는 가로의 길이를 $x$라고 하면 $48x = 720$이므로 $x = \dfrac{720}{48} = 15$이다.

36 闊 : 저본에는 "積闊". 오사카본·《算法統宗》·《保晚齋叢書·攷事十二集·數藝》에 근거하여 삭제.

〈원도 59〉[205]

⑤ 연습문제 5[206]

가령 직사각형농지가 있는데 세로 길이가 15
보, 가로 길이가 12보라고 하자. 이제 한쪽 귀퉁
이에서 직각삼각형 넓이 31.5보²을 잘라 내되, 이
직각삼각형의 높이[股]에 해당하는 세로 길이 9
보를 원래 길이로 정한다면 밑변[句]에 해당하는
가로 길이는 얼마인가?

[풀이법] 잘라 내는 넓이 31.5보²을 2배 하여 63
보²을 얻는다. 직각삼각형의 높이에 해당하는 세
로 길이 9보를 법으로 하여 나누면 밑변에 해당
하는 가로 길이 7보를 얻는다.[207]

設有直田, 長一十五步, 闊
一十二步. 今從一角, 截句股
形積三十一步五分, 原定股
長九步, 問句闊若干?

因 置截積, 倍之, 得六十三
步. 以股長九步爲法, 除之,
得句闊七步.

---

205 그림에서 왼쪽 네모칸에는 "截積七百二十步"라, 왼쪽 아래의 밑변 위아래에는 "截闊十五步"라 적
혀 있다.
206 연습문제 5 : 《산법통종》 권7 〈소광장〉의 '분전절적법' 조 다섯 번째 연습문제를 수치까지 그대로
가져오되, 편집 체제와 표현을 약간 바꾼 것이다.
207 잘라 내는……얻는다 : 직각삼각형의 가로 길이를 $x$라고 하면 $\frac{1}{2} \times 9 \times x = 31.5$이므로 $x = \frac{63}{9} = 7$
이다.

〈원도 60〉[208]

## 11) 상공수법(商功數法)[209]

### 商功數法

전하는 기록에 "상공(商功)은 토목공사의 공정과 넓이, 부피를 다룬다."라 했다. 대개 상(商)이란 헤아림이니, 소용되는 노동력을 헤아리는 방

傳日："商功, 以御功程積實."
蓋商, 度也, 度量用力之法也. 如以廣闊、高深而求城

---

208 그림에서 오른쪽 아래 직각삼각형 안에는 "截積三十一步五分"이라, 그 오른쪽에는 "截股九步"라, 맨 아래에는 "截句七步"라 적혀 있다.

209 상공수법(商功數法) :《산법통종》권8〈상공장(商功章)〉第5에서 개괄과 연습문제를 발췌하여 나름의 체제로 편집하고 필요한 부분에 주석을 단 내용이다. 총 6개의 연습문제 모두《산법통종》의 연습문제와 수치까지 일치한다. '상공수법'은《구장산술》의〈상공장(商功章)〉에 해당하는 것으로, 입체의 부피를 구하고 필요한 인부의 수를 구하는 연습문제 1, 2는《구장산술》〈상공장〉에도 부합한다. 그러나 걸음이 빠른 사람이 앞서 출발한 느린 사람을 따라잡기까지의 시간과 거리를 구하는 연습문제 3, 4는《구장산술》〈균수장(均輸章)〉에 속하는 문제인데,《산법통종》〈상공장〉'축제(築堤)' 조에서 다루었기 때문에 여기서도 '상공수법'에 포함시켰다.《산법통종》〈상공장〉'축제' 조에는 두세 사람의 작업 능률 차이를 소재로 한 연습문제들이 있는데, 이들과 함께 놓고 보면《산법통종》의 편제 의도를 짐작할 수 있다. 또 쌓여 있는 물건의 총수를 구하는 연습문제 5, 6은《산학계몽》의 퇴타술에 해당하는 것으로,《산법통종》의〈상공장〉'퇴타' 조에서 다루었기 때문에 여기서도 '상공수법'에 포함시킨 것이다. 이들은 입체도형의 부피 계산과 무관하지 않으므로 편제상 큰 문제는 없다.

법이다. 예를 들어 가로나 세로와 높이나 깊이를 이용하여 성이나 해자, 도랑이나 관개수로의 부피를 구하는 계산, 흙을 수레에 싣거나 등에 지고 오갈 때 걸리는 시간을 이용하여 운반 거리와 싣고 부리는 공정을 구하는 계산이 모두 이것이다.

塹、溝渠之積以車擔、往來而求程途、負載之功皆是也.

① 연습문제 1[210]

가령 물길을 파려고 하는데 전체 길이가 7,550척, 사다리꼴 단면의 윗변 길이가 54척, 아랫변 길이가 40척, 깊이가 12척이어야 한다고 하자.[211] 하루에 인부 1명이 300척$^3$만큼 판다면 필요한 인부는 몇 명일까?

設有開河, 長七千五百五十尺, 上廣五十四尺, 下廣四十尺, 深一十二尺. 每日一工開三百尺, 問用工若干?.

풀이법 사다리꼴의 윗변과 아랫변의 합을 반으로 나누고 여기에 깊이를 곱하여 564척$^2$을 얻는다. 또 여기에 전체 길이 7,550척을 곱하여 물길의 총 부피 4,258,200척$^3$을 얻는데, 이를 3율로

因 倂上、下廣, 折半, 以深乘之, 得五百六[37]十四尺. 又以長乘之, 得積四百二十五萬八千二百尺爲三率, 三百尺

---

210 연습문제 1 :《산법통종》권8〈상공장〉의 '상공(商功)' 조 둘째 연습문제를 수치까지 그대로 가져오되, 편집 체제와 표현을 약간 바꾼 것이다. 풀이법에서는《산법통종》과 달리 사율비례를 사용했다.

211 사다리꼴……하자 : 여기에 주어진 물길의 단면은 다음과 같이 윗변이 긴 사다리꼴이다.

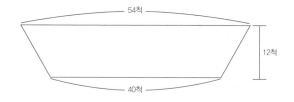

[37] 六 : 저본에는 "五".《算法統宗》에 근거하여 수정.

하고, 인부 1명의 하루 공사량 300척³을 1율로 하고, 인부 1명을 2율로 하면 4율인 인부 14,194 명을 얻는다.[212]

爲一率, 一工爲二率, 得四率 一萬四千一百九十四工.

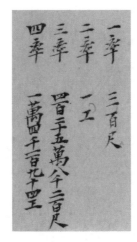

〈원도 61〉

② 연습문제 2[213]

가령 정사각뿔이 있는데 높이가 32척이고 밑 변의 한 변 길이가 24척이면 그 부피는 얼마인 가?

設有立錐, 高三十二尺, 下方 二十四尺, 問積若干?

[풀이법] 밑변의 한 변 길이를 제곱하고 여기에 다시 높이를 곱하여 18,432척³을 얻는다. 이를 3 으로 나누어 부피 6,144척³을 얻는다.

[因] 下方自乘, 再以高乘之, 得一萬八千四百三十二尺. 以三歸之, 得六千一百四十

---

212  여기에……얻는다 : 300척³ : 1명=4,258,200척³ : $x$명에서 $x$=14,194.

213  연습문제 2 : 《산법통종》 권8 〈상공장〉의 '축대(築臺)' 조 넷째 연습문제를 수치까지 그대로 가져 오되, 편집 체제와 표현을 약간 바꾸고, 주석으로 해설을 가한 것이다.

四[38]尺.

【3으로 나누는 이유는 사각뿔의 부피는 사각 기둥 부피의 $\frac{1}{3}$이기 때문이다.】 【三歸之者, 尖方體爲長方體三分之一故也.】

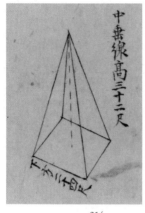

〈원도 62〉[214]

③ 연습문제 3[215]

가령 빨리 걷는 사람은 하루에 95리를 가고 천 천히 걷는 사람은 하루에 75리를 간다고 하자. 이제 천천히 걷는 사람에게 8일 먼저 출발하게 한다면 빨리 걷는 사람이 천천히 걷는 사람을 따

設有疾行者, 日行九十五里; 徐行者, 日行七十五里. 今令徐行者先行八日, 疾行者追及日數幾何?

---

214 저본과 규장각본은 모두 사각뿔의 방향이 오른쪽으로 기울어져 있고 좌측 상방의 모서리가 구불거리는 곡선으로 되어 있다. 필사본과 전사(傳寫)의 계통을 짐작케 한다.《보만재총서》〈고사십이집〉'문예'의 그림은 위 그림(오사카본)과 매우 유사한데, 다만 중수선을 표시한 점선이 없다. 그림에서 오른쪽 위쪽에는 "中垂線高三十二尺"이라 적어 높이를 중수선고(中垂線高)라 표현했다.

215 연습문제 3 :《산법통종》권8 〈상공장〉의 '축제(築堤)' 조 셋째 연습문제를 수치까지 그대로 가져오되 편집 체제와 표현을 약간 바꾸고, 본래는 두 가지를 물었던 문제인데 한 가지만 묻는 것으로 질문을 단순화한 것이다.《산법통종》과 달리 사율비례로 풀이했다.

[38] 四 : 저본에는 "八".《算法統宗》에 근거하여 수정.

라잡는 데 걸리는 날수는 얼마인가?

[풀이법] 빨리 걷는 사람이 천천히 걷는 사람에 비해 하루에 더 많이 걷는 20리를 1율로 하고, 1일을 2율로 하고, 천천히 걷는 사람이 이미 간 600리(75리×8일)를 3율로 하면 4율인 30일을 얻는다.[216]

[法] 以疾行者比徐行者多二十里爲一率, 一日爲二率, 徐行者已行六百里爲三率, 得四率三十日.

〈원도 63〉

④ 연습문제 4[217]

가령 갑, 을 두 사람이 있는데 걷는 속도가 달라서 갑은 하루에 80리를 걷고, 을은 하루에 48리를 걷는다고 하자. 이제 을이 240리를 먼저 걷고 갑이 그제야 출발해서 쫓아간다면 몇 리를 가서 따라잡을 수 있겠는가?

設有甲乙二人行步不等, 甲日行八十里, 乙日行四十八里. 今乙先行二百四十里, 甲纔發步追之, 問幾里[39]可及?

[풀이법] 갑과 을이 하루에 걷는 거리를 빼서 남

[法] 甲乙日行里數相減, 餘

---

216　빨리……얻는다 : 20리 : 1일＝600리 : $x$일. 즉 하루에 20리 차이가 나므로 600리 차이를 없애려면 30일이 걸린다.

217　연습문제 4 :《산법통종》권8〈상공장〉의 '축제' 조 셋째 연습문제를 수치까지 그대로 가져오되, 편집 체제와 표현을 약간 바꾼 것이다.《산법통종》과 달리 사율비례로 풀이했다.

[39]　里 : 저본에는 "日".《算法統宗》에 근거하여 수정.

는 32리를 1율로 하고, 갑이 하루에 걷는 거리 80리를 2율로 하고, 을이 먼저 걸은 거리 240리를 3율로 하면 4율인 600리를 얻는다.[218]

三十二里爲一率, 甲日行八十里爲二率; 先行二百四十里爲三率, 得四率六百里.

〈원도 64〉

【만약 1일을 2율로 하면 갑이 따라잡는 데 필요한 날수 7.5일을 얻는다.】

【若以一日爲二率, 得甲行七日半.】

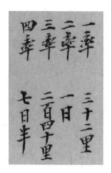

〈원도 65〉

---

218 갑과……얻는다 : 32리 : 80리＝240리 : $x$리. 즉 600리가 갑이 을을 따라잡는 순간까지 간 거리이다.

⑤ 연습문제 5[219]

가령 정삼각뿔 모양의 과일 더미가 있는데 밑면 너비의 한 변마다 7개가 있다면 쌓여 있는 과일은 모두 몇 개인가?

[풀이법] 7개에 1개를 더하고 여기에 다시 7개를 곱하여 56개를 얻는다. 또 7개에 2개를 더하고 여기에 다시 56개를 곱하여 504개를 얻는다. 이를 6으로 나누면 84개를 얻는다.[220]

設有三角果一垛, 底闊每邊七箇, 問該若干?

因 七箇加一箇, 以乘七個, 得五十六箇. 又以七箇加二, 以乘五十六, 得五百四箇. 以六歸之, 得八十四箇.

〈원도 66〉

---

219 연습문제 5:《산법통종》권8 〈상공장〉의 '퇴타(堆垛)'조 넷째 연습문제를 수치까지 그대로 가져오되 편집 체제와 표현을 약간 바꾼 것이다.

220 이상의 풀이법에서는 밑면 너비의 한 변마다 $n$개의 물건을 놓고 쌓아 올린 정삼각뿔 모양이므로 가로, 세로, 높이가 각각 $n$, $(n+1)$, $(n+2)$인 직육면체 모양으로 쌓아 올린 개수의 $\frac{1}{6}$이라는 점에 근거하여 구한 공식 $\frac{n(n+1)(n+2)}{6}$를 사용하고 있다. 이 공식의 근거는 왕감(王鑒)의《산학계몽술의(算學啓蒙述義)》에 나타난다.(주세걸 지음, 허민 옮김,《산학계몽 하》, 소명출판, 2009, 43~45쪽) 다만 이 문제의 해법인 $\frac{n(n+1)(n+2)}{6}$가 직접적으로 사용된 문제는《산학계몽》과 비슷한 시대의 산서인《양휘산법(楊輝算法)》에 나타난다.(양휘 지음, 차종천 옮김,《양휘산법》, 교우사, 2006, 24~25쪽) 이 풀이는 현대식으로 다음과 같이 설명할 수 있다. 제일 위층에 1개, 그 바로 아래층에 3(=1+2)개가 받치고 있고, 다시 그 아래층에 6(=1+2+3)개가 받치고 있으며, 마지막으로 밑면(맨 아래층)은 28(1+2+3+4+5+6+7)개가 받치고 있는 모양이다. 이제 n개의 층으로 쌓은 물건의 개수를 모두 더한 합은 $S = 1 + (1+2) + (1+2+3) + \cdots + (1+2+\cdots+n)$으로 표현되어 다음과 같은 수열의 합 공식이 성립한다.

$$1 + (1+2) + (1+2+3) + \cdots + (1+2+\cdots+n) = \sum_{k=1}^{n} \left( \frac{k^2+k}{2} \right) = \frac{n(n+1)(n+2)}{6}$$

이로써 입체의 부피에 근거한 전통적인 공식과 현대적인 급수 공식이 일치함을 볼 수 있다.

⑥ 연습문제 6[221]

가령 정사각뿔 모양의 물건 더미가 있는데 한 변에 12개가 있다면 쌓여 있는 물건은 모두 몇 개인가?

[풀이법] 12개에 1개를 더하고 여기에 다시 12개를 곱하여 156개를 얻는다. 또 12개에 $\frac{1}{2}$개를 더하고 여기에 다시 156개를 곱하여 1,950개를 얻는다. 이를 3으로 나누면 650개를 얻는다.[222]

【물건 더미에서의 물건 총수 계산은 변의 길이가 주어진 정사각뿔의 부피 계산과는 다르다. 반드시 1을 더하고, $\frac{1}{2}$을 더한 다음 곱해야 한다.】

設有四面尖堆, 底闊一十二箇, 問該若干?

囚 十二箇加一箇, 以乘十二箇, 得一[40]百五十六箇. 又以十二箇加半箇, 乘一百五十六, 得一千九百五十箇. 以三歸之, 得六百五十箇.

【堆垛, 與有線求積不同, 必加一加半, 乘之.】

---

221 연습문제 6 : 《산법통종》 권8 〈상공장〉 '퇴타' 조 여섯째 연습문제를 수치까지 그대로 가져오되, 편집 체제와 표현을 약간 바꾼 것이다.

222 이상의 풀이법에서는 밑면 너비의 한 변에 n개의 물건을 놓고 쌓아 올린 정사각뿔 모양이므로 가로, 세로, 높이가 각각 $n$, $(n+1)$, $(n+\frac{1}{2})$인 직육면체 모양으로 쌓아 올린 개수의 $\frac{1}{3}$이라는 점에 근거하여 구한 공식 $\frac{n(n+1)(n+\frac{1}{2})}{3}$을 사용하고 있다. 이 공식의 근거는 왕감의 《산학계몽술의》에 나타난다.(주세걸 지음, 허민 옮김, 《산학계몽 상》, 소명출판, 2009, 47~49쪽) 다만 이 문제의 해법인 $\frac{n(n+1)(n+\frac{1}{2})}{3}$이 직접적으로 사용된 문제 역시 《양휘산법》에 나타난다.(양휘 지음, 차종천 옮김, 《양휘산법》, 교우사, 2006, 24~25쪽)

이 풀이는 현대식으로 다음과 같이 설명할 수 있다. 제일 위층에 1개, 그 바로 아래층에 $4(=2^2)$개가 받치고 있고, 다시 그 아래층에 $9(=3^2)$개가 받치고 있으며, 마지막으로 밑면(맨 아래층)은 $144(=12^2)$개가 받치고 있는 모양이다. 이제 n개의 층으로 쌓은 물건의 개수를 모두 더한 합은 $S=1^2+2^2+3^2+\cdots+n^2$으로 표현되어 다음과 같은 수열의 합 공식이 성립한다.

$$1^2+2^2+3^2+\cdots+n^2=\sum_{k=1}^{n}k^2=\frac{n(n+1)(2n+1)}{6}=\frac{n(n+1)(n+\frac{1}{2})}{3}$$

이로써 입체의 부피에 근거한 전통적인 공식과 현대적인 급수 공식이 일치함을 볼 수 있다.

[40] 一 : 저본에는 "一一". 오사카본·《算法統宗》·《保晩齋叢書·攷事十二集·數藝》에 근거하여 삭제.

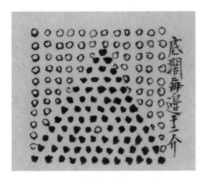

〈원도 67〉

## 12) 균수수법(均輸數法)[223]

전하는 기록에 "균수(均輸)는 거리의 원근에 따른 노동력과 비용 계산을 다룬다."라 했다. 대개 균(均)은 공평함이고, 수(輸)는 수송이다. 호

均輸數法

傳曰："均輸, 以御遠近勞費." 蓋均, 平也；輸, 送也. 以戶 數多寡、道里遠近而求車數、

---

223　균수수법(均輸數法) :《산법통종》권9 〈균수장(均輸章)〉 第6에서 개괄과 연습문제를 발췌하여 나름의 체제로 편집하고 필요한 부분에 주석을 단 내용이다. 총 4개의 연습문제 모두 《산법통종》의 연습문제와 수치까지 일치하지만, 풀이법은 《산법통종》을 그대로 답습하지 않았다. '균수수법'은 《구장산술》〈균수장(均輸章)〉에 해당하는 것으로, 운반 거리와 무게에 따른 비용 문제를 다룬 연습문제 2는 '거리에 따른 노동력과 비용 계산'이라는 균수술(均輸術)의 본령에 부합한다. 또 연습문제 1, 3은 《구장산술》〈균수장〉의 22번째 연습문제 '빈모와반(牝牡瓦半)' 및 17번째 연습문제 '금추척중(金箠尺重)'과 소재가 다르기는 하나 조건을 조직하는 양상이 유사하다는 점에서 '비례산법 난이도 상(上)'이라는 《구장산술》〈균수장〉의 성격에 부합한다.(《구장산술》〈균수장〉에 대한 이와 같은 성격 규정에 대해서는 강민정, 앞의 논문, 85~92쪽 참조) 그러나 닭과 토끼의 머리 총수와 다리 총수를 가지고 각 마릿수를 구하는 연습문제 4는 순주(醇酒)와 박주(薄酒)의 단가와 총 구매량 및 총 구매 대금을 가지고 각 구매량을 구한 《구장산술》〈영뉵장(盈朒章)〉의 13번째 연습문제 '순주행주(醇酒行酒)'에 가까운 문제인데, 《산법통종》에서〈균수장〉에 포함시켰기 때문에 여기서도 '균수수법'에 포함시켰다. 《구장산술》〈영뉵장〉의 13번째 연습문제가 영뉵술(盈朒術)로 풀이된 데 비해 《산법통종》에서는 그렇지 않기 때문에 '비례산법 난이도 상'이라는 측면에 중점을 두어 〈균수장〉에 포함시킨 것이다.

수(戶數)의 많고 적음과 거리의 멀고 가까움을 가지고 내야 할 수레의 수나 곡식의 수량을 구하거나, 또 곡식 수량의 많고 적음을 가지고 운반비를 구하거나, 금액의 많고 적음을 가지고 품삯을 구하는 계산이 모두 이것이다.

粟數, 又以粟數高下而求僦直, 又以錢數多少而求傭錢皆是也.

### ① 연습문제 1[224]

가령 은 22냥 8전이 있는데 황랍(黃蠟)[225]과 백랍(白蠟)[226]을 사되, 각각 같은 양이어야 한다고 하자. 황랍은 3근에 은 4전, 백랍은 1근에 은 5전이라면 황랍과 백랍을 각기 얼마나 사겠는가?

[풀이법] 서로 곱하는 방법을 사용하여 3근을 5전에 곱하고 1근을 4전에 곱한다. 이를 더하고 1냥 9전을 얻어 1율로 하고, 1근과 3근을 곱하고 3근을 얻어 2율로 하고, 22냥 8전을 3율로 하면 4율인 36근을 얻는다. 황랍과 백랍을 합친 6근(각 3근)의 값 1냥 9전과 황랍 3근의 비는 황랍과 백랍을 합친 72근(각 36근)의 값 22냥 8전과

設有銀二十二兩八錢, 買黃、白蠟, 各要平均. 其黃蠟每三斤價銀四錢, 白蠟每斤價銀五錢, 問黃、白蠟各若干?

[因] 用互乘法, 三斤乘五錢, 一斤乘四錢, 相併, 得一兩九錢爲一率; 一斤、三斤相乘, 仍得三斤爲二率; 二十二兩八錢爲三率, 得四率三十六斤. 黃、白蠟共六斤價一兩九錢與黃蠟三斤, 若黃、白蠟共

---

224 연습문제 1:《산법통종》권9〈균수장〉의 첫째 연습문제를 수치까지 그대로 가져오되, 편집 체제와 표현을 약간 바꾸고,《산법통종》과 달리 사율비례로 풀이한 것이다.

225 황랍(黃蠟):꿀벌이 벌집을 만들기 위하여 분비하는 물질. 황랍을 이용해 '공부방 창문에 기름 먹이는 법'에 대한 설명은 서유구 지음, 임원경제연구소 옮김,《임원경제지 섬용지》1, 풍석문화재단, 2016, 290~292쪽 참조.

226 백랍(白蠟):밀랍을 표백한 물질. '백랍(땜납) 만드는 법'에 대해서는 서유구 지음, 임원경제연구소 옮김,《임원경제지 섬용지》3, 풍석문화재단, 2017, 255~256쪽 참조.

황랍 36근의 비와 같다.[227]

<원도 68>　　　<원도 69>

七十二[41]斤價二十二兩八錢
與黃蠟三十六斤也.

② 연습문제 2[228]

가령 1,700리의 거리를 옮기는데 수레 주인에게 은 7냥 6전 5분을 이미 지급했다고 하자. 이전의 계약에 따를 때 1,200근을 싣고 1,000리 옮기는 삯이 7냥 5전이라면 짐의 무게는 얼마에 해당하는가?

[풀이법] 이제 가려는 거리에 원래의 삯은 7냥 5전을 곱하고 12냥 7전 5분을 얻어[229] 1율로 하고,

設有道一千七百里, 車主已
支去銀七兩六錢五分. 照前
議, 每一千里, 載重一千二百
斤, 價七兩五錢, 問該重若
干?

[困] 以今行道, 乘原銀七兩五
錢, 得一十二兩七錢五分爲

---

227 해당 비례식의 근거는 다음과 같다. 우선 황랍과 백랍의 근수를 3근으로 맞추고 합친 금액인 1냥 9전을 구한다(황랍 3근은 4전, 백랍 3근은 15전이므로 더하면 19전, 즉 1냥 9전이다). 1냥 9전이 황랍과 백랍 각 3근의 값이므로, 총 금액인 22냥 8전은 황랍과 백랍 각 몇 근의 값인지 알 수 있다.(1냥 9전 : 3근＝22냥 8전 : $x$근)

228 연습문제 2 : 《산법통종》 권9 〈균수장〉의 12번째 연습문제를 수치까지 그대로 가져오되, 편집 체제와 표현을 약간 바꾸고, 《산법통종》과 달리 사율비례로 풀이한 것이다.

229 이제……얻어 : 7냥 5전은 1,000리를 옮기는 삯에 해당하는 값이므로 7냥 5전에 1.7을 곱하면 1,700리에 해당하는 값이 된다.

[41] 七十二 : 저본에는 "三十六". 22냥 8전은 황랍과 백랍의 총량 36근이 아닌 72근의 값이므로, 문맥에 근거하여 수정.

1,200근을 2율로 하고, 7냥 6전 5분을 3율로 하면 4율인 720근을 얻는다.[230]

一率 ; 一千二百斤爲二率 ; 七兩六錢五分爲三率, 得四率七百二十斤.

【1,000리와 7냥 5전의 비는 1,700리와 12냥 7전 5분의 비와 같으니, 이것이 첫 번째 비례이다.[231] 12냥 7전 5분과 1,200근의 비는 7냥 6전 5분과 720근의 비와 같으니, 이것이 두 번째 비례이다.[232]】

【一千里與七兩五錢, 若一千七百里與十二兩七錢五分, 此一比例也. 里數旣同, 則十二兩七錢五分與一千二百斤, 若七兩六錢五分與七百二十斤, 此二比例也.】

〈원도 70〉          〈원도 71〉

③ 연습문제 3[233]

가령 과거급제자 100명이 있는데 1등에게 관

設有中[42]試擧人一百名, 第一

---

230 이제……얻는다 : 아래의 원주에서 해설한 두 가지 사율비례를 적용할 때의 계산 결과이다.

231 1,000리와……비례이다 : 이전 계약의 사례에 따라 1,200근을 옮긴다는 가정으로 1,000리 옮길 때의 삯이 7냥 5전이라면, 1,700리를 옮기는 삯은 얼마인지를 구하는 사율비례이다.

232 12냥……비례이다 : 앞의 비례에 근거하여 1,700리를 옮긴다는 가정으로 12냥 7전 5분의 삯에 옮기는 짐의 무게가 1,200근이므로, 수레 주인에게 이미 지급한 7냥 6전 5분으로 옮길 수 있는 무게가 얼마인지를 구하는 사율비례이다.

233 연습문제 3 : 《산법통종》 권9 〈균수장〉의 17번째 연습문제를 수치까지 그대로 가져오되, 편집 체제와 표현을 약간 바꾸고, 풀이법의 기하학적 원리를 주석에 간단히 언급한 것이다.

42 中 : 저본에는 "重", 《算法統宗》에 근거하여 수정.

청에서 은 100냥을 주고 2등 이하는 순서대로 5전씩 줄여서 준다면 소요된 은은 얼마에 해당하는가?

[풀이법] 99를 5전에 곱하여 49냥 5전을 얻는데 이것이 1등이 100등보다 많이 받는 은의 수이다. 이 수를 100냥에서 빼고 남은 50냥 5전(100−49.5)이 100등이 받는 은의 수이다. 이제 이것을 100냥에 더해서 150냥 5전(100+50.5)을 얻고 이것을 100명에 곱한 다음 반으로 나누면 7,525냥을 얻는다.

【이 풀이법이 곧 사다리꼴농지의 넓이를 구하는 방법이다.】[234]

人, 官給銀一百兩; 自第二名以下, 挨次各減五錢, 問該銀若干?

因 以九十九乘五錢, 得四十九兩五錢, 爲第一名多於第百名之銀數. 以減一百兩, 餘五十兩零五錢, 爲第百名所得銀數. 以並一百兩, 得一百五十兩零五錢. 以乘一百名, 折半, 得七千五百二十五兩.

【卽梯田求積法.】

---

234  이상의 풀이를 지금의 관점에서는 다음과 같이 설명할 수 있다. 각자가 받은 은의 수량을 1등부터 순서대로 나열하면 다음과 같다.(단위는 냥)

$$100$$
$$100-0.5$$
$$100-0.5\times2$$
$$100-0.5\times3$$
$$\cdots$$
$$100-0.5\times99$$

이는 등수가 내려갈수록 5전씩 줄어드는 등차수열이다. 구하는 값은 초항이 $a$이고 끝항이 $l$, 항의 수가 $n$인 등차수열의 합 $S=\dfrac{n(a+l)}{2}$이므로, 여기에 $a=100$(1등에게 지급한 은전), $l=50.5$(100등에게 지급한 은전), $n=100$(지급 대상 수)을 대입하면 $S=\dfrac{100(100+50.5)}{2}=7,525$이다. 원주에서 사다리꼴농지의 넓이를 언급한 이유는 등차수열의 합 공식이 사다리꼴과 같은 기하학적 배경을 가지기 때문이다. 즉 사다리꼴의 넓이 공식 '높이$\times\dfrac{\text{윗변 길이}+\text{밑변 길이}}{2}$'에서 높이는 항의 수 $n$에, 윗변의 길이는 초항 $a$(또는 끝항 $l$)에, 밑변의 길이는 끝항 $l$(또는 초항 $a$)에 대응하는 것이다.

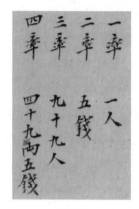

〈원도 72〉

④ 연습문제 4[235]

가령 닭과 토끼가 통 안에 같이 들어 있는데 위에는 머리 35개가 있고 아래에는 다리 94개가 있다면 닭과 토끼는 각각 몇 마리인가?

풀이법1 총 머릿수를 2배 하여 70【닭 35마리의 다리 수이다.】을 얻고, 이 값을 총 다리 수인 94에서 빼고 남은 24(94-70)를 반으로 나누면 토끼 12마리를 얻는다.[236]

풀이법2 총 머릿수를 4배 하여 140【토끼 35마리의 다리 수이다.】을 얻고, 이 값을 총 다리 수인 94에서 빼고 모자란 46(140-94)을 반으로 나누

設有鷄、兔同籠, 上有三十五頭, 下有九十四足, 問鷄、兔各若干?

因 總頭倍之, 得七十,【爲三十五鷄足】以減共足, 餘二十四, 折半, 得兔十二.

又法 總頭四因之, 得一百四十,【爲三十五兔足】以減共足, 不足四十六, 折半, 得

---

235 연습문제 4:《산법통종》권9 〈균수장〉의 26번째 연습문제를 수치까지 그대로 가져오되, 편집 체제와 표현을 약간 바꾼 것이다.

236 총 머릿수를……얻는다:토끼 한 마리당 다리 두 개씩이 남았으므로 2로 나누면 토끼의 마릿수가 나온다.

면 닭 23마리를 얻는다.　　　　　　　　　　鷄二十三.


## 13) 영뉵수법(盈朒數法)[237]　　　　　盈朒數法

전하는 기록에 "영뉵(盈朒)은 미지수들이 남거나 부족한 상황이 교차로 드러난 문제를 다룬다."라 했다. 대개 영(盈)은 남는 것이고 뉵(朒)은 모자라는 것이다. 이는 곧 남는 경우와 모자라는 경우를 가정하여 미지수를 구하는 것이다.

傳曰 : "盈朒, 以御隱雜互見." 蓋盈, 贏也 ; 朒, 縮也. 此乃假設其有餘不足者, 以求夫隱雜之數也.


### ① 연습문제 1[238]

가령 살 물건이 있는데 1명당 은 6냥을 낼 때는 6냥이 남고, 1명당 은 4냥을 낼 때는 4냥이 부족하다면 사람 수와 물건 값은 각각 얼마인가?[239]

設有買物, 每人出銀六兩, 盈六兩, 每人出銀四兩, 不足四兩, 問人數、物數各若干?

풀이법1 4냥과 6냥을 서로 빼서 남은 2냥을 1율로 하고, 1명을 2율로 하고, 남는 돈(6냥)과 부

因 四兩、六兩相減, 餘二兩爲一率 ; 一人爲二率 ; 盈、朒

---

237　영뉵수법(盈朒數法) :《산법통종》권10 〈영뉵장(盈朒章)〉第7에서 개괄 내용을 발췌하고,《수리정온》하편 권8 〈선부(線部)〉6 "영뉵"에서 유형별로 연습문제를 하나씩 가져온 것이다. 총 5개의 연습문제 모두 자구(字句)를 과감히 생략하면서도《수리정온》의 풀이법을 충실히 따랐다. 이는 앞서 '방전수법'부터 '균수수법'까지《산법통종》에서 연습문제를 가져오되, 필요에 따라 사율비례로 풀이법을 변경하는 정도로만《수리정온》을 활용한 사례들과 대조적이다.

238　연습문제 1 :《수리정온》하편 권8 〈선부〉6 "영뉵"의 '일영일뉵(一盈一朒, 남는 조건과 부족한 조건이 하나씩 드러난 경우)' 조 둘째 연습문제를 수치까지 그대로 가져오되, 문구를 간결화한 것이다.

239　가령……얼마인가 : 이를 현대식으로 표현하면 이원일차연립방정식 $ax-b=cx+d=y$의 근 $x, y$를 구하는 문제이다.

족한 돈(4냥)을 더한 10냥을 3율로 하면 4율인 5 를 얻는데, 그것이 사람 수이다.[240] 이 5명에 1명 당 4냥을 곱하고 다시 부족했던 4냥을 더하면 24 냥이 되는데, 이것이 곧 물건 값이다.

相加, 十兩爲三率, 得四率五 爲人數. 以五人乘每人四兩, 加朒四兩, 爲二十四兩, 卽物 價也.

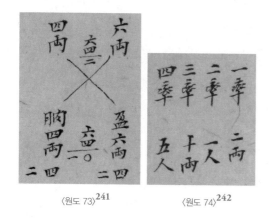

〈원도 73〉[241]　　　　〈원도 74〉[242]

풀이법2 물건 값을 먼저 얻을 때는, 6냥을 4냥 에 곱하면 모자란 돈(4냥)을 6배 한 셈이 되어 부 족한 수 24냥이 되고, 4냥을 6냥에 곱하면 남는 돈(6냥)을 4배 한 셈이 되어 남는 수 24냥이 된

又法 先得物價, 以六兩互乘 四兩, 爲加六倍, 得朒二十四 兩 ; 以四兩乘六兩, 爲加四 倍, 得盈二十四兩. 相加, 得

---

240　4냥과……수이다 : 1명당 2냥 차이일 때(6−4), 전체 비용이 10냥 차이가 났기 때문에[6−(−4)] 사 람 수는 5명(=$\frac{10}{2}$)이어야 한다는 의미이다.

241　이 그림은 사실상 《구장산술》에 제시된 영부족법(盈不足法)의 개념을 그림으로 표현한 것이다. 영 부족법의 이론적 배경과 근거는 예를 들어 중국 학자 이계민(李繼閔)의 《九章算術及其劉徽注研 究》, 陝西人民敎育出版社, 1990, 192~196쪽이 큰 참조가 된다.

242　이 그림 뒤로는 비례식으로 영부족법의 의미를 한 번 더 설명한 것인데, 모두 《수리정온》의 그림 을 충실히 옮겨 온 것이다.(이하의 연습문제 2, 3, 4도 마찬가지다.) 다만 이 그림에서는 《수리정온》 의 그림에 비해 좌우가 바뀌었는데, 이는 문제에서 두 조건이 제시된 순서 자체가 전후로 바뀌어 옮겨졌기 때문이다.

다. 이 둘을 더하고 48냥을 얻어 2율로 하고, 4배와 6배를 서로 빼서 남은 2배를 1율로 하고, 1배를 3율로 하면 4율인 물건 값 24냥을 얻는다.

四十八兩爲二率；四倍、六倍相減，餘二倍爲一率；一倍爲三率，得四率二十四兩.

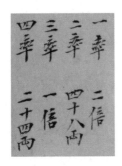

〈원도 75〉

② 연습문제 2[243]

가령 사람들이 과일을 나누어 가지는데 1명당 12개를 가지면 12개가 남고, 1명당 13개를 가지면 6개가 남는다면 사람 수와 과일 수는 각각 얼마인가?[244]

設有人分果, 每人十二枚, 盈十二枚, 每人十三枚, 盈六枚, 問人數. 果數各若干?

[풀이법] 12개와 13개를 서로 빼서 남은 1개를 1율로 하고, 1명을 2율로 하고, 남는 수 6개와 12개를 서로 빼서 남은 6개를 3율로 하면 4율인 6을 얻는데, 그것이 사람 수이다.

因 十二、十三相減，餘一爲一率；一人爲二率；盈六枚、十二枚相減，餘六枚爲三率，得四率六爲人數.

---

243 연습문제 2：《수리정온》하편 권8 〈선부〉 6 "영뉴"의 '양영(兩盈, 남는 두 조건이 드러난 경우)' 조 첫째 연습문제를 수치까지 그대로 가져오되, 문구를 간결화한 것이다. 《수리정온》에는 과일의 개수를 먼저 구하는 방법도 상세히 제시되어 있는데, 여기서는 '위와 같음[上同]'이라는 말로 생략했다.

244 가령……얼마인가：이를 현대식으로 표현하면 이원일차연립방정식 $ax+b=cx+d=y$의 근 $x, y$를 구하는 문제이다.

【과일 수를 먼저 얻는 방법은 연습문제 1의 풀    【先得果數之法, 上同.】
이법 2와 같다.】

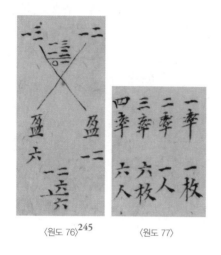

〈원도 76〉[245]    〈원도 77〉

③ 연습문제 3[246]

| 가령 은으로 말을 사는데 말 1마리당 15냥이 | 設有銀買馬, 每匹十五兩, 不 |
| 면 80냥이 부족하고, 1마리당 13냥이라도 여전 | 足八十兩, 每匹十三兩, 仍不 |
| 히 16냥이 부족하다면 말의 수와 은의 수는 각각 | 足十六兩, 問馬數、銀數各若 |

---

245  이 그림의 교차선은 실은 불필요하다. 《수리정온》에서 교차선이 있는 그림은 여기서 '위와 같다
     [上同]'라는 말로 생략한 계산법을 도해한 것이다. 《수리정온》에는 좌우편 맨 아래에 교차선을 따
     라 곱한 수 72(12×6)와 156(13×12)이 기입되어 있고, 그 사이에 이 두 수의 차(156−72=84)가
     세로셈으로 계산되어 있다. 곧 교차선은 교차하여 곱함을 표시하기 위함인데, 이 그림의 좌우편
     아래에 기입된 수 및 여기에 옮긴 계산법에는 교차하여 곱하는 과정이 포함되지 않았으므로 교차
     선은 삭제해야 한다. 뒤의 연습문제 3, 4, 5의 그림도 모두 마찬가지이다.

246  연습문제 3 : 《수리정온》 하편 권8 〈선부〉 6 "영뉵"의 '양뉵(兩朒, 부족한 두 조건이 드러난 경우)' 조
     첫째 연습문제를 수치까지 그대로 가져오되, 문구를 간결화한 것이다. 《수리정온》에서는 은의 수
     량을 먼저 구하는 방법도 상세히 제시했는데, 여기서는 '위와 같다[上同]'라는 말로 생략했다.

얼마인가?[247]

[풀이법] 13냥과 15냥을 서로 빼서 남은 2냥을 1율로 하고, 말 1마리를 2율로 하고, 부족한 16냥과 80냥을 서로 빼서 남은 64냥을 3율로 하면 4율인 32를 얻는데, 그것이 말의 수이다.

【은의 수를 먼저 얻는 방법은 연습문제 1의 풀이법 2와 같다.】

干?

因 十三兩、十五兩相減, 餘二兩爲一率；一馬爲二率；胸十六兩、八十兩相減, 餘六十四兩爲三率, 得四率三十二爲馬數.

【先得銀數之法, 上同.】

〈원도 78〉　　〈원도 79〉

---

247 가령……얼마인가 : 이를 현대식으로 표현하면 이원일차연립방정식 $ax-b=cx-d=y$의 근 $x, y$를 구하는 문제이다.

④ 연습문제 4[248]

가령 깊이를 모르는 우물과 길이를 모르는 밧줄이 있다고 하자. 밧줄을 3겹으로 접은 채로 우물에 넣을 때는 우물 깊이보다 밧줄이 8척 길고, 밧줄을 5겹으로 접은 채로 우물에 넣을 때는 밧줄 길이가 우물 깊이와 일치한다면 우물 깊이와 밧줄 길이는 각각 얼마인가?[249]

[풀이법] 3겹과 5겹을 서로 빼서 남은 2겹을 1율로 하고, 우물 깊이보다 더 긴 길이 8척과 이때 접은 횟수 3겹을 곱하고서, 남는 수 2장 4척을 2율로 하고, 1겹을 3율로 하여 4율인 1장 2척을 얻는데, 이것이 우물 깊이이다. 여기에 5겹을 곱

設有井不知其深, 有繩不知其長. 只云將繩作三摺入井, 長八尺, 將繩作五摺入井, 適足, 問井深、繩長各若干?

因 三摺、五摺相減, 餘二摺爲一率；長八尺、用三摺因之, 得盈二丈四尺爲二率；一摺爲三率, 得四率一丈二尺爲井深. 以五摺乘之, 得六丈

---

248 연습문제 4：《수리정온》 하편 권8 〈선부〉 6 "영뉵"의 '일영일적족(一盈一適足, 남는 조건과 딱 맞는 조건이 드러난 경우)' 조 둘째 연습문제를 수치까지 그대로 가져오되, 문구를 간결화한 것이다. 《수리정온》에서는 밧줄의 길이를 먼저 구하는 방법도 상세히 제시했는데, 여기서는 '위와 같다'라는 말로 생략했다.

249 가령……얼마인가 : 이 문제를 그림으로 표현하면 대략 다음과 같다.

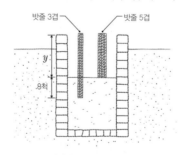

우물 깊이($y$)와 밧줄 길이($x$)를 묻는 문제

이를 다시 현대식으로 표현하면 이원일차연립방정식 $\frac{1}{a}x-b=\frac{1}{c}x=y$의 근 $x$, $y$를 구하는 문제이다. 이 식에 문제를 적용하면 $\frac{1}{3}x-(8\times3)=\frac{1}{5}x=y$가 된다.

하여 6장을 얻는데, 이것이 밧줄 길이이다.　　爲繩長也.

【밧줄 길이를 먼저 얻는 방법은 연습문제 1의　【先得繩長之法, 上同.】
풀이법 2와 같다.】

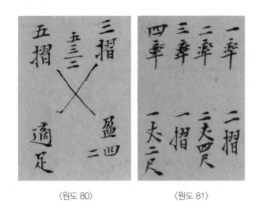

〈원도 80〉　　　　　〈원도 81〉

⑤ 연습문제 5[250]

가령 직사각형농지 한 떼기가 있는데 한쪽 끄
트머리를 잘라 내어 직사각형 정원을 만들려 한
다고 하자. 원래 모양에서 세로를 10보 자를 때
는 만들고자 하는 정원 넓이에서 32보$^2$이 부족하
고, 세로를 12보 자를 때는 만들고자 하는 정원
넓이와 같다면 잘라 낸 넓이와 원래 가로 길이는

設有直田一段, 欲截一頭
作園. 只云截長十步, 不足
三十二步, 截長十二步, 適
足, 問截積及原闊若干?

---

250　연습문제 5 : 《수리정온》 하편 권8 〈선부〉 6 "영뉴"의 '일뉴일적족(一朒一適足, 부족한 조건과 딱 맞
　　는 조건이 드러난 경우)' 조 둘째 연습문제를 수치까지 그대로 가져오되, 문구를 간결화한 것이다.
　　《수리정온》에서는 잘라 낸 사각형의 넓이를 먼저 구하는 방법도 상세히 제시했는데, 여기서는 '위
　　와 같다'라는 말로 생략했다.

얼마인가?[251]

풀이법 10보와 12보를 서로 빼서 남은 2보를 1
율로 하고, 32보$^2$을 2율로 하고, 1보를 3율로 하
여 4율인 16보를 얻는데, 이것이 원래 가로 길이
이다. 이 수를 12보와 곱하여 192보$^2$을 얻는데,
이것이 잘라 낸 넓이이다.

【잘라 낸 넓이를 먼저 얻는 방법은 연습문제 1
의 풀이법 2와 같다.】

因 十步、十二步相減, 餘二
步爲一率；三十二步爲二
率；一步爲三率, 得四率十六
步爲原闊. 與十二步相乘, 得
一百九十二步爲截積.

【先得截積之法, 上同.】

---

251 가령……얼마인가 : 이 문제를 그림으로 표현하면 대략 다음과 같다.

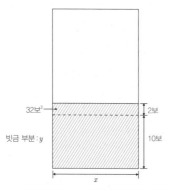

원림 넓이(y)와 가로 길이(x)를 묻는 문제

이를 다시 현대식으로 표현하면 이원일차연립방정식 $ax+b=cx=y$의 근 $x$, $y$를 구하는 문제이
다. 이 식에 문제를 적용하면 $10x+32=12x=y$가 된다.

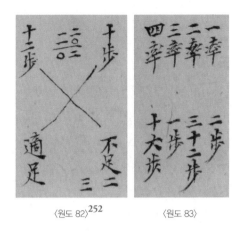

〈원도 82〉<sup>252</sup>　　〈원도 83〉

## 14) 방정수법(方程數法)[253]

方程數法

전하는 기록에 "방정(方程)은 여러 가지 물건을 양수[正] 및 음수[負]와 함께 다룬다."라 했다. 대개 방(方)은 비교하는 것이고, 정(程)은 격식이다. 이는 수를 배열하고 특정 부분의 계수를 같게 하여 비교하면서[方] 완성된 격식[程]을 정하

傳曰："方程, 以御錯糅正負."蓋方, 比也；程, 式也. 此乃設數齊其分, 以比方之, 定爲已成之式, 故曰方程.

---

252 이 그림(오사카본)과 달리 저본에는 상단 좌측의 "十二步"에서 "二"가 누락되었고, 상단 가운데의 "[一二]－[一○]＝[○二]"를 나타낸 세로셈이 "[二二]－[　○]＝[○二]"로 읽히도록 "一○"의 "一"이 위 행의 "一二"의 "一"에 붙어 있다.

253 방정수법(方程數法) : 개괄 내용과 연습문제를 모두《수리정온》하편 권10〈선부(線部)〉8 "방정"에서 발췌한 것이다. 총 3개의 연습문제 모두《수리정온》의 풀이법을 충실히 옮겨 오되, 동일한 조작이 반복될 때는 생략하고 필요한 부분에 주석을 더했다.《산법통종》권11〈방정장(方程章)〉第8의 수 배열은 우행(右行)부터 왼쪽으로 배열해 가는《구장산술》〈방정장(方程章)〉의 세로 행 배열의 전통을 계승한 데 비해,《수리정온》에서는 상행(上行)부터 아래쪽으로 배열해 가는 가로 행 배열이 이루어지고 있다. 여기서는 이 중에 후자를 선택했다.

는 것이다. 그러므로 방정이라 한다.

① 연습문제 1[254]

가령 말 4마리와 소 6마리의 값이 48냥이고, 말 3마리와 소 5마리의 값이 38냥이라면 말과 소의 1마리당 가격은 각각 얼마인가?

設如馬四匹、牛六頭共價四十八兩, 馬三匹、牛五頭共價三十八兩, 問牛、馬各價若干?

[풀이법] 말 4마리, 소 6마리, 총 가격 48냥을 위에 나열하고, 말 3마리, 소 5마리, 총 가격 38냥을 아래에 나열한다. 그제야 위의 말 4마리를 아래의 말 3마리, 소 5마리, 값은 38냥에 모두 곱하여 말 12(3×4)마리, 소 20(5×4)마리, 값은 152(38×4)냥을 얻는다. 마찬가지 방법으로 아래의 말 3마리를 위의 말 4마리, 소 6마리, 값은 48냥에 모두 곱하여 말 12(4×3)마리, 소 18(6×3)마리, 값은 144(48×3)냥을 얻는다. 이 결과를 적은 아래의 두 줄을 비교하면 말은 각 12마리이므로 서로 빼서 0(12−12)마리가 되고, 소는 20마리에서 18마리를 빼서 2마리가 남으며, 값은 152냥에서 144냥을 빼서 8냥이 남는다.

因 以馬四匹、牛六頭、共價四十八兩列於上, 馬三匹、牛五頭、共價三十八兩列於下. 乃以上馬四匹遍乘下馬三匹、牛五頭、價銀三十八兩, 得馬十二匹、牛二十頭、價銀一百五十二兩. 又以下馬三匹遍乘上馬四[43]匹、牛六頭、價銀四十八兩, 得馬十二匹、牛十八頭、價銀一百四十四兩. 兩下相較, 則馬各十二匹, 彼此減盡 ; 牛二十[44]頭內減十八頭, 餘二頭 ; 價銀一百五十二兩內, 減

---

254 연습문제 1 : 《수리정온》하편 권10 〈선부〉 8 "방정"의 '화수류(和數類, 여러 품목들의 합이 조건으로 주어진 경우들)' 조 첫째 연습문제를 수치까지 그대로 가져오고, 풀이법을 충실히 옮긴 것이다. 다만 풀이법의 근거를 설명한 부분은 옮겨 오지 않았다.

43 四 : 저본에는 "三". 《數理精蘊》에 근거하여 수정.

44 二十 : 저본에는 "十二". 《數理精蘊》에 근거하여 수정.

그리하여 남은 소 2마리로 남은 은 8냥을 나누면 은 4냥을 얻는데, 이것이 바로 소 1마리의 값이다.【소가 말보다 2마리 많기 때문에 값이 8냥이 많은 것이다. 2마리와 8냥의 비는 1마리와 4냥의 비와 같다.】이것을 소 5마리와 곱하면 20(5×4)냥을 얻는데, 이것이 소 5마리 값의 합이다. 말(3마리)과 소(5마리)의 총 가격인 38냥에서 20냥을 빼면 18냥이 남는데, 이것이 말 3마리의 총 가격이다. 이것을 말 3마리로 나누면 6냥을 얻는데, 이것이 바로 말 1마리의 값이다.[255]【만약 소의 수를 앞에 나열하고 말의 수를 뒤에 나열한다면 말의 값을 먼저 얻는다.[256]】

一百四十四兩, 餘八兩. 爰以餘牛二頭除餘銀八兩, 得四兩, 卽牛每頭之價.【牛多二頭, 故價多八兩. 二頭與八兩, 若一頭與四兩.】以牛五頭相乘, 得二十兩爲牛五頭之共價. 於馬、牛共價三十八兩內減去二十兩, 餘十八兩爲馬三匹之共價. 以馬⑮三匹除之, 得六兩, 卽馬每匹之價也.【如以牛數列於前, 馬數列於後, 則先得馬價.】

---

255 이상에서 설명한 풀이법을 현대식으로 이해하면 다음과 같다. 이 문제는 미지수가 2개인 1차 연립방정식 문제, 즉 말 1마리의 값을 $x$냥, 소 1마리의 값을 $y$냥이라 할 때, 연립방정식 $\begin{cases} 4x+6y=48 \\ 3x+5y=38 \end{cases}$ 의 해를 구하는 문제로 환치할 수 있다. 문제에서 제시한 풀이를 간단히 나타내면 다음과 같다. 우선 위의 식에는 양변에 3을, 아래 식에는 양변에 4를 곱해서 두 식을 $\begin{cases} 12x+18y=144 \\ 12x+20y=152 \end{cases}$ 로 변형시킨다. 이어 아래 식에서 위의 식을 빼면 $2y=8$에서 $y=4$가 구해진다. 이 값을 다시 원래 식 $3x+5y=38$에 대입하면 $3x=38-20$에서 $x=6$이 구해진다. 본문의 풀이법은 미지수를 나타내는 문자를 사용하지 않았을 뿐, 현대의 방정식 풀이법과 동일하다. 이하의 문제들도 이와 동일한 방법을 따른다.

256 만약……얻는다 : 이는 앞의 주석에서 제시한 두 식 $\begin{cases} 4x+6y=48 \\ 3x+5y=38 \end{cases}$ 대신 $6y$와 $5y$를 $4x$와 $3x$ 앞에 쓰면 $y$부터 구할 수 있다는 말로 이해할 수 있다.

⑮ 馬 : 저본에는 "爲". 규장각본·오사카본·《數理精蘊》·《保晩齋叢書·攷事十二集·數藝》에 근거하여 수정.

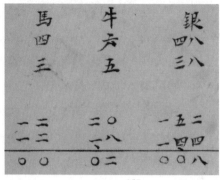

〈원도 84〉<sup>257</sup>

② 연습문제 2<sup>258</sup>

가령 단(緞) 2필(疋)과 사(紗) 6필과 주(紬)<sup>259</sup>
8필의 총 가격이 84냥이고, 단 1필과 사 4필과
주 7필의 총 가격이 60냥이며, 단 3필과 사 5필
과 주 9필의 총 가격이 90냥이라면 단·사·주 1

設如緞二疋、紗六疋、紬八
疋, 共價八十四兩;緞一疋、
紗四疋、紬七疋, 共價六十
兩;緞三疋、紗五疋、紬九疋,

---

257 그림(오사카본)에서 제3행의 오른쪽 "三八"이 다소 위로 치우친 느낌이 있지만, 저본은 그 정도가
조금 더 심하여, '三', '五'와 같은 줄에 배열한 것인지 알기 어려워 보인다.

258 연습문제 2 :《수리정온》 하편 권10 〈선부〉 8 "방정"의 '화수류' 조 둘째 연습문제를 수치까지 그대
로 가져오고 풀이법을 충실히 옮겨 오되, 앞 연습문제에서 사용한 조작법과 동일한 과정은 '앞의
방법을 사용하여[用上法]' 등의 말로 과감히 생략한 것이다.

259 단(緞)……주(紬) : 단(緞)은 직물의 씨실과 날실이 엇갈리는 조직점을 적게 하여 씨실과 날실이
만나는 지점이 길어지고 조직점이 분산되어 있어 다른 직물보다 광택이 많고 화려하며 톡톡하다.
우리나라에서는 집안의 보료나 이불요, 겨울용 의상 등에 사용했고, 무늬가 없는 '공단(貢緞)'을
비롯해 구름 문양의 운문단(雲紋緞) 등 직물의 무늬에 따라 이름을 붙였다. 사(紗)는 날실 2올을
꼬아서 직조하기 때문에 빈 공간이 생겨 조직이 성글고 얇아 비쳐 보이는 직물이다. 우리나라에
서는 여름용 옷감으로 사용했으며, 삶아서 만든 '숙고사(熟庫紗)'와 물결무늬가 일렁이는 모이어
(moire) 현상이 나타나는 '은조사(銀造紗)' 등이 대표적이다. 주(紬)는 누에에서 실을 뽑아 꼬임이
없이 직조하는 평견직물의 총칭이다. 우리나라에서 가장 일반적으로 사용한 견직물이며, 명에서
유래한 '명주(明紬)'와 풀솜으로 만든 '토주(吐紬)' 등이 대표적이다.《전공지》권2 〈누에치기와 길
쌈(하)〉 "길쌈(紗)" 사(紗), 라(羅), 능(綾), 단(緞) 짜는 법 총론'과 '우리나라의 주(紬) 짜는 법'에 자
세하게 나온다.

필의 가격은 각각 얼마인가?

공가구십량, 問緞、紗、紬各
價幾何?

[풀이법] 먼저 단 2필, 사 6필, 주 8필, 총 가격 84냥을 위에 나열하고, 단 1필, 사 4필, 주 7필, 총 가격 60냥을 아래에 나열한다. 앞 문제(연습문제 1)의 풀이법을 사용하여 서로 곱한 다음 빼서 사 2필, 주 6필, 총 가격 36냥을 얻는다.

[因] 先以緞二疋、紗六疋、紬八疋、共價八十四兩列於上、緞一疋、紗四疋、紬七疋、共價六十兩列於下. 用上法相乘相減, 得紗二疋、紬六疋、共價三十六兩.

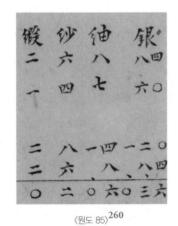

〈원도 85〉[260]

다음으로 단 1필, 사 4필, 주 7필, 총 가격 60냥을 위에 나열하고, 단 3필, 사 5필, 주 9필, 총 가격 90냥을 아래에 나열한다. 앞 문제의 풀이법을 사용하여 서로 곱한 다음 빼서 사 7필, 주 12필, 총 가격 90냥을 얻는다.

次以緞一疋、紗四疋、紬七疋、共價六十兩列於上, 緞三疋、紗五疋、紬九疋、共價九十兩列於下. 用上法相乘相減, 得紗七疋、紬十二疋、

---

260  저본에는 "紬" 아래의 "八"이 "六"으로, 그 아래의 "七"이 "四"로 잘못 기입되어 있다.

共價九十兩.

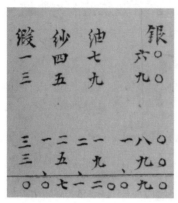

〈원도 86〉[261]

　그제야 두 차례의 조작으로 나온 수들을 가지고 2가지 품목(즉 미지수)으로 구성된 방정을 만들어 계산하면 주 18필과 가격 72냥을 얻는다. 그리하여 18필을 1율로 하고, 72냥을 2율로 하고, 1필을 3율로 하면 4율인 4냥을 얻으니, 이것이 바로 주 1필의 값이다. 여기에 주 6필을 곱해서 사(2필)와 주(6필)의 총 가격 36냥에서 빼면 12냥(36−4×6)이 남는데, 이것이 사 2필의 값이

乃將兩次所得之數, 作二色方程籌之, 得紬十八疋, 價銀七十二兩. 爰以十八疋爲一率, 七十二兩爲二率, 一疋爲三率, 得四率四兩, 卽紬每疋之價也. 以紬六疋乘之, 以減紗, 紬共價三十六兩, 餘十二兩爲紗二疋之價也.

---

261　저본에는 "紬" 밑의 "七"과 "九" 아래에 기입된 "二一"이 "一一"로 잘못 기입되어 있다. 마지막 행의 오른쪽에서 넷째 자리에 기입된 "〇"은 《수리정온》에도 있으나 실은 불필요하다.

다.[262]

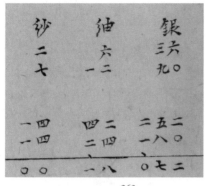

〈원도 87〉[263]

---

262 이상에서 설명한 풀이법을 현대식으로 이해하면 다음과 같다.

이 문제는 미지수가 3개인 1차 연립방정식 문제, 즉 단 1필의 값을 $x$냥, 사 1필의 값을 $y$냥, 주 1필의 값을 $z$냥이라 할 때, 연립방정식 $\begin{cases} 2x+6y+8z=84 \\ x+4y+7z=60 \\ 3x+5y+9z=90 \end{cases}$ 의 해를 구하는 문제로 환치할 수 있다. 문제에서 제시한 풀이를 간단히 나타내면, 우선 위의 식을 두 식 $\begin{cases} 2x+6y+8z=84 \\ x+4y+7z=60 \end{cases}$ …①(〈원도 85〉)과 $\begin{cases} x+4y+7z=60 \\ 3x+5y+9z=90 \end{cases}$ …②(〈원도 86〉)로 나누어 계산한다.

먼저 ①의 두 번째 식의 양변에 2를 곱해서 두 식을 서로 빼면 문자 $x$가 소거되어 $2y+6z=36$을 얻고(〈원도 85〉), ②의 첫 번째 식의 양변에 3을 곱해서 두 식을 서로 빼면 역시 문자 $x$가 소거되어 $7y+12z=90$을 얻는다(〈원도 86〉). 이렇게 얻은 두 식을 연립하여 아래, 위로 각각 7과 2를 곱한 다음 빼면 $18z=72$에서(〈원도 87〉) $z=4$를 얻는다($18:72=1:z$에서 $z=4$). 다시 이를 $2y+6z=36$에 대입하여 $y=6$을 얻고, 얻은 두 수를 $x+4y+7z=60$에 대입하여 $x=8$을 얻는다.

위 연습문제 1, 2의 특징은 계수가 모두 양수라는 점이다. 연립방정식으로 표현한 식에서 계수가 양수의 범위를 벗어나서 음수까지 확장된 문제가 다음의 연습문제 3에 나온다. 앞의 두 문제는 《수리정온》에서 '화수류(和數類)'로 분류되고, 뒤의 문제는 '교수류(較數類)'로 분류되었다. 《수리정온》의 분류 범주는 이 밖에도 '화교겸용류(和較兼用類)'와 '화교교변류(和較交變類)'가 더 있으니, 주어진 조건이 품목 간의 합[和]인지 차[較]인지, 그리고 연산 과정 중에 합과 차가 함께 쓰이거나 서로 변하는지에 따라 방정(方程)을 분류한 것이다.

263 저본에는 제4행 우측의 "二五二"에서 앞의 "二"가, 그리고 제5행 우측의 "一八〇"에서 앞의 "一"이 누락되었으며 그 아래의 점 표시도 없다.

③ 연습문제 3[264]

가령 벼루 7개는 붓 3개의 가격에 비해 480문(文) 비싸고, 또 벼루 3개는 붓 9개의 가격에 비해 180문 싸다면 벼루와 붓 1개의 가격은 각각 얼마인가?

[풀이법] 벼루 7개는 양수[正]로 하고, 붓 3개는 음수[負]로 하고, 벼루가 붓에 비해 비싼 값 480문은 양수로 하여[265]【값이 비싸다는 말은 벼루값이 붓값에 비해 비싸다는 뜻이므로 양수인 벼루와 동류이다. 따라서 이 값도 양수이다.】위에 나열한다. 또 벼루 3개는 양수로 하고, 붓 9개는 음수로 하고, 벼루가 붓에 비해 싼 값 180문은 음수로 하여[266]【싸다는 말은 벼루값이 붓값에 비해 싸다, 곧 붓값이 벼루값에 비해 비싸다는 뜻이므로 음수인 붓과 동류이다. 따라서 이 값도 음수이다.】아래에 나열한다.

그제야 아래 줄에 있는 벼루 3개를 위 줄에 있는 벼루 7개, 붓 3개, 벼루가 붓보다 비싼 값 480

設如硯七方, 比筆三枝, 價多四百八十文；又硯三[46]方, 比筆九枝, 價少一百八十文問硯、筆價各若干？

因 以硯七爲正, 筆三爲負, 價多四百八十文爲正,【多爲硯比筆之所多, 與硯同類, 故亦爲正.】列於上；又以硯三爲正, 筆九爲負, 價少一百八十文爲負,【少爲硯比筆之所少, 卽爲筆比硯之所多, 與筆同類, 故亦爲負.】列於下.

乃以下硯三遍乘上硯七、筆三、價多四百八十文, 得硯

---

264 연습문제 3 : 《수리정온》하편 권10 〈선부〉 8 "방정"의 '교수류(較數類, 여러 품목들의 차가 조건으로 주어진 경우들)' 조 첫째 연습문제를 수치까지 그대로 가져오고, 풀이법을 충실히 옮겨 온 것이다. 초기 방정을 배열할 때 양수[正] 또는 음수[負]로 놓은 까닭을 설명한 원주(原注)까지도 옮겨 왔다. 단 붓의 단가를 이용해 벼루 단가를 계산하는 부분은 생략했다.

265 벼루……하여 : 벼루 1개 값을 $x$, 붓 1개의 값을 $y$로 두면, 문제의 첫 번째 조건이 $7x-3y=480$이 된다. 즉 7과 3과 480의 부호가 각각 양(+), 음(−), 양(+)이라는 뜻이다.

266 또……하여 : 문제의 두 번째 조건이 $3x-9y=-180$이 된다. 즉 3과 9와 180의 부호가 각각 양(+), 음(−), 음(−)이다.

46 三 : 저본에는 "九". 《數理精蘊》에 근거하여 수정.

문에 모두 곱하여 벼루 양수 21개, 붓 음수 9개, 벼루가 붓보다 비싼 값 양수 1,440문을 얻는다. 또 위 줄에 있는 벼루 7개를 아래 줄에 있는 벼루 3개, 붓 9개, 벼루가 붓보다 싼 값 180문에 모두 곱하여 벼루 양수 21개, 붓 음수 63개, 벼루가 붓보다 싼 값 음수 1,260문을 얻는다.

이 결과를 적은 아래의 두 줄을 비교하면 벼루는 각 21개이므로 서로 빼서 0(21−21)개가 되고, 붓 9개와 63개는 두 층이 모두 음수이므로 서로 빼면【일반적으로 뺄셈을 할 때 음양의 부호가 서로 다르면 서로 더하고,[267] 음양의 부호가 서로 같으면 서로 빼는데,[268] 그 이치는 영뉵법과 같다.】54[−9−(−63)=54]개가 남는다. 그리고 비싼 값 1,440문과 싼 값 1,260문의 경우 하나는 양수, 하나는 음수이므로 서로 더해서 2,700[1,440−(−1,260)=1,440+1,260]문을 얻으니, 이것이 붓 54개의 총 값이다. 54개로 나누면

二十一爲正、筆九爲負、價多一千四百四十文爲正；又以上硯七遍乘下硯三、筆九、價少一百八十文，得硯二十一爲正、筆六十三爲負、價少一千二百六十文爲負.

兩下相較，則硯各二十一，彼此減盡；筆九枝與六十三[47]枝，兩層皆負，故相減，【凡正負異號則相加，正負同號則相減，其理與盈朒同.】餘五十四枝；價多一千四百四十文與少一千二百六十文，一正一負，故相加，得二千七百文，乃筆五十四枝之共價也．以五十四枝除之，得一枝價

267  뺄셈을……더하고 : 두 수 $x, y$에 대하여 다음과 같은 관계가 있다는 뜻이다. $x-(-y)=x+y$.
268  음양의……빼는데 : 두 수 $x, y$에 대하여 다음과 같은 관계가 있다는 뜻이다. $-x-(-y)=y-x$.
[47] 三 : 저본에는 "二". 《數理精蘊》에 근거하여 수정.

붓 1개의 값 50문을 얻는다.[269]

五十文.

〈원도 88〉

---

269 이상의 풀이법에서는 붓 1개의 값을 구했을 뿐, 이 문제의 또 다른 질문인 벼루 1개의 값을 구하지 않았다. 이는 《수리정온》에서는 이 풀이의 바로 뒤에 이어진 풀이법을 소개했는데 이를 여기서 빠트린 결과이다. 이제까지 소개한 연습문제에서는 질문의 답을 소개하지 않은 적이 없는 것으로 보아, 편집 과정에서의 착오로 보인다. 《보만재총서》에서도 이와 같다.

《수리정온》에서는 위의 각주에서 제시한 방정식 $7x - 3y = 480$에서 $y$에 50을 대입한 뒤 $x$, 즉 벼루 1개의 값을 구하는 과정을 설명했다. 즉 50에 3을 곱하여 150문을 얻고, 여기에 480문을 더해 630문을 얻는다. 이어서 이를 7로 나누어 90문을 구한다는 것이다.(以三因之, 得一百五十文爲筆三枝之共價, 與硯多四百八十文, 相加, 得六百三十文爲硯七方之共價. 以硯七除之, 得九十文, 即硯每一方之價也.)

이상의 풀이법을 현대식으로 이해하면 다음과 같다.

이 문제는 미지수가 2개인 1차 연립방정식 문제, 즉 벼루 1개의 값을 $x$, 붓 1개의 값을 $y$라 할 때,

연립방정식 $\begin{cases} 7x - 3y = 480 \\ 3x - 9y = -180 \end{cases}$ 의 해를 구하는 문제로 환치할 수 있다. 위에서 제시한 풀이를 간단히

나타내면, 우선 위의 식의 양변에 3을, 아래 식의 양변에 7을 곱해서 두 식을 $\begin{cases} 21x - 9y = 1,440 \\ 21x - 63y = 1,260 \end{cases}$

으로 변형시킨다. 이 두 식을 빼어 나온 $54y = 2,700$에서 $y = 50$을 얻고, 이를 다시 원래 식 $7x - 3y = 480$에 대입하여 $x = 90$을 얻는다.

## 15) 구고(句股)와 팔선(八線)[270]　　　　句股、八線

　전하는 기록에 "구고(句股)는 높이나 깊이, 너비나 거리를 구한다."라 했다. 대개 가로를 구(句)라 하고, 세로를 고(股)라 하고, 활에 활줄을 연결한 모양처럼 구와 고의 양끝을 비스듬히 연결한 선을 현(弦)이라 한다. 구와 고를 가지고 현을 구하기도 하고, 구와 현을 가지고 고를 구하기도 하고, 고와 현을 가지고 구를 구하기도 하는 데서부터[271] 원에 내접하는 사각형의 한 변 길이나 정다각형에 내접하는 원의 반지름까지 구할 수 있다.

　이 구고법을 쓰면 하늘의 높이나 땅의 깊이, 산천이나 성곽의 너비나 거리 등이 모두 점을 치면

傳曰："句股, 以御高深、廣遠." 蓋橫闊爲句, 直長爲股, 斜交兩隅如弓銜弦者爲弦. 或以句、股求弦, 或以句、弦求股, 或以股、弦求句, 以至求容方求容圓.

天之高、地之深、山川·城郭之廣遠, 莫不如筭斯得. 其理

---

270　구고(句股)와 팔선(八線) : 앞의 여러 항목들과 달리 장황한 개괄로 시작하는데, 그 내용은《산법통종》권12〈구고장(句股章)〉第9의 개괄에다 구고의 기원을 복희(伏羲)의 선천방도(先天方圖)에서 찾는 등 상수학(象數學)적인 논설들을 덧붙이고 직각삼각형의 성질을 간단히 소개했다. 총 7개의 연습문제 중에 5개는《산법통종》에서 그대로 옮겨 온 것이고, 2개(연습문제 3, 4)는《산법통종》연습문제의 설정을 가지고《수리정온》권12〈면부(面部)〉2 "구고(句股)"의 연습문제 유형을 참고하여《산법통종》에 없는 연습문제를 새롭게 만든 것이다.
　이 항목은 앞의 항목들과 달리 연습문제 뒤에 팔선(八線, 삼각함수)에 대한 설명이 덧붙어 있는데, 이 항목의 제목이 '구고'에 그치지 않고 '구고와 팔선'이 된 이유는 이 때문이다. 내용은《수리정온》권16〈면부(面部)〉6 "할원팔선(割圓八線)"의 그림과 해설을 옮겨 온 것으로, 당시에 서양 수학 중 우수한 것으로 평가되던 할원팔선을 전통 수학의 구고에서 파생된 개념으로 묶음으로써 전통 수학에 대한 자부심을 드러낸 것이다.
271　구와 고를……데서부터 : 직각삼각형의 세 변 중 두 변의 길이를 알면 나머지 한 변의 길이를 구할 수 있다는 말. 바로 피타고라스 정리의 내용이다.

반드시 응험이 있는 것같이[272] 드러난다. 그 이치 는《주비산경(周體算經)》[273]에 갖추어져 있고 그 상(象)은 선천방도(先天方圖)[274]에 보인다.

則具於《周體經》, 其象則見 於先天方圖.

---

272 점을……것같이 : '如筮斯得'을 옮긴 것으로,《주역전의(周易傳義)》권수(卷首)에 실린 주희(朱熹)
의 〈오찬(五贊)〉 "경학(警學)"에 나오는 말이다. 이 구절에 대해《성리군서구해(性理羣書句解)》에
서 "점치는 일이 있으면 반드시 그 응험을 얻는다.(如有所卜, 必得其應.)"라고 풀이했다.

273 주비산경(周體算經) : 중국의 천문 수학서. 천문학 지식과 수학 지식이 혼합되어 있다.

274 선천방도(先天方圖) : 복희64괘방위지도(伏羲六十四卦方位之圖)라고도 불리는, 다음 그림의 중앙에
있는 64괘의 정사각형 배열을 말한다. 이를 둘러싼 64괘의 원형 배열은 선천원도(先天圓圖)라 하
며, 이 두 그림을 합쳐 선천방원도(先天方圓圖)라 한다. 이 그림에서 오른쪽이 서쪽, 왼쪽이 동쪽,
위쪽이 남쪽, 아래쪽이 북쪽이다.

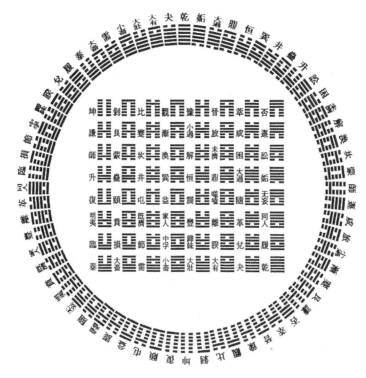

《선천방원도》[〈先天方圓圖〉-周易 附諺解 1(庚辰新刊 內閣藏板, 學民文化社, 1998, 91~92쪽 ; 成百曉 역주,
《懸吐完譯 周易傳義》上, 전통문화연구회, 1998, 101쪽]

선천방도에서 16개의 곤(坤, ☷)이 동쪽과 남쪽을 차지하면서 자연히 구고의 상을 이루는데, 동쪽은 모두 상괘(上卦)가 곤이고 남쪽은 모두 하괘(下卦)가 곤이다.[275] 또 상하 양괘의 곤이 그 중앙의 꺾인 곳에 섞여 있어서 구와 고의 경계를 나타낸다.

16개의 건(乾, ☰)이 서쪽과 북쪽을 차지하면서 자연히 직각으로 만나는 상을 이루는데, 서쪽은 모두 상괘가 건이고 북쪽은 모두 하괘가 건이다. 또 상하 양괘의 건이 그 중앙의 꺾인 곳에 섞여 있어서 구와 고의 경계를 나타낸다.

그런 다음에 태(兌, ☱), 리(離, ☲), 진(震, ☳), 손(巽, ☴), 감(坎, ☵), 간(艮, ☶)이라는 6괘가 순서대로 비스듬히 펼쳐져서 16개 곤의 현이 되고, 역순으로 비스듬히 펼쳐져서 16개 건의 현이 되었다.

이렇게 법상(法象, 자연계 일체의 사물과 현상)을 명백히 드러냈으니, 성인이 마치 자상히 일러 주는 듯하다. 그러므로 복희씨가 역법(曆法)의 원리를 세울 적에 이 법상으로 구고를 창안하여 측험(測驗)하는 산법을 만들었다. 지금 혹자는 서방의 나라에서 이 구고의 원리를 만들

方圖, 十六坤居于東南, 自成句股之象, 而東皆上坤, 南皆下坤. 又以兩坤錯其中央曲折處, 以表句股之界.

十六乾居于西北, 自成合矩之象, 而西皆上乾, 北皆下乾. 又以兩乾錯其中央曲折處, 以表句股之界.

然後兌、離、震、巽、坎、艮之六子順數斜布, 以爲十六坤之弦 ; 倒數斜布, 以爲十六乾之弦.

此其法象之昭示, 聖人殆若諄諄然命之也. 故包犧將立曆度, 以此法象, 創成句股, 用作測驗之數術. 今或謂西國所創者妄也.

---

275 동쪽은……곤이다 : 주역의 64괘는 모두 6개의 효로 이루어졌는데, 이 중 위의 3개 효를 상괘(上卦), 아래 3개의 효를 하괘(下卦)라고 한다. 앞의 선천방도 그림에서 맨 왼쪽(동쪽)의 괘들은 모두 상괘가 곤(☷)이고, 맨 위쪽(남쪽)의 괘들은 모두 하괘가 곤이며, 그 둘이 만나 꺾이는 좌상측 귀퉁이(곤괘)는 상·하괘가 모두 곤이다.

었다고 말하는데 망령된 견해이다.

낙서(洛書)의 수는 9로 10을 포함한다.[276] 따라서 《서경(書經)》〈홍범(洪範)〉의 홍범구주(洪範九疇)[277] 중 제9주에서 5복(福)이 6극(極)을 포함하여 양면의 진리를 드러내었고,[278] 《구장산술》의 마지막 장에서 구고가 팔선을 그 속에 포함하여 양면을 갖춘 진리가 되었으니, 이들도 모두 9로 10을 포함하는 뜻이다.

《주비산경》에서 "원은 네모에서 나왔다."[279]라 했으니, 팔선의 원은 실제로 구고의 네모에서 나왔다. 이들은 이름은 비록 둘이지만 그 실제 내용은 하나의 원리이다. 이것이 팔선이 구고에 포함되어 양면을 갖춘 진리가 된 까닭이다. 사덕(四德)[280]의 마지막인 정(貞, 곧음)은 정(正, 올바름)과 고(固, 굳셈)로 양면을 갖춘 덕목이 되고, 사

洛書之數, 以九含十. 故《洪範》第九疇, 五福含六極爲兩;《九章》之末, 句股含八線爲兩者, 亦此意也.

《周髀經》云"圓出於方". 八線之圓實出於句股之方. 名雖二, 其實一法, 此八線所以爲句股所含而成兩. 四德之終貞, 以正、固爲兩;四端之終智, 以是、非爲兩;六藝之終數, 以句股、八線爲兩者, 皆

---

276 낙서(洛書)의……포함한다 : 하도(河圖)는 1부터 10까지 10개의 수가 배열된 데 비해, 낙서는 1부터 9까지 9개의 수만 배열되어 있는데, 이는 낙서에 10이 누락된 것이 아니라 마지막 수 9가 10을 포함하고 있다는 말이다.

277 홍범구주(洪範九疇) : 중국 하(夏)나라 우왕(禹王)이 남겼다는 9개 조목의 정치이념. 주(周)나라 무왕(武王)이 기자(箕子)에게 선정(善政)의 방안을 물었을 때 기자가 이 9개 조목을 교시했다. 9조목은 오행(五行)·오사(五事)·팔정(八政)·오기(五紀)·황극(皇極)·삼덕(三德)·계의(稽疑)·서징(庶徵)·오복(五福) 및 육극(六極)이다.(《書經·周書·洪範》)

278 5복(福)이……드러내었고 : 5복은 수(壽, 장수)·부(富, 부유함)·강녕(康寧, 평안함)·유호덕(攸好德, 덕을 좋아함)·고종명(考終命, 잘 죽음)인데 이미 이 속에 6극(極)인 흉단절(凶短折, 단명)·질(疾, 질병)·우(憂, 근심)·빈(貧, 가난)·악(惡, 악함)·약(弱, 약함)이 배타적 개념으로 포함되어 있다는 말로 보인다.

279 원은……나왔다 :《周髀算經》卷上.

280 사덕(四德) : 천지자연의 4가지 덕. 원(元), 형(亨), 이(利), 정(貞)을 이른다.

단(四端)[281]의 마지막인 지(智, 지혜)는 시(是, 옳음)와 비(非, 그름)로 양면을 갖춘 덕목이 되었으며, 육예(六藝)[282]의 마지막인 수(數)는 구고와 팔선으로 양면을 갖춘 진리가 되니, 모두 같은 이치이다.

一理也.

구고란 직각삼각형이다. 구가 3척이고 고가 4척이면 현은 5척이 된다. 예를 들어 〈원도 89〉의 삼각형 갑을병(甲乙丙)에서 갑(甲)이 직각이다.【직각이란 하나의 원에서 360°를 등분해서 $\frac{1}{4}$을 취한 각이다. 그러므로 직각을 90°로 칭하기도 한다. 90°보다 작은 각은 예각(銳角)이다. 예를 들어 〈원도 89〉의 각 을(乙)과 각 병(丙)이다. 반면, 90°보다 큰 각은 둔각(鈍角)이다. 예를 들어 〈원도 90〉의 삼각형 정기무(丁己戊)에서 각 정(丁)이다.[283]】〈원도 91〉에서 변 갑을(甲乙)이 3척, 변 갑병(甲丙)이 4척이면 변 을병(乙丙)은 반드시 5척이 된다.

句股者, 直角三角形也. 句三尺, 股四尺, 弦爲五尺. 如圖甲乙丙三角形, 甲爲直角.【直角者, 如以一圓均分三百六十度, 而四均分其圓之角. 故直角亦稱九十度. 角未滿九十度爲銳角, 如圓之乙丙；角過九十度爲鈍角, 如丁己戊三角形之丁角.】甲乙三尺, 甲丙四尺, 則丙乙必爲五尺也.

---

281 사단(四端) : 인간의 4가지 본성. 인(仁), 의(義), 예(禮), 지(智).

282 육예(六藝) : 주(周)나라에서 유래한 전통 교육의 6가지 과목. 예(禮), 악(樂), 사(射), 어(御), 서(書), 수(數).

283 직각이란……정(丁)이다 : 직각, 예각, 둔각이라는 용어는 현대수학에서도 쓰고 있는데, 이는 모두 《수리정온》의 영향이다.

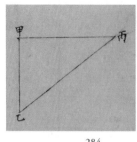

〈원도 89〉[284]

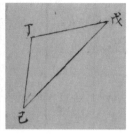

〈원도 90〉

일반적으로 구고는 구를 제곱하여 얻은 정사각형 넓이와 고를 제곱하여 얻은 정사각형 넓이를 더하면 반드시 현을 제곱하여 얻은 정사각형 넓이와 같다. 예를 들어 〈원도 89〉에서 변 갑을의 구 3척을 제곱한 넓이가 9척$^2$이고, 변 갑병의 고 4척을 제곱한 넓이가 16척$^2$이니, 이를 더하면 25척$^2$인데, 이는 현 5척을 제곱한 넓이와 같은 것이다. 그러므로 구·고·현 중에 2가지 값만 주어지면 세 번째 값도 알 수 있다.

【구와 고가 비록 3과 4의 비율에 맞는 수가 아니라도 이 원리는 언제나 성립한다. 단 그 경우 제곱근을 구할 때 소수점 아래가 끝나지 않는 수[285]가 나올 수도 있다.】

凡句股, 句自乘方積, 股自乘方積相幷, 必與弦自乘方積同. 如圖甲乙句三尺自乘積爲九尺, 甲丙股四尺自乘積爲十六尺, 相幷爲二十五尺, 與弦五尺自乘積同. 故有二, 卽知其三.

【句、股雖非三與四之比例, 皆然. 但開方之時, 恐有不盡之數.】

---

284 그림처럼 도형의 꼭짓점에 문자를 표기하는 방식은 《수리정온》의 영향이다.

285 소수점……수: 원문의 '不盡之數'를 옮긴 것으로, 소수점 아래의 수가 영원히 끝나지 않는 수라는 말이다. 순환소수와 무리수가 이에 해당한다.

① 연습문제 1[286]

가령 구가 27척이고 고가 36척이라면 현은 얼마인가?

[풀이법] 구의 제곱과 고의 제곱을 더하여 2,025척$^2$을 얻는다. 이 수의 제곱근을 구하면 45척을 얻는다.

設如句二十七尺, 股三十六尺, 問弦幾何?

因 句自乘、股自乘相幷, 得二千零二十五尺. 開方, 得四十五尺.

② 연습문제 2[287]

가령 구가 27척이고 현이 45척이라면 고는 얼마인가?

[풀이법] 현의 제곱에서 구의 제곱을 빼면 1,296척$^2$이 남는다. 이 수의 제곱근을 구하면 36척을 얻는다.【고와 현의 값으로 구를 구하는 방법도 이와 같다.】

設如句二十七尺, 弦四十五尺, 問股幾何?

因 弦自乘內減句自乘, 餘一千二百九十六尺. 開方, 得三十六尺.【股、弦求句法同】

③ 연습문제 3[288]

가령 구가 27척이고 고가 36척이고 현이 45척이라면 중수선(中垂線)[289]의 길이는 얼마인가?

設如句二十七尺, 股三十六尺, 弦四十五尺, 問中垂線幾

---

286 연습문제 1:《산법통종》卷12〈구고(句股)〉第9의 '구고구현(句股求弦) 구현구고(句弦求股) 고현구구(股弦求句)' 조 첫째 연습문제를 수치까지 그대로 가져오되, 풀이법 중 개방술에 대한 내용은 생략한 것이다.

287 연습문제 2:《산법통종》卷12〈구고〉第9의 '구고구현 구현구고 고현구구' 조 둘째 연습문제를 수치까지 그대로 가져오되, 풀이법 중 개방술에 대한 내용은 생략한 것이다.

288 연습문제 3:《산법통종》에서 가져온 앞의 두 문제의 설정을 가지고《수리정온》권12〈면부(面部)〉2 "구고"의 '직각삼각형 안의 중수선 및 내접정사각형·내접원 등의 도형 구하기(句股形內求中垂線及容方圓等形)' 조 첫째 연습문제의 유형을 참고하여 새로 만든 연습문제이다.《수리정온》연습문제의 풀이를 참고한 계산법을 제시했다.

289 중수선(中垂線):《수리정온》의 용어로, 직각인 꼭짓점에서 현에 내린 수선이다.

풀이법 현을 1율로 하고, 구를 2율로 하고, 고를 3율로 하여 4율인 중수선의 길이 21척 6촌을 얻는다. 예를 들어 그림에서 중수선 갑정(甲丁)은 직각삼각형 갑을병(甲乙丙)을 나누어 두 개의 작은 직각삼각형 갑정병(甲丁丙)과 갑정을(甲丁乙)이 된다. 직각삼각형 갑을병의 현 을병(乙丙)과 구 갑을(甲乙)의 비는 직각삼각형 갑정병의 현 갑병(甲丙)과 구 갑정(甲丁)의 비와 같고, 또 직각삼각형 갑정을의 현 갑을(甲乙)과 구 을정(乙丁)의 비와 같다. 따라서 이 삼각형들이 상호 비례하기 때문에 변 을정(乙丁)과 변 정병(丁丙)의 길이도 구할 수 있다.[290]

因 以弦爲一率, 句爲二率, 股爲三率, 得中垂線長二十一尺六寸. 如圖甲丁中垂線, 分甲乙丙句股, 爲甲丁丙、甲丁乙兩小句股. 甲乙丙句股形之乙丙弦與甲乙句, 若甲丁丙句股形之甲丙弦與甲丁句, 又甲丁乙句股形之甲乙弦與乙丁句. 故[48]互相爲比, 可得乙丁線及丁丙線也.

---

290 이상의 풀이법에서는 직각삼각형의 닮음을 이용하여 비례식을 만들어 구하고자 하는 높이를 구한다. 이를 지금의 이해 방식으로 설명하면 다음과 같다.

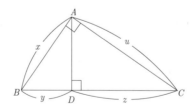

위 그림에서 세 직각삼각형 $ABC$, $ABD$, $ACD$는 모두 닮은꼴이다. 따라서 $BC : x = u : AD$가 성립하고 여기서 중수선의 길이 $AD$를 구할 수 있다. 또 $BC : x = x : y$에서 $y$를 구할 수 있고 $BC - y = z$이므로 $z$도 구할 수 있다.

48 故: 저본에는 "股". 《保晩齋叢書·攷事十二集·數藝》에 근거하여 수정.

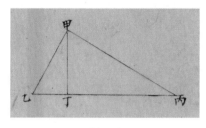

〈원도 91〉

④ 연습문제 4[291]

가령 구가 27척이고 고가 36척이라면 이 직각
삼각형의 넓이는 얼마인가?

[풀이법 1] 구와 고를 곱하여 반으로 나누거나 현
과 중수선을 곱하여 반으로 나누면 넓이 486척[2]
을 얻는다.

[풀이법 2] 구·고·현의 길이를 합하여 반으로 나
누면 54척을 얻는데, 이를 '반총(半總)'[292]이라
한다. 반총에서 구를 빼면 27척이 남고, 고를 빼
면 18척이 남고, 현을 빼면 9척이 남는데, 이를
'삼교(三較)'[293]라 한다. 삼교를 연달아 곱한 다음
다시 반총을 곱하여 236,196척[4]을 얻는다. 이 수

設如句二十七尺, 股三十六
尺, 問面積幾何?

因 句、股相乘, 折半；或弦
與中垂線相乘, 折半, 得
四百八十六尺.

又法 句、股、弦相幷, 折半,
得五十四尺, 是謂"半總". 與
句相減, 餘二十七尺；與股相
減, 餘十八尺；與弦相減, 餘
九尺, 是謂"三較". 三較連乘,
又以半總乘之, 得二十三萬

---

291 연습문제 4：연습문제 3과 같이 《산법통종》에서 가져온 앞의 두 문제의 설정을 가지고 새로 문제
를 만들되, 이번에는 《수리정온》 권12 〈면부〉 2 "구고"의 '구·고·현을 서로 구하는 방법(句股弦
相求法)' 넷째 연습문제의 유형을 참고한 것이다. 《수리정온》 연습문제의 풀이를 참고한 계산법과
함께 또 다른 풀이법도 제시했다.

292 반총(半總)：《수리정온》에서 사용한 용어이다.

293 삼교(三較)：《수리정온》에서 사용한 용어이다.

의 제곱근을 구하면 넓이 486척$^2$을 얻는다.[294]

六千一百九十六尺. 開方, 得四百八十六尺.

⑤ 연습문제 5[295]

가령 구가 27척이고 고가 36척이라면 이 직각삼각형에 내접하는 정사각형의 한 변 길이는 얼마인가?

設如句二十七尺, 股三十六尺, 問中容方面徑若干?

풀이법 구와 고의 합인 63척을 1율로 하고, 구 27척을 2율로 하고, 고 36척을 3율로 하면 4율인 내접사각형의 한 변 길이 15척을 얻는다.[296] 또 계산 과정에 나온 $\frac{27}{63}$척은 약분(約分)하면 $\frac{3}{7}$척이 된다.

法 句、股相并六十三尺爲一率, 句二十七尺爲二率, 股三十六尺爲三率, 得容方徑一十五尺. 又六十三分尺之二十七約分, 爲七分尺之三.

---

294 '풀이법 2'는《수리정온》의 해당 문제에는 제시되어 있지 않은 풀이법이지만《수리정온》의 다른 연습문제에서 이를 다루고 있어서, 그 풀이법을 여기에 적용한 것이다.
삼각형의 세 변의 길이만 가지고 그 넓이를 구하는 방법인 '헤론(Heron)의 공식'을 소개한 것이다.

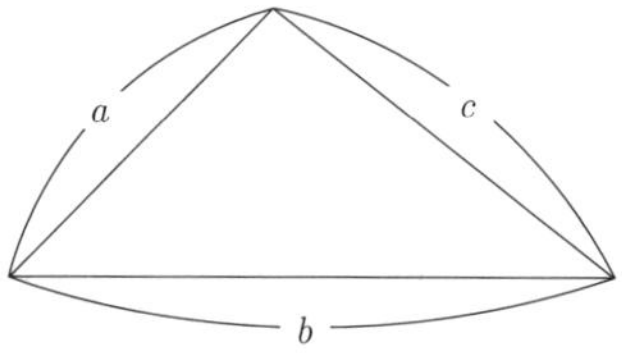


위 그림에서 세 변 길이 합의 절반(반총, S)을 $S=\frac{a+b+c}{2}$라고 하면, 삼각형의 넓이는 $S=\sqrt{s(s-a)(s-b)(s-c)}$ 이다. 이때 $s-a$, $s-b$, $s-c$를 삼교라고 칭했다. 이 방법은 직각삼각형뿐만 아니라 실제로 일반 삼각형에 대해 모두 성립한다.

295 연습문제 5:《산법통종》 권12 〈구고〉 제9의 '직각삼각형의 내접정사각형과 내접원(句股容方、容圓)' 조 첫째 연습문제를 수치까지 그대로 가져오되,《수리정온》 권12 〈면부〉 2 "구고"의 '직각삼각형 안의 중수선 및 내접정사각형·내접원 등의 도형 구하기(句股形內求中垂線及容方、圓等形)' 조 셋째 연습문제의 풀이를 참고한 계산법을 제시했다.

296 구와……얻는다: $\frac{27\times36}{63}$이므로 15.43 정도이다.

【분수의 명명법을 설명하면, 1율(63)을 분모(分母)라 하고 이 수로 나누어떨어지지 않는 수(27)를 분자(分子)라 한다. 약분하는 방법을 설명하면, 분모와 분자를 서로 빼서 같은 수 9를 얻는다.[297] 그제야 이 9로 분모 63을 나누어 7을 얻고 분자 27을 나누어 3을 얻는다. 63과 27의 비는 7과 3의 비에서 두 수에 각각 9배 한 비례이다.】

예를 들어 그림에서 직각삼각형 갑을병(甲乙丙)에 내접하는 정사각형 기경을임(己庚乙壬)의 한 변의 길이가 15척 남짓이다. 그제야 고 을병(乙丙)을 구 갑을(甲乙)에 더한 무병(戊丙)을 1율로 하고, 구 갑을을 2율로 하고, 고 을병을 3율로 하면 4율인 기경(己庚, 내접 정사각형의 한 변의 길이)을 얻는다. 이는 직각삼각형 갑을병과 직각삼각형 정무병(丁戊丙)이 닮은꼴[同式形]이기 때문이다.【두 삼각형 세 변의 길이 비가 같으

【命分之法, 以一率爲分母, 不盡之數爲分子. 約分之法, 分母、分子彼此相減, 得相同之數九. 乃以九除分母六十三, 得七 ; 除分子二十七, 得三. 六十三與二十七, 爲七與三之九倍比例也.】

如圖甲乙丙句股形, 己庚乙[49]壬容方徑爲一十五尺有奇. 乃以乙丙加甲乙句之戊丙爲一率, 甲乙句爲二率, 乙丙股爲三率, 得四率己庚. 甲乙丙句股形與丁戊丙句股形, 爲同式形故也.【三邊之比例同者, 爲同式形.】

---

297 분모와……얻는다 : 두 정수 63과 27의 최대공약수를 $g(63, 27)$이라 할 때 이 최대공약수를 얻는 방법으로, 유클리드 호제법(互除法, Euclidean algorithm)의 과정을 간략히 서술한 내용이다. 유클리드 호제법은 뺄셈을 거듭함으로써 두 정수의 최대공약수를 구하는 방법으로, "$a = bq + r$($0 \leq r < b$)일 때, $g(a, b) = g(b, r)$이 성립한다."를 그 내용으로 한다. 본문의 경우에 적용해보면 $63 = 27 \times 2 + 9$(즉 63에서 27을 두 번 빼면 9가 남는다.)이므로, $g(63, 27) = g(27, 9)$이며 $27 = 9 \times 3$이므로 $g(63, 27) = g(27, 9) = 9$가 성립한다. 본문의 '같은 수[相同之數]'란 63과 27에 공통으로 들어 있는 수, 즉 최대공약수 9를 말한다.

[49] 乙 : 저본에는 "己". 직각삼각형 甲乙丙에 내접하는 사각형은 己庚乙壬이므로 수정.

면 닭은꼴이다.]<sup>298</sup>

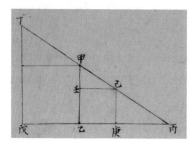

〈원도 92〉

⑥ 연습문제 6<sup>299</sup>

| | |
|---|---|
| 가령 구가 27척이고 고가 36척이고 현이 45척이라면 이 직각삼각형에 내접하는 원의 지름은 얼마인가? | 設有句二十七尺, 股三十六尺, 弦四十五尺, 問中容圓徑幾何? |
| 풀이법1 구·고·현을 더하고 108척을 얻어 1 | 因 句、股、弦相併, 得一百零 |

---

298 이상의 풀이법은 주어진 직각삼각형(갑을병)보다 더 큰 삼각형(정무병)을 그려서 비례식을 이용한 것이다. 이를 지금 방식으로 표현하면 다음 그림과 같다.

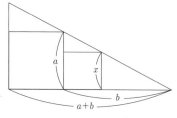

그림에서 비례식 $a+b:a=b:x$가 성립하므로 $x=\dfrac{ab}{a+b}$ 이다.

299 연습문제 6 :《산법통종》권12 〈구고〉 제9장의 '직각삼각형의 내접정사각형과 내접원(句股容方、容圓)' 조 둘째 연습문제를 수치까지 그대로 가져온 것이다.《수리정온》권12 〈면부〉 2 "구고"의 '직각삼각형 안의 중수선 및 내접정사각형·내접원 등의 도형 구하기(句股形內求中垂線及容方、圓等形)' 조 여섯째 연습문제의 풀이를 참고한 계산법 두 가지와 함께 또 다른 풀이법을 한 가지 더 제시했다.

율로 하고, 고 36척을 2율로 하고, 구 27척을 3율
로 하여 4율을 얻는데, 이것이 내접원의 반지름
이다. 이 수를 2배 하면 지름 18척을 얻는다.[300]

[풀이법 2] 구·고·현을 더하고 108척을 얻어 여
기에서 현의 2배인 90척을 빼도 18척을 얻는다.
예를 들어 그림의 직각삼각형 갑을병이 있을 때,
세 변 갑을, 을병, 병갑의 길이 합에서 현 갑을을
빼고, 또 을무와 갑기를 더하여 된 현 1개의 길이
【을무는 을경과 같고, 갑기는 갑경과 같기 때문
이다.】를 빼면 기병과 병무가 남는데, 이는 모두
내접원의 반지름인 정무(丁戊)와 같은 값이다.[301]

八尺爲一率;股三十六尺爲
二率;句二十七尺爲三率,
得四率爲容圓半徑. 倍之,
得[50]一十八尺.

[又法] 句、股、弦相似, 得一百
零八尺內減倍弦九十尺, 亦
得十八尺. 如圖甲乙丙句股
形, 甲乙、乙丙、丙甲三邊內
減甲乙弦, 又減乙戊、甲己相
似爲一弦度者,【乙戊與乙庚
等, 甲己與甲庚等.】餘己丙、
丙戊, 皆與丁戊半徑等.

---

300 이 풀이를 현대 수학으로 이해하면 다음과 같다. 직각삼각형의 세 변의 길이를 $a$, $b$, $c$($c$가 빗
변), 내접원의 반지름을 $r$이라 할 때 직각삼각형의 넓이 $\frac{ab}{2}$는 내접원의 반지름을 이용하여
$\frac{ar+br+cr}{2} = \frac{a+b+c}{2}r$ 로도 표현할 수 있다. 따라서 $\frac{ab}{2} = \frac{a+b+c}{2}r$ 이 성립한다. 이것이 '풀이
법 1'의 비례식 $(a+b+c):a=b:r$의 근거이다.

301 '풀이법 2'의 근거를 아래 그림을 통해 설명하면 다음과 같다.

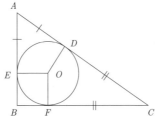

우선 그림에서 사각형 $EBFO$는 정사각형이므로 $EB+BF$는 내접원의 지름이다. 따라서 등식
$AB+BC+CA-2AC=AB+BC+CA-2(AD+DC)=AB+BC+CA-(AD+AE)-(DC+CF)$
$=EB+BF=$(내접원의 지름)이 성립한다.

[50] 爲容……之得: 저본에는 없음. 《數理精蘊》에 근거하여 보충.

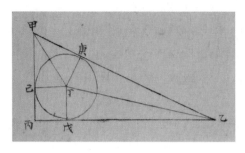

〈원도 93〉

풀이법3 삼교(三較)를 연달아 곱해서 반총(半總)으로 나눈 다음, 그 제곱근을 구하면 내접원의 반지름 9척을 얻는다. 이를 다시 2배 하면 18척을 얻는다.[302]

又法 三較連乘, 以半總除之, 開方, 得圓半徑九尺. 倍之, 得十八尺.

⑦ 연습문제 7[303]

가령 구가 27척이고 현이 고보다 9척 크다면 고와 현은 각각 얼마인가?

設有句二十七尺, 只云弦多股九尺, 問股、弦各若干?

풀이법1 구를 제곱하고 고와 현의 차이인 9척

因 句自乘, 股、弦較九尺自

---

302 '풀이법 3'에서 설명한, 반총을 이용하는 풀이의 근거는 다음과 같다.

삼각형 세 변 길이의 합의 절반(반총)인 $s = \dfrac{a+b+c}{2}$에 대하여 삼각형의 넓이 $S = \sqrt{s(s-a)(s-b)(s-c)}$ 이다($s-a$, $s-b$, $s-c$는 삼교). 또 앞 주석의 그림에서 내접원의 반지름 $r = OE = OF = OD$이므로 $r$에 대하여 삼각형의 넓이 $S = rs$이다. 따라서 등식 $\sqrt{s(s-a)(s-b)(s-c)} = rs$가 성립하며 양변을 $s$로 나누어 $r = \sqrt{\dfrac{(s-a)(s-b)(s-c)}{s}}$를 얻는다. 그러므로 내접원의 지름 $2r = 2\sqrt{\dfrac{(s-a)(s-b)(s-c)}{s}}$가 된다.

303 연습문제 7:《산법통종》권12〈구고〉제9의 '각 변 길이의 차를 가지고 구·고·현 구하기(較求句股)'조 첫째 연습문제를 수치까지 그대로 가져온 것이다.《수리정온》권12〈면부〉2 "구고"의 '구·고·현 각 변 길이의 합과 차를 서로 구하는 방법(句股弦和較相求法)'조 첫째 연습문제의 풀이를 참고한 계산법 두 가지를 제시했다.

을 제곱하여 빼면 648척²이 남는다. 별도로 고와 현의 차이인 9척을 2배 하고 18척을 얻어서 법(法)으로 한 뒤 648척²을 18척으로 나누면 고의 길이 36척을 얻는다. 여기에 고와 현의 차 9척을 더하면 현의 길이 45척을 얻는다.

예를 들어 그림에서 갑을병정(甲乙丙丁)은 현의 길이를 제곱한 넓이의 정방형이고, 무경기정(戊庚己丁)은 고의 길이를 제곱한 넓이의 정방형이며, 경쇠가 꺾인 모양인 'ㄱ'자 모양의 갑을병기경무(甲乙丙己庚戊)는 구를 제곱한 넓이의 도형이다.【구의 제곱과 고의 제곱을 더하면 현을 제곱한 넓이의 정방형과 같기 때문이다.】'ㄱ'자 모양의 넓이에서 고와 현의 차를 제곱한 넓이의 정방형 신을임경(辛乙壬庚)의 넓이를 빼면(27² − 9²) 신갑무경(辛甲戊庚)과 임병기경(壬丙己庚)이라는 두 직사각형의 넓이가 남는다. 둘 다 고의 길이를 세로로 하고, 고와 현의 차를 가로로 한다. 만약 고와 현의 차 9척으로 두 직사각형의 넓이(27² − 9²)를 나누면 고의 길이의 2배인 72척을 얻는다. 그러므로 고와 현의 차의 2배인 18로 두 직사각형의 넓이를 나누면 바로 고의 길이를 얻

乘, 相減, 餘六百四十八尺. 另以股、弦較倍之, 得十八尺爲法, 除之, 得股長三十六尺. 加較九尺, 得弦長四十五尺.

如圖甲乙丙丁爲弦自乘方, 戊庚己丁爲股自乘方, 甲乙丙己庚戊磬折形爲句自乘積.【句自乘、股自乘相竝, 與弦自乘方等故也.】內減辛乙壬庚股、弦較自乘方, 餘辛甲戊庚、壬丙己庚兩長方形, 皆以股爲長, 股、弦較爲廣. 若以較九尺除之, 得倍股七十二尺. 故以倍較除之, 直得股長.

는다.[304]

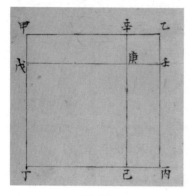

〈원도 94〉

[풀이법 2] 고와 현의 차이인 9척을 1율로 하고, 구 27척을 2율로 하고, 이어서 그대로 3율로 하여 4율인 고와 현의 합[和] 81척을 얻는다.【합한 수를 '화(和)'라 한다.】여기에 고와 현의 차이인 9척을 더하여 90을 얻고 반으로 나누면 현 45척

[又法] 股、弦較九尺爲一率, 句二十七尺爲二率, 仍爲三率, 得四率股弦和八十一尺.【相幷之數曰和】內加較九尺, 得九十尺, 折半, 得弦四十五

---

304 이상의 풀이를 아래 그림과 함께 설명하면 다음과 같다.

구＝27, 고＝$x$, 현＝$x+9$라 하면, 구고 정리로부터 $(x+9)^2=x^2+27^2$이 성립한다. 좌변을 전개하여 $x^2+18x+9^2=x^2+27^2$을 얻고, 이로부터 $x=\dfrac{27^2-9^2}{18}=36$을 얻는다.

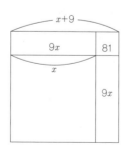

을 얻는다. 이 수에서 고와 현의 차이인 9척을 빼면 고 36척을 얻는다.

예를 들어 그림의 직각삼각형 갑을병(甲乙丙)에서 정갑(丁甲)은 고와 현의 차이이고【원의 중심에 모이는 선의 길이(반지름)는 모두 같기 때문이다.】 갑병(甲丙)은 구이고, 갑무(甲戊)는 고와 현의 합이다.【을무(乙戊)와 을병(乙丙)이 같기 때문이다.】 작은 직각삼각형 정갑병(丁甲丙)과 큰 직각삼각형 병갑무(丙甲戊)는 닮은꼴이다. 그러므로 구 정갑(丁甲, 9)과 고 갑병(甲丙, 27)의 비가 구 갑병(甲丙, 27)과 고 갑무(甲戊)의 비와 같다.[305] 이는 곧 연비례 사율인 것이다.【여기

尺. 內減較九尺, 得股三十六尺.
如圖甲乙丙句股形, 丁甲爲股、弦較,【圓內輻線皆等故也.】甲丙爲句, 甲戊爲股弦和.【乙戊與乙[51]丙等.】其丁甲丙小句股, 與丙甲戊大句股, 爲同式形. 故丁甲句與甲丙股, 若甲丙句與甲戊股, 卽連比例四率也.【右句股】

---

305  이상의 풀이를 아래 그림과 함께 설명하면 다음과 같다.

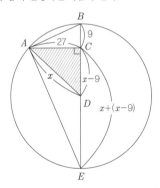

직각삼각형 $ACD$에 구 $AC=27$, 고 $CD=x-9$, 현 $AD=x$라 하면, 직각삼각형 $ABC$에서 변 $BC$ $=AD-CD$이므로 $BC=9$이다. 또 $CE=CD+DE=CD+DA$이므로 $CE\equiv x+(x-9)$이다. 직각삼각형 $ABC$와 직각삼각형 $ACE$는 닮은꼴이므로, 비례식 $BC:AC=AC:CE$가 성립한다. 따라서 $9:27=27:x+(x-9)$라는 비례식을 풀면 $x=\dfrac{81+9}{2}=45$가 되어 현 $x=45$이고 고 $x-9=$ 36이 된다.

[51]  乙: 저본에는 "己". 《數理精蘊》에 근거하여 수정.

까지가 구고에 관한 내용이다.[306]】

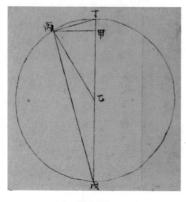

〈원도 95〉

원의 둘레를 360°로 정하면 크게는 하늘의 둘레[307]에서 작게는 지름이 한 치 정도인 원의 둘레까지 모두 이와 같다. 대개 원에는 큰 원과 작은 원이 있으나 각도를 나누어 따르게 하면 그 각도의 수는 같다. 원의 중심에서 원주를 4등분한 것을 '4상한(四象限)'[308]이라 한다. 매 1상한은 90°이다. 1상한에서 정현(正弦, $\sin x$)[309]과 여

圜周定爲三百六十度, 大而周天, 小而寸許, 皆如之. 蓋圜有大小, 而度分隨之, 其爲數則同. 自圜心, 平分圜周爲四分, 名曰"四象限". 每一象限九十度. 一象限之中, 設爲正弦、餘弦、正矢、餘矢、正

---

306 여기까지가……내용이다:《보만재총서》〈고사십이집〉'수예'에는 이 내용의 원문인 '右句股'가 여기서처럼 소주(小注)로 쓰여 있지 않고, 행갈이를 하여 다음 행에 큰 글자로 쓰여 있다. 곧 본래 '구고'와 '팔선'이 시각적으로 명확히 구분되었던 것을 여기에서는 구분을 다소 완화하는 쪽으로 편집했다.

307 하늘의 둘레:항성의 연주운동 궤도가 그리는 원둘레를 말한다.

308 4상한(四象限):원의 4분의 1.

309 정현(正弦, $\sin x$):여기서 $\sin x$로 그 수학적 의미를 표기했는데, 이는 아래 주의 그림에서 중심각을 $x$로 표기한 것을 반영했다. 이하도 마찬가지다.

현(餘弦, cos$x$), 정시(正矢, versin$x$),[310] 여시(餘矢, coversin$x$),[311] 정절(正切, tan$x$), 여절(餘切, cot$x$), 정할(正割, sec$x$), 여할(餘割, cosec$x$)을 정의하는데, 이를 '할원팔선(割圜八線)'[312]이라 한다.

가령 원 갑을병정(甲乙丙丁)의 경우 원의 중심 무(戊)에서 원주를 갑을(甲乙)·을병(乙丙)·병정(丙丁)·정갑(丁甲)의 4상한으로 등분하면 매 1상한이 모두 90°가 된다. 그제야 중심 무(戊)에서 임의로 반지름 무기(戊己)를 하나 그으면 갑정(甲丁) 90°의 호를 갑기(甲己)와 기정(己丁) 두 부분으로 나눈다. 이때 기정(己丁)은 중심각 기무정(己戊丁)에 대응하는 호이고, 갑기(甲己)는 중심각 갑무기(甲戊己)에 대응하는 호이다.

중심각 기무정(己戊丁)을 정각(正角, $x$)이라 명명하면 갑무기(甲戊己)는 여각(餘角, 90−$x$)이 된다. 정각에 대응하는 호는 정호(正弧)이고, 여각에 대응하는 호는 여호(餘弧)이다.[313] 이제 기정(己丁)이 정호이므로 갑기(甲己)는 여호이다.

切、餘切、正割、餘割, 名之曰“割圜八線”.

設如甲乙丙丁之圜, 自圜心戊, 平分全圜爲甲乙、乙丙、丙丁、丁甲四象限, 其每一象限, 皆九十度. 乃自圜心戊, 任作一戊己半徑, 則將甲丁[52] 九十度之弧, 分爲甲己、己丁二段.

己丁爲己戊丁角所對之弧, 甲己爲甲戊己[53]角所對之弧. 如命己戊丁爲正角, 則甲戊己爲餘角. 正角所對爲正弧, 餘角所對爲餘弧. 今以己丁爲正弧, 故甲己爲餘弧.

---

310 정시(正矢, versin$x$) : 'versin$x$'는 '버스트 사인(versed sine) 엑스'라고 읽는다.

311 여시(餘矢, coversin$x$) : 'coversin$x$'는 '코버스트 사인(coversed sine) 엑스'라고 읽는다.

312 할원팔선(割圜八線) : 8가지 삼각함수 값.《수리정온》의 용어로, 아래 본문에 자세히 설명되어 있다.

313 정각에……여호(餘弧)이다 : 따라서 정호와 여호를 더하면 항상 90°가 된다.

[52] 丁 : 저본에는 "乙".《數理精蘊》에 근거하여 수정.

[53] 己 : 저본에는 없음.《數理精蘊》·《保晩齋叢書·攷事十二集·數藝》에 근거하여 보충.

또 기(己)에서 지름 갑병(甲丙)에 평행하게 선 기신(己辛)을 그어 이를 '통현(通弦)'이라 한다. 정호 기정(己丁)에 대응하면서 반지름 무정(戊丁)에 수직으로 서 있는 기경(己庚)을 '정현(正弦, $\sin x$)'이라 한다.[314] 또 반지름 무정(戊丁)과 평행하게 선 임기(壬己)를 그어 '여현(餘弦, $\cos x$)'이라 하는데, 이는 여호 갑기(甲己)에 대응하기 때문이다.

반지름 무정(戊丁)에서 무경(戊庚)을 빼면 경정(庚丁)이 남는데, 이를 '정시(正矢, $versin x = 1-\cos x$)'라 한다. 반지름 갑무(甲戊)에서 임무(壬戊)를 빼면 갑임(甲壬)이 남는데, 이를 '여시(餘矢, $coversin x = 1-\sin x$)'라 한다.

원의 경계에서 반지름 갑무(甲戊)와 평행하게 반지름 무정(戊丁)의 끝(즉 丁)에서 세워 수선을 만든다. 이 상태에서 중심각 기무정(己戊丁)에 대응하는 정계(丁癸)를 '정절(正切, $\tan x = \dfrac{\sin x}{\cos x}$)'이라 한다. 반지름 기무(己戊)를 연장해서 정절과 계(癸)에서 만나게 하여 선분 무계(戊癸)를 만드는데, 이를 '정할(正割, $\sec x = \dfrac{1}{\cos x}$)'이라 한다.

또 원의 경계(즉 甲)에서 반지름 무정(戊丁)과 평행하게 선분 갑자(甲子)를 만들어 이를 '여절(餘切, $\cot x = \dfrac{1}{\tan x}$)'이라 한다. 정할 무계(戊癸)

又自己與甲丙全徑平行, 作己辛線, 謂之"通弦". 其對己丁正弧而立於戊丁半徑者, 曰"正弦". 又與戊丁半徑平行, 作壬己線, 謂之"餘弦", 以其爲甲己餘弧之所對也.

於戊丁半徑內減戊庚, 餘庚丁, 謂之"正矢". 於甲戊半徑內減壬戊, 餘甲壬, 謂之"餘矢".

自圜界, 與甲戊半徑平行, 立於戊丁半徑之末, 作垂線, 仍與己戊丁角相對者, 曰"正切". 將己戊半徑引長, 與正切相遇於癸, 成戊癸線, 謂之"正割".

又自圜界, 與戊丁半徑平行, 作甲子線, 謂之"餘切". 戊癸正割, 被甲子餘切截於子, 所

---

314 정호……한다 : 원의 반지름이 단위길이(1)임을 전제로 하고 있다.

가 여절 갑자(甲子)에 의하여 자(子)에서 끊어지
니 이렇게 분할되어 나온 선분 무자(戊子)를 '여
할(餘割, $\cosec x = \dfrac{1}{\sin x}$)'이라 한다.[315]

分戊子, 謂之"餘割".

---

315 이상의 설명에서 정의한 할원팔선을 삼각함수에서 정의한 방식으로 설명하면 다음과 같다.

원의 크기는 각도와 상관없으므로 편의상 반지름 1인 원을 아래 그림처럼 그린 다음, 정해진 각도 $x$에 따른 각각의 함수를 정의할 수 있다. 우선 각도 $x$(호 $FD$)의 정현 $\sin x$와 여현 $\cos x$를 그림과 같이 직각삼각형의 높이 $FG$와 밑변 $EG$로 각각 정의한다. 이제 나머지를 정의하자.

(1) 정시 $versin x = 1 - \cos x$로 정의한다. 그림에서 $1 - \cos x = DG$이므로 $versin x = DG$이다.

(2) 여시 $coversin x = 1 - \sin x$로 정의한다. 그림에서 $1 - \sin x = AI$이므로 $coversin x = AI$이다.

(3) 정절 $\tan x = \dfrac{\sin x}{\cos x}$로 정의한다. 그림에서 $\dfrac{\sin x}{\cos x} = \dfrac{FG}{EG} = \dfrac{DJ}{ED} = DJ$이므로 $\tan x = DJ$이다.

(4) 정할 $\sec x = \dfrac{1}{\cos x}$로 정의한다. 그림에서 $\dfrac{1}{\cos x} = \dfrac{1}{EG} = \dfrac{EF}{EG} = \dfrac{JE}{ED} = JE$이므로 $\sec x = JE$이다.

(5) 여절 $\cot x = \dfrac{1}{\tan x}$로 정의한다. 그림에서 $\dfrac{1}{\tan x} = \dfrac{1}{DJ} = \dfrac{DE}{DJ} = \dfrac{KA}{AE} = KA$이므로 $\cot x = KA$이다.

(6) 여할 $\cosec x = \dfrac{1}{\sin x}$로 정의한다. 그림에서 $\dfrac{1}{\sin x} = \dfrac{EF}{FG} = \dfrac{EK}{AE} = EK$이므로 $\cosec x = EK$이다.

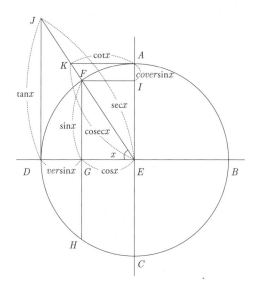

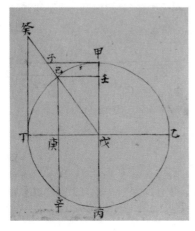

〈원도 96〉

중심각 하나와 그에 대응하는 호 하나마다 바로 정현, 여현, 정시, 여시가 있어서 원의 경계 안에서 4선(線)을 이루었고, 다시 반지름을 원의 경계 밖으로 연장하여 정절, 여절, 정할, 여할이라는 4선을 이루었다. 그리하여 원의 내외 모두 합쳐 8선이 되므로 할원팔선이라 한 것이다.

모든 중심각마다 정호에 대한 '여(여현·여시·여절·여할)'가 곧 여호에 대한 '정(정현·정시·정절·정할)'이고, 여호에 대한 '정(정현·정시·정절·정할)'이 곧 정호에 대한 '여(여현·여시·여절·여할)'이다.[316] 따라서 앞 45°[317]의 팔선에서

每一角一弧, 即有正弦、餘弦、正矢、餘矢, 已成四線於圜界之內, 復引出半徑於圜界之外, 而成正切、餘切、正割、餘割之四線. 內外共爲八線, 故曰割圜八線.

逐度逐分, 正弧之餘, 即爲餘弧之正 ; 餘弧之正, 即爲正弧之餘. 是以前四十五度之八線, 正餘互相對待爲用, 不必復求後四十五度之八線也.

---

316 정호와 여호를 더하면 항상 90°가 되기 때문이다.

317 앞 45° : 0°부터 시작하여 90°까지 차례로 도수가 늘어날 때 0°부터 45°까지를 '앞 45°', 45°부터 90°까지를 '뒤 45°'라고 지칭했다.

의 '정'과 '여'가 뒤 45°의 팔선에서의 '여'와 '정'으로 서로 바꾸어 쓰이므로 뒤 45°의 팔선을 굳이 다시 구할 필요가 없다. 일반적으로 이 팔선은 모두 90° 이내의 각도인 예각에서 이루어진 것이다.

직각인 90°와 같은 경우에는 팔선을 이룰 수 없다.[318] 대개 반지름이 곧 90°의 정현이 되기 때문에 반지름 갑무(甲戊)가 바로 호 갑정(甲丁, 90°)의 정현이므로 절선(직선 정계)과 할선(직선 무계)을 나타내는 선분이 평행하여 끝내 만나는 곳이 없어서이다.[319]

90°를 넘어서는 둔각과 같은 경우에는 원둘레의 절반에 해당하는 중심각 180°에서 그 각도를 뺀 뒤 남은 각도의 팔선 값을 사용한다. 즉 예를 들어 그림에서 기경(己庚)이 호 기정(己丁)의 정현인데, 또한 호 을기(乙己)의 정현이기도 하

凡此八線皆九十度以內銳角
之所成.

若直角九十度者則不能成八
線. 蓋因半徑卽九十度之正
弦, 甲戊半徑卽甲丁弧之正[54]
弦, 而切線、割線爲平行, 終
無相遇之處也.

若鈍角過九十度以外者則於
半周一百八十度內減其角度,
用其餘度之八線. 卽如己庚
爲己丁弧之正弦, 亦卽乙己
弧之正弦也. 要之八線以正

---

318 직각인……없다 : 팔선이 빠짐없이 정의되지는 않는다는 말이지, 하나도 정의되지 않는다는 말은 아니다.

319 반지름……없어서이다 : 기무정(己戊丁)이 90°가 되니 계정(癸丁)과 계무(癸戊)가 평행하게 되어 사실상 계(癸)라는 점이 존재하지 않는다. 따라서 이 경우 정절, 정할의 두 값이 정의되지 않는다. 왜냐하면 기무정이 90°이므로 여현, 즉 코사인 값이 0이 되기 때문이다(cos90° = 0). 이 경우 코사인이 분모로 들어가는 정절은 $\tan 90° = \frac{\sin 90°}{\cos 90°} = \frac{1}{0}$ 이며 정할은 $\sec 90° = \frac{1}{\cos 90°} = \frac{1}{0}$ 이 되어 그 값이 존재하지 않는다.

[54] 正 : 저본·《數理精蘊》에는 없음. 앞의 "반지름이 곧 90°의 정현"이라는 말에 비추어 볼 때, "반지름 갑무(甲戊)가 바로 호 갑정(甲丁)의 현"이라고 하는 것은 맥락이 통하지 않으므로 보충.

다.[320] 요컨대 팔선은 정현 값을 기준으로 하므로, 정현 값이 있으면 나머지 7선은 모두 이것으로부터 생겨난다.【여기까지가 팔선에 관한 내용이다.[321]】

弦爲本, 有正弦則諸線皆由此生矣.【右八線】

유예지 권제2 끝[322]

遊藝志卷第二

---

320 예를……하다 : 각도 $x$가 90°보다 커지면(둔각) $180-x$를 가지고(즉 예각으로 만들어서) 정의해도 동일한 값이 나온다는 의미이다. 현대적 삼각함수의 정의와 일치한다. 다만 이 경우에 일부 삼각함수 값들의 부호가 달라질 수 있는데, 이 부분에 대한 상세한 설명은 생략하고 있다.

321 여기까지가……내용이다 : '구고팔선(句股八線)' 항목에서 '팔선' 부분이 여기까지임을 표시한 것으로, 《보만재총서》〈고사십이집〉'수예'에는 이 내용의 원문인 '右八線'이 여기서처럼 소주로 쓰여 있지 않고, 다음 행에 큰 글자로 쓰여 있다.

322 《유예지》산법의 전체 내용은 개략적으로 《산법통종》을 근간으로 하면서 《수리정온》의 필산법과 사율비례 및 할원팔선을 접목해 넣은 것이라고 말할 수 있다. 전통 산학의 가치에 바탕하여 새로운 방법 중 편리한 것과 발전적인 것을 흡수함으로써 새로운 시대에 적응한다는 의미로 읽을 수 있겠다.

# 🌿 임원경제연구소

임원경제연구소는 고전 연구와 번역, 출판을 주요 목적으로 하는 사단법인이다. 문사철수(文史哲數)와 의농공상(醫農工商) 등 다양한 전공 분야의 소장학자 40여 명이 회원 및 번역자로 참여하여, 풍석 서유구의《임원경제지》를 완역하고 있다. 또한 번역 사업을 진행하면서 축적한 노하우와 번역 결과물을 대중과 공유하기 위해 관련 전문가 및 단체들과 교류하고 있다. 연구소에서는 번역 과정과 결과를 통하여 '임원경제학'을 정립하고 우리 문명의 수준을 제고하여 우리 학문과 우리의 삶을 소통시키고자 노력한다. 임원경제학은 시골 살림의 규모와 운영에 관한 모든 것의 학문이며, 경국제세(經國濟世)의 실천적 방책이다.

## 번역, 교열, 교감, 표점, 감수자 소개

번역

### 정진성

태동고전연구소에서 한학을 공부했다. 성균관대 대학원 한문학과에서 석사를 마치고 박사과정을 수료했다.

### 장우석

서울대 수학교육과를 졸업하고 도올서원에서 한학을 공부했다. 《유예지》권2 〈산법〉을 번역했고 서울대 대학원에서 〈19세기 조선의 수학교재 遊藝志 권2의 특징 연구〉라는 논문으로 석사를 마쳤다. 일반인과 학생을 위한 수학 교양도서 《수학멘토》(2007),《수학 철학에 미치다》(2012),《수학의 힘》(2016)을 썼다. 현재 서울 숙명여자고등학교에서 수학교사로 일하고 있다.

정명현

고려대 유전공학과를 졸업하고, 도올서원과 한림대 태동고전연구소에서 한학을
공부했다. 서울대 대학원 '과학사 및 과학철학 협동과정'에서 전통 과학기술사
를 전공하여 석사와 박사를 마쳤다. 석사와 박사 논문은 각각 〈정약전의《자산어
보》에 담긴 해양박물학의 성격〉과《서유구의 선진농법 제도화를 통한 국부창출
론》이다.《본리지》를 김정기와 함께 번역했고,《섬용지》를 이동인 등과 번역했으
며, 또 다른 역주서로《자산어보 : 우리나라 최초의 해양생물 백과사전》이 있고,
《임원경제지 : 조선 최대의 실용백과사전》을 민철기 등과 옮기고 썼다. 현재 임원
경제연구소 소장으로《인제지》번역 사업에 참여하고 있으며, 청명문화재단 태
동고전연구소에 출강 중이다.


교감·표점·교열·자료조사

민철기(임원경제연구소 선임연구원, 연세대 철학과, 동 대학원 석사)

정정기(임원경제연구소 번역팀장, 서울대 소비자아동학과, 동 대학원 석·박사)

김현진(임원경제연구소 연구원, 공주대 한문교육학과, 성균관대 한문학과 석사
　　　수료, 태동고전연구소 한학연수과정 수료)

김수연(임원경제연구소 연구원, 한국전통문화학교 전통조경학과, 태동고전연구
　　　소 한학연수과정 수료)

강민우(한남대 사학과, 태동고전연구소 한학연수과정 수료, 성균관대 사학과 석
　　　사과정 수료)

이유찬(경상대 사학과, 성균관대 대학원 한문고전번역협동과정 수료. 한국고전
　　　번역원 문집번역위원)

황현이(임원경제연구소 연구원, 중앙대 역사학과, 태동고전연구소 한학연수과정
　　　수료)

유석종(인하대 국문학과 석사, 태동고전연구소 한학연수과정 수료, 고려대 국문
　　　학과 박사과정 수료)

최시남(성균관대 유학과 학사 및 석사, 동 대학원 박사과정 수료, 성균관 한림원
　　　　과 도올서원에서 한학 수학)

강민정(서울대 지구과학교육과, 성균관대 한문고전번역협동과정 박사, 한국고
　　　　전번역원 교육원 상임연구원)


교정 및 윤문

박정진(서울대 중어중문학과 문학석사, 현 풍석문화재단 과장)


자료 정리

고윤주(숙명여대 경제학부 재학 중)


감수

정선용(한국고전번역원 선임연구원)

최형국(한국전통무예연구소 소장)

전용훈(한국학중앙연구원 교수, 한국과학사)

🌏 풍석문화재단

(재)풍석문화재단은《임원경제지》등 풍석 서유구 선생의 저술을 번역 출판하는 것을 토대로 전통문화 콘텐츠를 현대에 되살려 창조적으로 진흥시키고 한국의 학술 및 문화 발전에 기여함을 목적으로 하여 2015년 4월 28일 설립하였습니다. 재단은 현재 ①《임원경제지》의 완역 지원 및 간행(출판 및 온라인, 총 67권 예상), ②《완영일록》,《풍석고협집》,《금화지비집》,《번계시고》,《금화경독기》등 선생의 저술·번역·출간, ③ 풍석학술대회 개최 및 풍석학회 지원, ④ 풍석디지털기념관 구축 등 풍석학술진흥 및 연구기반 조성에 필요한 사업을 중점적으로 추진 중입니다.

재단은 또한 출판물, 드라마, 웹툰, 영화 등 다양한 풍석 서유구 선생 관련 콘텐츠 개발을 추진하는 한편, 우석대학교와 함께 풍석문화재단 음식연구소를 설립하여《임원경제지》기반 전통음식문화의 복원 및 현대화 사업 등도 진행 중입니다.

풍석문화재단의 사업 내용, 구성원 등에 대한 자세한 소개는 풍석문화재단 홈페이지(www.pungseok.net)를 참조하여 주시기 바랍니다.

풍석학술진흥및연구기반조성위원회

(재)풍석문화재단은《임원경제지》의 완역완간 사업 등의 추진을 총괄하고 예산집행의 투명성을 기하기 위해 풍석학술진흥및연구기반조성위원회를 두고 있습니다.

풍석학술진흥및연구기반조성위원회는 사업 및 예산계획의 수립 및 연도별 관리, 지출 관리, 사업 수익 관리 등을 담당하며 위원은 아래와 같습니다.

위원장 : 신정수(풍석문화재단 이사장)

위　　원 : 서정문(한국고전번역원 고전번역연구소장),

안대회(성균관대학교 한문학과 교수, 대동문화연구원장),

유대기(활기찬인생2막 회장), 정명현(임원경제연구소 소장)

# 《임원경제지·유예지》 완역 출판을 후원해 주신 분들

㈜DYB교육 ㈜우리문화 ㈜벽제외식산업개발 ㈜청운산업 ㈔인문학문화포럼
대구서씨대종회 강흡모 고관순 고유돈 곽미경 곽의종 곽중섭 구자민 권희재
김경용 김동범 김동섭 김문자 김병돈 김상철 김석기 김성규 김영환 김용도
김유혁 김익래 김일웅 김정기 김정연 김종보 김종호 김지연 김창욱 김춘수
김태빈 김현수 김후경 김 훈 김흥룡 나윤호 류충수 민승현 박낙규 박동식
박미현 박보영 박상준 박용희 박재정 박종규 박찬교 박춘일 박현출 백노현
변흥섭 서국모 서봉석 서영석 서정표 서청원 송은정 송형록 신영수 신웅수
신종출 신태복 안순철 안영준 안철환 양덕기 양태건 양휘웅 오미환 오성열
오영록 오영복 오인섭 용남곤 유종숙 윤남철 윤정호 이건호 이경근 이근영
이기웅 이기희 이동규 이동호 이득수 이봉규 이세훈 이순례 이순영 이승무
이영진 이우성 이재용 이정언 이진영 이 철 이태인 이태희 이현식 이효지
임각수 임승윤 임종훈 장상무 장우석 전종욱 정갑환 정 극 정금자 정명섭
정상현 정소성 정연순 정용수 정우일 정연순 정지섭 정진성 조규식 조문경
조재현 조창록 주석원 진병춘 진선미 진성환 차영익 차흥복 최경수 최경식
최광현 최승복 최연우 최정원 최진욱 최필수 태의경 하영휘 허영일 홍미숙
홍수표 황재운 황재호 황정주 황창연

※ 지금까지 오랫동안 후원을 통해《유예지》번역 출판을 함께해 주신 여러분께 진심으로
  감사드립니다.